中央文史研究馆馆员文丛

程毅中 著

月无忘斋文选

中华书局

图书在版编目（CIP）数据

月无忘斋文选/程毅中著. —北京：中华书局，2018.9
（中央文史研究馆馆员文丛）
ISBN 978-7-101-12795-9

Ⅰ.月… Ⅱ.程… Ⅲ.①古籍-出版工作-文集②古典小说-小说研究-中国-文集 Ⅳ.①G256.1-53②I207.41-53

中国版本图书馆 CIP 数据核字（2017）第 220105 号

书　　名	月无忘斋文选
著　　者	程毅中
丛 书 名	中央文史研究馆馆员文丛
责任编辑	刘　明
出版发行	中华书局
	（北京市丰台区太平桥西里 38 号　100073）
	http://www.zhbc.com.cn
	E-mail：zhbc@zhbc.com.cn
印　　刷	北京市白帆印务有限公司
版　　次	2018 年 9 月北京第 1 版
	2018 年 9 月北京第 1 次印刷
规　　格	开本/920×1250 毫米　1/32
	印张 15¾　插页 2　字数 300 千字
印　　数	1-2500 册
国际书号	ISBN 978-7-101-12795-9
定　　价	78.00 元

目　录

古代校勘学的得失与当代古籍整理

　　校勘是古籍整理的一项重要工序,有不少问题值得探讨。目前有些读者对我们整理的新版古籍抱有怀疑,认为校点者喜欢改动原书的文字,不一定可信;也有一些读者认为新版古籍的校勘过于拘谨,有些明显的错字也校而不改,还是一种墨守成规的做法。看来现代的读者对古籍整理有不同的要求,这是可以理解的,但也有一些问题需要讨论和解释。自古以来,古籍的校勘家就有两种不同的做法,如叶德辉在《藏书十约》中所归纳的死校和活校两派。他说:

> 　　死校者,据此本以校彼本,一行几字,钩乙如其书;一点一画,照录而不改。虽有误字,必存原文。顾千里广圻、黄荛圃丕烈所刻之书是也。活校者,以群书所引,改其误字,补其阙文。又或错举他刻,择善而从;别为丛书,版归一式。卢抱经文弨、孙渊如星衍所刻之书是也。

他所说的死校法实即对校法;活校法则不限于对校别本,还充分利用了他校法和理校法,而最后则"择善而从",力求在正文上加以取舍,其目的在于校出一个定本。

叶德辉还指出:"郑康成注《周礼》,取故书、杜子春诸本,录其字而不改其文,此死校也。刘向校录中书,多所更定;许慎撰《五经异义》,自为折衷:此活校也。"可见这两种校书的传统,早在汉代就已形成了。

汉代刘向父子校雠群书,广罗异本,定为"新书",曾经整理错乱,定著篇章,诇正文字。如《战国策》一书中"本字多误脱为半字,以赵为肖,以齐为立,如此字者多",都已作了改正。其功劳是很大的。然而有没有改字不当的地方,由于不加校记,就不得而知了。今本《战国策》当然不免还有错讹的地方,如《赵策》中的"触詟"实为"触龙言"之误,王念孙《读书杂志》(《战国策杂志》卷二)已指出了这个问题,现在则可以根据马王堆出土的帛书来加以校正了。可是到底是刘向校书时的失误还是后人传抄中的舛讹,还难以判断。

古书中出现的错字,主要有两个原因。一是传抄和翻刻中无意的错误,一是校书者有意的改字。而有意改字又可以分为两种情况:一种是由于文献知识不足而妄改的,比较典型的例子如韩昶之改"金根车"为"金银车"(见《尚书故实》及《玉泉子》)。另一种情况是校书者主观意识太强,凭自己的理解进行理校,甚至与原作者有不同的观点,不惜替古人改文章。极端的例子如金圣叹改了《水浒传》，还自称是古本，大谈其俗本如何如何不好。通俗小说的著作权往往不明确，似乎谁都可以改，因此好多小说名著都有不同版本。小说在钞本流传阶段异文更多，如脂砚斋批本《红楼梦》就是一个典型的例子。

这个问题在木板印刷术初兴的时期就已出现了。后唐时官府刻印《九经》，负责校勘的太常博士田敏，就曾径改原文。据《宋史》卷四三一本传载：

> 敏虽笃于经学，亦好为穿凿，所校《九经》，颇以独见自任，如改《尚书·盘庚》"若网在纲"为"若纲在纲"，重言"纲"字。又《尔雅》"椴，木槿"注曰"日及"，改为"白及"。如此之类甚众，世颇非之。

因此，宋太宗又命李觉、孔维等重新校定经书。判国子监崔颐正又上书说：

> 本监先校定诸经音疏，其间文字讹谬尚多，深虑未副仁君好古诲人之意也。盖前所遣官多专经之士，或通《春秋》者未习《礼记》，或习《周易》者不通《尚书》，至于旁引经史，皆非素所传习，以是之故，未得周详。（《宋史》卷四三一《儒林传》）

他提出了一条校勘古书的经验教训，就是专通本经还不够，还要博览旁通，才能做好校勘工作。这就是怎样防止因知识不足而误改或漏校的问题。经书是封建帝王用以维护统治的理论武器，所以不惜付出很大力量来进行校勘，但是还不免出错，至于一般的书籍当然错误就更多了。

清代学者曾提出"书坏于校"的问题。如段玉裁《重刊明道二年国语序》说：

> 古书之坏于不校者固多，坏于校者尤多。坏于不校者以校治之，坏于校者久且不可治。邢子才曰："误书思之，更是一适。"以善思为适，不闻以擅改为适也。（《经韵楼集》卷八）

顾广圻也在《书文苑英华辨证后》说：

> 予性素好铅椠，从事稍久，始悟书籍之误，实由于校。据其所知，改所不知，通人类然，流俗无论矣。（《思适斋集》卷十五）

说"书籍之误，实由于校"未免有些偏激；说"坏于校者尤多"，这话很值得我们警惕。因为像田敏那样"以独见自任"的校书官确是有的。这个问题在宋代就引起了学者的注意，而且进行过相当深入的研究。如欧阳修《集古录跋尾》卷八《唐田弘正家庙碑跋》说：

> 余家所藏书万卷，惟《昌黎集》是余为进士时所有，最为旧物。自天圣以来，古学渐盛，学者多读韩文，而患集本讹舛。惟余家本屡更校正，时人共传，号为善本。及后集录古文，得韩文之刻石者，如《罗池神》《黄陵庙碑》之类，以校集本，舛谬犹多。若《田弘正碑》则又尤甚。盖由诸本不同，往往妄加改易。以碑校集，印本与刻石多同，当以为正。乃知文字之传，

久而转失其真者多矣。则校雠之际，决于取舍，不可不慎也。(《欧阳文忠公集》卷一四一)

欧阳修利用碑本来校勘文集，应该说是非常可信的了。可是董逌《广川书跋》卷九又提出了不同意见：

> 余考《田弘正碑》，盖其杰然自出，拔乎千百岁之上者。永叔尝得此碑，以校集中吴字三处，曰"衔训事嗣"，考其所出，杂比成章，错综而不乱，信其有得于此。又曰"降以命书"、"奉我王明"，必以集为误者，余则不得信于此也。"以降命书"，不得如集所传；"天明"施于君为不类，不若"王明"之切当而有据也。今碑为非是则不可，谓"天明"、"以降"为工于集所著而传则不可。碑虽定其辞而后著之石，此不容误谬。然古人于文章磨炼窜易，或终其身而不已，可以集传尽为非耶？观其文，当考其词义当否，然后择其工于此者从之，则不得欺矣。今天下知文公者，莫如文忠公。文忠公谓是，人不敢异其说。况碑为当世所书，人岂可尽告而使知耶！今人得唐人遗稿与刻石异处甚众，又其集中有一作某又作某者，皆其后窜改之也。

董逌在这里提出了一个普遍性的问题，就是古人对自己的文章不断有所修改，刻到碑上的还不一定是定本。文集里也还有一作某又作某的校注，很难判断哪一个是作者自己的最后定稿。这种情况确实存在，如《文选》的李善注就有初注、复注、三注、四注的不同文本(见李匡文《资暇集》卷上），今天见到的唐写本《文选》与刻本有许多不同的地方，很可能就出于不同的注本。董逌提出了一个如何取舍的原则。他说："当考其词义当否，然后择其工于此者从之。"这就是"择善而从"的办法，在理论上说是正确的，不过在"择"的过程中有校勘者的主观成分，有可能不是作者本人的原意。古人确有给旧本臆改拟补的习惯，因此造成了各本异文。如周紫芝《竹坡诗话》所说：

> 晁以道家有宋子京手书杜少陵诗一卷，如"握节汉臣归"乃是"秃节"，"新炊间黄粱"乃是"闻黄粱"。以道跋云：前辈见书自多，不如晚生少年但以印本为正也。不知宋氏家藏为何本，使得尽见之，想其所补亦多矣。

不同版本异文很多，但不能确定哪个才是原文，异文越多就越增加了麻烦。有的学者按照自己的意见来判断哪一个是善本，难免有一定的主观成分。如陶渊明的《饮酒》诗"采菊东篱下，悠然见南山"，有的版本"见"作"望"。沈括《续笔谈》和《蔡宽夫诗话》都认为"见"字好，苏轼《东坡题跋》卷二《题渊明饮酒诗后》也说：

> "采菊东篱下，悠然见南山。"因采菊而见山，境与意会，此句最有妙处。近岁俗本皆作"望南山"，则此一篇神气都索然矣。古人用意深微，而俗士率然妄以意改，此最可疾。近见新开韩柳集，多所刊定，失真者多矣。

他们都认为"见南山"能表现出闲远自得之意，最有妙处，因此认定作"望"字的是俗本。但现存宋本《文选》正作"望南山"，唐人编的《艺文类聚》也引作"望南山"。白居易《效陶潜体诗十六首》之九有"时倾一樽酒，坐望东南山"的句子，可见唐代的陶集也是作'望'字的，恐怕不能一概斥之为俗本。所以王瑶先生校注的《陶渊明集》定作"望"字也是有根据的（参看《学林漫录》第二集，拙作《从"骥老伏枥"谈古书的异文》）。问题是古人对诗文集的校勘一般比较粗疏，重词章而不重考据，不大重视版本的源流，只在校注中说一作某而不说明出自什么版本，甚至改了字而不作任何说明。《东坡题跋》卷二《书诸集改字》条又说：

近世人轻以意改书，鄙浅之人，好恶多同，故从而和之者众，遂使古书日就讹舛，深可忿疾。孔子曰："吾犹及史之阙文也。"自余少时，见前辈皆不敢轻改书。故蜀本大字书皆善本。蜀本《庄子》云："用志不分，乃疑于神。"此与《易》"阴疑于阳"、《礼》"使人疑汝于夫子"同。今四方本皆作"凝"。陶潜诗："采菊东篱下，悠然见南山。"采菊之次，偶然见山，初不用意，而境与意会，故可喜也。今本皆作"望南山"。杜子美云："白鸥没浩荡，万里谁能驯。"盖灭没于烟波间耳。而宋敏求谓余云"鸥不解没"，改作"波"。二诗改此二字，便觉一篇神气索然也。

现在仇兆鳌的《杜诗详注》在"没"字下注"一作波",大概就是从宋敏求的版本来的。

宋朝人编印书籍常有改动原文的习惯,不少学者反对这种做法。例如编《册府元龟》时删改原文,当时引起了争论,最后皇帝下令要改(见《枫窗小牍》卷下)。好在这部书本来不注出处,我们不必把它当作原文。清朝人根据它来辑补《旧五代史》,实在是有些危险的。宋代皇家编的几部大书,如《太平广记》的编纂者往往在唐朝人记的故事之前加上一个"唐"字,把某些人物的称谓改成本名,这是可以理解的,但除此之外,还有没有删改的地方,对于一些已经亡佚的书就无从核对了。《文苑英华》是一部诗文总集,其中问题很多。周必大在重校本的序言里指出:

> 国初文集虽写本,然雠校颇精。后来浅学改易,浸失本指。今乃尽以印本易旧书,是非相乱,一也。凡庙讳未祧,止当阙笔,而校正者于赋中以商易殷,以洪易弘,正值押韵,全韵随之。至于唐讳及本朝讳,存改不定,二也。元阙一句或数句,或颇用古语,乃以不知为知,擅自增损,使前代遗文幸存者转增疵颣,三也。

因此,彭叔夏在校勘了《文苑英华》之后,写了一部专著《文苑英华辨证》,提出了许多校书的类例。宋朝的学者对印本书都不大信任,往往指摘其妄改之弊,认为不如写本书可靠。如张淏《云谷杂记》卷四说:

近日闽中书肆刊书，往往擅加改易，其类甚多，不能悉记。今姑取一二言之：睦州，宣和中始改为严州，今所刊《元丰九域志》乃径易睦州为严州。又《广韵》"桐"字下注云："桐庐县在严州。"然易去旧字，殊失本书之旨，将来谬乱书传，疑误后学，皆由此也。

宋代印本书的错误，有的出于妄校擅改，有的出于传抄翻刻的失误，因此前人屡有宋本书也不可尽信的告诫。然而比起明代人刻的书，妄校擅改的错误还是少一些，因为宋代的学者很注意校勘。对于不同版本的异文，校刻者提倡并存不废的校勘法。这不失为一种严谨的态度。如王□《王氏谈录》说：

公（王洙）言校书之例，它本有语异而意通者，不取可惜，盖不可决谓非昔人之意，俱当存之，如注为一云、一作（一字以上谓之一云，一字谓之一作）。公自校杜甫诗，有"草阁临无地"之句，它本又为"荒芜"之"芜"。既两存之，它日有人谓"无地"字以为无义，公笑曰："《文选》云：'飞阁下临于无地。'岂为无义乎？"

陆游《跋家藏造化权舆》也说：

右《造化权舆》六卷，楚公旧藏，有九伯父大观中题字。淳熙壬寅，得之故第废纸中，用别本雠校，而阙其不可知者。两本俱通，亦具疏于下。（《渭南文集》卷二十七）

"两本俱通"的文字一起抄入底本,这就是一种"考异"式的校勘。较早采用这种校勘法的代表作如宋人汪藻的《世说新语考异》,把不同版本的文字合在一起,而用阴文字或黑圈符号作为区别,其体例是:

> 今取前篇正文所有而此篇所无者以白字别之,其用字不同者以注白字别之。此篇所有而前篇所无者以黑圈别之。

他用不同符号来表示两种版本的差异,就是一种死校法。这在校勘学上是一大进步。

做得更为周密的还有方崧卿的《韩集举正》,校刻者采用多种版本的韩愈文集互校,对异文作了几种不同的处理:

> 当刊正者以白字识之,当删削者以圈毁之,当增益者位而入之,当乙者乙而倒之,字须两有而或当旁见者则姑注于其下,不复标出。

方崧卿在刻本上加了几种符号,表示哪个字是当补当改的,哪个字是当删的,还有在注文里标明异文的。我们今天在排印书上加方括号表示当增、加圆括号表示当删的校勘符号,就是从这种校勘法承袭而来的。《韩集举正》对异文作了选择判断,哪个字当改当删,表明了校勘者的态度。这就不是机械的死校,也不是简单的活校了。

朱熹的《韩文考异》又在《韩集举正》的基础上作了进一步的加工,也对各本的异文作了不同的处理,作了详细的校记,列举各本的异同,又表明了校勘者的取舍抉择。这就为后世考异式的校勘法创立了完善的体例。朱熹对于中国校勘学的发展是有重大贡献的。《韩文考异》是古书校勘工作的一个里程碑,表示了宋代校勘方法的进展。朱熹对校书有丰富的实践经验。他在《答许顺之》的信中论校书方法说:

> 但且据旧本为定。若显然谬误,商量改正不妨。其有阙误可疑,无可依据者,宁且存之以俟后学,切不可以私意辄有更改。盖前贤指意深远,容易更改,或失本真,以误后来。其罪将有所归,不可容易,千万千万!旧来亦好妄意有所增损,近来或得别本证之,或自思索看破,极有可笑者。或得朋友指出。所幸当时只是附注其傍,不曾全然涂改耳。亦尝为人校书,误以意改一两处,追之不及,至今以为恨也。(《朱文公文集》卷三十九)

朱熹的切身体会,深知其中甘苦,很值得我们古籍整理出版工作者借鉴。朱熹在《书韩文考异前》还提出:

> 故今辄因其书(指《韩集举正》)更为校定,悉考众本之同异而一以文势义理及他书之可验者决之。苟是矣,则虽民间近出小本不敢违;有所未安,则虽官本、古本、石本不敢信。又各详著其所以然者,以为《考异》十卷,庶几去取之未善者,览者得以参伍而笔削焉。(《朱文公文集》卷七十六)

朱熹校书的确非常严谨,既作了明确的按断,又详著各本异同,使后之览者可以覆核参考。他对于版本的取舍惟求其是,而不偏信官本、古本,已经兼取了死校、活校两者的长处,而避免了两者的偏颇。他提出了一系列比较完整的理论,较之欧阳修校韩文之偏信石本就跨前了一大步。

这种"考异"式的校本确是详备可信,但是文字繁富,刻板费事,因而不易推广。有的删并为正文的附注,湮没了不同版本的源流。如洪兴祖的《楚辞考异》,现已分散在《楚辞补注》的各句之下,所存的恐怕只是少数残文了。

明朝人刻书很粗率,不仅不作认真的校勘,而且往往逞臆改字,造成混乱,历来受到许多学者的批评。顾炎武曾深恶痛绝地指出:

> 万历间人多好改窜古书,人心之邪,风气之变,自此而始。……又近日盛行《诗归》一书,尤为妄诞。魏文帝《短歌行》:"长吟永叹,思我圣考。""圣考",谓其父武帝也,改为"圣老",评之曰:"圣老字奇。"《旧唐书》,李泌对肃宗言:天后有四子,长曰太子弘,监国而仁明孝悌。天后方图称制,乃鸩杀之,以雍王贤为太子。贤自知不免,与二弟日侍于父母之侧,不敢明言,乃作《黄台瓜辞》,令乐工歌之,冀天后悟而哀愍。其辞曰:"种瓜黄台下,瓜熟子离离。一摘使瓜好,再摘使瓜稀,三摘犹尚可,四摘抱蔓归。"而太子贤终为天后所逐,死于黔中。其言四摘者,以况四

子也。以为非四之所能尽,而改为"摘绝"。此皆不考古而肆意之说,岂非小人而无忌惮者哉!(《日知录》卷十八《改书》)

鲁迅也曾说:

明末人好名,刻古书也是一种风气,然而往往自己看不懂,以为错字,随后乱改。不改尚可,一改,可就反而改错了,所以使后世的考据家为之摇头叹气,说是"明人好刻书而古书亡"。(《准风月谈·四库全书珍本》)

清朝人整理古籍是有很大成绩的,然而作为最大工程的《四库全书》在校勘上却偷工减料,无所贡献,比起宋朝人校书的认真态度,只能说是退步了。首先是不重视版本,《四库全书总目》对于底本往往只说明是从哪里采进的,而不说是什么时代什么人的刻本。其次是一般都不作版本校。《四库全书》的几次校勘都作得很草率,因此屡次被乾隆皇帝处罚。然而乾隆皇帝只能在通读中根据上下文义来发现错误,而奉命复校的官员又限于时日,根本不可能作认真的对校。他们所作的考证大多数是凭直觉的判断,用了一些他校法和对校法,真正考证的功夫并不多。王太岳等编的《四库全书考证》里所汇录的考证总数不少,但对于多数书来说,不过寥寥几条而已。最后,则是乱改原书。正如鲁迅在《四库全书珍本》里说的,"那原本就有无意的错字,有故意的删改"。其中故意的删改,鲁迅先生在《谈"激烈"》里举出了《鸡肋编》的一些实例《而已集》），张元济先生在《嵩山文集》的题跋里也举出了一些实例，陈垣先生在《旧五代史辑本发覆》里又举出了不少实例，那都是涉及政治原因的。至于一般校勘上的问题，我还可以举一个非常新奇有趣的例证。《分门古今类事》的《十万卷楼丛书》本第六卷《群玉仙籍》条，其中一段有缺字，原作：

> 益□□□□□高卧伊洛，国之故老，岂其仙也？
> 公曰□□□□台贞人，况有寿，年九十三方还昆府。

《十万卷楼丛书》本的底本是蜀本，《四库全书》本的底本也是蜀本，但缺字都补上了。前面六个缺字文渊阁本作"曰诸公出入廊庙"七个字，文津阁本作"曰丞相苏易简"六个字；后面四个缺字文渊阁本作"真仙者皆玉"五个字，文津阁本作"苏公乃丹"四个字。到底是哪一本对呢？本书原注出《青琐》，取校今本《青琐高议》前集卷二《群玉峰仙籍》条，前六字作"曰丞相富公弼"，后四字是"富公自是昆"五字。富弼和苏易简两人不同，必有一误。按富弼本是河南人，熙宁五年致仕后确曾归洛养疾，与本书"高卧伊洛，国之故老"等话相合。苏易简卒年仅三十九岁，显然不合。还有令人奇怪的是《丛书集成》根据《十万卷楼丛书》排印的本子又分别补上了"曰某黼黻庙堂"和"某固是玉"十个字，不知又是根据什么版本来的。按理说，《分门古今类事》引自《青琐高议》，《青琐高议》现有传本（不全），如果要作他校的话，就应该拿原书来校补，否则应该照样保持缺文。可是竟出现了如此迥然不同的异文，恐怕都出自校书者的随意臆改。这显然违背了古人校书阙疑的传统。

《四库全书》的纂修，在校勘上贡献不多，然而对古籍整理还是起了推动作用，更推动了学者个人校书的风气。清代的校勘学大为发达，主要表现于两个方面。一是注重版本。清代藏书家很多，古本、珍本逐渐集中到少数藏书家手里，他们对版本的研究比前人深入了。一是注重小学，结合文字、音韵、训诂的综合研究，对古书理校的水平大大提高了。所以郭嵩焘在王先谦校本《郡斋读书志序》中说：

> 自乾隆盛时，表章六籍，老师大儒，承风兴起，为实事求是之学。其间颛门名家言考据者又约有三途：曰训诂，研究文字，辨析毫芒；曰考证，循求典册，穷极流别；曰雠校，搜罗古籍，参差离合。三者同源异用，而各极其能。

校勘学和训诂、考证相结合，发展到了一个新的阶段。然而在改字问题上又有两种不同的意见，一派以段玉裁为代表，主张要定其是非。他在《与黄荛圃论孟子音义书》中说：

> 凡宋版古书，信其是处则从之，信其非处则改之。其疑而不定者，则姑存以俟之。不得勿论其是非，不

敢改易一字,意欲存其真,适滋后来之惑也。(《经韵楼集》卷四)

又在《答顾千里书》中说:

　　夫校经者,将以求其是也。审知经字有讹则改之,此汉人法也。汉人求诸义而当改则改之,不必有其左证。自汉而下,多述古人,不敢立说擅改,故博稽古本及他引经之文,可以正流俗经本之字则改之。……故刊古书者,其学识无憾,则折衷为定本以行于世,如戴东原师之《大戴礼》《水经注》是也;其学识不能自信,则照旧刊之,不敢措一辞,不当掎摭各本侈口谈是非也。(《经韵楼集》卷十一)

另一派以顾广圻为代表,提倡"不校校之",可以说是慎于改字。他在《思适寓斋图自记》中说:

　　故子才之不校,乃其思。不校之误使人思,误于校者使人不能思。去误于校者而存不校之误,于是日思之,遂以与天下后世乐思者共思之,此不校校之者之所以有取于子才也。(《思适斋集》卷五)

又在《礼记考异跋》中说:

　　毋改易其本来,不校之谓也。能知其是非得失之所以然,校之之谓也。(《思适斋集》卷十四)

顾广圻主张谨慎,他所说的"不校",实际上只是不改字。他要"知其是非得失之所以然",还是要校、要思。段玉裁的主张比较激进,力求"当改则改之"。看起来似乎和顾广圻截然不同,实际上也不赞成随便改字的。他说:"校定之学识不到,则或指瑜为瑕,而疵颣更甚,转不若多存其未校定之本,使学者随其学之浅深,以定其瑜瑕,而瑜瑕之真固在。"(《经韵楼集》卷八《重刊明道二年国语序》)段玉裁认为校勘的目的是"求其是",如果确知经字有讹就应当改正。不过他又说,必须像他老师戴震那样"学识无憾"才可以"折衷为定本","学识不能自信"则只能"照旧刊之","不若多存其未校定之本"。段玉裁和顾广圻两人在具体的学术问题上确有不同见解,而且还有一些是意气之争。但在校勘上都提倡以"善思为适",都反对擅改古书。在这一点上是相同的。

归纳宋代以来前人的经验教训,共同的一条还是要慎于改字。不论死校、活校,或偏重于版本的对校,或偏重于文义的理校,首先要有客观的依据,不能主观臆断。改字必须郑重,一定要说明理由,主要的一条是要尽量保存底本的原貌,如果改字,应当用校记或其他方式说明原本为何和改正的依据,即使改错了,读者还可以找出根源,把它改回来,这样就可以避免"书坏于校"的弊病了。

再结合我们今天的实际,申述几点粗浅的意见。

一、从校勘古书的目的说,应该是"求是"。因此我们赞同"活校"派所主张的,"错举他刻,择善而从","改其误字,补其阙文",力求做到如段玉裁所说的"折衷为定本以行于世"。

二、"择善而从"，首先要定是非。而校书之难，就难在定是非，如段玉裁《与诸同志书论校书之难》所说："校书之难，非照本改字不讹不漏之难，定其是非之难。"（《经韵楼集》卷十二）只有定了是非，才能决定取舍。因此改了字原则上都应出校，以便读者以及后来的校勘者进行覆核。目前新出版的古籍整理本，改字改对的还是多数，但改错了的也时有发现。有些书读者没有条件覆核不同版本，即使有错也很难发现。有些整理本是附加校记的，改错了字还可以追根溯源，找出原因；有些书不附校记，错了就很难找出它的失足之处了。因此，改字而加校记是宋代以来校勘学的一条基本经验，应该坚持。

三、不同版本可能有很多异文，有的义得两通，有的难以判断是非，是不是都要写入校记，或者说哪些应该写入校记，哪些不必写入校记，是一个非常难以掌握的问题。甚至有些异文，校勘者已经确认底本不误而他本误的，也可能有参考价值，不一定就毫无可取。从理论上说，"考异"式的校本详尽地胪列各本异文，又充分运用了对校、本校、他校、理校的各种手段，给读者提供了丰富的信息和第一手资料，应该说学术价值最高。但是从实践上看，我们不必要也不可能对所有的新印古书都作这样详尽的"考异"本，只能对少数价值较高而版本很多、问题也很多的书才作"考异"式的详校本，大量的书还是应该作经过选择、加以按断的校定本。也许，随着资料的不断发掘和传播手段的不断更新，古书的详校本将会越来越多，这也是可以想见的。有些书根据读者对象不同而有详略互异的各种校本，当然更是不言而喻的了。

四、从校勘的方法说，首先还是要重视以版本为依据的对校、本校和他校，对于理校则一定要慎之又慎。前人在古书的理校上是作出了重大贡献的，但不一定都是定论。我们今天很少能像戴震那样"学识无憾"的，因此在整理古书时还是慎用理校法为好。正如陈垣先生在《校勘学释例》中指出的："故最高妙者此法，最危险者亦此法。……若《元典章》之理校法，只敢用之于最显然易见之错误而已，非有确证，不敢借口理校而凭臆见也。"例如一向以"不校校之"为标榜的顾广圻，曾在《资治通鉴》卷二六二的胡三省注文中把"不行"改成"不能"，以致改变句读而与原意相反。因此陈垣先生说："鄱阳胡氏复刻《通鉴》，主其事者为顾千里，著名之校勘学者也，而纰缪若此。夫无心之失，人所不免。惟此则有心校改，以不误为误，而与原旨大相背驰。"（《通鉴胡注表微》校勘篇第三）这一点很值得我们引以为鉴。

为了说明这一点，不妨再举一两个实例来看。例如有一位学者在《重印本〈太平广记〉疑误》一文中，从文义上指出了《太平广记》书里的许多错字，绝大多数都是可信的，但有一条《太平广记》原文作："状元已有人。此外可副军容诣。"校读者说："按：'诣'当为'请'，与'副'相应。"（《古籍整理出版情况简报》第 132 期）这一条出自《摭言》，覆核以今本《摭言》卷九，原作："状元已有人，此外可副军容意旨。""诣"实为"意旨"二字之讹,并不作"请"。可见如果有书可以作对校或他校的,首先还是应该校原书。

又如另一位学者在《〈明清民歌时调集〉校勘的失误》一文中,也是用理校法指出书中有不少"明显的错误",如原书页一八三"团圆儿共一篓",校读者说:"当是一搂,言情人拥抱。"(《古籍整理出版情况简报》第 224 期)但原歌题作《叶》,上文列举了柳叶、藤叶、竹叶、红叶、荷叶,最后一句是:"怎能似茶(引者按:与茶通)叶儿和你团圆也,团圆共一篓。"这里的"篓"就是装茶叶的器具,谐音作"搂",因此不能说是错字。又原书页四○五:"你阿有萧山? 阿有富阳?"校读者说:"两个'阿'都是'可'字之误,是问可有萧山和富阳造的纸。"(同上)按:山歌用的是吴语方言,在吴语里"阿"是一个疑问词,根本不需要改成"可"字。校读者不懂吴语,因此把吴歌里的许多方言词都当作错字了。像这样的理校法,如果作为一种质疑和探讨,问题还不大,如果真用来整理古书,那就是很危险的事。因此,当我们"学识不能自信"时,还是应该以对校法为主,慎用、少用理校法,那么也许可以做到"刻鹄不成尚类鹜"了。

当然,校勘的方法应该根据具体对象,因书而异。像敦煌写卷那样的书,错字缺文很多,异体字又不少,有的遗书并无别本可校,不能不以理校法为主。正因如此,所以敦煌变文和敦煌诗歌的辑校本,补校和勘误的论著日出不穷,也是不足为怪的。

　　前人或批评死校法"芜颣而无所发明"，或批评活校法"专擅而妄改古书"，不免各执一偏。我们主张博采众长而去其偏弊。在校勘的目的上应该采取活校派的积极态度，择善而从，惟求其是；在校勘的方法上要更多地学习死校派的严谨作风，务存其真，以善思为适。"求是"和"存真"本来应该是统一的，但任何人都可能有"自以为是"的时候，所以还要强调存真。当然，所谓"存真"也不是绝对的，即使作者的原稿也会有资料性或技术性的错误，校书者也不能熟视无睹，不过这主要属于考证和注释的范围了。我们力求克服主观主义的臆断妄改，又要防止客观主义的存而不论。为了谨慎从事，恐怕只能首先判断两类显然易见的错误，一是底本上显然易见的错误，积极地加以改正；一是别本上显然易见的错误，就不必一一入校。至于不易判定是非得失的异文，则只能根据书的具体情况及读者对象而斟酌去取，出校的详略，不必强求一致。在这方面，只能信任校勘者个人的判断。至于判断的是非得失，那就是一个实践的问题了。古籍的校勘成为一门学问，正由于它不同于机械的校对，因此不能用一个统一的标准来确定每一种书的校勘体例。这也是不言自明的。

（原载《传统文化与现代化》1993年4期）

鲁迅论古籍整理

一　论版本

整理古籍必须鉴别版本的真伪和优劣,这是最基本的工作。而版本的真伪和优劣,又是需要经过认真的、仔细的研究才能得出结论的。如果只凭书目著录或藏书家的题跋而不作切实的调查研究,往往会流于沿袭旧说,人云亦云,从而得出错误的结论。

鲁迅先生早年曾致力于中国小说史的研究,对古代小说作了精密的辑录和校订,因此对古代小说的版本有深刻的了解。他早在 1922 年写过一篇《破〈唐人说荟〉》,指出这部书的不可信:

> ……我们要看唐人小说,实在找不出第二部来了。然而这一部书,倘若单以消闲,自然不成问题,假如用作历史的研究的材料,可就误人很不浅。我也被

这书瞒过了许多年,现在觉察了,所以要趁这机会来揭破它。

鲁迅正因为对唐代小说作了深入的研究,才觉察到了《唐人说荟》的误人不浅。他列举了这部书里那些胡闹的例子,一是删节,二是硬派,三是乱分.四是乱改句子,五是乱题撰人,六是妄造书名而且乱题撰人,七是错了时代。接着指出:

> 然而这胡闹的下手人却不是《唐人说荟》,是明人的《古今说海》和《五朝小说》,还有清初的假《说郛》也跟着,《说荟》只是采取他们的罢了。……

最后还给读者介绍了收集古代小说较全的《太平广记》,这部书的好版本并不易得,但它有取材完备和分类清楚两大好处,比那些丛书可靠。鲁迅评价古书的好坏,首先是从书的内容上着眼的。至于刻本的早晚和个别字句的出入,还是其次的问题。

正由于鲁迅深恶痛绝明清人刻书的胡闹作法,又出于对唐人小说的爱惜,他发愿重新编辑一部《唐宋传奇集》。鲁迅在《唐宋传奇集》的序例里又着重说明:

> ……顾复缘贾人贸利,撮拾雕镂,如《说海》,如《古今逸史》.如《五朝小说》,如《龙威秘书》,如《唐人说荟》,如《艺苑捃华》,为欲总目烂然,见者炫惑,往往妄制篇目.改题撰人,晋唐稗传,黥劓几尽。……昔尝病之,发意匡正。先辑自汉至隋小说,为《钩沉》

五部讫；渐复录唐宋传奇之作，将欲汇为一编，较之通行本子，稍足凭信。

后来，1935年鲁迅又在《书的还魂和赶造》里提到：

> 但丛书也有蠹虫。从明末到清初，就时有欺人的丛书出现。那方法之一，是删削内容，轻减刻费，而目录却有一大串，使购买者只觉其种类之多；之二，是不用原题，别立名目，甚至另题撰人，使购买者只觉其收罗之广。如《格致丛书》，《历代小史》，《五朝小说》，《唐人说荟》等，就都是的。现在是大抵消灭了，只有末一种化名为《唐代丛书》，有时还在流毒。

为什么鲁迅一而再、再而三地对《唐人说荟》等书进行揭发呢？就因为这些书确实误人不浅，而且流毒一时消除不了。可惜的是，鲁迅当年辛勤研究的成果和反复叮咛的说明，竟然不为人所承认，或者还不为人所知。直到最近，还有一些学者，在学术论著中仍然信以为真地称引李景亮的《人虎传》，李朝威的《柳参军传》，顾复的《袁氏传》，孙颀的《幻异志》等，实际上都属于妄制篇目、改题撰人之列，大概就是上了《唐人说荟》之类的当。

鲁迅对于《四库全书》也作了多次的剖析揭露。他在1925年写的《这个与那个》中指出：

> 现在中西的学者们，几乎一听到"钦定四库全书"这名目就魂不附体，膝弯总要软下来似的。其实呢，书的原式是改变了，错字是加添了，甚至于连文章

都删改了，最便当的是《琳琅秘室丛书》中的两种《茅亭客话》，一是宋本，一是四库本，一比较就知道。

1927年，在《谈"激烈"》一文中又作了补充：

> 清朝人改宋人书，我曾举出过《茅亭客话》。但书在《琳琅秘室丛书》里，现在时价每部要四十元，倘非小阔人，那能得之哉？近来却另有一部了，是商务印书馆印的《鸡肋编》，宋庄季裕著，每本只要五角，我们可以看见清朝的文澜阁本和元钞本有如何不同。今摘数条如下：
>
> "燕地……女子……冬月以括蒌涂面，……至春暖方涤去，久不为风日所侵，故洁白如玉也。今使中国妇女，尽污于殊俗，汉唐和亲之计，盖未为屈也。"（清人将"今使中国"以下二十二字，改作"其异于南方如此"七字。）……

此后，1933年又在《四库全书珍本》一文中提到：

> 明末人好名，刻古书也是一种风气，然而往往自己看不懂，以为错字，随手乱改。不改尚可，一改，可就反而改错了，所以使后来的考据家为之摇头叹气，说是"明人好刻古书而古书亡"。这回的《四库全书》中的"珍本"是影印的，决无改错的弊病，然而那原本就有无意的错字，有故意的删改，并且因为新本的流布，更能使善本湮没下去，将来的认真的读者如果偶尔得到这样的本子，恐怕总免不了要有摇头叹息第二回。

鲁迅在《四库全书珍本》这篇文章里谈到了"善本"和"珍本"的区别问题。他认为所谓"珍本",不过是以"钦定"二字作为标榜,其实却是弊病很多;而"善本"的要求则是"合于实用"。可见鲁迅所认为的"善本",不是什么孤本秘笈、宋刊元椠,而是以有没有经过删改、错误多少来衡量的。这对于我们整理出版古籍很有指导意义。历来对于善本书的概念有不同的理解,有的强调刻版年代早,有的重视传本少,其实还需要作具体的分析。我们对于孤本、古本是要给予充分估价的,但首先要看书的内容。有的古本篇目多、错字少,有的孤本保存了罕见的资料,的确应该看作善本,但并不一定都是如此,有的只能作为"珍本"加以保藏和用作参考,并不实用,就不能说是真正的善本。按理说,我们今天经过认真的校勘、标点以及注释的新版本,才是真正的善本,应该超过以往的各种刻本。尽管现在由于我们工作中的缺点和疏忽,还不能做到完全消灭差错,还有这样那样的不足,但大部分新版本是可以凭信的,是可以取代旧版本的。除了《四库全书》所独有的孤本,我们完全可以用更好的版本来取代它。例如经过校点的《二十四史》,就比殿本二十四史的质量高出不知多少,我们就没有必要再去重印《四库全书》本了。像王云五那样一集又一集地重印《四库全书珍本》,还是如鲁迅所说,那是官商的生意经,因为,"生意总可以比'善本'好一些"。

1934 年,鲁迅在《买〈小学大全〉记》里又提到,"如钦定四库全书,于汉人的著作,无不加以取舍,所取的书,凡有涉及金元之处的，又大抵加以修改，"作为定本"。之后，又在《病后杂谈之馀》里更尖锐地指出：

> 现在不说别的，单看雍正乾隆两朝的对于中国人著作的手段，就足够令人惊心动魄。全毁，抽毁，剜去之类也且不说，最阴险的是删改了古书的内容。乾隆朝的纂修《四库全书》，是许多人颂为一代之盛业的，但他们却不但捣乱了古书的格式，还修改了古人的文章；不但藏之内廷，还颁之文风颇盛之处，使天下士人阅读，永不会觉得我们中国的作者里面，也曾经有过很有些骨气的人。（这两句，奉官命改为"永远看不出底细来"。）

> 嘉庆道光以来，珍重宋元版本的风气逐渐旺盛，也没有悟出乾隆皇帝的"圣虑"，影宋元本或校宋元本的书籍很有些出版了，这就使那时的阴谋露出了马脚。……

> 新近陆续出版的《四部丛刊续编》自然应该说是一部新的古董书，但其中却保存着满清暗杀中国著作的案卷。……

下面引了《容斋随笔》、《嵩山文集》的四库本和别本作为对比，列举许多实例，揭穿了清朝皇家纂修《四库全书》的政治目的。最后说：

> 清朝的考据家有人说过，"明人好刻书而古书亡"，因为他们妄行校改。我以为这之后，则清人纂

修《四库全书》而古书亡，因为他们变乱旧式，删改原文；今人标点古书而古书亡，因为他们乱点一通，佛头着粪：这是古书的水火兵虫以外的三大厄。

鲁迅如此不厌其详地反复揭露《四库全书》删改古书的隐秘，除了当时有现实的战斗作用之外，也是对《四库全书》本身的公正评价，是对清朝官方古籍整理工作的严肃批判。鲁迅一贯不迷信孤本秘笈，也不盲从藏书家的考证题跋，而是对古书进行认真的校勘考订，作出实事求是的估价。对古书的编纂整理，必须严肃认真，一丝不苟，像《四库全书》那样"变乱旧式，删改原文"，只是对古书的捣乱和破坏。我们今天从事古书的整理出版工作，也应引以为戒，决不能因为某种政治目的而删改古书。对于古籍，可以进行科学的批判，但不能也不必修改，因为那是历史的遗迹。如果由于特殊的原因而不得不加以删节，也应该在前言后记中作出必要的说明。偷天换日，越俎代庖，替古人改文章，实在是不足取的做法。

　　鲁迅自己对版本的选择是很注意的。他曾对《嵇康集》的各种版本作了精细的校勘。在校正本书的基础上写了《嵇康集跋》、《嵇康集逸文考》、《嵇康集著录考》、《嵇康集序》，最后写成了《嵇康集考》。鲁迅对嵇康集的版本作了认真的分析比较，认为吴宽丛书堂钞本是最好的本子："黄省曾本而外，佳本今仅存丛书堂写本。不特佳字甚多，可补刻本脱误；曰《嵇康集》，亦合唐宋旧称，盖最不失原来体式者。"（《嵇康集考》）这个钞本所以说是佳本,就因为它"佳字甚多",可以据以校正刻本的错误;又较多地保存了原书的格式。所以他在《嵇集集跋》里作出判断说:"中散遗文,世间已无更善于此者矣。"鲁迅所说的善本,于此可以得到具体的印证。

《唐人说荟》和《四库全书》给我们提供了反面的例证,《嵇康集》给我们提供了正面的例证。怎样鉴别版本,我们从鲁迅先生的论述中,是可以得到很多启发的。

二　论校勘

校勘和版本的选择是密切联系的。一个版本的好坏往往决定于刻印者的校勘水平,而一个版本到底好不好,还要经过读者的再校勘才能确定。对于古籍整理工作者来说,在选择一个底本之前就要先进行一番校勘,在确定底本之后更要进行仔细的校勘。鲁迅先生对古书的校勘工作是非常重视的,他在论版本问题时就一再提到校勘的重要,对于粗制滥造地重印古书表示了极大的愤慨。他在《所谓"国学"》一文中曾批评了当时翻印古书的恶劣作风:

> ……至于这些"国学"书的校勘,新学家不行,当然是出于上海的所谓"国学家"的了,然而错字迭出,破句连篇(用的并不是新式圈点),简直是拿少年来开玩笑。这是他们之所谓"国学"。

后来在《望勿"纠正"》中又指出了当时校改旧小说的弊病:

> 《花月痕》本不必当作宝贝书,但有人要标点付

印,自然是各随各便。这书最初是木刻的,后有排印本;最后是石印,错字很多,现在通行的多是这一种。至于新标点本,则陶乐勤君序云:"本书所取的原本,虽属佳品,可是错误尚多。余虽都加以纠正,然失检之处,势必难免。……"我只有错字很多的石印本,偶然对比了第二十五回中的三四页,便觉得还是石印本好,因为陶君于石印本的错字多未纠正,而石印本的不错字儿却多纠歪了。

接着鲁迅举出了几个原来不错而被改错了的例子,然后说:

我因此想到一种要求,就是印书本是美事,但若自己于意义不甚了然时,不可便以为是错的,而奋然"加以纠正",不如"过而存之",或者倒是并不错。

这个要求并不很高,也许可以说是印古书的起码要求。如果自己对原文的意义还不甚了然,就不要轻易改字,与其把本来不错的字改错,宁可保存原样,让读者自己判断。尤其是在不附校记的情况下,改字更要慎重。校书而妄改原文,不如不校。"明人好刻古书而古书亡"的感叹,就是由此而产生的。这一点很值得我们警惕。因为有意改错是不会的,但限于自己的知识范围,难免会把不错的字当成错的,又轻易加以改正,就造成了新的错误。所以在校勘工作中改字一定要经过认真研究,尽可能写出校记,说明依据,并录存原文,以备复核,即使改错了也不致于泯灭痕迹,贻误读者。

鲁迅自己校过不少古书,用功最深的是《嵇康集》。我们从《嵇康集》的校勘中可以看出鲁迅严肃的工作态度和严谨的工作方法。他在1913年写的《嵇康集跋》里说:

> 原钞颇多讹敚,经二三旧校,已可籀读。校者一用墨笔,补阙及改字最多。然删易任心,每每涂去佳字。旧跋谓出吴匏庵手,殆不然矣。二以朱校,一校新,颇谨慎不苟。第所是正,反据俗本。今于原字校佳及义得两通者,仍依原钞,用存其旧。其漫灭不可辨认者,则从校人,可惋惜也。

这是他对丛书堂钞本进行了认真校勘之后所作出的结论,原钞虽有脱讹,然而保存了不少佳字;旧校虽然作了不少补阙和校改,然而"删易任心",或者反据俗本来改钞本,甚至涂灭了原字,令人惋惜。所以鲁迅的校勘首先是返本还原,力求恢复原文。这并不单纯是为了复古本之旧,而是经过了认真对比之后作出的抉择。于此可以得到一些教训,校勘古书不要轻信别本和盲从前人的校改,更不要漫灭旧文,造成不可弥补的损失。当然,更重要的是要经过比较,作出正确的判断。但是当作不出确切判断时,就该谨慎从事,尽可能保存原貌。

经过了十一年之久,鲁迅又对《嵇康集》作了多次校勘,1924年在《嵇康集序》里进一步说明了校勘的经过和体例:

> ……今此校定,则排摈旧校,力存原文。其为浓

墨所灭,不得已而从改本者,则曰:字从旧校,以著可疑。义得两通,而旧校辄改从刻本者,则曰:各本作某,以存其异。

鲁迅用了黄省曾、汪士贤、程荣、张溥、张燮五家刻本进行校勘之后,又取《三国志》注、《晋书》、《世说新语》注、《文选》李善注和各种总集、类书等所引,一一著其同异;又参考了《全三国文》、《续古文苑》中所收嵇康作品的异文,录存备考,所用校勘资料之广是令人十分惊佩的。他在校正《嵇康集》文字的同时,还广泛地搜集嵇康著作的逸文,并作了认真的考证。大约在写作《嵇康集序》的同时或稍前,鲁迅写了《嵇康集逸文考》和《嵇康集著录考》两篇文章,就是在校勘《嵇康集》的基础上所取得的研究成果,也是为进一步研究和整理嵇康著作所积累的基本资料。

过了两年,鲁迅又一次综合和总结了有关《嵇康集》研究的成果,写出了《嵇康集考》(见《历史研究》1954年第2期)。在《逸文考》、《著录考》的基础上又加了一些案语,并补充了《考目录及阙失》的部分。他说明:"抄本与刻本文字之异,别为校记。今但取抄本篇目,以黄省曾本比较之,著其违异;并以概众家刻本,因众本大抵从黄刻本出也。有原本残缺之迹,为刻本所弥缝,今得推见者,并著之。"这就是在文字异同之外,校比各本篇目的异同存亡,从而考证古本的本来面目。《考逸文然否》这一部分是在广泛搜罗逸文之后,又加以考证,辨别其真伪。这篇《嵇康集考》与《嵇康集》的校记互为补充,相辅相成,是鲁迅长期(约十三年以上)以来校勘《嵇康集》的科学成果。《嵇康集》的校定为我们整理古籍提供了一个典型的范例,从中大致可以得到这样一些启发。

第一,校勘古书一定要详细地占有材料。像《嵇康集》那样选用丛书堂钞本作底本,又用五种不同刻本作了对校,又广泛地采用总集、类书和古籍旧注所引的单篇、残句进行他校,才能博采众长,为读者提供完备的、而又是经过核实的资料。

第二,校勘应该和考证工作结合起来。像《嵇康集》那样在校正文字之外,还对卷数及名称、目录及阙失、佚文然否进行了详细的考证,才能对古籍作出全面的整理。校勘工作不同于机械的校对,就在于它不仅记述文字的异同,而且要作出是非优劣的判断,还要比较篇目的多少,辨别佚文的真伪,并从而考证版本的源流。这是整理一本书的全过程。

第三,校勘古书一定要保持谨严的工作作风,遵守一定的体例。像《嵇康集》那样虽然早经断定丛书堂钞本是佳本,"世间已无更善于此者矣",然而还是要用黄省曾刻本来校补它,使之"兼具二长,乃庶校胜"。鲁迅既作出了抉择,认为原钞的"佳字甚多",所以"排摈旧校,力存原文",同时又参校各本,一一著其异同,"以备省览"。这样既不是客观主义地罗列各本的异文,不置可否,使读者无所适从;也不是简单地择善而从,把义得两通或似是而非的异文一概摒弃,而是兼存了各本的特点,便于读者作进一步的研究。只有古书中常见的通假字和异体字,才不再逐一出校,"以省烦累"。这正是鲁迅借鉴前人旧校的教训,避免了"删易任心"、"灭尽原文"的片面性。

当然,《嵇康集》是一种带有考异性质的集校本,是供研究者参考的,并不是所有的古书都需要作这样详尽的校勘。倘使作为一个比较普及的读本,就可以在校勘之后,提供一个择善而从的定本。如《唐宋传奇集》鲁迅也曾作过比较仔细的校勘,就没有附校记。他在序例中说明:"本集所取文章,有复见于不同之书,或不同之本,得以互校者,则互校之。字句有异,惟从其是。亦不历举某字某本作某,以省纷烦。"对于不同的书,应该采取不同的校勘方法,这是不言而喻的。

三　论标点

现在重印古书,一般总得加上标点。排印书而没有标点,将会令人无法卒读。像《四部备要》那样的号称聚珍仿宋版,虽然保存了一些古书格局,但是也不受读者欢迎了。所以标点是整理古书的一项基本功。鲁迅先生对于古书的标点,曾发表过不少议论,主要是批评当时重印古书的人工作不认真,胡乱标点,贻误读者。鲁迅经常关心古书的校点重印,他说汪原放先生标点和校正的小说,"虽然不免小谬误,但大体上是有功于作者和读者的"(《望勿"纠正"》),对于这样的工作,充分肯定了它的作用。后来,他在《病后杂谈》中提出:"现在的意见,我以为倘有购买那些纸墨白布的闲钱，还不如选几部明人、清人或今人的野史或笔记来印印，倒是于大家很有益处的。但是要认真，用点工夫，标点不要错。"这个要求是很高的，"标点不要错"，这是我们的奋斗目标，但是做起来实在不容易。即使标点者是学有专长的学者，也经过反复推敲，然而印出书来也还难免有一些可议之处，往往还要经过广大读者的纠正和多次的勘误，才能把错误减少到最低限度。可见，"标点古文，确是一种小小的难事"。

由于古书的情况复杂多样，各有特点，想要告诉别人标点应该怎么点，几乎是不可能的；只能用点错了的实例作为教材，告诉别人不该怎么点，倒还可以从中总结一些经验教训。鲁迅在《马上日记》中举过一些标点错误的例：

……那时大概是想要做一篇攻击近时印书，胡乱标点之谬的文章的，废纸中就钞有很奇妙的例子。……

"袁石公典试秦中。后颇自悔。其少作诗文。皆粹然一出于正。"、上海士林精舍石印本《书影》卷一第四叶）

"考……顺治中，秀水又有一陈忱……著诚斋诗集，不出户庭，录读史随笔，同姓名录诸书。"（上海亚东图书馆排印本《水浒续集两种序》第七叶）

标点古文，确是一种小小的难事，往往无从下笔；有许多处，我常疑心即使请作者自己来标

点，怕也不免于迟疑。但上列的几条，却还不至
于那么无从索解。末两条的意义尤显豁，而标点
也弄得更聪明。

引用者按：前面还有两个例子，这里从略了。后两条"意
义尤显豁"的例子，鲁迅并没有指明错在哪里。前一例原
本只是断句，大概"其少作"三字应该连上一句"颇自悔"
作一句读；后一例出于著名学者胡适的著作，在"著……
诸书"中间插上"不出户庭"四字未免奇怪，看来应该把
"不出户庭录"五字标作书名。

后来，鲁迅又在《点句的难》中说：

看了《袁中郎全集校勘记》，想到了几句不关重
要的话，是：断句的难。

……

古文本来也常常不容易标点，譬如《孟子》里有
一段，我们大概是这样读法的："有冯妇者，善搏虎，
卒为善士。则之野，有众逐虎。虎负嵎，莫之敢撄。
望见冯妇，趋而迎之。冯妇攘臂下车，众皆悦之，其为
士者笑之。"但也有人说应该断为"卒为善，士则之，
野有众逐虎……"的。这"笑"他的"士"，就是先前
"则"他的"士"，要不然，"其为士"就太鹘突了[1]。但

─────────

[1]　这种读法最早见于宋刘昌诗《芦浦笔记》，赞同此说的有周密、陆容、
杨慎、李豫亨等人；清人阎若璩不同意这样读法。参看杨树达《古书句读释
例》。

也很难决定究竟是那一面对。

不过倘使是调子有定的词曲，句子相对的骈文，或并不艰深的明人小品，标点者又是名人学士，还要闹出一些破句，可未免令人不遭蚊子叮，也要起疙瘩了。嘴里是白话怎么坏，古文怎么好，一动手，对古文就点了破句，而这古文又是他正在竭力表扬的古文。破句，不就是看不懂的分明的标记么？说好说坏，又从那里来的？

标点古文真是一种试金石，只消几圈几点，就把真颜色显出来了。

鲁迅在这里是有意要讽刺一下某些“反对白话，或并不反对白话而兼长古文的学者们”的，不过还没有举出实例，之后在《骂杀与捧杀》中却点了一下：

人古而事近的，就是袁中郎。这一班明末的作家，在文学史上，是自有他们的价值和地位的。而不幸被一群学者捧了出来，颂扬，标点，印刷，“色借，日月借，烛借，青黄借，眼色无常。声借，钟鼓借，枯竹窍借……”借得他一塌胡涂，正如在中郎脸上，画上花脸，却指给大家看，啧啧赞叹道：“看哪，这多么‘性灵’呀！”……①

后来，鲁迅在《“题未定”草》（六）中又提到了古文的

① 上面这段引文应标点作：“色借日月，借烛，借青黄，借眼，色无常。声借钟鼓，借枯竹窍，借……”

标点问题：

标点古文，不但使应试的学生为难，也往往害得有名的学者出丑，乱点词曲，拆散骈文的美谈，已经成为陈迹，也不必回顾了；今年出了许多廉价的所谓珍本书，都有名家标点，关心世道者怒然忧之，以为足煽复古之焰，我却没有这么悲观，化国币一元数角，买了几本，既读古之中流的文章，又看今之中流的标点；今之中流，未必能懂古之中流的文章的结论，就从这里得来的。

……

例如罢，我买的"珍本"之中，有一本是张岱的《琅嬛文集》，"特印本实价四角"；据"乙亥十月，卢前冀野父"跋，是"化峭僻之途为康庄"的，但照标点看下去，却并不十分"康庄"。标点，对于五言或七言诗最容易，不必文学家，只要数学家就行，乐府就不大"康庄"了，所以卷三的《景清刺》里，有了难懂的句子：

"……佩铅刀。藏膝髁。太史奏。机谋破。不称王向前。坐对御衣含血唾。……"

琅琅可诵，韵也押的，不过"不称王向前"这一句总有些费解。看看原序，有云："清知事不成。跃而询上。大怒曰。毋谓我王。即王敢尔耶。清曰。今日之号。尚称王哉。命抉其齿。王且询。则含血前。淦御衣。上益怒。剥其肤。……"（标点悉遵原本。）

那么，诗该是"不称王，向前坐"了，"不称王"者，"尚
称王哉"也；"向前坐"者，"则含立前"也。而序文的
"跃而询上。大怒曰"，恐怕也该是"跃而询。上大怒
曰"才合式，据作文之初阶，观下文之"上益怒"，可知
也矣。"①

　　纵使明人小品如何"本色"，如何"性灵"，拿
它乱玩究竟还是不行的，自误事小，误人似乎不
大好。……

鲁迅对于这种标点的错误，提出了严肃的批评，指出
"自误事小，误人似乎不大好"，这是从广大读者的要求出
发的。鉴于当时重印古书的工作并没有明确的指导思想，
所以他一再提出"认真读书的人，一不可倚仗选本，二不
可凭信标点"。甚至还不无愤慨地说，"今人标点古书而
古书亡，因为他们乱点一通，佛头着粪"（《病后杂谈之
馀》）。鲁迅先生的有些话，在当时是有为而发的，但它的
基本精神，直到今天对于我们也还有启发作用。整理出版
古书，是要为今天的读者服务的，就应该认真做好标点工
作，不要使读者再发出"不可凭信标点"的慨叹。我们既
不能知难而退，望而却步；更不能掉以轻心，乱点一通。如
果学习了鲁迅那种为读者服务、向读者负责的工作态度，
又对古书"断句的难"作了充分的估计，勤学勤查勤问，做

————————

　　①　据抄本《琅嬛文集》，文中两"询"字均当作"詢"，见《学林漫录》第四
集（中华书局 1981 年版），黄裳《张岱〈琅嬛文集〉跋》。

到像鲁迅所提出的"要认真,用点工夫",那么标点古书的水平总是可以逐步提高的。

　　　　　1981 年为纪念鲁迅诞生一百周年作

　　　　　　（原载《编辑之友》1985 年 1 期）

漫谈古书的标点

标点是当前整理古籍的一项重要任务。古代的版刻书一般没有标点，只有少数书上刻了断句，极少数的书上附有批点。但古人并不是没有认识到标点的作用。早在先秦的《侯马盟书》上就有表示断句的楔形横点，研究者认为这是现见最早的标点符号。秦汉竹简上往往有"𠃌"、"•"等符号，表示停顿或分段。再证以《说文解字》里对"𠃌"、"丶"等字的释义，足以说明汉代已有多种表示句读的符号，不过并不是普遍使用，而是在容易发生歧义的地方用以提示读者注意。古人读经凭经师传授，就包括句读在内，史部、子部的书也是如此。如马融从曹大家受《汉书》句读（《后汉书·班昭传》），高诱从卢君受《淮南子》句读（《淮南子叙》）。可见他们书上的句读是作为家学传授，轻易不能公之于世，所以句读也容易失传。唐以前的写本一般不加句读，只有通俗文学如敦煌写本《维摩诘经讲经文》（文殊问疾）在每一句下空一格表示停顿，大概是为了便于普及而设。但古人读书还是要点的,大多是边读边点,作为一种阅读能力的训练。所以唐人李匡文在《资暇集》中说:"学识如何观点书。"点书需要有丰富的学识,在古人就是如此。

皇家秘府的藏书可能很早就有了句读本。后魏孙惠蔚曾上疏请校补秘书,说:"臣今依前丞臣卢昶所撰《甲乙新录》,欲裨残补阙,损并有无,校练句读,以为定本,次第均写,永为常式。"(《魏书》卷八十四)既然是"校练句读以为定本",那么官府所藏的秘书就应该都已加上句读符号了。在雕版书流行之后,由于刻板的困难,一般还是不加句读的。因而引起一些理解上的分歧,也在所难免。后来对于经书的刻印,就有加圈点的尝试。叶德辉《书林清话》卷二《刻书有圈点之始》说:"刻本书之有圈点,始于宋中叶之后。岳珂《九经三传沿革例》有圈点必校之语[1],此其明证也。"这个说法还可以商讨。相台岳氏的《九经三传沿革例》中明白说到:

> 世所传九经,自监、蜀、京、杭而下,有建安余氏、兴国于氏二本,皆分句读,称为善本。

又说:

> 监、蜀诸本,皆无句读,惟建、监本始仿馆阁校书式,从旁加圈点,开卷瞭然,于学者为便,亦但句读经

---

[1]　相台岳氏刻书采用到了廖莹中刻本,已在岳珂身后,实非岳珂所刻。参看《中国版刻图录》第二九八图的解说。

文而已。惟蜀中字本、兴国本并点注文,益为周尽。

《沿革例》的话有含混的地方,前面说自"监、蜀、京、杭而下……皆分句读",后面则说,"惟建(疑有脱讹)、监本始仿馆阁校书式,从旁加圈点"。到底什么时候开始有圈点本,还不大清楚。据《五代会要》卷八记载:

> 后唐长兴三年(932)二月,中书门下奏,请依石经文字刻九经印板。敕令国子监集博士儒徒,将西京石经本,各以各业本经句度钞写注出,子细看读。然后顾召能雕字匠人,各部随帙刻印板,广颁天下。……

"句度"即"句读",如李匡文《资暇集》说:"点书之难,不唯句度义理,兼在知字之正音借音。"皇甫湜《答李生第二书》说:"读书未知句度,下视服郑。"九经的句度既经国子监召集博士儒徒按所业本经钞写注出,显然就是为了刻板需要而加的。可惜现在见不到五代刻本的九经,无从印证。总之,刻本书之有圈点,可能还早于南宋,所谓"宋中叶之后"的说法未免太泛。至于元明以后,刻书加圈点的就逐渐多起来了。钱泰吉《曝书杂记》载有"元人标点五经"、"四书标点",但未必是刻印时所有的。"标点"一词,始见于《宋史·何基传》。何基的老师黄榦,曾有《勉斋批点四书例》,元程端礼的《程氏家塾读书分年日程》中曾引录其例,除了句读之外,还有点抹。点抹分为红中抹、红旁抹、红点、黑抹、黑点,那是用朱笔、黑笔加在书上的批点,提示义理章法,和标点作用不同。句读例则分别说明句和读两种点法,相当于现代的句号和逗号,而且还举了多种实例,可以看出当时人对于句子的语法概念。尽管宋代的馆阁校勘法,已经规定了:"侧点为句,中点为读,凡人名、地物名并长句内小句,并从中点。"但后世刻书,大多数还是只用句侧加圈表示断句,不分句、读,只有少量刻本加了中点或旁点,至于朱墨套印的批点本,更是罕见的精刻本了。

　　限于板刻的条件,古书多数还是不加圈点。有人为了指明句读的分歧或避免读者的误解,只能用文字来表达。如明焦竑《焦氏笔乘》续集卷五《句读》条说:

> 尝观李彦平读《礼记》,"男女不杂句坐不同句椸枷不同句巾栉不亲授句"程伯淳读《孟子》,"至大至刚以直句养而无害则塞于天地之间"。姚宽读《左氏春秋》,"故讲事以度轨句量谓之轨;取材以章物句采谓之物"。又"闻(晋公子)骈胁欲观句其裸浴句薄而观之"。费补之读《汉书·卫青传》,"人奴之句生得无笞骂即足矣"。杨用修读《史记》,"(高祖)与父老约句法三章耳"。皆妙得古人之旨,是正沿承之误。(标点是引用者所加)

这些地方都只用一个小的"句"字旁注句下,表示停顿(不分句或读),就代替了标点符号。元人杨维桢在自己的文集里间或加几个小"句"字表示断句,以免读者误解,如

《四库总目提要》所指出的:"观其于句读疑似之处,必旁注一'句'字,使读者无所歧误。此岂故为险僻,欲使人读不可解者哉。"清初人钱谦益《跋淳熙九经后》说:

> 淳熙九经,点断句读皆精审。如《论语》:"《书》云句孝乎惟孝句友于兄弟。"又:"甚矣句吾衰也久矣句吾不复梦见周公。"又:"予不得视犹子也句非我也夫句二三子也。"《中庸》:"所求乎子以事父句未能也。所求乎朋友先施之句未能也。"皆与今本迥别,学者宜详考之。(《初学集》卷八十三)

他指出了淳熙九经句读的独特之处,也说明了古书加句读的必要。要不是淳熙九经书上刻有圈点,又怎能知道前人和今人在理解上有什么不同呢。

除了用"句"字表示断句,古人对引文也有加文字说明的。宋吴曾《能改斋漫录》引书都说明以上某人说,例如卷一《廋词》条:

> 《太平广记》引《嘉话录》载:"权德舆言无不闻,又善廋词。尝逢李二十六于马上,廋词问答,闻者莫知其所说焉。或曰:'廋词何也?'曰:'隐语耳。《论语》不曰,人焉廋哉!人焉廋哉,此之谓也。'"已上皆《嘉话》所载。予按,《春秋传》曰:"范文子莫退于朝。武子曰:'何莫也?'对曰:'有秦客廋词于朝,大夫莫之能对也,吾知三焉。'""楚申叔时问还无社曰:'有麦麹乎,有山麹芎乎?'"盖二物可以御湿,欲使无社

逃难于井中。然则廋一字虽本于《论语》,然大意当以《春秋传》为证。东坡和王定国诗云:"巧语屡曾遭蒉苡,廋诗聊复托芎䓖。"(标点据上海古籍出版社1979年新一版,书名号是引用者补加)

吴曾引书加了"已上皆《嘉话》所载"的说明,表示引文的下限,可以说是很精细的了。然而引文中还有对话,引文之后又有作者自己引的书,范文子和楚申叔两件事并不相关,而且并非都出于《春秋传》[①]。如果没有引号,还是分辨不清。可见用文字说明引文的起讫还解决不了多少问题。此外还有用夹注一个"止"字表示引文下限的,如文莹《湘山野录》卷中载吴越王唱《还乡歌》,在歌词末尾注一"止"字。

　　从上面引述的一些事例,就可以说明古书标点是文化学术发展的需要,也是印刷技术进步的产物。清代刻书,除了句读,已有标示人名、地名之类的符号。到了民国初年,随着新文化的兴起和铅字印刷术的运用,才出现了新式标点。1919年,教育部根据国语统一筹备会的议案,颁布了新式标点符号,有句号、点号、分号、冒号、问号、惊叹号、引号、破折号、删节号、夹注号(即括号)、私名号、书名号,共十二种。这套标点符号,就为我们今天所用的标点符号奠定了基础。此后,还有人作了一些补充,如从点号

---

　　① 按前引范文子事实出《国语·晋语》五,楚申叔事见《左传》宣十二年,"申叔时"当作"申叔展"。

"，"分化出一个顿号"、"，专用于比较短暂的停顿。还有人把私名号分析为几种，如我手头有一本 1926 年扫叶山房排印本的《燕山外史》，就用 ＝＝ 表地名，▭ 表国名，——表年号。这种标点符号并没有得到推广。新中国成立之后，1951 年 9 月由中央人民政府出版总署编著并公布了新的标点符号使用法，共有十四种符号。除正式增加了顿号之外，又新增了一种着重号，还有几种符号的名称改变了。新式标点符号是为现代汉语制定的，但是对古代汉语也同样适用，我们标点古书基本上就用这套符号，只在个别地方作了一些变动。目前，为了减少标点、编校、排版工作中的困难，还有相当一部分新印古书没有用全套的标点符号，即省略了专名号，书名号改用《》排在行内。这只能说是权宜之计。

今天我们替古书加标点，当然有许多困难。因为语言文字上有不少障碍，而且不了解作者的原意，只能靠揣摩语气，代古人立言。再说，古书里本来有一些疑义，前人在理解上就有分歧，标点时既不能并存两说，也不能回避矛盾。不像校勘工作，可以只校异同，不定是非，或者只在校记里表示某种倾向性的看法；也不像注释工作，遇到难点可以老老实实地说是"未详'、"待考"，甚至避而不论。从这点上说，标点是古籍整理中最费劲的工作。这里不妨举两个实例来讨论。

《史记·儒林列传》有一段话：

孔氏有古文《尚书》，而安国以今文读之，因以起

其家。逸《书》得十馀篇,盖《尚书》滋多于是矣。(中华书局标点本,1982 年第 2 版 3125 页)

《汉书·儒林传》有相似的话:

> 孔氏有古文《尚书》,孔安国以今文字读之,因以起其家逸《书》,得十馀篇,盖《尚书》滋多于是矣。(中华书局标点本,1962 年第 1 版 3607 页)

两本书的标点不同,表明理解不同,到底哪个对呢? 两种点法似乎都可以讲通,但追究起来,《史记》的点法是有根据的。王念孙在《读书杂志》(《史记》六《因以起其家》条)中提出:"起,兴起也。家,家法也。"他认为应该把"因以起其家"读作一句。王国维《史记所谓古文说》就采取了这个说法(《观堂集林》卷七)。当然,"因以起其家逸书"也可以和孔安国献古文《尚书》一事相联系,解释为把家里的逸书献上皇帝。这本来是一件有争论的疑案,一时不易下结论。

又如《史记·留侯世家》中的一段:

> 张良对曰:臣请藉前箸为大王筹之。曰:昔者汤伐桀而封其后于杞者,度能制桀之死命也。今陛下能制项籍之死命乎? 曰:未能也。其不可一也。武王伐纣封其后于宋者,度能得纣之头也。今陛下能得籍之头乎? 曰:未能也。其不可二也。武王入殷,表商容之闾,释箕子之拘,封比干之墓。今陛下能封圣人之墓,表贤者之闾,式智者之门乎? 曰:未能也。其不可

三也。……

这段文章一共有七个"未能也"，而张良还讲到"其不可八矣。"俞樾《古书疑义举例》举此作为"一人之辞而加曰字例"，认为："此下凡不可者七，皆子房自问自答，至'汉王辍食吐哺，骂曰竖儒'始为汉王语。"（说本阎若璩《四书释地》）这个说法值得参考。从文字来看，写得非常精采，一层层分析，一段段追问，结构严整，不像是当时问答之辞的记录，有可能是司马迁摹仿枚乘《七发》等文而拟写的辞章。但中华书局标点本《史记》并没有采取这个说法，而把七个"未能也"都加上了引号，看作汉王的答话。那样标点当然也不能说错。然而古书里的确是有自问自答之辞的，标点时应该考虑到这种情况。

这两个例子都是比较难处理的问题，如果照自己的理解点了也不算错，所以不妨存疑。目前比较突出的是有许多有书可以查证的问题，我们没有去查，或者不知道怎么去查，因而造成了一些"硬伤"性的错误。新印的古书中，有相当一部分标点错误比较多，其中还有一部分是常识性错误，例如把诗点成了散文，把五言诗点成了七言，把一副对联点成好几截，把常见的人名、书名标错了，对常见书的引文不加查对而随意加上引号，等等，亡羊多歧，不一而足。这些问题经常引起读者的批评，在古籍整理出版规划小组编印的简报上也常有披露。批评对我们的工作是一种促进和鞭策，但收效甚微，新版书上的问题还是日出不穷。这说明我们编辑工作者粗疏轻率，把关不严；另一方面也暴露了当前古籍整理工作中的薄弱环节,人才缺乏,知识结构不完善。

　　古籍整理可以说是一门边缘性的科学,涉及的面很广。除了某一学科的专业知识和古代汉语的修养之外,还需要多方面的历史文化知识。目前老一辈的专家学者大多任务很重,没有馀力从事古书的标点工作。中青年同志一般地知识面较窄,或者说是专业知识太"专",对古代文献缺乏广泛的了解。我们在工作中接触到一些同志,他们学有专长,在专业范围内已有相当的成就,写的论文或专著也有一定水平,但是在古籍整理上却不免捉襟见肘,特别在标点上往往出现一些出人意外的错误,不能反映出他们实有的水平。稍加推究,这不仅是知识局限的问题,而且还有工作作风不严谨的问题。粗疏臆断,掉以轻心,是造成失误的主要原因。有的同志虽然承担了古籍整理的任务,但对标点工作却没有认真对待,不愿全力以赴。这里面有多方面的原因。其中原因之一是学术界不把标点古书看作一项科研成果,而个别整理者自己也不把它当作科研项目来对待。当然,对于古书,也要区分不同的类别和层次,如白话小说和五七言诗之类,就不能和经史文集相提并论。内容比较复杂的书,如果认真对待,精益求精,如尽可能地查对一下可以查到的引文和人名、地名、书名、官名等,点好了,其贡献并不在一篇论文之下。标点古书是"一人劳而众人逸"的美事,可以让更多的读者不必再在"离经辨志"的句读问题上化费许多时间。中国的目录学、版本学是从校雠学分化出来的。尽管至今还有人不承认目录学、版本学的独立地位，认为还应该用校雠学来概举目录、版本、校勘的全部知识，但目录学、版本学终于从附庸而蔚为大国了。现在标点古书还没有成为一门独立的学问，它似乎只是古籍整理的一道基本工序，但随着学术研究的发展，将来未必没有可能会形成一门古书的标点学。从实践提高到理论，是一切科学发展的必由之路。

　　新式标点是二十世纪出现的新事物，给古书加标点是二十世纪古籍整理者的历史任务。十八世纪的学者，在古籍整理上做出了不少贡献，他们主要在校勘和训诂、考证方面开拓了新的领域，达到了一个新的高度。二十世纪的古籍整理，应该在前人的基础上有所发展，首先要在标点上付出努力，认真提高质量，做到有功古人，嘉惠后学。鲁迅曾不胜感慨地说："清朝的考据家有人说过，'明人好刻书而古书亡'，因为他们妄行校改。我以为这之后，则清人纂修《四库全书》而古书亡，因为他们变乱旧式，删改原文；今人标点古书而古书亡，因为他们乱点一通，佛头着粪：这是古书的水火兵虫以外的三大厄。"（《且介亭杂文·病后杂谈之馀》）这在当时是有为而发的，不免有些偏激，但是对我们今天也还有一定的警诫作用。因为，正如中央关于整理我国古籍的指示所指出的：整理古籍，把祖国宝贵的文化遗产继承下来，是一项十分重要的、关系到子孙后代的工作。而标点则是整理的第一关，搞得不好，就难免有厚诬古人、贻误后学之讥。我们对标点古书的意义,对标点古书的难度和目前实际工作中的问题,应该有一个充分的估计,然后才能采取积极措施,进一步提高古籍整理的学术水平。

（原载《古籍整理与研究》1987 年第 2 期）

附记:1996 年 6 月 1 日,国家技术监督局又发布了经过修订的《标点符号用法》,有一些新的规定,以后应以此为准。

又:据陈尚君先生《〈宣室志〉作者张读墓志考释》披露,唐龙纪元年(889)徐彦若撰《张读墓志》碑文中有"句绝"小字夹注。作者在文中自注"句绝"以表断句,我所见似以此文为最早。2017 年 7 月 31 日记。

略谈李善注《文选》的尤刻本 *

　　《文选》是梁昭明太子萧统（501—531 年）所编辑的一部文学总集，在文学史上影响很大。唐代以后，曾被作为学习古典文学的范本。如李善（？—689 年）在《上文选注表》中说："后进英髦，咸资准的"；寺人杜甫也教他儿子要"熟精《文选》理"（《宗武生日》）。因此李善收集了大量资料，为《文选》作注，详尽地注出了语源和典故，从而保存了不少古书佚文，几乎成为《文选》不可分割的部分。它的作用已经超出了解释《文选》字句的范围，而成了研究中国古代文献时常用的重要典籍，所以流传很广，刻本很多。除唐写本之外，宋、元、明、清四代都不止一种刻本。最早的刻本是宋真宗时期的刻本，据《宋会要辑稿》第五十五《崇儒》四之三记载①：

---

　　* 本文与白化文合作。

　　① 这条资料据屈守元先生提示。

（景德）四年八月，诏三馆秘阁直馆校理分校《文苑英华》、李善《文选》，摹印颁行。《文苑英华》以前所编次未精，遂令文臣择古贤文章重加编录，芟繁补阙换易之，卷数如旧。又令工部侍郎张秉、给事中薛映、龙图阁待制戚纶、陈彭年校之。李善《文选》校勘毕，先令刻板，又命官复勘。未几，宫城火，二书皆烬。至天圣中，监三馆书籍刘崇超上言："李善《文选》援引该赡，典故分明，欲集国子监校定净本，送三馆雕印。"从之。天圣七年十一月，板成，又命直讲黄鉴、公孙觉校对焉。

《宋会要辑稿》所说的"二书皆烬"，不知指刻成的木版还是已印成的书。宫城火灾发生于大中祥符八年（1015年），书刻成当在此前。天圣七年（1029年）国子监重刻的《文选》，前面载有刘崇超的奏札，彭元瑞《知圣道斋读书跋》卷二曾有记载，比《宋会要辑稿》所引较详。据彭元瑞《知圣道斋读书跋》卷二记载，他所见宋版《文选》有四种，第一种是国子监刻本，书前载有准敕雕印的公文说："五臣注《文选》传行已久，窃见李善《文选》，援引该赡，典故分明。若许雕印，必大段流布。欲乞差国子监说书官员，校定净本后，钞写版本，更切对读后上版，就三馆雕造。候敕旨。奉敕：'宜依所奏施行。'"（明袁褧翻刻裴本六臣注《文选》亦载此文）这是宋代的第二次刻本。

现在能见到的北宋本，北京图书馆藏有残本二十一卷，另一本存十一卷（我们见到的是傅增湘过录本），共三十二卷。有人根据书中"通"字缺笔避宋仁宗时刘太后父亲名讳,定为天圣、明道间(1023—1035 年)所刻。应该就是天圣七年国子监刻本,可惜不全。

其次为淳熙八年(1181 年)池阳郡斋尤袤刻本。这个版本流传较广,北京图书馆所藏的一部,是现存李注《文选》最完整的宋刻本。此后元、明、清三代所刻印的李注《文选》,都是根据这个尤刻本翻刻的。目前通行的清嘉庆十四年(1809 年)胡克家翻刻的李注《文选》,它的底本就是尤袤刻本。但胡刻的底本是一个屡经修补的后期印本,与尤袤初刻时的原貌稍有不同。北京图书馆所藏的尤刻本,基本上是一个初版的早期印本,但不一定是初印。这个本子,首尾完整,较胡刻本多袁说友的两篇跋(其中一篇是《昭明文集》的跋,因与《文选》同时刻印而误附在后),并附《李善与五臣同异》一卷。目录中有十一页记明为壬子(1192 年)重刊,一页记明为戊申(1188 年?)重刊,一页记明为乙卯(1195 年?)重刊;《同异》中至少有十一页为壬戌(1202 或 1262 年)重刊。但正文六十卷中只有第四十五卷第二十一页为乙丑(1205 年?)补版,这一页和目录、《同异》一样,是用别的后印本配补的。因为从胡刻本就可以看出,乙丑重刻的补版决不止一页,而且在乙丑以前已经有好几次修补,可是在这个尤刻本中却一无所见。再从版面看,重刻的目录、《同异》非常模糊,而初刻的正文部分却比较清晰,显然不是后印本,而是一个初版的早期印本。

尤刻本的印次很多,除了这个本子,还有好几个递修本。胡刻所据的底本,从版心所记的重刻年份看,有丁未、戊申、壬子、乙卯、乙丑、丙寅、辛巳等,它的印刷不能早于辛巳(1221年),也不会晚于景定壬戌(1262年),因为没有发现阮元藏本所有的"景定壬戌重刻"木记(见《揅经室三集》卷四《南宋淳熙贵池尤氏本文选序》)。胡刻除了版心记明重刻年份的叶子,其馀不记重刻年份的各页和尤刻本的刻工姓名也几乎完全不同。如尤刻本第一卷刻工只有刘仲、张宗二人,而胡刻本则有蒋正、蔡胜、曹仪、余仁、潘晖、陈新、刘用、王元寿、曹佾、刘文、翁珍、马才、从元龙等,还有记明"乙丑重刊"的李、甫、吕嘉祥、熊才、仲甫、"乙卯重刊"的刘升,其中除刘用、曹佾、刘升的名字曾见于尤本的其他各卷外,一般都没有出现过。可见胡刻底本与这个尤本的版子绝大部分都不相同,几乎是全部重刻过的。

然而,这个尤刻本会不会是更晚的重刻本呢?如果从补刻的目录、《同异》已很模糊,而不是补刻的正文反而清晰这一点看,很容易令人发生这样的怀疑。但这个疑问可以从刻工姓名上得到解答。尤本的刻工如金大有、曹侃、李彦、刘仲、叶正、刘中、刘彦中、刘用、王明、盛彦、曹佾、唐彬等,都曾于淳熙七年(1180年)参与刊刻《山海经》;其中刘彦中、唐彬、刘用、王明、曹佾等又曾于嘉泰四年(1204年)至开禧元年(1205年)参与刊刻《晋书》(据《中国版刻图录》的记载)。尤本刻工中的李彦、曹申、陈三、

汤执中等，又曾于嘉泰四年（1204年）参与了新安郡斋
《皇朝文鉴》的刻版工作（据《四部丛刊》影印本）。值得
注意的是，尤本刻工记录有姓名的约口十人，开头三卷的
板子多数为刘仲、张宗、王明、李彦四人所刻，刻板技术比
较高明，看来像是老工人先刻的样板。刘仲、李彦可能是
从浙江请去的师傅，因为刘仲曾在临安刻过国子监本《汉
书》的补版，李彦曾在临安刻过《白氏文集》①。以下各卷
参加刻版的工人就多了，其中如刘用、叶正、曹俏、刘升、刘
彦中、盛彦等还先后参加了《文选》的补刻工作（据胡刻
本）。工龄最长的刘用、叶正二人，还曾于宝庆元年（1225
年）去广州参与刊刻了《九家集注本杜诗》②。可见这些工
人主要是在公元十二世纪八十年代到十三世纪二十年代
从事刻书业务的。胡刻底本的补版止于1221年，而更晚
一些，又有阮元所说的"景定壬戌重刻"的后印本出现。
在这中间的四十年里，这些工人是不大可能聚集一起来另
刻一部全新的《文选》的。一部《文选》的屡次修补，反映
了南宋时代皖南地区印刷事业的发展和刻板工人队伍的
壮大。我们今天所说的尤刻本、胡刻本，不过是采用了习
惯的说法，实际上应该说是古代刻板工人集体劳动的成
果。他们对书籍流传、文化发展作出了巨大的贡献，而以

---

　　①②　参考《文物》1962年第1期，宿白《南宋的雕版印刷》一文中例表四、
五。宿文对江南东路与两浙等地刻工互见的统计中也应用到了淳熙八年池州
《文选》，但他根据的是北京大学图书馆所藏绍熙壬子（1192年）重刊本。那本
据计衡跋说，这次重印补刻了三百二十二板，所以和初刻本已有不少出入。

往却很少人注意,如胡本的翻刻者就把版心的刻工姓名全部删去,也就抹掉了研究版本的一个重要依据。我们在这里提出一点线索,试图说明这个尤本确是初刻,并供研究版刻史的同志进一步探讨。

　　既然胡刻底本和尤本的年代相差很远,那么两本文字有所不同,也就不足为怪了。胡克家翻刻尤本时曾请顾广圻、彭兆荪二人作过一番校勘,可能已在底本上直接改正了一些错字,不过还有一些地方却是胡本误了而尤本不误的。哪些是胡刻底本的错误,哪些是胡克家翻刻时造成的错误,现在很难完全弄清楚了。但是有一些地方可以确知是胡刻底本的错误,而胡克家在《考异》中认为是尤袤所改,实际上尤刻初版却并非如此。还是以第一卷为例,看看可以据尤刻以校正胡刻及订补《考异》的地方:

1. 第十一页第十三行(前后两面合计为二十行,注文双行只算一行)注:"容华视真二千石",胡本"容"作"俗",《考异》还说:"袁本、茶陵本'俗'作'容'。案:此尤校改之也。"按:现在见到的尤刻本正作"容",并未校改。

2. 第十一页第十三行注:"充衣视千石",胡本"衣"误作"依"(《考异》已出校)。

3. 第十二页第十八行注:"除太常掌固",胡本"固"作"故",《考异》又说:"袁本、茶陵本'故'作'固'。案:此尤校改之也。"按:"固"与"故"通,但尤本正作"固",并未校改。

4.第二十一页第六行注:"凡人君即位",胡本"凡"误作"见",《考异》无校。

5.第二十四页第四行注:"寝或为裰",胡本"裰"误作"侵"(《考异》已出校)。

6.第二十七页第十二行注:"织袥织缯布也",胡本第二个"织"误作"纠"(《考异》已出校)。

7.第二十八页第五行:"盛哉乎斯代",胡本"代"作"世",《考异》无校。

8.第二十八页第十七行:"图书之泉",胡本"泉"作"渊",《考异》无校。按:以上 7、8 两条尤本避唐讳,较近李善本原貌。

以上各条,尤本与北宋本相同,当然不能说是尤袤校改的。胡克家因为没有见到尤刻的初印本,也没有见到北宋本,只用袁本、茶陵本进行校勘,凡是遇到不同于袁本、茶陵本的地方,往往武断地说是"尤氏校改"。现在尤刻初版已经出现,这些论断就被推翻了。从这一点看,这个尤刻本在文献整理上还是有一定的资料价值的。早在乾隆年间,《四库全书》的纂修官们没有见到宋版的李善注本,采用了一个错误极多的汲古阁本,就轻易地作出结论,说现存的李注本并非原书,而是"从六臣本摘出善注"而成的。殊不知他们所举出的例证,在宋刻本中并不存在。至于文字异同,那么同一个尤刻本还有历次印本的差别。《四库全书》的纂修官也曾引李匡文(原作"义",今依周中孚说订正)《资暇集》的说法,"李氏《文选》,有初注成者,有复注,有三注、四注者",说明唐代就有好多不同的本子。可是他们又根据汲古阁本的一些错误,推论宋代人也"未必真见单行本",那就太武断了。从此以后,许多人沿袭了这种说法,认为现存的李注《文选》并非原本,而是从六臣注中重新摘抄出来的。直到最近,日本的一位汉学家斯波六郎,曾对《文选》的各种版本作了细致的比较,整理了不少有用的资料,可惜他只见到过几页李注《文选》的宋刻本,而且也受了《四库全书总目提要》的影响,认为"真正李善本的完本没有遗留下来"(见《对文选各种版本的研究》,载《文选索引》卷首,1957 年京都大学人文科学研究所版)。他根据旧钞本作校勘的时候,凡遇现存李善本(即胡刻本)和旧钞本不合的地方,都认为不是李善本的原貌。这种看法也是很片面的。旧钞本虽有许多优点,但也不是没有错误。不能说只有旧钞本才保存了李善本的原貌,更不能说明宋代已经没有李善本的完本。北宋早有国子监刻的李注本,如前引准敕雕印的公文所说:"若许雕印,必大段流布。"可见它当时很受人重视。而且李注《文选》见于《崇文总目》和《郡斋读书志》等宋代书目,尤袤的《遂初堂书目》中明明只有李善本和五臣本两种,唯独没有六臣本,当然更不能说他是从六臣注本摘出来的。六臣本什么时候才有刻本,还值得研究。根据现在所见到的材料,最早的六臣本是所谓广都裴氏刻本,于崇宁五年(1106 年)开始刻版,政和元年(1111 年)刻成(见朱彝尊《曝书亭集》卷五二《宋本六家文选跋》)。比起北宋刻李注本来,还要晚好几十年。而且它转录了国子监本的"准敕雕印"公文,更足以说明六臣本的流行在李注本刻印之后。再说,古书在传抄、传刻中难免有些改动,《文选》确实存在李善本与五臣本相混的某些迹象,但不能根据一两点现象就说李善本已经失传,否则就是以偏概全了。又如一向以谨严著称的校勘家顾广圻(为胡克家校刻《文选》的实际负责人),虽曾标榜校书要"不校校之",可是受了形而上学思想方法和资料不足的限制,却匆忙作出判断,认为与袁本、茶陵本不同的文字是出于尤氏校改,就不免失之轻率。胡克家曾见到一个陆贻典校本,过录了尤本的袁说友跋,正好缺了最后一段,至"今亲为雠校有补"而止,就据以推论说:"此跋末言尤之雠校,语虽未竟,而其有所改易,显然已见。"(《考异》末尾附记)其实完全是主观臆测。尤本袁跋的原文说的是"有补学者",怎么能说明"其有所改易"呢[①]!

这个尤刻本的出现,为我们研究《文选》的流传提供了一些新资料。当时,胡克家请了顾广圻等作了精心校刻,限于校勘资料不足,只能用六臣注本来校李善注本,虽然在《考异》中提出了不少正确的见解,但有些问题没有解决,有些判断缺乏根据。我们晚于他们近二百年,却有幸能见到他们所见不到的尤刻初版以及其他古本,这只能

[①]　段玉裁《与陈仲鱼书》曾说《文选考异》"是非皆意必之谈,其谓尤延之所增改,尤多不确"。信中举了一些例子,可以参看。(《经韵楼集》卷十二)

在社会主义时代才能实现。只有在国家重视和保护文物的政策指导下,这些古本才会陆续集中于国家图书馆,真正成为全民的财产。最近中华书局影印了这个尤刻本,更足以说明珍贵文物为人民所有以后,才能为广大读者使用,发挥它应有的作用。以往有不少珍本古籍,由于收藏者秘不示人,结果是泯灭失传,如裴刻本的六臣注《文选》被清朝统治者收入宫廷后已烧为灰烬,汲古阁旧藏宋刻本五臣注《文选》下落不明,都是难以弥补的损失。当然,对于我们来说,要研究《文选》,无论尤刻本还是胡刻本,也无论李善注还是五臣注,都是不够用的,我们需要的是新的校注本,至少要经过认真校勘、标点的新版本。那些古本只能作为研究工作的参考而已。

　　最后还应该提一提的,是尤本附录的《李善与五臣同异》,这是现存唯一的宋刻本。《文选》本书还有好几个后印本,而《同异》则除此之外,只有抄本和翻版了。铁琴铜剑楼原藏的尤刻残本(也在北京图书馆),配有影宋钞本《同异》;陆心源皕宋楼也有一个《同异》的影宋钞本,曾据以刻入《群书校补》;缪荃孙艺风堂有一个影宋钞本《文选考异》,亦即此书(《常州先哲遗书》本大概就是据缪本刻的)。现存宋刻本《同异》是个递修本,而且字迹模糊,还经人用墨笔描改,已非原貌。但是与影宋钞本及翻刻本相较,可以发现它较多地保留了原书的真面目。所谓影宋钞本和翻刻本大概正是从这样一个模糊的印本出来的,不知什么人又对一些辨认不清的字妄加描改,增加了不少新的

错字。宋刻本虽然也有不少字已被描改得面目全非,但是
还有一些字未经描改,有的字还可以透过描改辨认出原
样,而在钞本和翻刻本中就毫无痕迹可寻了。例如第一页
第四行,"五臣作理其",钞本、翻刻本"理"作"择",按:六
臣注本(《四部丛刊》本)校语也说:"五臣作理。"可见作
"理"是正确的。第一页第十一行,"五臣作穷欢",钞本、
翻刻本"欢"作"敬",缺末笔,乍一看是避宋讳,似乎很值
得重视。但六臣注本校语也说:"五臣作欢。"作"敬"是毫
无根据的。第二页第一行,"五臣作新荑",钞本、翻刻本
"荑"作"莫",六臣注本正文作"荑",是从五臣本。校语
说:"善本作雉。"与《同异》相合。"莫"字显然是"荑"字
的形讹。类此情况有数十处,都是钞本误之于前,翻刻本
又沿袭于后。陆心源(《群书校补》的编印者)、缪荃孙
(《常州先哲遗书》的实际编校者)都是精于校勘的藏书
家,可是刻《同异》时却吹嘘所谓影宋钞本,不作认真的比
较核对,以讹传讹,寥寥四十一页的《李善与五臣同异》,
却错误累累,使人完全不能信赖,这很值得我们整理出版
古书时引以为戒。通过对尤刻《文选》的初步校勘,我们
也可以得到一些有益的启示,那就是要详细地占有材料,
进行认真的全面的分析研究,决不能迷信古人和古本,据
以作简单的肯定或否定。对于这个尤刻本《文选》来说也
应该如此。

(原载《文物》1976 年 11 期)

　　本文原载《文物》1976 年 11 期,后来曾作过一点细微的修改。笔者当时所见资料不多,立论不免有偏颇之处。近年《文选》的版本和研究论著日出不穷,有不少新的发现。就中最值得参考的是傅刚先生的《〈文选〉版本叙录》(《国学研究》第五卷)和《〈文选〉李善注原貌考论》(《文史》第五十一辑,2000 年)。旧作仍存原貌,不暇据以修订,仅备查核。2000 年 11 月附记。

《说郛考》评介

陶宗仪编的《说郛》是一部很重要的资料汇辑。它近似丛书而有所删节,《四库全书》列入杂家类的杂纂之属。这种体例大概承传自马总《意林》等书,有人把它看作丛书,实际上所收的书大多数不是全本,往往只摘录一部分,甚至只有一两条。然而陶宗仪当时能见到的旧本古籍比较多,因而在《说郛》中收录了不少罕见的书,保存了一部分有用的孤本或佚文,具有非常高的文献价值,超过了前人所编同类性质的《续谈助》、《类说》等书。《四库全书总目》曾对重编本《说郛》评论说:"断简残编,往往而在;佚文琐事,时有征焉,固亦考证之渊海也。"其实,原本《说郛》的价值比重编本《说郛》还要高得多。张宗祥在重校《说郛》的序言中指出它在版本上之优胜时说:"《事始》、《续事始》世无传本,一善也;《云谷杂记》虽非全本,然较武英殿本已多二十馀条,《意林》世所传皆五卷本,此书所收为六卷本,二善也;《老学庵续笔记》有目无书久矣,《四

库》各阁皆无,此独有之,三善也。"①这也还是只举了几个
比较突出的例子而已。《说郛》一书在目录学、版本学、校
勘学上具有多方面的作用,这是许多文史学者都已注意
到的。

然而,这部书的问题也很多。昌彼得先生所著的《说
郛考》就是一部全面研究《说郛》的力作。他在书中提出
了不少独到的见解,廓清了许多长期令人困惑的疑问。我
读后感到得益匪浅,愿向从事古籍整理的同行们推荐这
本书。

《说郛考》,1979 年台湾文史哲出版社出版,全书 506
页,分上下两篇,上篇为源流考,下篇为书目考,后附《陶
宗仪生年考》、《陶南村先生年谱初稿》,对《说郛》及其作
者的生平都作了详尽的考证。源流考在简要地考述了陶
宗仪生平事迹和《说郛》纂辑过程之后,根据多种钞本、刻
本的比勘,探讨了《说郛》在后世的流传和沿革。最突出
的一点,就是进一步证明了通行的重编本《说郛》确实出
于伪托。关于版本的考辨可以分三方面来说明:

一、对所谓郁文博删校《说郛》的考辨。《四库全书总
目提要》曾引《三馀赘笔》说,"《说郛》七十卷,后三十卷
乃松江人取《百川学海》诸书足之。"现存一百二十卷本有
郁文博序,说传钞的百卷本"其间编入《百川学海》中六十
三事",他认为不宜存此,"于是以其编入者并重出者,尽

---

① 《四库全书总目》有《老学庵续笔记》二卷,但未见其书。

删去之,当并者并之,字之讹缺者亦取著载籍逐一比对,讹者正之,缺者补之,无载籍者以义厘正之。终岁手录,仍编为一百卷。"因此近人都相信郁文博曾对《说郛》作过删校。但昌彼得先生所见的嘉靖间钞本《说郛》,正题"上海后学郁(原讹作都)文博校正",书前并无郁序,而所收之书则与涵芬楼校印的百卷本基本相同。再拿它和左圭《百川学海》相校,互见者凡七十二种,而第六十八卷以后,竟有六十四种见于《百川学海》的书,而且底本完全相同。经过校勘,可以合理地得出结论:"卷六八以后见于《百川》之六十四种,绝非陶氏所辑之原本,而出后人之补辑者。"

再研究卷六十八以后所收各书,一百四十九种中除取自《百川学海》的六十四种外,有八种与卷六十七以前的书重复,十九种系摘录自《绀珠集》,又有六种系明人所著。由此证明《四库全书总目》引《三馀赘笔》所称《说郛》原本仅存七十卷之说,诚非虚语。昌彼得先生得出下列结论说:《说郛》原本百卷,"成化十七年郁文博返乡后,获得其稿,然佚三十卷,于是取《百川学海》等书以足之,自卷六八开始补入。……而将原本卷六八至七十等三卷之书,散列以后各卷。"

莫伯骥《五十万卷楼藏书目录》初编,著录有明刊《说郛》一部,一百卷,前有弘治九年郁文博、杨维桢(一作祯)二序,书作"卷"字,不作"弓",每半叶八行,行十七字。可惜这个明刻本现在下落不详,无法据以核实,否则当可以进一步论定后三十卷是否郁氏所伪托的了。

二、对所谓陶珽重编《说郛》的考辨。现在通行的一百二十卷本《说郛》,乃明末人所编刻,各家书目都题为陶珽重编。但是各处所藏的印本互有差异,所谓顺治重刻本的第一卷目录末题"天台陶宗仪九成纂,姚安陶珽重辑",而台北"中央图书馆"、日本京都东方文化研究所及中法汉学研究所的藏本只有杨维桢、郁文博二序,无顺治李际期、王应昌的序,首卷目录末并没有"姚安陶珽重辑"字样。据日本渡边幸三和景培元二人的研究,后两种版本印行时代在前,说《说郛》重编者是陶珽,实出自顺治印本,并非原题。清甘雨《姚州志》卷七的陶珽传,也只说他纂有《说郛续》,而没有提到重编《说郛》。所以明末刻本《说郛》为陶珽重编之说,实不能不令人怀疑。

昌彼得先生还提出:"考今传之重编《说郛》各本,无论有顺治李、王二序与否,皆非原编,乃掇拾残馀版片并补刻重印者。原版每书皆题有校阅者姓氏。原编初印本今虽无传,其原版式尚可于今传之明末何允中《广汉魏丛书》、《百川学海》、吴永《续百川学海》、冯可宾《广百川学海》、《艺游备览》、《熙朝乐事》等丛书见之。"陶珽也曾参与校阅之事,所任校阅者为胡太初《昼帘绪论》一种,见重编《百川学海》丁集。重编《说郛》中所收此书,即以此版,划去其名重印。"陶珽果否曾预其事,尚未可必;即有其事,亦仅分校之一员。明印本不著编人,而顺治印本遽题陶珽重辑,实不考其何所本。然疑以传疑,存而无论可矣。"

三、对所谓李际期重刊《说郛》的考辨。源流考著者在《通行本重编说郛非原编印本考》一节中详细剖析了顺治四年刻本的疑窦。顺治三(一作四)年①李际期的《重刊说郛序》说:"兵燹之后,煨烬殆尽,余因重定而付诸门人辈较梓之。"今人都据以称之为顺治重刊本。但是据《浙江通志》载李际期任浙江提学道在顺治三年,而王应昌序文说《说郛》刻成于四年。重编《说郛》一百二十卷加上《续说郛》四十六卷,在一年之间能覆刻完成,实难令人置信。渡边幸三曾根据无李、王二序及"姚安陶珽重辑"字样的明刻本,推论顺治本即就无序本之版而重印者。昌彼得先生又进一步用上述《广汉魏丛书》等六种丛书作了比勘,断言此六部丛书即《说郛》之版片而分散重印者。这一结论与大陆研究者的看法不谋而合或基本相同,可以互为补充印证。更说明我们对重编《说郛》之谜的解释越来越接近事实真相了。

源流考还从六种丛书中所收书上"校"字或作"挍"、或作"较","推知原版始刻于万历末年,而大部分刻雕于天启年间无疑"。《说郛》刻成后曾分散而编印为多种小丛书,至崇祯时又由分而合,重编印行,而各次印本收书又多少不同。台北"中央图书馆"和京都东方文化研究所藏本一百二十卷《说郛》收书一三六四种,《续说郛》四十六卷,收书五四二种,是现存收书最多的第二次印本。现在

---

① 上海古籍出版社影印上海辞书出版社藏本作"顺治三年",《说郛考》引证都作"顺治四年"。

通行的顺治印本则大大少于这个数字。著者还指出："其版在康熙年间终于由合而复分。就今传而可考者如《五朝小说》、所谓伪本《唐宋丛书》、别本《百川学海》、《合刻三志》诸书皆以此漫漶之《说郛》残版编印者也。"

以上粗略地介绍了《说郛考》的上篇源流考。著者充分利用当地收藏的文献资料,经过缜密的分析,才得出了精辟新颖的结论,令人耳目一新,对我们很有启发。然而限于当时当地的资料条件,也不无有待补正之处。根据我们的藏书和研究成果,还可以提出一点补充。

如前所说,大陆近年研究《说郛》及有关丛书的学者也曾提出过一些相似的论证。如陈先行先生的《说郛再考证》(《中华文史论丛》1982 年 3 辑),曾提出上海图书馆所藏钞本与《培林堂书目》的《说郛》子目互有异同,上海图书馆藏本中有剜改顶替的问题,可以证明所谓李际期在顺治四年重刻《说郛》一事"纯属子虚乌有"。他指出明季王道焜所辑《雪堂韵史》所收之书,版式字体与宛委山堂本《说郛》一模一样,但字体清晰,而且有校阅者的姓名,行间刻有圈点,显然刷印在前。陈先行先生还提到,与《说郛》版式相同的尚有湖南曼士辑的《水边林下》、佚名辑的《居家必备》、《雅说丛书》等,足见重编本《说郛》的版片决不是清初刻的。最近笔者还见到一篇徐三见先生的文章(油印本),考述了汲古阁所藏明钞本《说郛》的书目,只有六十卷,值得注意的是杨维桢序中说"纂成六十卷,凡数万馀条",纪年作"至正辛丑(二十一年,1361)秋九月望前二日"。这是一个新发现的版本①。徐三见先生的文章即将公开发表,我这里先作预告,有兴趣的读者可以拭目以待。

笔者近年阅读古体小说,也注意到了《说郛》与其他丛书的重合关系。据我所见,与《说郛》版式相同的书还有一些,如北京图书馆所藏的十二卷本《剪灯丛话》,也有不少是和重编《说郛》版式相同的②,但已经删去了校阅者的姓名,而且还有一些不见于重编《说郛》和《续说郛》的篇目③。又《八公游戏丛谈》一书,内收《雪涛谐史》等八种小丛书(我所见北京图书馆藏本只有六种,有缺佚)。每种书在著者名下还有校阅者的姓名,且有很精美的插图,显为明刻本。我所见《合刻三志》中所收各书,也有校阅者的署名,看来未必如昌彼得先生所说的"以此漫漶之《说郛》残版编印者。"更可以作为确证的是《绿窗女史》中与重编《说郛》相同的几篇小说,如《说郛》卷一一一《赵飞燕外传》中有多处缺字,《绿窗女史》本都作"夷"字;卷一一二《绿珠传》中空缺两字,《女史》本作"匈奴";卷一一二《霍小玉传》中"雏"上缺一字,《女史》本作"胡"字。凡此都足以证明原版是明刻,清人重印时因怕触犯忌讳而挖掉的。不过可能也真有一些重刻的板片,如卷一一五的

————

① 即孙诒让《札迻》所引明钞本。
② 子目详见董康《书舶庸谈》卷八下。
③ 参看陈良瑞《剪灯丛话考证》,载《文学遗产增刊》十八辑,山西人民出版社1989年版;拙作《十二卷本剪灯丛话补考》,载《文献》1990年2辑。

《会真记》，就比《女史》本《莺莺传》的文字优胜。

这里笔者想提出两个问题来讨论。

一、重编《说郛》的版片与许多小丛书相同，已有不少例证，但到底哪几种刷印在前，哪几种刷印在后，还需要逐一加以对校。例如前人认为编印在《说郛》之后的《绿窗女史》，实际上确是刻印于明代。另一部书是《五朝小说》，前人多认为也是利用《说郛》残版编印的。遗憾的是我在北京还未见到过一部完整的《五朝小说》，它的编印年代尚难以判断。但见到一部单行的《宋人百家小说》（北京大学图书馆藏），与重编《说郛》的版式完全相同，不过与《五朝小说》里的《宋人百家小说》颇有出入。第一是版面干净，字迹清晰，刷印时间显然较早。第二是书目多，《五朝小说》本收宋人小说一百五十二种，而《宋人百家小说》则收书一百九十五种，其中不少是见于重编《说郛》的。第三是每种书有校阅者的姓名，特别是有不少题作"陶宗仪辑"的，如《家王故事》、《玉堂逢辰录》、《渑水燕谈录》、《绍熙行礼记》、《御寨行程》等都标明了"陶宗仪辑"，似乎说明它还是从原编《说郛》传承而来的。这部《宋人百家小说》显然是编印于重编《说郛》之前的一部小丛书。因此，各种小丛书的编印年代，必须把每一种书的不同版本逐一作仔细比较才能判断，而在各种小丛书和《说郛》的各次印本分藏在各处的情况下，这样的工作还不易进行。

二、一百二十卷本的重编《说郛》，到底开印于什么时候,还有深入研究的必要。现在所见同一版式的几种小丛书,其中有不避"校"字的零本,大概刻于天启之前。到了汇编成一百二十卷的《说郛》时,就有许多避讳"校"字的地方,当然刻印在后。如果说《说郛》在全部刻成之后版片曾分散卖给各家,化整为零地分别编印成多种小丛书;到了清顺治三年,又由分而合,汇印成现在通行的所谓李际期重刊本《说郛》,实在有些不可思议。难道这部《说郛》,就像毛宗岗批改《三国志演义》所说的天下大势,"分久必合,合久必分"么? 我们是不是可以从另一个角度设想,这部重编本《说郛》是由好几个刻书家分工合作的①,在全书陆续刻版的过程中,先就分别编印了几部小丛书,最后才汇编成一部一百二十卷的《说郛》和四十六卷的《续说郛》。就像商务印书馆最初先分集影印了《四库全书珍本》,最后才汇集成整部的《四库全书》影印本。希望有条件有兴趣继续研究《说郛》版本的学者,也能分工合作,对分藏海内外各处的《说郛》不同印本和同一版式的有关丛书,选印若干张照片,汇集在一起作仔细的比较,然后判别其刷印的早晚,那就可以使《说郛》源流的研究更深入一步了。

《说郛考》的下篇书目考,是全书的主要部分。著者对《说郛》原书所收的每一种书,都"考其源流存逸,略述著者生平,及夫流传之版本",并用现存的各种别本进行

---

① 其统一版式是每半页九行,行二十字,左右双边,版心上端刻书名,每种书页码各自起讫,非常便于抽换纽合。

了认真的校勘,揭示异同,标举佚文,充分说明了《说郛》的价值。著者对《说郛》所收各书作通校,广泛地利用了馆藏古籍,包括《绀珠集》、《类说》中的一部分节本,下至重编《说郛》中后出的伪本,校出了不少重要的异文和佚文。同时,又参证各家书目,精审地考辨其作者及版本的源流,写成简明的解题。虽然书目考只限于陶宗仪原编的《说郛》,以涵芬楼排印张宗祥校一百卷本为底本,尚未及全面考辨重编一百二十卷本的书目,然而已经为百卷本的七百二十五种书作了提要,其中有许多种是《四库全书》未收或收而提要考订未详的。这篇书目考提供了不少新的研究成果,应该视为一部很有学术价值的目录学著作。这里只举几条例证,以示一斑。

1.卷十四及卷三十七《倦游杂录》,原书无传。书目考著者以《类说》节本校之,知此本两处所收十八条尚出自全书,从而证明重编《说郛》及《五朝小说》诸本,即出于此。这样就把《说郛》本和其他各本的关系弄清楚了,也说明元末时《倦游杂录》八卷本还存在于世。

2.卷二十三沈徽《谐史》,书目考指出今传之《古今说海》、重编《说郛》及《学海类编》诸本悉出于此,而“忠仆杨忠”条末俱脱“虽然求之杨忠俦类中”云云五十八字,“八大王”条末脱“至今八大王之名”云云二十四字,其他讹脱尚多。足见《说郛》本最为善本。《四库》存目则据旧本著录一卷,实非全帙。各本均题沈侁撰,恐怕也不可信。

3. 卷二十七《山房随笔》,元蒋子正(此本讹作"正子")撰。今传有《知不足斋丛书》等本,而此本尚有诸本所无的十条佚文和缺字。书目考还指出缪荃孙所刻的《藕香零拾》本有补遗一卷,"斯诚全帙"。这就不止是为《说郛》本作解题了。

4. 卷三十二《群居解颐》,原题唐高择撰。昌著考证书中末二条称"伪蜀先主"云云,因而断定作者当为宋初高怿,见《宋史·隐逸传》,并指出重编《说郛》本增补的四条,实取自《拊掌录》,不足为据。

5. 同卷《拊掌录》,原题輾然子撰。书目考指出《四库全书》存目据重编《说郛》本误题宋元怀撰,重编《百川学海》本又题宋邢居实撰,均无所本。此本较别本多十六条,足以补今本之不备。

6. 卷三十四《岭表录异记》,校以《聚珍版丛书》本,校出了不少缺文:"绿珠井条此本多'耆老云'以下五十字,珠池条较多'旧传云,太守贪,即珠逃去'十字及注文'孟尝君还珠池'六字,野象条聚珍本分为三条,且脱'楚越之间,象皆青黑。惟西方弗林大食国即多白象'二十字,两头蛇条此本多'乃杀而埋之,虑后之人见后受其祸'句十四字,章举一条,则聚珍本无,而于石距条下注引韩愈诗及考异以明章举之状,并校云:'当有章举一条,传写佚之'。凡此皆足以补四库辑本之未备也。"

　　即此数例,已足以说明书目考博校众本所取得的成绩。全书中类此的叙录很多,可以纠正《四库全书总目提要》之遗误的就有不少条,至于订正重编《说郛》谬误的更是随处可见了。当然,智者千虑,不免一失。书目考也有一些可以订补之处,试举数例以资讨论。

1. 卷三《异闻录》,此本仅录一条。书目考引旧钞本《类说》题李玫撰,考得即李玫《纂异记》,甚确。但是说重编本卷一一七"全录《类说》之五条,更名《异闻实录》,讹题唐李玫撰",则微误。重编《说郛》实据《绀珠集》卷一,作者、书名及标题都沿袭其旧传而已。

2. 卷四《广异记》,原题唐校书郎守饶州录事参军戴孚撰。书目考云:"孚里贯未详。是书未见著录,卷帙无可考。"按顾况《戴氏广异记序》①说:"谯郡戴君孚……况始与同登一科。君自校书,终饶州录事参军,时年五十七。有文集二十卷。此书二十卷,用纸一千幅。盖十馀万言。"约略可考。

3. 卷二十七《云仙散录》,书目考云:"今传有一卷、十卷两本。……《徐氏丛书》及《四部丛刊》续编皆景宋嘉泰本为善。"按《随庵徐氏丛书》为影刻宋开禧本,不分卷;《四部丛刊》续编所影印者为明葉竹堂刻本,分十卷,其末二卷尤为伪中之伪,未得称善。

---

① 《文苑英华》卷七三七。

4. 卷三十二《赵飞燕别传》，书目考谓"是书《宋志》不载，四库亦未收"。又谓《续百川学海》等本即出于此。按《赵飞燕别传》出自刘斧《青琐高议》前集卷七。《青琐高议》，《宋史·艺文志》著录。《四库全书》列入小说家存目。

5. 卷三十三《搜神秘览》，书目考云："原本久佚，四库未收。"按《搜神秘览》有南宋尹家书籍铺刻本，藏于日本，涵芬楼曾影印编入《续古逸丛书》，尚不难见。

6. 卷六十七《国史异纂》，书目考云："不著撰人。按是书未见著录，全帙无传。"按《新唐书·艺文志》小说家类著录刘𫗧《传记》三卷，原注"一作《国史异纂》"。实即今本《隋唐嘉话》。《说郛》卷三十八刘𫗧《传载》亦即本书。

这些问题，对全书来说只是白璧微瑕，不必苛求。像《说郛》这样一部卷帙浩繁、情况复杂的大书，要对它作全面深入的清理，实在是需要长期积累的大工程。昌彼得先生的专著已奠定了坚实的基础，相信今后重版时一定会精益求精，再加修订，给使用《说郛》的读者提供一把万能的钥匙。

（原载《书品》1992 年第 2 期）

附记：后来我曾写了《五朝小说与说郛》一文，载《文史》第 47 辑（1999 年），请参看。余三见《说郛考述》，载《东南文化》1994 年 6 期。2017 年 7 月 25 日。

"借书一痴"与古籍整理的课题

宋邵博《邵氏闻见后录》卷二十七有一条谈借书的：

> 俗语借与人书为一痴，还书与人为一痴。予每疑此语近薄，借书还书，理也，何痴云？后见王乐道《与钱穆四书》《出师颂书》，函中最妙绝，古语：借书一瓻，还书一瓻，欲以酒二尊往，知却例外物不敢。因检《说文》，瓻，抽迟反，亦音缔。注云：酒器。古以借书，盖俗误以为痴也。

以上引文照中华书局 1983 年标点本抄录，读起来有些费解，怀疑文字有脱讹，但各本均同，孙奕《履斋示儿编》卷二十二引《邵氏闻见后录》亦如此。后见曾慥《高斋漫录》也有类似的话，引录并加标点如下：

> 俗语云："借书与人一痴，借得复还为一痴。"尝力辨此语，以为有无相通，义也；贷而必还，礼也。尚何痴！后果见王乐道从钱穆父借书一帖云："《出师

颂》书函中最妙绝。古语云:'借书一瓻,还书一瓻。'欲两尊奉献,以不受例外物,因不敢陈。"续后又览《唐韵》"瓻"字下注,乃云:"古者借书,以是盛酒。"果知非"痴"字也。故予有《送还考古图》诗云:"悬知插架有万轴,颇恨送还无一瓻。"洪驹父又云:"痴、瓻二事两出。"疑"痴"字轻薄子妄改也。

两书所说实为一事。钱穆父即钱勰,钱易的孙子,《宋史》卷三一七有传,家中藏书甚富。《闻见后录》中作钱穆四显然有误,以《高斋漫录》作他校,文理通顺,标点也可以参考改正。曾慥的年代大约略早于邵博。《高斋漫录》成书年代无可考,曾慥编的《类说》成于绍兴六年(1136),《邵氏闻见后录》成书于绍兴二十七年,看来似乎晚于《高斋漫录》。古人著书转录成文,不足为怪,但《闻见后录》文字有误,宋本已然,必待他校才能发现,可见整理古籍必须首先校正文字,文字错了,标点又怎能正确?《闻见后录》,陈振孙《直斋书录解题》著录作二十卷,而今本却是三十卷,可能已经不是邵博的原本。然而成书于开禧元年(1205)的《履斋示儿编》所引的文字也是错的,连很注重校雠、考证的孙奕也没有发现问题,岂非咄咄怪事!

值得研究的是,邵博所说的"借书一痴"之说是从哪里来的呢? 所见最早的出处是唐人段成式的《酉阳杂俎》续集卷四《贬误》:

今人云,借书还书,等为二痴。据杜荆州书告耽云：知汝颇欲念学，今因还车致副书，可案录受之，当别置一宅中，勿复以借人。古谚云：有书借人为痴，借人书送还为痴也。

稍晚的李匡文（《四库全书》作"乂"，误）《资暇集》卷下《借书》也说：

借借（上子亦反，下子夜反）书籍，俗曰借一痴，借二痴，索三痴，还四痴。又案《王府新书》：杜元凯遗其子书曰：书勿借人。古人云：借书一嗤，还书二嗤（嗤，笑也）。后人更生其词至三四，因讹为痴。

上文所引杜元凯遗其子书，没有原书可以校核，不知道"古人云"之后的话，是谁说的。我就不敢给它加引号。搞古籍整理工作，最基本的任务就是要给古书加上标点，可是加引号却是一个大难题。像上文里的《王府新书》之后，应该加第一套引号，"杜元凯遗其子书曰"之后，应该加第二套引号，而"古人云"之后，是不是该加第三套引号呢？下引号又加在哪里呢？从文意来看，"后人更生其词至三四"以下，像是李匡文自己说的，然而也不能完全排除它还是《王府新书》所说的话。

那么，我们是不是再来追踪一下《王府新书》呢？查了几种书目，没有找到此书。最后还是从严可均《全晋文》卷四十二找到了杜预的《与子耽书》："知汝颇欲念学。令同还车到副书，可案录受之。当别置一宅中，勿复以借人。"与《酉阳杂俎》所引大体相同，只有几个字差异。"古人云"以下的话似乎不是他说的。然而《王府新书》引文的起讫，还是不明确。严可均在注文中说明："梅鼎祚《文纪》引《玉府新书》，张采《晋文》亦有之。未知《玉府新书》是何代书也。"《全晋文》转引自梅鼎祚的《西晋文纪》，书名作《玉府新书》，比"王"字又多了一点，原来"王"字是"玉"字之讹，但《全晋文》的文字还应该据《酉阳杂俎》加以校正。《玉府新书》是一部类书，著录于《崇文总目》卷三，三卷。《通志》卷六十九《艺文略》注云"梁齐逸人撰"，齐逸人似是人名，或谓齐梁间佚名所撰。《宋史·艺文志》类事类著录作"齐逸人《玉府新书》。"按《隋书·经籍志》子部杂家类有《玉府集》八卷，不著撰人，或即此书。不管怎么说，上面所引古人云"借书一嗤，还书二嗤"，一定在《酉阳杂俎》之前，到了段成式的时代，已经演化为"借书一痴"了。

宋代印刷术大为发达，书比较易得了。宋代人借书比较慷慨，对"借书一痴"这句话就颇多非议。如吴坰《五总志》说：

> 古语云："借书与一瓻，还书与一瓻。"是以此媚藏书者，冀其乐借。而后人讹以为痴。独东坡云："不持一鸱酒，肯借五车书。"乃以为鸱夷之鸱，与古语近之。余于长安崔氏得唐张一字书，其略云："瓻，盛酒肆升器也，好事者持以借书。"当以瓻为正。

吴坰认为"借书一痴"是"借书一瓻"之讹，出现在后。

继而好多人都对此作了考证和议论。除了前面所引邵博《邵氏闻见后录》之外，有如方勺《泊宅编》卷十（三卷本卷下）说：

> 李济翁（即李匡文）曰：“按《王府新书》……还四痴。”皆济翁云。前辈又以“痴”为“瓻”。瓻，酒器也。盖云借书以一瓻酒，还之亦以一瓻酒。瓻通作鸱。吴王取马革受子胥尸，沉之江。颜师古曰：“即今之盛酒鸱夷膝。”

何薳《春渚纪闻》卷五《瓻酒借书》又说：

> 杜征南与儿书言：昔人云：“借人书一痴，还人书一痴。”山谷《借书》诗云：“时送一鸱开锁鱼。”又云：“明日还公一瓻①。”常疑二字不同，因于孙愐《唐韵》五之字韵中“瓻”字下注云：“酒器，大者一石，小者五斗，古借书盛酒瓶也。”又得以证二字之差。然山谷“鸱夷”字必别见他说。当是古人借书，必先以酒醴通殷勤，借书皆用之耳。

何薳似乎是亲眼见到了杜预给他儿子的信，不过他把“昔人云：借人书一痴，还人书一痴”，说是信里的话，又值得怀疑。如果真如何薳所说，那么“借书一痴”的起源还早于晋代的杜预了。《广韵》脂部“瓻”字下的确有“古之

---

① 《山谷外集诗注》卷八《从丘十四借韩文二首》作“他日还君一鸱”，三字不同。

借书盛酒"的释文，这是唐代人所编《唐韵》的旧注，当出
于杜预之后，但早在李匡文《资暇集》成书之前。李匡文
不但没提"一瓻"之说，而且还说"一痴"本来是"一嗤"之
讹，不知他又有什么根据。假如真如李匡文所说，那么这
句俗语的演变就该是"借书一嗤"→"借书一痴"→"借书
一瓻"。

　　宋代人对这个问题特别感兴趣，纷纷参加讨论。索性
多抄几条材料，以见其盛。

　　王楙《野客丛书》卷十一《借书一鸱》：

　　　　李正（宋人避"匡"字缺笔讹）文《资暇集》
　　曰……或云痴甚无谓，当作瓻。仆观《广韵》注、张孟
　　《押韵》所载"瓻"字，皆曰借书盛酒器也。故曾文清
　　公《还郑侍郎通鉴》诗曰："借我以一鉴，饷公无两
　　瓻。"然又观鲁直诗曰："愿公借我藏书目，时送一鸱
　　开锁鱼。"苏养直诗曰："休言贫病惟三箧，已办借书
　　无一鸱。"又曰："去止书三箧，归亡酒一鸱。"曰："惭
　　无安世书三箧，滥得扬雄酒一鸱。"乃作"鸱夷"之鸱。
　　近见《苕溪后集》亦引黄诗为证①，与仆暗合。

　　周煇《清波杂志》卷四：

　　　　借书一瓻，还书一瓻，后讹为痴，殊失忠厚气象。
　　书非天降地出，必因人得之。得而秘之，自示不广，人

────────

　　①　胡仔《苕溪渔隐丛话》后集卷三十二引《艺苑雌黄》、《缃素杂记》两
条，亦可参看。

亦岂肯以未见者相假。唐杜暹家书末自题云："清俸买来手自校,子孙读之知圣道,鬻及借人为不孝。"鬻为不孝可也,借为不孝,过矣。

张世南《游宦纪闻》卷四:

借书一痴,还书一痴,或作"嗤"字,此鄙俗无状语。前辈谓借书还书,皆以一瓻。《礼部韵》云:"瓻,盛酒器也。"山谷以诗借书目于胡朝请,末联云:"愿公借我藏书目,时送一鸱开锁鱼。"坡公《和陶》诗云:"不持两鸱酒,肯借一车书。"吴王取伍子胥尸,盛以鸱夷革,浮之江中。应劭曰:"取马革为鸱夷,榼形。"范蠡号鸱夷子皮,师古曰:"若盛酒之鸱夷。"扬子云《酒箴》:"鸱夷滑稽,腹大如壶。"师古曰:鸱夷,韦囊,以盛酒也。"苏黄用"鸱"字本此。

金国刘祁《归潜志》卷十三:

昔人云:"借书一痴,还书亦一痴。"故世之士大夫有奇书多秘之,亦有假而不归者,必援此。予尝鄙之,以为君子惟欲淑诸人,有奇书当与朋友共之,何至靳藏,独广己之见闻! 果如是,量亦狭矣。如蔡伯喈之秘《论衡》,亦通人之一蔽,非君子所尚,不可法也。其假而不归者尤可笑。君子不夺人所好,"己所不欲,勿施于人",岂有假人物而不归之者耶! 因改曰:"有书不借为一痴,借书不还亦一痴也。"

他们议论纷纷，比较一致的意见是批评了借书一痴的说法，肯定了借书一瓻的做法，或者考证了"鸱"与"瓻"的关系。其中王楙是引用了《资暇集》的原文的，但对于古人所说的"借书一嗤"并没有表示意见。总之，对这句话的起源还是没有弄清楚。清人梁绍壬《两般秋雨庵随笔》卷一《借书》条则沿袭了《春渚纪闻》的记载而作了一些发挥。

修订本《辞源》和新编《汉语大词典》都列有"一瓻"和"一鸱"的条目。《辞源》"一瓻"条释文说："古人借书，还书时送酒一瓶以为报酬。"引了宋代薛季宣、黄庭坚的诗为证。又说："后来'瓻'讹转为'痴'，宋人有'借书与人一痴，借得复还为一痴'的谚语。见宋曾慥《高斋漫录》。"竟断定"一痴"是后出的讹转，根本没考虑唐人段成式、李匡文和宋人吴蓬的记载。《汉语大词典》与《辞源》基本相同，文字更略，但"一鸱"却另立一条，不注与"一瓻"参见。两部大词典都不立"一痴"和"一嗤"的条目，不免是避开了追根溯源的问题。"借书一痴"至晚也是唐代就有的俗语，说是宋代才讹转而来显然是缺乏根据的。

俗语"借书一痴"的来源是一个很小的问题，但是它涉及到了古籍整理中校勘、标点、注释及考证等许多方面，却是一个典型的例证。我偶尔对这个问题发生了疑问，才不厌其烦地查阅了一些资料，费了不少时间，只解决了《邵氏闻见后录》里一段话的校勘问题，还留着一些疑问，如邵博引的《说文》注"酒器"之后，还有"古以借书"一句。"瓺"在《说文》里已经是新附字了,注文与大徐本、小徐本《说文》都不同,到底是哪一家的注呢?"古以借书"四字是不是可以连上文一起加上引号呢?看来似乎"盖俗误以为痴也"一句才是邵博自己的话。这里还引出了一些新问题,如《资暇集》引文的起讫和《玉府新书》的存佚等。在古籍整理中经常会遇到类似这样的问题,有时文理费解,没有别本可校,只能硬着头皮点下去;有时引文标点不下去,只能不加引号,与其把读者引入歧途,不如让读者自己去思考。想要彻底读通古书,就得先对原书作出详细的注释,那就会涉及古代文化许多方面的知识了。即使标点一本笔记性的小书,也需要先做校勘和覆核引文的工作,而他校和旁证的材料往往是可遇而不可求的。像笔者的这篇小文也是积累多年而才写成的。因此,古籍整理的水平有待于逐步提高,恐怕还不能指望都毕其功于一役。

（原载《传统文化与现代化》1996 年 1 期,
1997 年 6 月修订）

　　附记:这篇文章的资料,曾积累了多年,发表后也曾得到朋友的赞许。可是杜预告儿书的最早出处并没有弄清楚。在修订收入《古籍整理浅谈》出版之后,偶然在《类说》卷四十九所引殷芸《小说》里发现了《借书可嗤》一条,就比《酉阳杂俎》早得多了。但引文很简略,应为摘录。原文如下:

　　杜预书告儿：古诗："有书借人为可嗤，借书送还亦可嗤。"

稍晚的叶廷珪《海录碎事》卷十八《借书可嗤》条引商芸《小说》与此相同。潘自牧《记纂渊海》卷四十六引殷芸《小说》前面多"传记"二字，"古诗"作"古谚"，似别有所本。看来《资暇集》所说的"古人云"也就是"古谚"了。这事给我的教训是，今后写文章还要多查书，写成之后还要不断复查、修订。附记于此，用以自警。2005 年 4 月。

　　在《文学遗产》2010 年第 6 期上，发表了秦桦林先生的《〈玉府新书〉的作者》一文，根据 2005 年出土的《齐璿墓志铭》，解答了关于《玉府新书》作者和年代、书名、卷数之谜。《墓志铭》记载："曾祖讳善，北齐开府行参军，多才而入官，强学以待问，兼包术艺，综纬图史。著书五十卷，名曰《玉府新书》，婉而章，志而晦，惩恶而劝善，稽往而考来，足以润色鸿业、丹青神化矣。"一千多年来的疑案，终于得到了确切的结论。我在惊喜之馀，更感到书囊无底，知识无涯，学习不能停步，同时也相信人类对于历史的认识是会不断有所发现、有所发展的。2013 年 5 月 4 日再记。

《五朝小说》与《说郛》

　　《五朝小说》是一部古代小说的总集,收了魏晋至明代的作品约四百多种,卷帙较多。所以说约四百多种,因为各处藏本的种数多少不同,统计不出精确的数字。《中国丛书综录》所收的一部,大约是根据上海图书馆藏本著录的。它把扫叶山房石印本《五朝小说大观》与《五朝小说》合并著录,不同的子目注明于后,很便于比较。全书分"魏晋小说"、"唐人小说"、"宋人百家小说"、"皇明百家小说"四编。魏晋可以分为两朝,因而命名为"五朝小说"。

　　这部丛书的编者是谁,未见著录,恐怕不是一个人。魏晋小说书前的序,署名为苔上野客;唐人小说的序,署名为桃源居士;宋人小说的序,署名为桃源溪(疑当作渔)父;皇明小说的序,署名石间沈廷松。《中国人名大辞典》收录了沈廷松,释文说"尝编明百家小说",就是根据《五朝小说》立目的。黄霖、韩同文编的《中国历代小说论著选》注释说:"桃源居士,不详,疑即是冯梦龙。"又说:"《五朝小说》题为冯梦龙所编辑。"①不知有何依据。至于年代,则宋人小说序后有"壬申春日"的纪年,皇明小说序中有"甲戌小寒日"的记载。"皇明"的提法显然出自明代人的手笔,那么"甲戌"最晚是崇祯七年(1634);"壬申"当早于甲戌,则最晚是崇祯五年(1632)。魏晋和唐代两编都没有纪年的文字,无从稽考。毛泽东故主席曾批阅过一部《明人百家小说》,据《毛泽东读文史古籍批语集》的编者注是"万历元年刊"②,不知是否确有版本依据。如果确有万历元年(1573)刻本的话,那么甲戌纪年还要推前到正德九年(1514),似乎太早了一些。可能此书开始刻于万历元年,而序则作于万历二年甲戌。北京图书馆编《西谛书目》著录有郑振铎先生藏的《明人百家小说》一书,注为明末刻本。我所见《五朝小说》本的《明人百家小说》,目录页和版心都作"明人百家",下面挖掉了"小说"二字。而《中国丛书综录》所著录的《五朝小说》,则著明为《皇明百家小说》,又不知所据是否另一版本。

这四编的体例不完全相同,可能是先后分别编印的。魏晋小说分传奇家、志怪家、偏录家、杂传家、外乘家、杂志家、训诫家、品藻家、艺术家、纪载家十类,共十二卷。唐人

---

① 《中国历代小说论著选》(上),江西人民出版社 1982 年 10 月第 1版,250 页。

② 《毛泽东读文史古籍批语集》,中央文献出版社 1993 年 11 月第 1 版,45 页。

小说和宋人小说则分偏录家、琐记家、传奇家三类,明人小说不分类,只列一百零八帙。以上是根据南京图书馆藏本的目录。我所见的《五朝小说》,除石印本《五朝小说大观》外,都是残本。北京大学图书馆藏本,只存唐人小说、宋人小说两编;南京图书馆藏本,皇明小说只有二十五种,从内容看,其馀部分正文也有残缺。《中国丛书综录》所著录的子目,唐人小说里误收了《梦书》、《鼎录》、《尤射》、《儒棋格》、《籀记》、《竹谱》六种,本当属于魏晋时代的著作。南京图书馆藏本《梦隽(不作"书")》等四种列在卷十一艺术家,《籀记》等两种列在卷十二纪载家,当为原貌。《五朝小说大观》比较易见,其子目与南京图书馆藏本相同,似出于同一版本。

值得研究的是,北京大学图书馆还藏有单行本的《唐人百家小说》和《宋人百家小说》两书,与《五朝小说》行款字体相同,但版面干净,字迹清晰,而它所收的书(帙)比通行的《五朝小说》本多出不少。我最初以为它是《五朝小说》的早期印本,但经过仔细核对,发现它不仅收书较多,而且版面也稍有不同,似为《五朝小说》的祖本之一,与宛委山堂本《说郛》及其他丛书又有错综复杂的关系。现介绍概况如下。

《唐人百家小说》显著的特点是篇目很多,共有一百四十八帙,而《五朝小说》的唐人小说只有一百零四帙。《中国丛书综录》所著录的子目除了误收的六种之外,还少了《商芸小说》、《树萱录》、《葆化录》三种,多了《杜阳杂编》、《刘宾客嘉话录》、《隋唐嘉话》三种，也还是一百零四种。《唐人百家小说》多了四十四种，实际上还有彼无此有的书目。《五朝小说》所未收的唐人小说，如《仙吏传》、《英雄传》、《东城老父传》、《高力士传》、《剑侠传》、《黑心符》、《治病药》、《李谟吹笛记》、《异疾志》、《鬼冢志》、《南柯记》、《紫花梨传》、《白猿传》、《才鬼记》、《灵鬼志》、《袁氏传》、《猎狐记》、《任氏传》、《人虎传》、《东阳夜怪录》等，都见于清代莲塘居士编的《唐人说荟》，其中一部分又见于明代冰华居士编的《合刻三志》。莲塘居士《唐人说荟序》说："旧本为桃源居士所纂，坊间流行甚少，计一百四十四种，每种略取数条，条不数事。今复搜辑四库书及《太平广记》、《说郛》等，得一百六十四种。"以往通行的《五朝小说》中的唐人百家小说只有一百零四种，因此我对于莲塘居士所说有一百四十四种的桃源居士旧本，曾表示怀疑，认为增出的品种大概出于《合刻三志》，而且多数还是妄造书名，乱题撰人。现在看来，《唐人说荟》所依据的旧本确有可能是某一部一百四十四种的《唐人百家小说》，还有一些是不见于《合刻三志》的。《唐人百家小说》的篇目，大部分见于《唐人说荟》和《合刻三志》，李剑国先生和我都曾作过一些辨证。我还准备另写专文介绍，这里暂不详考。

《宋人百家小说》收书更多，共一百九十五帙，而《五朝小说》中的宋人小说只有一百四十三帙（北京大学图书馆藏本目录只有一百四十一帙），《五朝小说大观》与之相同,与《中国丛书综录》所著录的版本次序又略有不同。
同治八年(1869)有一个《宋人小说类编》的编者馀叟,他
根据的《宋人百家小说》,则是一百五十二帙。虽然传奇
家只剩了十一篇,但前面偏录家一百十帙,琐记家三十一
帙,还和单行本《宋人百家小说》相同,只是第四十三帙江
休复《邻幾杂志》换成了王恽《彭蠡记》,第一百十三帙张
礼《游城南注》换成了谢翱《西台恸哭记》。大概是原有缺
卷,把后面传奇家的篇目拿来替补的。传奇家从第一百四
十二帙开始,也和单行本《宋人百家小说》相同。单行本
《宋人百家小说》的传奇家,从第一百四十二帙到一百九
十五帙,比《五朝小说》本多了四十四种,其中大多数又见
于自好子《剪灯丛话》。《剪灯丛话》的篇目,我曾撰《十二
卷本〈剪灯丛话〉补考》一文考索其出处①,现在摘录于此,
再加补充,注明所知的出处,依照《宋人百家小说》的次序
一并转录于后②,以便研究参考:

　　一四二　苏辙《游仙梦记》　见《夷坚支癸》卷七《苏
　　　　　　文定梦游仙》,原作《梦仙记》,作者不误。
　　一四三　蔡襄《龙寿丹记》　实为沈括撰,见《梦溪笔
　　　　　　谈》卷二十(胡道静校本第三五四条)。
　　一四四　沈括《惠民药局记》　实为周密撰,见《癸辛

　　①　《文献》1990 年 2 期,书目文献出版社。
　　②　参考陈良瑞《〈剪灯丛话〉考证》,载《文学遗产增刊》第十八辑,山西
人民出版社 1989 年 3 月第 1 版;李剑国《宋代志怪传奇叙录》附考《存目辨
证》,南开大学出版社 1997 年 6 月第 1 版。

杂识》别集上《和剂药局》。

一四五　洪迈《鬼国记》　即《夷坚志补》卷二十一
　　　　《鬼国母》,作者不误。

一四六　洪迈《鬼国续记》　见《夷坚支癸》卷三,作
　　　　者不误。

一四七　洪刍《海外怪洋记》　实为洪迈撰,即《夷坚
　　　　志补》卷二十一《海外怪洋》。

一四八　杨绌《闽海蛊毒记》　实为洪迈撰,即《夷坚
　　　　志补》卷二十一《黄谷蛊尋》。

一四九　洪迈《福州猴王神记》　即《夷坚甲志》卷六
　　　　《宗演去猴妖》,作者不误。

一五〇　洪迈《鸣鹤山记》　即《夷坚志补》卷二十二
　　　　《鸣鹤山》,作者不误。

一五一　何薳《韩奉议鹦哥传》　即《春渚纪闻》卷五
　　　　《陇州鹦歌》,作者不误。

一五二　谢良《中山狼传》　实为明马中锡撰,见《东
　　　　田文集》卷五(《畿辅丛书》本卷三)。又见
　　　　《唐人百家小说》一〇一帙,题唐姚合撰。
　　　　已见《五朝小说》本《宋人百家小说》偏
　　　　录家。

一五三　王恽《彭蠡小龙记》　实为沈括撰,见《梦溪
　　　　笔谈》卷二十(胡道静校本第三四五条)。

一五四　谢翱《西台恸哭记》　作者不误,有元人张
　　　　丁注本。又附见陆大业刻本《晞发集》。

一五五　王明清《邢仙传》　见《玉照新志》卷五,作者不误。

一五六　刘子翚《苏云卿传》　实出《宋史》卷四五九《苏云卿传》,似据宋自适所记苏翁本末,见张世南《游宦纪闻》卷三。又见《永乐大典》卷二四〇四。

一五七　宋祈《辛谠传》　当作宋祁撰,即《新唐书》卷一九三《辛谠传》。

一五八　陆游《姚平仲小传》　见《渭南文集》卷二十三,作者不误。

一五九　王恽《洪焘传》　实为周密撰,即《齐东野语》卷七《洪端明入冥》。

一六〇　赵彦卫《朱冲传》　见《云麓漫钞》卷七,作者不误。

一六一　周密《王实之传》　即《齐东野语》卷四《潘庭坚王实之》,作者不误。

一六二　陈侃《方万里传》　实为周密撰,即《癸辛杂识》别集上《方回》。

一六三　陆友仁《畅纯父传》　见《砚北杂志》卷上,作者不误。

一六四　罗大经《杨夫人传》　即《鹤林玉露》丙编卷四《诚斋夫人》,作者不误。又见《湖海新闻夷坚续志》前集卷一人伦门《治家勤俭》。

一六五　周密《吴兴向氏传》　即《癸辛杂识》前集

《向胡命子名》,作者不误。

一六六　刘渭《乐平耕民记》　实为洪迈撰,即《夷坚丁志》卷十四《刘十九郎》。

一六七　沈括《吴僧文捷传》　见《梦溪笔谈》卷二十(胡道静校本第三五一条),作者不误。

一六八　吴锜《江亭龙女传》　见元无名氏《异闻总录》卷四,前半段《诗人玉屑》卷二十一引作《冷斋夜话》,而今本不载,疑当为释惠洪撰。后半段或出《夷坚志》佚文。吴锜,生平不详。本篇亦见《绿窗女史》卷八,题宋无名氏撰。

一六九　郑景璧《红裳女子传》　实为周密撰,即《齐东野语》卷十八《宜兴梅冢》。《永乐大典》卷二八○九引《夷坚志》之《红梅》条,事同而文简。

一七○　李祉《陈盼儿传》　实为陈世崇撰,见《随隐漫录》卷二。

一七一　曹嘉《严蕊传》　实为周密撰,即《齐东野语》卷二十《台妓严蕊》。

一七二　秦观《眇倡传》　见《淮海集》卷二十五,作者不误。

一七三　陈忠《菊部头传》　实为周密撰,即《齐东野语》卷十六《菊花新曲破》。

一七四　吴师宣《耿听声传》　实为周密撰,即《齐东野语》卷十五《耿听声》。

一七五　虞防《针异人传》　实为周密撰,即《齐东野语》卷十四《针砭》。

一七六　赵与峕《林灵素传》　实为耿延禧撰,见赵与峕《宾退录》卷一,明言耿延禧作。

一七七　张邦基《李博传》　见《墨庄漫录》卷九,作者不误。

一七八　岳珂《何蓑衣传》　即《桯史》卷三《姑苏二异人》,作者不误。

一七九　张世南《张锄柄传》　见《游宦纪闻》卷四,作者不误。

一八〇　李述《棋待诏传》　实为何薳撰,即《春渚纪闻》卷二《刘仲甫国手棋》、《祝不疑刘仲甫》。

一八一　陈直《谢石拆字传》　实为何薳撰,即《春渚纪闻》卷二《谢石拆字》。

一八二　陈直《张鬼灵相墓》　实为何薳撰,即《春渚纪闻》卷二《张鬼灵相墓术》

一八三　洪迈《神咒志》　实取《酉阳杂俎》、《夷坚志》,不全为洪迈撰。本篇亦见《唐人百家小说》、《合刻三志》,题唐雍益坚撰。雍益坚名见《酉阳杂俎》前集卷五。

一八四　周密《仙箕传》　即《齐东野语》卷十六《降仙》,作者不误。

一八五　苏轼《子姑神传》　见《苏轼文集》（中华书局版）卷十二，作者不误。

一八六　沈括《紫姑神传》　见《梦溪笔谈》卷二十一（胡道静校本第三六七条），作者不误。

一八七　何薳《中雷神记》　即《春渚纪闻》卷二《中雷神》，作者不误。

一八八　崔伯易《金华神记》　见张邦基《墨庄漫录》卷十，作者不误。

一八九　洪迈《江南木客传》　即《夷坚丁志》卷十九《江南木客》，作者不误。

一九〇　方亮《独脚五通传》　实为洪迈撰，即《夷坚支癸》卷三《独脚五通》。

一九一　向曾《圣琵琶传》　即《太平广记》卷三一五《画琵琶》条，出《原化记》。又附元兆、墓石二条，亦见《广记》卷二一〇、三一五。本篇又见《合刻三志》，题楚何曾撰。

一九二　洪迈《妖巫传》　"琵琶卜"条，出自唐张鷟《朝野金载》卷三；"沈子与仆"条，见《夷坚志补》卷二十；"邓戒巫"条，见《夷坚丁志》卷十；"荆南妖巫"条，见《夷坚丙志》卷二十。不全为洪迈撰。

一九三　何薳《瓦缶冰花传》　即《春渚纪闻》，卷二《瓦缶冰花》，作者不误。

一九四　蔡襄《万安桥传》　《端明集》卷二十八、《宋蔡忠惠文集》卷二十六有《万安渡石桥记》，即此篇。本篇后附皂隶下海投文故事，似出后世传说，又附会明人蔡锡事。笔者在北京大学图书馆阅览本书时匆匆浏览，未及详记内容，记忆容或有误。宋人万安桥传说亦见方勺《泊宅编》卷中及《湖海新闻夷坚续志》补遗《追摄江神》。

一九五　　洪迈《续剑侠传》　杂取《太平广记》豪侠类故事及《夷坚志》之《花月新闻》等，均见四卷本《剑侠传》，不全为洪迈撰。本篇亦见《合刻三志》，题元乔梦符撰，更不可信。

以上五十四帙，第一四二至一五一帙亦见于《五朝小说》本的《宋人百家小说》；一四二、一四三、一四四、一四五、一四六、一四七、一四八、一四九、一五一、一五二、一五三、一五五、一六〇、一六一、一六二、一六三、一六五、一六六、一六七、一六九、一七五、一七八、一七九、一八〇、一八一、一八二、一八四、一八五、一八六、一八七、一八八、一八九、一九〇、一九三等，共三十四篇，都见于《剪灯丛话》；一八三、一九二等两篇又见于《唐人百家小说》单行本；一六八、一六九、一七〇、一七一、一七三、一七四、一八六等七篇又见于《绿窗女史》；一八三、一九一、一九二、一九五等四篇又见于《合刻三志》；一七六《林灵素传》则见于《古今说海》及宛委山堂本《说郛》。除去重复收录的，只有一五〇、一五四、一五六、一五七、一五八、一五九、一六四、一

七二、一七七、一九四等十篇是仅见于《宋人百家小说》
的。新发现的篇目确实不多，但作为一种罕见的版本，还
是很值得研究的。

《五朝小说》与许多丛书有交叉互见的关系，从版本
源流上说，哪一种书在前，哪一种书在后，是一个很难判断
的疑案。近人多认为《五朝小说》是利用宛委山堂本《说
郛》的残版重新编印的。如《中国丛书综录》的编者注及
昌彼得先生《说郛考》①、陈先行先生《说郛再考证》②，都
持此说。从《五朝小说》的某些版面比《说郛》更为模糊
看，的确可以认为《五朝小说》用的就是《说郛》的残版。
但是，如果现存《唐人百家小说》和《宋人百家小说》的"繁
本"是《五朝小说》的祖本的话，那么问题还可以深入
探讨。

研究者曾指出，《说郛》的初版在每种书的作者名下
都有校阅者的姓名，这在与《说郛》版式相同的丛书如《广
汉魏丛书》、《广百川学海》、《雪堂韵史》等书里可以见到，
在宛委山堂本《说郛》里则被删除或挖掉了。只有第六卷
的《圣门事业图》，还保留着"严之麟校阅"的字样。现存
的《唐人百家小说》、《宋人百家小说》两种单行本上也有
校阅者或另署辑者的姓名。如《宋人百家小说》中的《家
王故事》、《玉堂逢辰录》、《渑水燕谈录》、《绍熙行礼记》、
《御寨行程》、《茅亭客话》、《幕府燕闲录》、《洛中纪异

---

① 《说郛考》，台湾文史哲出版社 1979 年第 1 版。
② 《说郛再考证》，载《中华文史论丛》1982 年 3 辑，上海古籍出版社。

录》、《异闻记》、《旸谷漫录》、《猴王神记》、《鸣鹤山记》、《江亭龙女传》等作者名下都署有"陶宗仪辑",《避戎嘉话》、《清夜录》、《梁溪漫志》、《春渚纪闻》、《闲燕常谈》、《桯史》、《谭渊》等作者名下则署"陶宗仪阅"。这些迹象很值得注意,似乎表示它承袭自陶宗仪所辑《说郛》的旧本。与之版式相同的《合刻三志》、《八公游戏丛谈》等书中也有校阅者的署名,而收录小说篇目很多的《剪灯丛话》则没有校阅者。从这一点看,似乎可以认为《剪灯丛话》更晚于《唐人百家小说》等书。然而《剪灯丛话》书前有虞淳熙的序,而虞淳熙卒于天启元年(1621)①。如果虞序不是伪造的话,那么《剪灯丛话》当编辑于天启元年之前,刻印或在其后。而《唐人百家小说》、《宋人百家小说》中还有校阅者的署名,似在其前。然而书中的"校"字却刻作"挍"或"较",又应刻于天启之后。那么序言中的"壬申"纪年,只能是崇祯五年(1632)了。但据说《明人百家小说》已有万历元年的刻本,那么《宋人百家小说》的序,也有可能作于前一个壬申,即隆庆六年(1572),书中的"挍"字、"较"字则是天启之后重印时挖改的。这种可能性也不能排除。《唐人百家小说》和《宋人百家小说》中个别书下还保留着"校"字。

《五朝小说》较之《唐人百家小说》、《宋人百家小说》,卷帙有所削减,删去了校阅者的姓名,版面上又有挖

---

① 据《列朝诗集小传》丁集下及台北"中央图书馆"编《明人传记资料索引》引邹漪《启祯野乘》卷三。

改的痕迹，实际上确实不是一个版本。即以序言来看，《宋人百家小说》的序标题作"宋人小说序"，而《五朝小说》则挖掉了"小说序"三字，只剩下"宋人"两字，令人莫名其妙。目录之前的"宋人百家小说"，则挖掉了"小说"两字，也有残痕可见，真不知出于什么用意。但它并不是在《宋人百家小说》原版上挖改的，它的初印本已经是一个翻刻本。只要拿序言这一页来比较，第一行"亡"字上作横不作竖，第二行"卜"字右边作点不作横，第六行"庚"字末笔作捺不作点，显然与《宋人百家小说》不是一个版本。又如第一帙《钱氏私志》，《五朝小说》本除了删去"辑"字和"钱震泷阅"四字外，第七行"羣"字不作"群"，第九行"取"字不作"耴"，"携"字不作"擕"，都与《宋人百家小说》单行本不同，显然不是一个版本的挖改。然而两个版本刻得非常相似，如果不把两本放在一起对比，就很容易误认为同一版本。

再看《说郛》本，《钱氏私志》第一页与《五朝小说》本纤毫无异，甚至断痕缺笔都相同，然而第一行"私"字上却多了一撇，又不像是一个版本。如果利用旧版重印，为什么要挖改一个"私"字，令人百思不得其解。是翻刻还是挖改，还是抽换了一些版子，就需要逐篇逐页核对《合刻三志》、《绿窗女史》、《八公游戏丛谈》等都与《五朝小说》有相同的篇目，版式相同，是不是同一副版子，也需要逐篇对比，并从其避讳字和版面的清晰程度来推断其刷印年代的早晚。现在只有《绿窗女史》有影印本可以利用。所谓顺治四年重刻的宛委山堂本《说郛》根本是一个谎言。从书中多处"胡"字、"夷"字的空缺,就可以看出它是入清以后挖去的。如卷五十二《明皇十七事》中四个空框,应为"羯胡犯阙"四字;《传信记》中五个空框,其中三个应为"胡"字;卷一一一《赵飞燕外传》有多处缺字,在《绿窗女史》里都作"夷"字;卷一一二《绿珠传》中空缺二字,《绿窗女史》本作"匈奴";同卷《霍小玉传》中"雏"字上缺一字,《唐人百家小说》本《豪客传》作"胡"字。从这一点看,《五朝小说》如果是在顺治四年之后利用《说郛》残版编印的话,又怎能还用"皇明小说"的名称呢? 我所见南京图书馆藏本,《皇明小说序》挖去了"小说序"三字,"皇明"二字却还保留着。第一帙王世贞的《皇明盛事》题目也没有改。《皇明百家小说》当编印在明亡之前,其前的魏晋、唐、宋部分应该更早。

《五朝小说》肯定编印于《皇明百家小说》之后,大概在崇祯七年之后才有《五朝小说》的总称的。但是也有可能更早一些,因为《明人百家小说》也许早有万历元年刻本,而《唐人百家小说》也许还有莲塘居士所说的一百四十四种本。总之,《五朝小说》的底本,不止一种版本。最初可能是分编刻印的单行本,其次是五朝合编的重刻本,现在见到的又是经过挖改的重印本。如果说《五朝小说》是用《说郛》残版编印的话,那么书中还有一些《说郛》所没有的品种又是什么时候补刻的呢? 根据目前所知的情况,无论《说郛》或《五朝小说》的底本都是在明亡以前刻的。

　　在明代人编的丛书里,有不少是半页九行二十字,左右双边,行款字体与《说郛》相同。似乎当时有一种统一的规格,可以互相通用,配补成各种大小不等、性质各异的丛书。《唐人百家小说》、《宋人百家小说》也是如此,但和《说郛》却不是一个版子。莫友芝《邵亭知见传本书目》卷十《说郛》一百二十卷下注:"路小洲云:坊中所售《五朝小说纪事》一书,即用《说郛》原板移易次第改标行目为之者。"又说:"明人有书帕本,往往刷印此书数十种,即改称某丛书。余尝见《唐宋丛书》即是也。"①这类丛书的确不少,可是哪一种编印在前,谁是妄造书名、乱题撰人的始作俑者,还有待于进一步的研究。我们应该注意到,版式相同的不一定就是一个版本,而没有校阅者署名的是否出于重印时的挖改,也需要重新考虑。

　　六年前,我在《〈说郛考〉评介》一文中曾提出:"希望有条件有兴趣继续研究《说郛》版本的学者,也能分工合作,对分藏于海内外各处的《说郛》不同印本和同一版式的有关丛书,选印若干张照片,汇集在一起作仔细的比较,然后判别其刷印的早晚,那就可以使《说郛》源流的研究更深入一步了。"②我在那篇文章里只简略地介绍了北京大学图书馆所藏的《宋人百家小说》,当时我还认为它就

① 按此说不确。《唐宋丛书》的子目与《说郛》有相同的,但所收的书往往比《说郛》更全,如《唐国史补》为三卷本,《孔氏杂说》为四卷本,《异苑》为十卷本,《说郛》都只有一卷。似《唐宋丛书》编印在前。
② 《书品》1992 年 2 期,中华书局。

是《五朝小说》的早期印本。后来才觉察到它是另一个刻本。最近幸而有机会见到了南京图书馆藏本的《五朝小说》，虽然匆匆浏览，未能作详细的纪录，但是也得到了一些新的认识。因此不揣谫陋，先把所发现的资料和问题，提供爱好古代文言小说和关心古籍版本源流的同道参考。限于个人的条件，无力取得有关各书的照片或复印本，只凭印象作一些初步的推断，疏失在所不免。还希有条件得见《说郛》、《五朝小说》不同印本及其他有关丛书的同道赐予匡正。

附记:本文在查阅资料时承南京图书馆沈燮元先生指教，并亲自从书库找出了秘藏的《五朝小说》，蒙北京大学彭牧女士代抄了《唐人百家小说》和《宋人百家小说》的目录，并致谢忱。一九九八年二月。

（原载《文史》第四十七辑,1998 年）

补记:《五朝小说》有题作《五朝纪事》的版本，署冯梦龙撰，显为伪托。2005 年 10 月又记。

《四库全书总目》卷一三二子部杂家类存目有《明百家小说》一百九卷,提要说:"归本题明沈廷松编。廷松号石间,未详其爵里。前有自序,题甲戌小寒日,当为崇祯七年。而其书乃与国朝陶珽《续说郛》同,盖坊贾以不全《说郛》伪镌序目售欺也。"按:二书卷数、次序不同。2017 年 7 月 2 日再记。

二十一世纪古籍整理的前瞻

二十一世纪将是古籍整理的一个新阶段,因为随着经济高潮的到来,必将兴起一个文化的高潮。我们如何推动这个高潮,这里提出一些个人的设想。

(一)总结二十世纪的成果,编出一个古籍新书总目,主要是新中国建立以后新版古籍的总目。这项工作现在古籍整理出版规划小组办公室已经在做了。我们可以据此检阅前一世纪古籍整理的成绩,全面修订新的规划,看看还有哪些重点项目需要增补。然后在此基础上选出若干精品,列入推荐书目或新编的《书目答问》,再汇编成一套新的"四库全书",同时编写书目提要。估计这个书目将不少于《四库全书》所收的书。如果把研究古籍的著作也编入书目,那么必将大大超过《四库全书总目》列目的总数了。编写书目提要就是一项重大的研究项目。我们可以从中总结出不少古籍整理的经验教训,作为今后工作的借鉴。清代从开国到乾隆五十七年（1792），经过一百四十多年的建设，才编成了一部《四库全书》。我相信在新中国建立一百周年的时候，一定能编成一套大大超过《四库全书》的全新的中国古籍基本丛书。

（二）修订已出的新版古籍，力图精益求精，后胜于前。根据我自己的经验教训，古籍整理和出版工作是一项遗憾的事业。想要出一部完美无憾的精品是很难的，出版以后总会发现一些缺点和错误，几乎可以说是无错不成书。即使某些专家整理的书，也难免有这样那样的遗憾。为了说明问题，我不免要举一些比较典型的例子。如《资治通鉴》的标点本，是由十二位著名的历史学家合作的，可能由于时间仓促，进度太快，留下了不少问题。后来吕叔湘先生指出了一千多条标点错误①，以后重印时绝大多数都按照吕先生的意见修改了。不见得吕叔湘先生的历史知识比那些历史学家多，只是那一个时期吕先生比较闲，可以从容读书，再加上吕先生是语言学家，善于从语感上发现问题，又从而发现了许多属于语言学以外的问题。又如前几年新出版的《嘉定钱大昕全集》，也是几位学者合作校点的。出书以后曾得到很多专家学者的好评②，并获得了国家图书二等奖。然而有一位元史学家写书评指

---

① 《通鉴标点琐议》，《中国语文》1979 年 1—2 期；参见《资治通鉴标点斠例》，《吕叔湘语文论集》210—245 页，商务印书馆，1983 年。

② 见《光明日报》1999 年 4 月 16 日《书评周刊》。

出《全集》中有关元史部分有许多校点错误①。看来古籍整理必须具备足够的专业知识,最好由对口的专家整理有关专业的书,必要时还得请各科的专家"会诊",广泛地征求意见。那些参加座谈和评奖的专家当然不会偏心过奖,可是那么一部大书,谁有充分的时间来细读一遍呢? 因此我觉得新版古籍的评奖不宜太早,最好在出书五六年之后再评。再如校点本的《二十四史》,是二十世纪古籍整理的重大成就。但是出书二十多年来,读者指出的疑误问题已经积累了不少。当年由于极"左"思潮的干扰,因反对"烦琐校勘"而缩小了校勘范围,只对于点不断、读不通的地方才进行"本校"和"他校",后出的几史按照 1971 年的新规定:"版本上的异文,择善而从,不在校勘记中说明。"这样就使人无从知道新版到底根据的是哪种版本。当时校点二十四史的实际终审者赵守俨先生对此早就感到遗憾了②。二十一世纪应当可以弥补这种遗憾,对《二十四史》进行一次全面的修订了。

以往的古籍版本学家都告诉我们"书贵初刻",这是对过去的出版工作而言的。我认为二十世纪的出版界,已经改变了这个结论。如张元济先生主持的《四部丛刊》,重印本就比初印本好。因此我曾提出了"书贵重印"的主张,因为一般地说重印本至少总该减少几个错字。至于重

---

① 陈得芝《〈嘉定钱大昕全集〉元史著述部分点校勘误》,《燕京学报》新 11 期,265—280 页,2001 年 11 月。

② 《校史杂忆》,《赵守俨文存》,333 页,中华书局,1998 年。

版书就更该有所修订了。对于我们出版工作者来说,这是应负的责任。我们的目标就是"书贵重印",力求后胜于前。当然,我们应该在第一次发稿时就做到一丝不苟,十全十美。然而从实际出发,如前所说,要达到毫发无憾的善本标准是非常难的。再说,除了工作中的失误,资料的发现和学识的发展是无限的,我们应该与时俱进,日新不已。古籍整理工作也只能力求做到空前,不能奢望绝后。因此,对前一世纪新出的好的、基本好的古籍进行修订重印是一件费力较小而收效较大的事。

　　(三)对基本古籍进行深加工,除了校点之外,还要做会注和新注的工作。古籍对于我们,不仅有语言文字的障碍,而且还有许多历史、文化和名物典故等问题,需要通过新的注释,才能全面了解。对于今后的读者来说,更需要注释作为桥梁。已故的文物专家夏鼐先生曾提出一些意见,他以为整理的第一步是整理出一个曾经精心校勘过的本子,作为定本。其次是注释,可以包括训诂和考证。再其次才是标点(指新标点)和今译。他说:"如果没有整理好的本子,又不经过训诂和考证的工夫,那么便不能真正读懂古籍。标点和今译一定会错误百出。所以,我以为除非已有好的本子,否则整理一本古籍是不能由标点开始的。"①他的意见从理论上说是完全正确的,但是不可能也不必要对所有的古籍都加注释,而且有些常用的书又不能

----

　　①　《关于古籍整理出版的一些意见》,《文献》第14辑,25页,1982年。

等注释之后再出版,只能先出标点本。一部分经典著作,有前人的旧注可以参考,但今天看来已不完全适用了。我们应该在前贤和今人成果的基础上,区分轻重缓急,分期分批地为一部分重要古籍做出新注本。注书之难,前人早已说过,那是比研究评论更费劲的事。但是为了子孙后代能够比较易于接受、传承民族优秀文化和了解祖国的历史,我们还要努力去做。注释工作不能仓促从事,但也不能畏缩不前,因循坐等。这就需要有一个全面的规划。首先,注释的方法、体例应该因书而异。对不同的书、不同的读者对象应有不同的注法。必要时还可以加今译,但不一定全译。其次,对不同性质的书可以或详或略,或偏重训诂,或偏重考证,或偏重释义,或偏重释事,或事义兼顾,不必强求一致。而且,同一部书可以有两种以上的注本,还可以不断更新。再次,组织古籍的注释稿,不宜"命题作文"似的点名为某书作注,最好是"因人设题",请对某个作家某部书素有研究的人来作。这种古籍的注释应该列为科研的重点项目,给予支持和鼓励。因为给古籍作全面的注释,是比研究评论更为艰巨的课题。

近一百多年来,尤其是近五十年来,地不爱宝,出现了大量珍贵的地下文物,都是前所未见的文献资料,可以作为研究古籍的第二重证据。这为注释古籍提供了绝好的条件。二十一世纪应该是为古籍作新的全面诠释的时候了!上一世纪,古籍整理已经做出了很大成绩。例如文学领域的"全"字号总集,已编成了《全宋词》、《全宋诗》、

《全宋文》（尚未出全）、《全元散曲》、《全元戏曲》等，《全元文》正在陆续出书，《全元诗》也在编纂中。那么宋元人的别集，一般的标点本就没有必要再出了。今后的任务应该是择要地做一些注释本。

（四）今后的古籍整理，似乎可以适当加强明清以后的项目。如上所说，宋元以前的文学作品，差不多都有校点本了。明清作品太多，特别是清人著作，浩如烟海，需要在研究的基础上加以选拔。最近戴逸先生等呼吁要编纂新的清史，我们应该在文献资料上给予配合。清人著作极多，因为刻印年代近，不受重视，反而容易散失。因此整理工作需要统筹兼顾，全面衡量。有些书虽有价值，但刻本较多，不难在图书馆里找到，就不妨从缓整理。我觉得应当从稿本、孤本及罕见版本中发掘一些价值较高的书优先整理，也可以补充和修订清史的艺文志。例如清人丁柔克的笔记《柳弧》稿本，据说很有史料价值，即将由中华书局出版。又如我曾见到石继昌先生所藏的一部四卷本《隻塵谈》，比通行的《泾川丛书》二卷本内容多，文学价值较高；还有一部赵季莹的《途说》，在小说史上也有较高的史料价值。这都是王绍曾先生主编的《清史稿艺文志拾遗》所失收的。如果我们要印清代笔记的话，就可以优先印一些比较罕见的书，而不必抢着印假托的《后聊斋志异》之类。当然，我只能从自己的见闻所及来举例说明，可能其他各个学科都有类似的问题。

（五）二十一世纪是电子信息的时代，古籍整理出版当然也要跟上时代。重要的古籍出书之后,应该另出电子版。电子书便于修订,便于收藏,也便于检索,优点很多。在没有办法控制盗版的情况下,是否可以考虑出版社与各大图书馆协作,把新编的电子书放在图书馆内对读者有偿使用,限制复制。学术价值高而印数少的工具书,建议由政府有关部门拨款制作光盘,作为公益事业,放在各大图书馆公开使用,就不必印成纸面书了。有些确有价值而估计印数极少的书稿,一时无法出版,如果作者自己提供磁盘,经专家评审推荐,在作者自愿的原则下,也可以赠送图书馆公开借阅,或由出版社制成电子书委托图书馆实行有偿使用。这样也许可以避免出版资源的浪费,加快学术成果的传播。总之,最终的目的是为读者提供便利。

（中华书局九十周年学术研讨会上的发言）

落实规划　提高质量

——对"十三五"时期古籍整理出版的期望

"十三五"时期古籍整理出版的规划，已经包含在2011—2020年的规划里了。我们的工作只要认真落实，再加以适当和必要的补充。我们期望的是，继续提高整理水平，进一步把提高质量放到增长数量之前。

2002年，在中华书局成立九十周年的时候，我曾写了一个发言稿（《二十一世纪古籍整理的前瞻》，见《程毅中文存》528页），提出了五点设想，包括修订点校本古籍和古籍的数字化等，现在都已基本实现或正在进行。如修订本《史记》《旧五代史》《新五代史》《辽史》等，已见到了很大成绩。我作为一个读者，感到非常满意。当然，在整体上还有一些不足的地方，那也是无须讳言的。

我觉得在"十三五"期间，最重大的一个项目是古籍数字化。这是传统文化传承与先进技术的结合，是一大创新的课题。这个项目恐怕不是一个五年规划所能完成的，但"十三五"是一个关键的时间段。现在越来越多的读者都在用数字书,也期望有更多、更准确、更便利的数字书,但是也有很多人用着还不放心,往往要再去复核一下纸质书。中华书局制作的"中华经典古籍库",带有纸质本的图像版,已经解决了这个问题。因此我们要尽可能地提高质量,在制成数字版之前,先检查和修订好已出的旧版。就像修订点校本"二十四史"暨《清史稿》那样,认真地修订一次,不断精益求精。因为数字书传播更广,影响更大,而修订更新比较容易。

为了说明修订的必要性,不妨举出一些实例来说明。我首先要说的是自己工作中的遗憾:如中华书局1983年出版的《历代诗话续编》一书,当时也付出了相当的努力,参校了几个不同的异本,标点加了专名号。出书后整理诗话的名家周本淳先生写了一篇书评《评〈历代诗话续编〉的校点》,指出了许多错误,发表在《淮阴师专学报》1984年第2期。当时没有看到,后来收入了《古籍点校疑误汇录》第二册,我看到后真感到十分愧疚,引为极大的遗憾。

周本淳先生指出点校本除了没有校勘不同版本而造成的错字外,主要是没有核对引诗原文而造成的标点错误,特别是引号问题,其中有许多是基础知识不足造成的。明显的例子如原书353页:

又"不比俗马空多肉,一洗万古凡马空"。

周先生指出:上一句是《李鄠县丈人胡马行》的,下一句是人所熟悉的《丹青引》，被捏成了一联。

又如363页：

> 杜："谁谓茶苦甘如荠，富贵于我如浮云。"

周先生指出：后面是《丹青引》中的名句，和前面不相干，又被凑成一联。

《丹青引》是收入《唐诗三百首》的名篇，竟然把它的一句诗和另一句凑成一联，加上引号，的确是一个低级错误。按，上一句出自杜诗《寄狄明府博济》。诗话作者引杜诗而没注篇名，就给我们出了难题。

此外，标点错误如898页《升庵诗话》卷十三《萧子显春别》条：

> "江东大道日华春，垂杨挂柳扫轻尘。淇水昨送泪沾巾，红妆宿昔已迎新。昨别下泪而送旧，今已红妆而迎新。"娼楼之本色也。六朝君臣，朝梁暮陈，何异于此。

周先生指出：自"昨"字起为杨慎借题发挥，校点者误为原诗，两个"新"字连叶，岂有此理？当引到上一个"新"字。后一个"新"后当改逗号。

又如1130页《国雅品》：

> 益率意答云："道人偶得《题竹》，有新句'听松无旧庐'之句。"

周先生指出："题竹"不是诗题，当为：

益率意答云："道人禺得'趆竹有新句,听松无旧庐'之句。"

书中类似的错误的确不少,周先生的书评提出了七十多条,还不是错误的全部。虽然没趆过万分之一,但是错误率的确太高了(现在的质检标准把标点错误只算 0.1 个错,这对古籍来说是太宽了。古籍的标点往往关系重大,比错字还重要,因而要具体分析)。出错的原因很多,但主要是我的责任,因为书稿是我签发的。问题在于:1.当时急于发稿,不了解此书的复杂性,没要求点校者尽可能校核引诗;2.我没有认真复审,当然,以我的知识水平,即使细看了也不可能发现所有问题,只可能减少一些低级错误;3.我对点校出于众手的情况了解不够,事后又没有交代责编及时修订,还想留待重印时再检查改正。

退休以后,我曾多次在给古籍编辑培训班讲课时举过《历代诗话续编》中的几个例子,要大家引以为鉴,可是并没有对此书作一次全面的检查,把包袱留给了后任者。直到后来中华书局照旧重印了一次,我觉得问题很多,实在对不起读者,又找出书来重读一遍,对样书作了一些必要的修改,还是没有条件复校所有的异本,仍有遗漏,就把修订样书交给了编辑室。可惜后来在制作数字版时,没人注意此事,还是照旧版录入了。这使我感到更大的遗憾,也是更深的教训。

又如《楚辞补注》一书,为了早日出书,我们对版本问题没有作调查研究,把《四部备要》本作为工作底本,沿袭旧版称为汲古阁本，而没找这一系统的诸本进行复核，诚如后来崔富章先生所指出的："其直接后果，是点校者因此失掉校正部分讹误的机会。"（《〈楚辞补注〉汲古阁刻本及其衍生诸本》，原载《文史》2010 年第 1 期，收入《版本目录论丛》，中华书局 2014 年 1 版 246 页）加以当时我急于完成计划，催逼点校者交稿，造成了一些疏失。三十多年来，多次重印，点校者虚心接受了读者的批评，不断修订，但限于在旧版上挖改，还不能彻底修改。看来这样的旧版已经到了必须更新重排的时候了。我的教训还是过于急躁，忽略了古籍整理的规范。

　　我现在年老体衰，做不了效力补过的事了。如果说教训也是一种财富的话，我愿意把这项财富交给所有年轻的同行。我要说的话是：质量第一，读者第一；取法乎上，仅得其中；知错必改，举一反三。

　　上世纪 80 年代初，为了抢救"书荒"之灾，我们奋力出书，有些选题匆促上马，急于发稿，出了不少问题。当时像吕叔湘先生那样的专家学者，就屡次对古籍点校提出了批评意见。我们得益很多，但还是没有引起足够的重视，有些书的错误没有及时改正，或改而未净。比较典型的例子如《老学庵笔记》卷八"大驾初驻跸临安"条（104 页）有一副对联，标点为：

　　"東京石朝議女壻，樂駐泊樂鋪西蜀"，"费先生外甥，寇保義卦肆"（原为繁体直排，有专名号）

王迈先生在《古书标点失误举例》一文中指出了其中的多处错误(《中国语文》1983年第5期,已收入《古籍点校疑误汇录》)。可是后来的重印本只改了三处,去掉了两个引号,把"壻"字下的逗号改为顿号,对"驻泊"两字加了专名号,还没有改对。其实,这副对联应该标点为:

> "東京石朝議女壻樂駐泊藥鋪,西蜀費先生外甥寇保義卦肆"

这是一副对联,一看"东京"和"西蜀"就知道是一副对仗,不应分成两个不成对仗的句子。第一个"樂"字是姓,应加专名号,第二个"樂"字是"藥"字之讹。"石"字是姓,与"费"字相对,也应加专名号。王迈先生认为"朝议""先生""驻泊""保义"不必加专名号,这倒可以商讨。古书上官名和姓连标是通行的,但"费先生"是不是连标还需研究,作为对仗,似一律只标姓为好。

遗憾的是,现在录制的古籍库还照此办理,未加修订。三十多年前就有人指出的错误,至今没有引起重视,那就有些说不过去了。三十年来,体制、人事都发生了巨大变化,原来的整理者和责编多有变动,因此重印旧版书时需要仔细检查,查一下修订样书和有关档案,特别要查查已出版了六册的《古籍点校疑误汇录》。

《古籍点校疑误汇录》是根据李一氓先生的指示编辑的,他还亲自写了一篇极有指导意义的序。正如他所说的:"这可能会成为一本对校勘学有辅助意义的书。图书馆或可供陈列参考；出版社或可根据已提出的意见，在印第二版时有所改正；文史哲各部门的研究者或可从中吸取一点经验教训。"我这里再向从事古籍编校的同行们推荐这本书，特别希望大家都读读这篇序。

序言里还说："假如我们在这方面的古籍整理水平逐年有所提高，使那些挑骨头的同志们，无所着笔，这类汇录就不必再印第二本了，实为万幸。"现在看来，还没有到这个时候。特别是目前又受到提高增长率的压力，急于开发选题，忙于增加品种，往往还顾不上提高质量这一头。因此，我再一次呼吁，把《古籍点校疑误汇录》继续编下去。近十年来，出现了不少电子版的古籍，检索的功能大大进步了，古籍整理的学术水平也有显著的提高，有些旧版书有了修订更新的有利条件。建议古籍办设立一个项目，委托《古籍整理研究学刊》编辑部或某个古籍研究所先编一个古籍整理书评的索引。不妨先制作一个电子本，每年补充更新，内部发行给各出版社参考。书评原文可以考虑选录，有些书评暂不公开出版，以免挫伤了某些新手整理者的积极性，拦截了人家的晋升之路。

《古籍点校疑误汇录》的确是"一本对校勘学有辅助意义的书"。正面谈校勘方法不过几条原则，许逸民先生在《古籍整理释例》一书里已经概括说明了。而在工作实践中则会遇到各种不同的问题，正如鲁迅所说的："因为在学习者一方面，是必须知道了'不应该那么写'，这才会明白原来'应该那么写的'。"（《且介亭杂文二集·不应该那么写》)古籍点校也是如此。《古籍点校疑误汇录》中收有不少具体的实例,可以作为不应该那么做的反面教材来学习。正式出版第六册的出版说明曾说到:"由于《汇录》不仅为查找资料提供方便,而且对研读古籍有一定的辅助作用,许多古籍整理工作者视之为良师益友,一些大专院校还将它列为文科研究生的必读参考书。"就可以说明它存在的价值。

当然,并不是说《汇录》所收每篇书评都是完全正确的,还需要具体分析和深入研究。李一氓先生在序言里已经说明了:"我们不想自居于法官地位,滥行裁决,我们亦不是任何一方的辩护律师,辩称你错他对。我们现在虽然把这些有意见的文章搜印在一起了,我们却采取个'和稀泥'的办法,把这本书命名为《古籍点校疑误汇录》。"编者在序言之后又加上说明,其二说:"本书所收文章中批评的一些点校本、注释本,容或存在所指出的问题,但批评者往往就个人所见提出意见,并非系统的评论,因此并不表明被批评的书质量必定很差。"

最近读到金良年先生《关于加强古籍整理出版物质检工作的几点建议》,我非常赞赏,完全同意。我觉得除了"自查""他查"之外,还要依靠读者的"群查",欢迎各界的读者批评指正。据说录制《四库全书》电子版的时候,主编者曾给指出错字者发了奖金。虽然改得还不彻底,但这种精神和措施是值得提倡的。古籍办是不是可以设立一个项目,对首先纠正古籍整理错误而确有价值者致以薄酬，以表感谢？书评收入《疑误汇录》的自当付酬，其开支应由被评的出版社负担。

我们应该欢迎各方面的读者帮助整理者、出版者来检查已出的书籍，集思广益，博采众长，这是提高质量的一个途径。对被批评者来说，应该抱着虚心接受和闻过则喜的态度，但是也可以提出讨论和答辩。对批评者来说，则不妨尽量采取全面和客观的态度，不要以偏概全，一笔抹杀。最近有一位学者，写文章批评《清代诗文集汇编》里收了一本伪书（见《中华读书报》2015 年 11 月 18 日 15 版），考证非常精细，翔实可信，令人佩服，但最后一句话说："一粒老鼠屎，坏了整锅汤！"那就有点过火了，因为有了老鼠屎这整锅汤就不能喝了。对有错的书，我们还是赞成鲁迅吃"烂苹果"的办法，如果还不是全烂的苹果，挖掉了烂处还可以吃，那么大家就来挖一挖吧，因为书的大多数还是可以修订的。

　　　　　　（原载《古籍整理情况简报》2016 年第 7 期）

《酉阳杂俎校笺》序

　　《酉阳杂俎》是一部奇书。《新唐书·艺文志》著录于小说家类,《四库全书》列在小说家的琐语之属,鲁迅《中国小说史略》第十篇《唐之传奇集及杂俎》把"杂俎"作为小说的一个类型。其实它按类分篇,像是《淮南子》、《博物志》的体例,循《隋书·经籍志》的成例列入杂家可能更适当一些。从其内容看,天文地理,道经释典,怪力乱神,草木虫鱼,无所不包,又像是一种类书。段成式知识渊博,兴趣广泛,他收集了各方面的资料,编成一部百科辞典式的小类书,但以"怪"和"戏"为专题。他《自序》说:"固役而不耻者,抑志怪小说之书也。"因此我们还是名从主人,把它视为志怪小说中的一个特殊类型。

　　《酉阳杂俎》的篇名也很怪,如纪道术的称《壶史》,抄释典的称《贝编》,述丧葬的称《尸穸》,志怪异的称《诺皋记》,都需要加以考证解释。书中收集了不少国内外各民族的物产和民俗,引用的专名术语,更是五花八门,新奇古怪,难以索解。因此很需要有个注本。然而注释谈何容易,前人都说注书比著书难,如洪迈《容斋续笔》卷十五《注书难》说:"注书至难,虽孔安国、马融、郑康成、王弼之解经,杜元凯之解《左传》,颜师古之注《汉书》,亦不能无失。"陆游在《施司谏注东坡诗序》中曾说"若东坡先生之诗,则援据闳博,指趣深远",因而一再说自己不能为东坡诗作注,似乎对施宿父子注的《苏诗》,也还不无遗憾(《渭南文集》卷十五)。所以有些很重要的书没有人敢注,不愿意做这种费力而不讨好的事。《酉阳杂俎》就是这样的一部书。

《酉阳杂俎》的版本并不多,大体上可分为二十卷本和三十卷本两种,而三十卷本又有三种常见的版本,差异不多。版本对校的工作,方南生先生的校本已经把重要的异文都校出来了。但底本就存在缺误,有许多问题无法解决,或者说有些问题还没有发现,不是对校法所能解决的。

许逸民兄多年从事古籍整理工作,勤于探索,善于积累,勇于创新,敢于迎难而上,继校注《徐陵集》、《金楼子》之后,再接再厉,又向《酉阳杂俎》这个堡垒进攻。经过多年的琢磨,雪纂风钞,日积月累,终于取得了令人惊喜的成果。他继承古人注史的传统,广征博考,引录典籍原文,不厌其详,用校勘和笺证相结合的方法,对《酉阳杂俎》这部奇书作了一次综合的治理。

例如对人名的核实,卷一"玄宗禁中常称阿瞒"条,记寿安公主"遂令苏发尚之",原作"遂令苏澄尚之",今据

《新唐书·诸帝公主传》和《唐语林》卷四《贤媛》改正了，并以本书《续集》卷四载有"医官苏澄"事作反证，说明原书致误之由。这就是用校勘和考证相结合的笺注。

顺便可以提一下，由于这条记事的解读，也解决了点校本《新唐书·诸帝公主传》的句读问题。点校本《新唐书》这段文字原作："代宗以广平王入谒，帝字呼主曰：'虫娘，汝后可与名王在灵州请封。'下嫁苏发。"其实是误读了，"王在灵州，请封"六字显然应在引号之外，观本书自明。

又如卷十四"河伯"条，"一名冯脩"，"脩"原作"循"，今据《史记正义》和《文选》李善注改正了。卷十五《广动植序》，"滕脩"原作"滕循"，滕脩，《晋书》有传，在《三国志》中曾三见其名，《北户录》中亦载其事，今即据以改正。同条"蔡谟"原作"蔡谋"，亦据《晋书》本传加以改正。

至于文字的缺误，补正的地方很多，都是依据他校才能发现的。例如卷二里许多地方都用《真诰》和《抱朴子》作他校，改正了不少错字。卷十四"《太真科经》说有鬼仙"条，"食不祥"原无"不"字，"伯奇"原作"伯琦"，现在都据《续汉书·礼仪志》、《新唐书·礼仪志》校笺改正了。

又如卷一"代宗即位日"条，有楚州尼真如进八宝的记载，是一篇流传极广的故事，但异文繁富复杂。其最早的记载可能是杜确的《楚宝传》（见《直斋书录解题》卷五典故类），可惜原文不存，校笺引用《旧唐书》、《新唐书》、《册府元龟》、《文献通考》、《玉海》及《太平广记》引《杜阳杂编》等书作旁证,在注释中进行了他校和理校,补正了好几处缺文,把原来读不通的地方读通了。这就是一般版本对校所不能解决的问题。

值得一提的如卷十六《广动植·总叙》有一句"壶楼为杜宇项",我们初读时总认为"杜宇"就是杜鹃鸟或指传说中的蜀王,只是"项"字还有些费解。但《类说》引作"杜预项",《海录碎事》引作"杜预颈",就引起了整理者注意。校笺中查证了王隐《晋书》和房玄龄等《晋书》的《杜预传》,才明白杜预确有病瘿的故事,据《晋书·杜预传》说:"吴人知预病瘿,惮其智计,以瓠系狗颈示之。每大树似瘿,辄斫使白,题曰'杜预颈'。"经过了这样的他校和笺注,我们就恍然大悟了。

《酉阳杂俎》有许多异文,除了传钞时期大概就有不同的版本,还可能是前人"活校"的结果。古籍校勘曾有人分为"死校"和"活校"两类,前人对活校的做法曾有一些不无偏激的话,如段玉裁《重刊明道二年国语序》说:"古书之坏于不校者固多,坏于校者尤多。"王念孙在《读淮南子杂志书后》中说:"推其致误之由,则传写讹脱者半,冯意妄改者亦半也。"顾广圻在《书文苑英华辨证后》中也说:"予性素好铅椠,从事稍久,始悟书籍之误,实由于校。"我们总结了前人的经验教训,在重印古籍时充分运用了四种校勘法,并力求找出两重证据的旁证,进行综合性的治理,再严格遵守改字出校记的原则,避免了"冯意妄改"的弊病,最后再加以审慎的标点,所以一般不限于版本校勘而称之为"古籍整理"。《酉阳杂俎》的校笺就体现了我们今天古籍整理的努力方向。

辑佚是校勘的延伸。本书从各种典籍里搜罗佚文,不遗馀力,共得若干条,较前人已辑的又有新的收获。校笺本把《类说》卷六所收的《庐陵官下记》合并入《酉阳杂俎》,也是有根据的。因为《类说》所引六条《庐陵官下记》,他书都曾引作《酉阳杂俎》。涵芬楼本《说郛》卷三六所引《酉阳杂俎》的佚文,只有《桦香》一条未见于今本。黄伯思《东观馀论》卷下《跋段太常语录后》,谓即《庐陵官下记》上篇,而涵本《说郛》所收《酉阳杂俎》却有《语录》篇,也疑与《段太常语录》相关。再看《语资》篇中所说曾有《破虱录》之作,似可说明段成式在著述时曾有多种初稿,可能早有几种小书问世,最终先后结集为《酉阳杂俎》正集和续集流传。现在汇为一编,加以校笺,对研究段成式的所有著作非常便利,我就从中得到了许多新的知识,并学习了综合整理的方法。

当然,由于《酉阳杂俎》是一部会萃诸书的丛钞,并非照录某一种书的原文,更不注明出处,很难确定它的史源是哪一本书。所以校笺也只能是按理校的办法,综合利用各方面的文献资料加以整理,作出自己的按断,尽可能地恢复原貌,使读者易于读通。这也许可以说是在四种校勘法之外,加上考证笺注的古籍综合整理法。陈垣先生说:"(理校法)故最高妙者此法,最危险者亦此法。"本书许多地方运用了理校法,但举出不少旁证,在校记中说明了依据,即使不是段成式的原文,也不难恢复底本的原貌。所以其危险是完全可以避免的。

逸民兄把校笺稿让我先睹为快,并虚心征求意见,委托我写一篇序言。我和他是古籍整理出版的同事、同志、同好,同声相应,同气相求,在欣喜之馀,也乐于把一些读后感写成札记,为读者作一次向导。至于校笺的具体做法及操作过程,则请读者先读他的《凡例》和《前言》,必有更多的收益。

（原载《酉阳杂俎校笺》,中华书局 2015 年版）

关于变文的几点探索

一　变文的名称和来源

变文在古代书籍中似乎很少提到，直到十九世纪末敦煌千佛洞发现了大批的变文写本之后，才引起人们的注意。变文之得名，大致可以认为和佛家所谓的变相有关系，变文就是变相图的说明文字①。"变"大概就是从变字的意思来的。佛家所谓变，就是显现出某种幻境，又称变现，可能最早见于六朝宋代法显的《佛国记》：

> 王便夹道两边，作菩萨五百身已来种种变现，或作须人挐，或作睒变，或作象王，或作鹿马。如是形像，皆彩画庄校，状若生人。

变相就是变现出来的景象，所以人们就把描绘这种变相的

---

① 参看金维诺《祇园记图与变文》，载《文物参考资料》1958年第11期。

图画也叫作变。唐张彦远《历代名画记》卷九说："张孝师为骠骑尉，尤善画地狱，气候幽默。孝师曾死复苏，具见冥中事，故备得之。吴道玄见其画，因号为'地狱变'。"张孝师所画的地狱图，由于景象生动，所以吴道玄称之为"地狱变"。图画称变，似乎是从这个时候才开始的。但是《历代名画记》（卷三）又记载，长安慈恩寺塔的东南中门外，净域寺三阶院东壁和净法寺殿后都有张孝师的《地狱变》，光宅寺东菩提院内北壁还有尉迟乙僧画的《降魔变》。《名画记》把张孝师列在阎立本（？——673）和尉迟乙僧之间。阎立本在武德九年（626）就曾为唐太宗画秦府十八学士图，而尉迟乙僧则是"国初授宿卫官，袭封郡公"，他们都是唐初人。如果说这些变的名称不是后人追加的话，那么图画称变的时代还可以推到更前。梁朝张僧繇的儿子儒童就有"宝积经变传于代"（《名画记》卷七），隋朝展子虔有《法华变》，与展齐名的董伯仁又有《弥勒变》，杨契丹也有"杂佛变传于代"（均见《名画记》卷八）。可见佛寺中画变相图的风气早在六朝就已开始了，有人认为唐代才开始有变相图，未免太晚了些。不过当时是否就有变文与之相辅而行，还不得而知。后世还是有这种变相的壁画，宋朝刘筠在《愆亢取湫水征巫觋致祷亟遣罢去越翊日渐优洽》诗中说："四壁绘神变，正筵塑灵仪。怖若叶公牖，怪甚葛仙陂。"（《宋文鉴》卷十四）南宋洪迈的《容斋随笔》（初集卷三）中也提到"近时绘画《归去来》者皆作《大圣变》"。

　　变相图可以简称为变，而变文也可以简称为变。变文和变相图密切相关，已有足够的资料可以证明，这在下面还要谈到。现在所看到的变相图往往与佛经故事有关，然而能不能说变文就是受佛教影响而产生发展的呢？这个问题还需要具体分析。变文和变相有关，但是我们不能说变文这种文体也是在僧人演唱佛经故事以后才产生的，正如不能说在画家画了变相之后，才产生了人物故事的图画一样。古代的画家早就画过许多人物故事画以及佛像，不过没有称之为变而已。以往有很多人都片面强调佛教和变文的关系，因而认为变文是由印度传来的，至今还有人持这种观点。曾有人苦心孤诣地追究"变"字的来源，考证出变是由梵语翻译而来，这种考证实际上并无多大价值，而且也很难得出圆满的结论。这样的考证，也无非是为变文不产生于中国这一论点寻求证据而已。我认为变字就是变化的意思，如果说变相这个佛家术语是从梵文翻译来的，那也很可能是意译而不是音译。况且一件事物的来源和语源并不是一回事，主要应该看事物本身的特点及发展过程。我们并不排斥外来文化，而且一向是积极地创造性地吸收外国文化的长处和特点的。但是我们的民族文化有自己的传统，一切外来的影响必须和民族传统结合，才能产生有益的效果。变文这种文学形式，主要是由汉语特点所规定的四六文和七言诗所构成的。难道这种最地道的民族形式可能是从印度传来的吗？变文作为一种说唱文学，远可以从古代的赋找到来源。《汉书·艺文

志》诗赋略中著录的赋,把孙卿(荀子)的赋作为一类,和
屈原赋、陆贾赋成为三个不同派别。我们知道,荀子的赋
包括有《成相篇》和《赋篇》。近代的研究者都认为"成
相"就是当时的曲艺形式。《汉书·艺文志》中还有杂赋
一类,包括有成相杂辞十一篇和隐书十八篇。我认为荀子
的《成相篇》就是成相杂辞的一个标本,而《赋篇》又相当
于隐书之类。刘向、班固所谓杂赋,应该是一种接近民间
文学的诙谐文体。《古文苑》中所载《大言赋》、《小言赋》
之类就可能属于这类。还有像王褒《僮约》、黄香《责髯奴
辞》之类杂文,也可以说是赋的别体。曹植的《鹞雀赋》虽
然只存残篇,但是为我们提供了一些重要的线索,就是说
汉代除了歌功颂德的大赋和抒情写景的小赋之外,还有一
种叙事代言的杂赋。我们必须注意到,敦煌写卷中除了变
文之外,还有一部分是叙事体的俗赋,如《韩朋赋》、《燕子
赋》等,它在演述故事上和变文是相同的,只是在形式上
还保存着杂赋的格局。我们如果把《燕子赋》[①]和曹植的
《鹞雀赋》比较一下,就会发现它们之间有很近的血缘关
系,无论在体裁和题材上都有一脉相承之处。我觉得变文
和这种杂赋是有密切关系的。当然,变文中经常是韵文
(诗赞)和散文(广义的散文可以包括骈文在内)交错运
用,和《燕子赋》等似乎有所不同,但是这种体制也可以在
赋中见到。如蔡邕的《短人赋》是一篇以四言为主而殿以

---

① 《敦煌变文集》,人民文学出版社1957年第一版,249页。

楚辞体歌词的赋,这本是骚体赋的常例,它就是在"不歌而诵"的赋之后结以不诵而歌的乱辞。赵壹的《刺世疾邪赋》末尾附了两首五言诗,则可以说是赋和诗相结合的新发展。到了六朝人的小赋中,这个特点更为显著。如庾信的《春赋》开头和结尾是七言诗,中间是有韵的四六文,和变文中的诗文相间形式相似,差别就在散文部分押不押韵而已。不过,像《舜子至孝变文》就是一篇押韵的赋,可见变文和赋之间并无不可逾越的界限。赋作为一种说唱文学,不但有悠久的历史渊源,而且有深远的历史传统,金院本中有《大口赋》、《疗丁赋》、《风魔赋》、《伤寒赋》、《方头赋》、《罢笔赋》等,可以认为是杂赋的后继。直至现代,南方弹词里还是把"不歌而诵"的韵文称为赋赞,应该就是传统形式的遗存。

　　敦煌本说唱文学的形式是丰富多样的。如别本《燕子赋》①实际上就是一首五言诗。同样是变文,也有各种不同的形式,如《舜子至孝变文》就是以六言为主的赋体,有些地方有韵,有些地方又没有韵,最后也附有两首诗,和汉代的杂赋并无不同。还值得提到的是《伍子胥变文》(题原缺,暂拟今名),基本上是四六文,中间又插入几首歌词,和汉魏六朝的杂赋也非常相似,如其中一段:

　　　　楚王出敕,遂捉子胥处,若为敕曰:"梁国之臣,父事于君,不能忠谨,徒(图)谋社稷,暴虎贪残。子

①　《郭煌变文集》,262页。

尚郑国之臣，并父同时杀讫；唯有子胥逃逝，目下未获。如能捉获送身，赏金千斤，户封千邑户。隐藏之者，法有常刑。先斩一身，然〔后〕诛九族。所由宽纵，解任科徽（徵），尽日奏闻，固（锢）身送上。"敕既下行，水楔（洩）不通，州县相知，牓标道路。村坊搜括，谁敢隐藏；竞拟追收，以贪重赏。

　　子胥行至莽荡山间，按剑悲歌而叹曰：
　　　　子胥发忿乃长吁，大丈夫屈厄何嗟叹。
　　　　天网恢恢道路穷，使我恓惶没投窜。
　　　　渴乏无食可充肠，迥野连翩而失伴。
　　　　遥闻天渐（堑）足风波，山岳岧峣接云汉。
　　　　穷洲撮际绝舡（舟）舩，若为得达江南岸。
　　　　下仓（苍）傥若逆人心，不免此处生留难。
　　　　　　　　——《敦煌变文集》第四页

　　我们如果把它和更早的也是讲伍子胥故事的《吴越春秋》比较一下，就会发现二者有一些相似之处。《吴越春秋》里经常有一些整齐的四言句子，偶而也插入一两首歌词，已经有近于变文的地方了。如《阖闾内传第四》：

　　（乐正扈子）乃援琴为楚作穷劫之曲，以畅君之迫厄。之畅达也（当作"畅，达之也"）。其词曰：
　　　　王耶王耶何乖烈，不顾宗庙听谗孽。
　　　　任用无忌多所杀，诛夷白氏族几灭。
　　　　二子东奔适吴越，吴王哀痛助忉怛。

垂涕举兵将西伐，任胥白喜孙武决。

三战破郢王奔发，留兵纵骑虏荆阙。

楚荆骸骨遭发掘，鞭辱商尸耻难雪。

几危宗庙社稷灭，严王可罪国几绝。

卿士悽怆民恻恨，吴军虽去怖不歇。

愿王更隐抚忠节，勿为谗口能谤蔑。

据陈中凡先生说，《吴越春秋》是汉晋间的小说[①]，它在形式上接受了当时流行的杂赋或说唱文学的影响，也是非常可能的。还有一本敦煌写本的《韩朋赋》，据容肇祖先生的考证，可能是六朝时期的作品[②]。这可以看作是变文的前身。敦煌写本中有不少这样的赋，除《燕子赋》、《晏子赋》等以外，还有白行简作的《天地阴阳交欢大乐赋》（有《双楳景闇丛书》本）也是所谓俳体赋，刘瑕（朝霞）作的《驾幸温汤赋》（亦作《温泉赋》，北京图书馆藏有照片），郑棨《开天传信记》亦曾节引，称为"词调倜傥，杂以俳谐"。我们有理由设想，变文是在我匡民族固有的赋和诗歌骈文的基础上演进而来的。

说变文来自印度，主要的一条理由是变文是敷衍佛经故事的，而佛教是由印度传来的，所以变文也只能印度才有。这个说法似乎很有道理，实际上却很难令人信服。变

---

① 见《论吴越春秋为汉晋间说部及其在艺术上的成就》，载《文学遗产增刊》第七辑。

② 见《敦煌本韩朋赋考》，载《庆祝蔡元培先生六十五岁论文集》下册。

文的确有很多是讲佛经故事的,然而现在所能看到的变文中,有一半以上是讲中国历史故事的。目前我们还没有确凿的根据可以断定讲佛经故事的变文一定比讲历史故事的变文产生得更早。再说,敦煌所发现的通俗文学,变文并不是唯一的形式。像《韩朋赋》、《燕子赋》之类,很可能就是变文的早期形式。除此之外,还有许多名目,如诗(《叶净能诗》)、词文(《季布骂阵词文》亦作《捉季布传文》)、话(《庐山远公话》)、论(《茶酒论》)、传(《前汉刘家太子传》,亦作《刘家太子变》)和讲唱经文等等。就拿人民文学出版社所编印的《敦煌变文集》来说吧,其中所收的并非全是变文。原来题作变文或变的只有《王陵变》、《舜子变》、《破魔变》、《降魔变》等八种,其馀有的是原本阙题,有的是本来不该叫作变文。敷演佛经故事的本来不应该称作变文,应该叫作某某经讲唱文或讲经文,也就是当时人所谓"俗讲"。现存敦煌写卷中,原来有标题的如《长兴四年中兴殿应圣节讲经文》、《温室经讲唱押座文》,形式和变文有所不同。可惜一大部分敦煌写卷都残阙无题,不知原名叫什么。但是从内容和形式来看,大致可以分辨是否讲经文。讲经文一般都引经文,加以敷演,由都讲唱经,法师讲经,两个人互相配合,所以每一段诗赞的结尾总有"××××唱将来"的套语。

　　尽管现在有很多人在习惯上已经把变文这个名称扩大运用了,用它来统称讲经文以至诗、赋、词、论等各种文体,然而作为科学的研究,实有辨别名实的必要。更需要辨别的是,变文和讲经文相似而实不相同,讲经文是专讲佛经的,而变文则未必。这样区别一下对我们研究说唱文学的渊源是有好处的。从现存的资料来看,不能说变文是专讲佛经故事的文体。很可能这种文体本来在民间非常流行,所以被僧人用来作为俗讲的一种形式,这种文体本来不叫作变文,形式也不十分固定,和敦煌写卷中的诗、赋、词、论那样,随便题名,只是在和"变相"结合的时候才叫做变文。正如后世的所谓"全相平话"一样,说明它是一种图文对照的话本。现存的《韩擒虎话本》原文末尾说:"画本既终,并无抄略。"我怀疑它所谓"画本"并非"话本"之讹,也和变文一样,形式和近代的拉洋片相似。《刘家太子变》前题又作《前汉刘家太子传》,可见变文的名称并不固定,和形式的灵活变化是相应的。

　　变文这种文体可以说古已有之,可是变文的名称到底是什么时候开始的呢? 变相或变的名称,既然在六朝时就已运用了,很可能变文就在这个时代流行的。唐郭湜《高力士外传》中曾提到:

　　　太上皇移仗西内安置,每日上皇与高公亲看扫除庭院,芟薙草木。或讲经、论议、转变、说话,虽不近文律,终冀悦圣情。

这里讲的是唐玄宗时候的事,应该是说高力士在宫中模仿讲经、论议、转变、说话,以娱乐玄宗。所谓"讲经"应该就是俗讲,而"转变"应该就是转唱变文了。二者分别列举,也可以说明早在盛唐时期,俗讲和变文就已并行流传,而且深入宫廷。稍晚一些,诗人张祜曾以白居易的《长恨歌》比拟为《目连变》①,更说明变文这种文体已为人熟知了。

　　总之,敦煌写卷中说唱文学的名称和体裁是多种多样的,变文是其中比较主要的一种。这种文体是从传统的文学形式中长期演变而来,既有悠久深厚的历史基础,又有丰富多样的变化形式。我们不宜笼统地以变文概括一切敦煌文学,更不该片面地把变文看作佛教文学,从而认为它是由外国的佛教徒传来的。

二　变文的体制和影响

　　变文最基本的特点,就是韵散相间、诗文结合、逐段铺叙、说说唱唱的体裁,这是自古至今说唱文学一直保持着传统的民族形式。特别像弹词、宝卷、鼓词之类,更是变文一脉相承的后裔。这种骈偶文和诗歌相结合的体制,看起来似乎比较典雅,但是在当时还是一种新的创造。如初唐时代王勃的《滕王阁序》,在骈偶文的结尾附加一首七言诗,就可能是从骈赋得到启发而来的。至于张鹫（约660—740）的《游仙窟》,更显然可以看出和变文有密切关系。《游仙窟》的文体很特别,在文学史上好像是一个孤立的现象。当我们熟悉了敦煌文学之后,就发现它不仅在

---

　　①　见孟棨《本事诗》及王定保《摭言》卷一三。

体制上和变文非常相似,就是在题材上也可能采用了民间故事的素材。敦煌写卷中有一本《下女〔夫〕词》,开头一段是这样的:

〔儿家初发言〕:贼来须打,客来须看,报道姑嫂(嫂),出来相看。

女答:门门相对,户户相当,通问刺史,是何祇当?

儿答:心游方外,意遂姮娥。日为西至,更阑至此。人先马乏,踅欲停流(留),幸愿姑嫂,请垂接引!

女答:更深月朗,星斗齐明,不审何方贵客,侵夜得至门庭?

儿答:凤凰故来至此,合得百鸟参迎。姑嫂若无疑□,火急反身却回。

女答:本是何方君子,何处英才? 精神磊朗,因何到来?

儿答:本是长安君子,进士出身。选得刺史,故至高门。

——《敦煌变文集》第二七三页

这和《游仙窟》的情节非常吻合,也是姑嫂二人在家里接待了一位远方来客,互相问答酬应。很可能张鷟就是根据这个情节加以改造的。《游仙窟》的出现,说明这种文体早在武后时期就很流行。一般说,文人采用新文体总是在民间盛行之后的事,张鷟也该是如此。

《游仙窟》中的诗,都是作为故事中主人公的作品插

入的,这可以说是诗歌与散文相结合的一种新发展。这种结合方式在变文里也有,如《伍子胥变文》中的一段:

> 子胥愧荷鱼人,哽咽悲啼不已,遂作悲歌而叹曰:
>
> 　大江水兮淼无边,云与水兮相接连;
> 　痛兮痛兮难可忍,苦兮苦兮冤复冤。
> 　自古人情有离别,生死富贵总关天,
> 　先生恨胥何勿事,遂向江中而覆船?
> ……
> ——《敦煌变文集》第十五页

这是作为伍子胥所作的歌而插入的。至于像《苏武李陵执别词》中两人唱和的诗,自然是文中应有的部分,还很难说是变文体裁所独有的。如果从它的影响来说,那么宋元话本里还是有继承这种形式的,如《大唐三藏取经诗话》就是用书中人物所作的诗来代替唱词,作为每一回的结束。如第二回的结尾:

> 猴行者乃留诗曰:
>
> 　百万程途向那边,今来佐助大师前。
> 　一心祝愿逢真教,同往西天鸡足山。
>
> 三藏法师诗答曰:
>
> 　此日前生有宿缘,今朝果遇大明贤。
> 　前途若到妖魔处,望显神通镇佛前。

他如《清平山堂话本·张子房慕道记》中有好多首诗,也都是托为故事中人物作的。这种例子在话本里很多,可以说是受变文的影响，也可以说是保存了说唱文学的传统特点。这种体制对文人作品也不是没有影响的。最直接的应该说是唐人传奇。传奇文主要是从六朝小说发展而来，早期的作品都以散文为主，但是也常有诗歌与之相配合。而诗和文相结合的方式又有其特点。例如白居易的《长恨歌》和陈鸿的《长恨传》相配合，李绅的《莺莺歌》和元稹的《莺莺传》相配合，元稹的《李娃行》[①]和白行简的《李娃传》相配合，司空图的《冯燕歌》和沈亚之的《冯燕传》相配合，无名氏《小玉歌》、《无双歌》[②]和蒋防的《霍小玉传》、薛调的《无双传》相配合，都是外加上去的，并非有机的结合。晚期的传奇文却逐渐骈俪化，穿插的诗歌也多起来了。例如裴铏的《传奇》，就发展了"以对语说时景"的特色，曾为宋代的古文家尹洙作为讥嘲的对象而指出[③]。《传奇》的文风比较华丽，很多骈偶句，如：

　　　　良久，忽闻启关者。一女子光容鉴物，艳丽惊人；珠初涤其月华，柳乍含其烟媚；兰芬灵濯，玉莹尘清。
　　　　——《太平广记》卷四百四十三引《孙恪》

　　　　……但见鲸涛蹙雪，叠阁排空；石桥之柱敧危，蓬岫之烟杳渺。恐葬鱼腹，犹贪雀生。于难厄之中，遂

---

①　见许颛《彦周诗话》及任渊《后山诗注》。
②　均见陈元龙《片玉集》注引。
③　见陈师道《后山诗话》及陈振孙《直斋书录解题》卷十一。

出奇计,因脱斯祸,归而易姓业儒。不数年中,又遭始皇煨烬典坟,坑杀儒士,缙绅泣血,簪绂悲号。余当此时,复在其数。时于危惧之中,又出奇计,乃脱斯苦,又改姓氏为板筑夫。又遭秦皇嫐信妖妄,遂筑长城,西起临洮,东之海曲;陇雁悲昼,寒云咽空;乡关之思魂飘,砂碛之劳力竭;堕趾伤骨,啗雪触冰。余为役夫,复在其数。

　　　　　——《太平广记》卷四十引《陶尹二君》

还需要注意的是《传奇》中很多诗歌都是作为故事中主人公的作品而插入的。如《张云容》篇(《太平广记》卷六十九引)中所载萧凤台、刘兰翘、张云容、薛昭等四人唱和的诗,就是一例。像这样诗文结合的方式,在晚期的传奇文中常见,不胜列举。这也可能和变文的流行有关。

　　变文中诗文的结合还有一种方式,就是用故事中人物的对话代替唱词,这已经近似后世代言体的戏曲了。例如《破魔变文》中的一段:

　　　　魔王有其三女,忽见父王不乐,遂即向前启白大王:

　　　　　　近日恰似改形容,何故忧其情不乐?
　　　　　　为复诸天相恼乱?为复宫中有不安?
　　　　　　为复忧其国境事?为复忧念诸女身?
　　　　　　惟愿父王有慈愍,如今为女说来由。

父王道云云：

> 不是忧念诸女身，汝等自然已成长；
> 也不忧其国境事，天宫快乐更何忧！
> 吾缘净饭悉达多，近日已于成正觉，
> 叵耐见伊今出世，应恐化尽我门徒。
> 若使交他教化时，化尽门徒诸弟子；
> 我即如今设何计，除灭不交出世间。

这又可以说是变文体制的另一种形式。《清平山堂话本》中的《快嘴李翠莲记》就全篇采用了这种体制。直到明代小说里还保存了这种说唱本的痕迹，如《西游记》第七回：

> 大圣道：我本天地生成灵混仙，花果山中一老猿。水帘洞里为家业，拜友寻师悟太玄。炼就长生多少法，学来变化广无边。因在凡间嫌地窄，立心端要住瑶天，灵霄宝殿非他久，历代人王有分传。强者为尊该让我，英雄只此敢争先。

宋元话本和唐代以变文为代表的说唱文学有一定的继承关系，这是很多人都这样说的。但也有人从题材和文体上看，认为二者并无关系，因为变文宣扬佛教，而话本则是讲人间故事的；变文是骈偶文，而话本则是口语化的散文。实际上变文并不专讲佛经故事，前面已经谈过了。至于文体，二者虽有差别，但的确有相似之处。变文主要用骈偶体，似乎非常典雅，然而却容纳了不少当时的口语；宋

元话本一般都是口语化的散文,比较通俗,但也有比较"守旧"的作品,保留了旧形式的残馀。如《钱塘梦》就几乎全部是骈文:

> 端的是山藏美玉,地产灵芝。湖光堂上胜蓬莱,四圣观中欺阆苑。湖光潋滟,兰桡画桨数千船;山景融和,玉砌金堆千万户。九井玉龙喷紫雾,三潭明月浸琉璃。柳阴白鹤飞还往,船畔金鳞戏水游。青青柳岸渔人坞,点点花香樵子村。断桥深处,有泛桃花流红叶浴鸳鸯浮鸥鹭暖溶溶三千顷波漾琉璃;水帘洞前,有琐苍崖悬雨脚堆螺鬓列画屏青郁郁三百里山横翡翠。……

——录自弘治本《西厢记》卷首

这类骈体文到了后来的小说里就变成专门描写景物的赞词,如《清平山堂话本·西湖三塔记》的开头,就是把上面这一段描写西湖景色的文字删改搬用的。至于诗词则在小说里主要作为入话和散场之用了。

变文还有它独特的地方,就是它和变相图相配合的关系。《王昭君变文》(拟题)中有"上卷立铺毕,此入下卷"这样的话,很多人都引为变文配合图画的明证。《王陵变》中也有类似的话:"从此一铺,便是变初。"所谓"铺",大概就是指画。不仅如此,变文和变相相配合还有更确切的证明。如伯字四五二四号卷子,就是一面图画,一面变文。特别值得注意的这个图卷是把劳度差和舍利弗的每一个斗法场面分别描绘的,而每一幅画面就有相应的一段变文唱词。敦煌西千佛洞第十窟东壁的《祇园记图》,是现存时代较早的作品,共十一幅,每幅都有题榜①。如:

第一幅:须达长者辞佛□(将)向舍卫国□(造)精舍,佛□舍利弗共□建造精舍,辞佛之时。

第五幅:劳度差化作大树,舍利弗化作□风吹时。

第十幅:劳度差化作夜叉,舍利弗化作比沙门,使身火焚时。

莫高窟第九十八窟西壁《祇园记图》的题榜更为详细,有这样一些标题:

外道劳度差变作大树问舍利弗其叶数其根深浅时;

舍利弗答叶数讫,化作大蛇拔树时;

风神镇怒放风吹劳度差时;

外道被风吹急遮面时;

……

敦煌写卷斯字第四二五七号中也有这样的标题:

风吹幄帐绳断,外道却欲系时;

风吹幄帐欲倒,外道将梯想时;

外道诸女严丽装饰拟共惑舍利弗时;

---

① 参考金维诺《敦煌壁画祇园记图考》,载《文物参考资料》1958年第10期。

　　　　大外道劳度叉共舍利弗斗神力时；
　　　　……

我们会注意到,这些图画的标题一般都有一个"时"字,表示画面所描绘的是整个运动过程中的一个场面。变文里也有类似的套语,如《八相变》中有"于此之时,有何言语云云"、"当此之时,有何言语云云"、"当尔之时,道何言语"、"于尔之时,有何言语"等;《破魔变》中有"魔王当尔之时,道何言语"、"魔王当时道何言语"、"当尔之时,道何言语"、"当去之时,道何言语"等;一般都是在唱词前面,和讲唱经文里的"××××唱将来"有相似的作用。不过这里的"时"字和图画题榜中的"时"字,用法并不完全相同。更值得注意的倒是变文里常用的"处"字,如《李陵变文》里在唱词之前,有"看李陵共单于火中战处"、"且看李陵共兵士别处若为陈说"这样的话,显然是按图讲唱,很像近代的拉洋片。更多的情况是没有"看"字,只有一个"处"字,意义就不这样明显了,如"李陵共单于战弟三阵处若为陈说"、"诛陵老母妻子处若为陈说"。他如《王昭君变文》、《张义潮变文》、《张淮深变文》、《降魔变文》、《大目乾连冥间救母变文》在每一段唱词之前,一般也都有"……处"或"……处若为陈说"、"……处若为"之类的公式。我认为这个"处"字就是指变相图中的某一场面,图文对照,近似后世的"全相"平话或"出像"小说。众"看官"眼看变相,耳听变文,自得相映成趣之乐。变相的标题用"时"字,注意的是故事进行的时间;而变文里用"处"

字,注意的是图画描绘的空间。互相配合,各有特点。我们看到的《祇园记图》或《降魔变图》,多数都是以舍利弗和劳度差二人为中心,而把一系列的斗法场面穿插在二人之间,构成了一幅综合的连环故事画。在讲唱故事时如果不具体指明讲到何"处",恐怕听众会弄不清楚,所以每一段唱词都要说明讲到何处,便于听众按图索骥。这也是变文与变相密切配合的一个确证。

这里还可以谈一谈这种形式的演变和影响。《大唐三藏取经诗话》(亦作《大唐三藏取经记》),一般人都认为是宋代的说经话本。它的标题大部分也都有一个"处"字。现存十五段题目中有十一段是标作某某处的。如"行程遇猴行者处第二"、"过长坑大蛇领处第六"、"入九龙池处第七"、"入鬼子母国处第九"……为什么题目上都要加上一个"处"字呢? 我认为这还是变文的遗迹,很可能这本《大唐三藏取经诗话》最初也是与图画相配的,一段故事就有一幅图。五代时扬州寿宁寺的经藏院曾有玄奘取经的壁画,到宋代还存在①。从这方面看,《大唐三藏取经诗话》和变文的关系是更为密切的。

三　变文的题材和意义

前面已经说过,变文并不是专演佛经故事的。如果把讲唱经文除外,那么现存的变文中,演唱人世故事的倒占

---

① 　见欧阳修《欧阳文忠公集》卷一二五,《于役志》。

着多数。再从演唱者来看,转变者也并非都是和尚。《高力士外传》所说"转变说话"的人,我认为就是高力士本人在摹拟,因为当时唐玄宗被幽禁在西内,很难召请艺人或僧人供奉了。晚唐人吉师老的《看蜀女转昭君变》诗(见《才调集》卷八),明白地说转《昭君变》的是蜀女,可能是歌妓一流人物。在此以前王建的《观蛮伎》诗就曾说:

> 欲说昭君敛翠娥,清声委曲怨于歌。
> 谁家年少春风里,抛与金钱唱好多。
>
> ——《全唐诗》第五册,中华书局排印
> 本三四三四页

李贺的《许公子郑姬歌》里也说到:

> 长翻蜀纸卷明君,转角含商破碧云。
>
> ——《李长吉歌诗》卷四

都像是指歌妓转《昭君变》的事。当时就是以俗讲闻名的僧人,也不是真正宣扬佛教,而是如《因话录》所说的文溆僧那样"公为聚众谈说,假托经喻,所言无非淫秽鄙亵之事。……愚夫冶妇,乐闻其说,听者填咽寺舍,瞻礼崇拜,呼为和尚教坊,效其声调,以为歌曲"①。可见当时的讲唱

---

① 很多人引证这段文字都把"教坊"二字属下句,但是上面一句"呼为和尚"就没有意义。《绀珠集》和《类说》本《因话录》标题作"和尚教坊",最能说明问题。参看赵翼《陔馀丛考》卷四三。

经文,也不过是一种娱乐性质的活动。转变当然更是一种普遍流行的说唱伎艺了。

　　变文的题材主要是历史故事,如《伍子胥变文》《王陵变》、《李陵变》、《王昭君变文》等,都是以历史人物为中心的;还有一些作品则写到了当代的历史事件,如《张义潮变文》、《张淮深变文》就是以当时当地的英雄人物为描写对象的。这也可以和敦煌壁画中一部分故事画——如《张义潮收复河西图》——相参照。从唐五代一直流行到宋初的《后土夫人变》,据说是讽刺武后而作的①,却是一个神奇的恋爱故事。如果我们把《游仙窟》也算在变文之列的话,那么也是一个以爱情为题材的作品,正如《因话录》所说的"淫秽鄙亵之事"。王定保《唐摭言》卷十有这样一条:

　　　　皇甫松著《醉乡日月》三卷,自叙之矣。或曰:松,丞相奇章公表甥,然公不荐。因襄阳大水,遂为《大水辩》,极言诽谤,有"夜入真珠室,朝游玳瑁宫"之句。公有爱姬名真珠。

这里的《大水辩》,近见范宁和周绍良都引作《大水变》(见《话本选》、《敦煌变文汇录》序)。从文意来看是讲得通的,但不知有没有版本依据。这又可以算作一种讽刺性的题材。总之,变文的题材是非常广泛的,决不限于所谓佛教文学的范围。

————————————

　　①　见《后山诗话》及《茅亭客话》等书记载,故事见《太平广记》卷二九九韦安道条。

　　我们不妨再看一下变文中几个著名故事的源流。《伍子胥变文》的故事大概本于传为赵晔所作的《吴越春秋》，是历史事实和民间传说的综合，在变文中又增加了许多神奇的情节。现存一本《吴越春秋连像评话》（见《中国通俗小说书目》），据说是宋元话本。由平话演进而成的《列国志传》（余邵鱼编集）中就有伍子胥临潼斗宝等故事。元人杂剧中有高文秀的《伍子胥弃子走樊城》、郑廷玉的《采石渡渔父辞剑》、吴昌龄的《浣纱女抱石投江》、李寿卿的《说专诸伍员吹箫》等，南戏中也有一本《浣纱女》。明人梁辰鱼又据以编成《浣纱记》传奇，至今京剧中还在演《战樊城》、《文昭关》等剧。伍子胥就是这些小说戏剧中的英雄人物。《伍子胥变文》正是以汉代以来的民间故事为基础的（据陈中凡先生的说法，伍子胥故事至晚在汉代就已在民间流传了），它又以新创的说唱形式对这个故事的发展和流传作出了新的贡献。

　　又如《王陵变》故事，见于《史记》、《汉书》等历史记载，然而作为经过艺术加工的民间传说来说，变文又是一个最早的标本。现已失传的《前汉书平话》里想必有王陵的故事。《五代史平话》里有一段插话也提到了王陵。元人杂剧中有顾仲清的《陵母伏剑》，南戏中也有一本《王陵》，直至近代，京剧中还保存着《陵母伏剑》的剧目。《全汉志传》、《西汉通俗演义》等小说里也都有这个情节。

　　他如孟姜女、王昭君故事更是民间广为流传的，有许多式样的说唱文学和小说戏曲都敷演这个故事，足以编成专集。

　　我们对变文故事的源流作一番探索，目的并不在于强调变文的影响，更不能由此就断定后世小说戏曲的题材都是直接继承变文的，主要是想说明这些题材都是脍炙人口的民间传说，有极其悠久的传统和深远的影响。变文以这些故事作为题材，有极重大的意义。在没有更早的资料以前，敦煌变文所提供的史料就是值得珍贵的。

　　如果像目前习惯的做法，把变文的范围再扩大一些，敦煌写卷中还有大量说唱民间故事的文学作品，更可以说都是传统题材了。如韩朋故事、秋胡故事、苏武李陵故事都是后世戏曲小说中所盛传的。特别值得重视的是《季布骂阵词文》，可以说是现存最早的词话。以前有人也把它算作变文，就掩盖了它的史料价值。词文就是后世的词话。明人诸圣邻编的《大唐秦王词话》第三十六回说："诗句歌来前辈事，词文谈出古人情。"还称词话为词文，可能也就是吉师老《看蜀女转昭君变》诗中所谓"清词堪叹九秋文"的词文。还有一本有人拟名为《董永变文》的写卷，体制与《季布骂阵词文》相同，实际上也应该是词文。这个故事源久源长，据说出于刘向的《孝子图》，《搜神记》里也曾有记载，敦煌本的《搜神记》和《孝子传》又加转引，后世有话本《董永遇仙传》、元南戏《董秀才遇仙记》，明人传奇又有心一子的《遇仙记》和顾觉宇的《织锦记》，还有《织绢记》、《卖身记》等各种改编本。《盛世新声》申集收有商调《集贤宾》"想双亲眼中血泪滴"一套曲文，虽然时代作者不能考定,然而无疑是演董永故事的杂剧佚文。至今黄梅戏中著名剧目《天仙配》即由此故事演变而来。馀如《下女〔夫〕词》、《苏武李陵执别词》等也都是词文。还有像《孔子项托相问书》,更是流传得既广且久的故事,直至近代,北京打磨厂宝文堂同记书铺还出售铅印的《新编小儿难孔子》,文字都和敦煌本相差无几(见《敦煌变文集》二四一页附录),更可以说明它生命力之强。

从以上所举的一些例证,已足以说明敦煌说唱文学是后世各种说唱文学和小说、戏曲的先驱,从题材上看又是比较直接的源头。变文这一系统的说唱文学在文学史上代表了文学发展的一个新方向,开辟了一个新领域。这种文学形式比诗歌、散文更便于真实地表现社会生活,可以演述完整的故事,描写人物形象。从它本身来说,代表着中国说唱文学发展中的一个重要阶段;而对于后世各种说唱文学来说,更有开源辟路的意义。变文的题材丰富多彩,既有佛经故事,也有历史故事和社会故事。我们既不能笼统地称之为佛教文学,也不能笼统地称之为民间文学。但以变文的主要作品来说,它标志着许多民间故事演变发展的一个里程碑,我们可以赖以探索许多民间故事的源流。后世日益昌盛的说唱文学以及小说、戏曲,无不直接或间接承受了它的影响。

题材的现实性在某种程度上可以决定主题的积极性,当变文这种形式采用民间故事作为题材时,就获得了生存和发展的力量,因为它已经为人民群众所接受了。人民群众把它接收过来,逐渐扬弃了那些玄虚乏味的宣扬佛教的糟粕,创造了许多老百姓所喜闻乐见的说唱文学。像《伍子胥变文》描写一个坚强勇敢的英雄人物,表现了反抗暴君的复仇主义精神;《张义潮变文》《张淮深变文》则歌颂了起义归返祖国的民族英雄;《王昭君变文》通过王昭君的悲痛遭遇刻画了她的怀恋祖国的感情;《孟姜女变文》通过孟姜女的艰苦斗争揭露了统治者的荒淫残暴:都有相当强的社会意义。这些民间故事充实了变文的思想内容,而变文又反过来丰富了民间故事的表现形式。这些故事的广泛流传,当然并非单纯是变文所起的作用,但变文则是这些故事依存并藉以发展的一种说唱形式,应该在文学史上占有重要的地位。

　　变文从形式上看比较粗糙,也比较呆板,甚至近于僵化,处于一种拟古和创新、典雅和通俗的矛盾状态,而它的发展还曾和佛教有一定的联系。这种文体最初可能是赋的一种别体,也曾作为文人的一种游戏文章——如王褒的《僮约》、曹植的《鹦雀赋》——的形式而得到发展,后来又曾被僧侣藉以宣扬佛教,但当它成为营业性的演唱之后,就不得不演进为真正的说唱文学了。只要它还是有生命的东西,就可以为人民大众所利用,把它加以改造,在骈体文和七言诗的旧形式中装入了历史故事和现实生活的新内容,在一定程度上得到了统一,又进一步向群众化发展,演变为各式各样的人民大众喜闻乐见的新文体。后世的各种说唱文学和小说、戏曲都"批判地继承"了它的某些传统,在历史基础上"推陈出新",保存了它那种诗文结合、说说唱唱的结构,同时又逐渐扬弃了它那些呆板的典雅的程式。虽然还有一些历史的遗迹,例如小说里骈体的赞词之类,已经成了一种因袭的图腾,只能说是并非优点的特点。然而作为一种历史现象来看,正说明它走过了一段漫长曲折的道路。我们可以从变文的演变过程再一次证实了文学发展的一般规律,就是形式经常落后于内容,而内容终究是决定形式的。变文终于从典雅走向通俗,从拟古走向创新,同时也从文人、僧侣走向民间,从诗赋走向真正的说唱文学。当这种文体为佛教徒所垄断,改造成为讲唱经文之后,就日益僵化和衰亡;而由这种文体所派生的各种说唱文学则保持并发展了它的生命。变文作为某一时代流行的说唱文体,逐渐被扬弃了,而它的某些有用成分则长期保存在后世的各种形式的民间文学里面。它为人民群众所掌握之后,就逐渐改变了自身的特质,从内容到形式都起了新的变化。而这种变化的契机首先就表现于题材的选择。变文的整个发展过程,可以说是从统治阶级文学回到民间文学的过程。这在文学史上还是一个值得重视的现象。

1961 年 2 月第二次改稿

（原载《文学遗产增刊》第十辑,

中华书局 1962 年 7 月版）

敦煌俗赋的渊源及其与变文的关系

多年前，我在《关于变文的几点探索》一文中曾对敦煌俗赋的渊源作过一些粗浅的探索①。近几年来，关于变文起源的问题已有不少新的论著问世，海内外学者对这个问题还有不同意见。虽然自己近年来很少接触敦煌文献及有关论著，但是见猎心喜，还想对敦煌俗赋的源流问题再作一些申述，为自己的旧说作一些补充和修正。

敦煌出土的通俗文学，不止变文一类，同时还有俗赋一类，如《韩朋赋》、《晏子赋》、《燕子赋》等。《韩朋赋》和《燕子赋》已有不少学者进行过专题的研究，提出了不少新的见解。《晏子赋》一篇，可能因为它篇幅较小，还很少人注意，其实也有深入研讨的价值。

《晏子赋》的故事出自《晏子春秋》卷六《内篇杂下》的第九章，有相当久远的历史渊源。但赋里有许多情节是

---

① 载《文学遗产增刊》第十辑，中华书局1962年版。

《晏子春秋》所没有的。如旧传晏子使楚的故事改成了使梁，又把晏子短小增饰为又短又黑，晏子不入小门改变为入门之后而讥之为狗门。赋托为晏子和梁王的对话，一问一答，近似淳于髡《对齐王问》、宋玉《对楚王问》等文字。赋的第三段辩驳齐国无人，第四段辩驳短，第六段辩驳小（应为第五段），第五段辩驳黑（应为第六段），第七段论祖先，第八段论天地阴阳，仿佛汉赋中的《七发》等作品，逐段反复问答。这种辩难文字亦见于《孔子与子羽对语杂抄》和《孔子项橐相问书》等，富于民间文学色彩。全篇中只有少数几段比较整齐，形成对偶，大部分是散文体，韵脚不多，可以说是后人称之为文赋的一体。

　　秦汉的赋本来不止一体。如传为屈原作的《卜居》、《渔父》就是散文化的赋。《逸周书》中的《王子晋》篇，也可以说是文赋的同一类型①。《汉书·艺文志》把赋分为屈原赋、陆贾赋、孙卿赋和杂赋四类。杂赋一类中有成相杂辞、隐书等，大概是比较通俗的文学作品。这一点已为多数学者注意到了。但屈原一派里的宋玉，却是叙事赋的大作家。宋玉的《对楚王问》、《登徒子好色赋》、《高唐赋》、《神女赋》等，都是散文化的叙事赋，而溯其源则出于屈原的《卜居》、《渔父》。附带说一下，有人怀疑这类谐隐戏谑性质的赋不是宋玉的作品，无非主观上认为宋玉是一个文人雅士，不会写俗文学，实际上并无确切的根据。在

① 参考胡念贻《〈逸周书〉中的三篇小说》，载《文学遗产》季刊1982年1期；简涛《敦煌本〈燕子赋〉体制考辨》，载《敦煌学辑刊》1968年2期。

没有确切的反证之前，我们只能相信古人的记载。这类赋有四个主要特征：

一、基本上是叙事文学；

二、大量地运用问答对话；

三、带有诙谐嘲戏的性质；

四、大体上是散文，句式参差不齐，押韵不严。

这四个特征在后人的赋里都有所体现。有的作家仅得其一体。如杨修、王粲、应玚、陈琳的《神女赋》和曹植的《洛神赋》、谢灵运的《江妃赋》、江淹的《水上神女赋》，都是直接摩拟《高唐赋》的；张衡的《髑髅赋》、曹植的《髑髅说》、《鹞雀赋》等则继承了问答对话的手法，乃至司马相如的《子虚赋》、枚乘的《七发》、班固的《两都赋》、张衡的《两京赋》等也都采用了对话体，不过故事性较差；至于王褒的《僮约》、《责须髯奴辞》、蔡邕的《短人赋》之类则沿袭了诙谐嘲戏的传统。总之，汉魏的赋除了铺采摛文、庄重靡丽的一派之外，还有问答嘲戏、俳谐滑稽的一派，后人或称之为俳赋。从它用对话以叙事的手法看，可以说是古代小说的一体。《隋书·经籍志》小说家注中有《宋玉子》一种，可见宋玉也写过小说，但不知内容为何。三国时曹植在邯郸淳面前背诵过"俳优小说数千言"①，可能就包括了这一类俳赋在内。因为赋在汉代是可以诵的。"不歌而诵"是赋与诗的区别之一。诵是面向听众的一种文艺。

---

① 见《三国志》卷二一裴松之注引《魏略》。

　　我们再看魏晋以后的赋。刘勰《文心雕龙·谐隐》篇说,东方朔、枚乘的作品"诋嫚媟弄,故其自称为赋,乃亦俳也";"潘岳丑妇之属,束晳卖饼之类,尤而效之,盖以百数"。说明晋代以后,这类俳谐体的赋很多。潘岳的《丑妇赋》已经失传了,保存了残文的则有刘思真的《丑妇赋》,却是五言的。

　　　　人皆得令室,我命独何咎。不遇姜任德,正值丑
　　恶妇。才质陋且俭,姿容剧嫫母。鹿头猕猴面,椎额
　　复出口。折颏靥楼鼻,两眼颥如臼。肤如老桑皮,耳
　　如侧两手。头如研米槌,发如掘扫帚。恶观丑仪容,
　　不媚似铺首。闇钝拙梳髻,刻画又更丑。妆颊如狗
　　舐,额上独偏厚。朱唇如踏血,画眉如鼠负。傅粉堆
　　颐下,面中不偏有。领如盐豉囊,袖如常拭釜。履中
　　如和泥,爪甲长有垢。脚蹝可容箸,熟视令人呕。①

这种丑妇的形象在《登徒子好色赋》里已经露过脸。蔡邕的《短人赋》则改为讽嘲矮人了。还有一篇朱彦时的《黑儿赋》:

　　　　世有非常人,实惟彼玄士。禀兹至缁色,内外皆
　　相似。卧如骊牛骙,立如乌牛踦。忿如鸜鹆斗,乐似
　　鹎鹕喜。②

---

　　①　《初学记》卷一九。
　　②　同上。

又嘲弄人的肤色黑。《晏子赋》则正好针锋相对地为晏子的短、小、黑作了翻案文章，而在文体上则上承秦汉的文赋，具备了上述的四个主要特征。敦煌写卷中有一篇赵洽的《丑妇赋》(P.3716)，原卷中别字草字很多，还有缺字，难以通读。其中有这样的词句：

> 有哭兮如笑，有戏兮如嗔。眉间有千般碎皱，项底有百造粗筋。贮多年之垢污，信累月之重皴。严平未卜悬知恶，许负遥看早道贫。

这篇赋与刘思真的《丑妇赋》题材相同，但体制却有不同。敦煌写卷中还有一篇《㜪䜈书》，则讽嘲了新妇的凶悍，与《丑妇赋》也有相似之处。不过它以四言为主，又是赋的另一体。题材类似的还有刘谧之的《庞郎赋》。引人注目的是开头四句：

> 坐上诸君子，各各明君耳。听我作文章，说此河南事。①

明白告诉我们这篇赋是用来说的，也就是保留了可诵的特点。《庞郎赋》现存的残文只有"其头也则中骼而上下锐，额平而承枕四起"两句②，但《太平御览》里还引有刘谧之的《迷赋》、《下也赋》，像是《庞郎赋》之误。如：

> 头戴鹿心帽，足著狗皮靴。□傅黄灰泽，髻插芜

---

① 《初学记》卷一九。
② 同上。

菁花。男女四五人,皆如烧蝦蟆。①

这些都是五言的俗赋,可见敦煌本五言体的那一篇《燕子赋》决非孤立的突然出现的新事物,而是早有先例的。

这类赋一般都带有诙谐讽嘲的性质。刘宋时的袁淑有一本文集就名《俳谐集》,现存的只有《鸡九锡文》和《驴山公九锡文》,梁王琳的《鮰表》也与之相似,都是以动物拟人来作游戏文章的。很有意思的是僧徒也早就采用了带有诙谐性的骈体文来敷演佛经故事。晋代的释道安曾写过《檄魔文》、《破魔露布文》、《平魔赦文》等②,实际上是一组游戏文章。试看下引《破魔露布文》中的一段,简直可以说是《破魔变文》的前奏了。

> 又波旬既习小道,颇有才辩,愎谏饰非,好是嫚怒。不用顺子之言,专从佞臣之计。伺国间隙,乘衅来侵。伪结使大将诸烦恼等,因圣道消,运钟八百,光音无间,十缠斯作。遂陈欲兵于爱海,策疑马于高原,控辔于二见之域,驰骋于无明之境。……伪四天大都督五阴魔等,置宅于无始之原,卜居于有形之里,浮游于苦海之中,放逸于火宅之畔。窃号躬身,假署六腑,偷荣瞬息,耽乐时颜,元首未几,徒役无算。饥兵始卒,流川遍野;怖士愁人,亘山满谷。同恶相求,辑结一方;异类群聚,阻兵三界。

---

① 《太平御览》卷四九〇。
② 《广弘明集》,《四部丛刊》影印明刻本,第二九卷下。

　　敦煌写卷中有一篇《祭驴文》（S.1477），写得非常生动幽默，实质上也是赋。这里摘抄其片断：

> 又忆得向阳子江边，不肯上船。千推万托，向后向前。两耳卓朔，四蹄拳挛。教人随后行棓，吾乃向前自捽。烂缰绳一拽拽断，穷措大一闪闪翻。……小童子凌晨来报，道汝昨夜身亡。汝虽殒薨，吾亦悲伤。数年南北，同受悽惶。筋疲力尽，冒雨冲霜。今则长辞木橙，永别麻缰。破枕头抛乇墙边，任从风雨；□鞍子弃于槽下，更不形相。念汝畜类之中，实堪惊讶。生不逢时，来于吾舍。在家时则小创小刷，趁程时则连明至夜。

　　这已经是唐人律赋的格局。唐人律赋中有不少叙事性的作品，有些应试的律赋，往往也采用一些对话的手法，近似小说，又为后世八股文的模拟口气开辟了道路。这种在叙事体中间插入第一人称的代言体，正是说唱文学的特点。

　　赋和小说有密切的关系。曹植的《洛神赋》本是模拟宋玉《神女赋》而作的。后来却派生出了甄后赠枕的故事，《文选》李善注所引的那篇"感甄记"，就是一篇传奇小说的摘要。晋人张敏写过一篇《头责子羽文》，用头和子羽的对话，进行讽刺，实际上也是一篇赋，韵脚较疏，有散文化的倾向。张敏还有一篇《神女赋》，叙弦超与仙女成公智琼相爱的故事，有些地方是摹拟《高唐赋》和《洛神赋》的，但成公智琼的故事似乎更为盛传，影响较大。张敏同时写了《神女传》(可能即《神女赋》的序),《北堂书钞》引有残文,《太平御览》则引作《智琼传》。今本《搜神记》卷一所载弦超故事可能还保存有张敏的文字。杜光庭《墉城集仙录》又在此基础上改写为《成公智琼传》[①],情节委婉,文辞华美,又插有成公智琼的赠诗,完全是唐人小说的规模。从宋玉的《神女赋》、曹植的《洛神赋》到沈亚之的《湘中怨解》,是一脉相承的神女故事,不过沈亚之把赋和小说结合在一起了,到了他写《秦梦记》时才完全用小说体来写神女故事。唐人李玫《纂异记》里还假托谢庄、江淹的鬼魂一起写《妾换马赋》[②],熔赋与小说于一炉,又是新的创造。

　　敦煌出土的俗赋,大致可分两类。一类是叙事性为主的,如《韩朋赋》、《燕子赋》及《苏武李陵执别词》等;一类是诙谐性为主的,如《晏子赋》、《丑妇赋》、《茶酒论》、《㕛䜱书》、《孔子项橐相问书》等。如果从体制上分,则有四言的、五言的、六言的、杂言的和骚体的多种形式,但多有交错夹杂,不可截然划分。这是魏晋南北朝俳赋发展的结果。除了五言赋以外,都可以从先秦两汉的赋里找到来源,可以说散文化的文赋出自《卜居》、《渔父》,四言赋则出自《天问》,骚体赋则是从楚歌分化出来的。

　　现在再来看变文,它的体制一般以四六句的骈文和七言诗赞相结合,但例外很多。《舜子至孝变文》最接近于

---

　①　《太平广记》卷六一。
　②　《太平广记》卷三四九《韦鲍生妓》。

赋。全文以六言韵文为主体。如：

　　　去时只道一年，三载不归宅李（里）。儿逆（忆）
阿耶长段（肠断），步琴悉（席）上安智（置）。舜子府
（抚）琴中间，门前有一老人立地。舜子即忙出门：
"老人〔万〕福尊体！老人从何西来？"老保（老人报）
郎君："昨从寮杨（辽阳）城来，今得阿耶书信。"舜子
走入宅门，跪拜阿娘四拜。后阿娘见舜子跪拜四拜，
立渎（五毒）嗔心便岂（起）："又不是时朝节日，又不
是远来由喜。政（正）午间跪乒四拜，学得甚愧（鬼）
祸述靡（术魅）！"①

这和《燕子赋》（甲本）的格式基本相同，完全可以说是赋。
《舜子至孝变文》末尾两首诗亦见于敦煌本《孝子传》（原
卷缺题，可能也是说唱文学的底本），可见其流传很广，来
源似乎也较早。

　　《刘家太子变》一卷，别本又题作《前汉刘家太子传》。
传也可称作"变"，很值得注意。传文全为散文，完全没有
韵文和骈文，可以说是变文中的别体，也许可以认为是早
期变文还没有格律化时期的产物。《季布骂阵词文》也可
以称作《捉季布传文》，但全部为七言唱词，体制又不同。
《孟姜女变文》（P.5039）中七言诗赞很多，而散文部分则
是有韵的四言句，也像赋体，如：

──────────

　　① 《敦煌变文集》，人民文学出版社1957年第1版，129—130页。

　　哭之以(已)毕,心神哀失。懊恼其夫,掩从亡
没。叹此贞心,更加愤郁。髑髅无数,死人非一。骸
骨纵横,凭何取实。咬指取血,洒长城已(以)表单
(丹)心,选其夫骨。[①]

这篇说唱词,原卷缺题,称不称为变文还可以研究。又如
《苏武李陵执别词》(P.3595),原题作词,但与《季布骂阵
词文》并不相同。开头一段四言的齐言句,也像是赋,但
找不出韵位。因此我们对于敦煌俗文学的研究,不能简单
地从题目上看(有些残卷本来缺题),最好还是从文体上
分析,然后再加以综合。敦煌俗文学丰富多样,千姿百态,
以前概称之为变文,现在绝大多数研究者都已觉得不大妥
当了。从总体上看,则许多文体可以从传统的赋找到根
源,可以看作赋的各种变体。如果用赋的系列来归纳,那
么概括的面就宽广得多了。

　　我们会注意到:这里提到的几篇散文化比较重的变
文,都是演说中国历史故事的。因此,变文是否由佛教文
学走向民间文学,还不无疑问。至于有人说俗赋是"俗
讲"的派生物,那就更成问题了。我想提出一个大胆的假
设,俗赋以及一部分演说历史故事的变文是较早的作品,
某些作品可能最初并不叫作变文。当然,我的假设还是有
一定依据的。

　　第一,俗赋的来源很古。魏晋时期就有不少叙事性的

---

① 　《敦煌变文集》,33 页。

赋。敦煌写本中《韩朋赋》的时代较早,容肇祖先生考证为初唐以前的作品,甚至更早①。吐鲁番出土的高宗时期写本《孔子与子羽对语杂抄》是民间创作的俗赋体小说;武后时期张鹜的《游仙窟》则是文人写的俗赋体小说。只有把它和敦煌俗赋及变文联系起来,才能为它的出现作合理的解释。《游仙窟》正是从俗赋到传奇体小说的过渡作品。试看它的结尾一段,就完全是赋体:

> 余时渐渐去远,声沉影灭,顾瞻不见,恻怆而去。行到山口,浮舟而过,夜耿耿而不寐,心荧荧而靡托。既怅恨于啼猿,又悽伤于别鹄。饮气吞声,天道人情。有别必怨,有怨必盈。去日一何短,来宵一何长。比目绝对,双凫失伴。日日衣宽,朝朝带缓。口上唇裂,胸间气满。泪脸千行,愁肠寸断。端坐横琴,涕血流襟。千思竞起,百虑交侵。独颦眉而永结,空抱膝而长吟。望神仙兮不可见,普天地兮知余心。思神仙兮不可得,觅十娘兮断知闻。欲闻此兮肠亦乱,更见此兮恼余心。

如果把这一段摘录出来,说是张鹜拟作的《别赋》,恐怕也不致引起多少人的怀疑。

第二,赋与变文之间并无截然的界限。《刘家太子传》可以称作变,那么其他的赋体作品的确也不妨称为变

---

① 《敦煌本〈韩朋赋〉考》,载《庆祝蔡元培先生六十五岁论文集》,又载《敦煌变文论文录》。

文了。正如《佛报恩经讲经文》也可以称为《双恩记》一样,我们应该根据具体的内容和形式特征来进行考察。即如《妙法莲华经讲经文》(P.2305)的散文部分,就是用赋体写的。如:

> 仙人常居山里,高闲无比。风吹丛竹兮韵合宫商,鹤笑柧(孤)松兮声和角徵。队队野猿,潺潺流水。有心永住临泉,无意暂游帝里。忽闻空中人言,又见庵前云起。思量兮未回来由,发言兮问其所以。空中告言,别无意旨。缘有个大国轮王求法,愿抛生死。仙人兮幸有莲经,何为摄为弟子?大王兮要礼仙人,仙人兮收来驱使。①

可以作为讲经文采用赋体的显证。而变文则采用四言、六言的句式较多,与叙事体的俗赋更为接近,已如上述。

第三,现存变文有确切年代可考的,以《降魔变文》为最早。原文中有"大唐汉圣主开元天宝圣文神武应道皇帝"的称号,当撰作于唐玄宗天宝七载(748)至八载(749)期间②。因为在宫廷内演唱,所以写得十分庄严华丽,骈俪化的倾向比较显著。而写作年代晚一些的《张淮深变文》及《长兴四年中兴殿应圣节讲经文》等,则格律更为森

---

① 《敦煌变文集》,人民文学出版社 1957 年第一版,489 页。

② 天宝七载五月,群臣给玄宗皇帝加"开元天宝圣文神武应道"尊号;八载闰六月,又加尊号为"开元天地大宝圣文神武应道",见中华书局版校点本《旧唐书》卷九,参见《资治通鉴》卷二一六。

严。大体上可以看出这样一个现象，变文和讲经文的格律越来越严，散叙部分都是十分工整的骈体文，诗赞部分渐多律诗，这与唐代律诗、律赋的兴盛有一致的趋势。变文的格律化是盛唐以后发展起来的，而敦煌俗赋还保存着汉魏六朝俳赋的格局，有些作品散文化的倾向还很重，像是早期的作品。再说，唐代俗讲的兴起大约在玄宗时期。加拿大麦克默斯特大学冉云华教授根据《圆觉经大疏钞》的记载，考证俗讲流行于唐玄宗开元年间①，也可以和《降魔变文》产生的时间相印证。可见变文（包括讲经文）的发展晚于俗赋，逐步改变后者的体制是合乎历史演进的轨迹的。

　　我无意于否认中国文学曾受外来文化的影响。无可讳言，整个佛教文化就是外来影响的实证。但变文这种文体则来自土生土长的汉语文学。我重申自己以前所说的意思："变文这种文学形式，主要是由汉语特点所规定的四六文和七言诗所构成的。"需要补充的是：它不仅与杂赋有继承关系，而且与屈原赋也有密切的因缘；它不限于四言、六言和七言，还应该包括五言、杂言以及散文体的句式。这些句式都可以从秦汉魏晋的赋里找到来源。

（原载《文学遗产》1989 年 1 期）

---

① 《俗讲开始时代的再探索》论文复印本。

敦煌本《孝子传》与睒子故事

　　《敦煌变文集》里收录了一种《孝子传》，是用好几个写卷编纂起来的，原来都没有题目。其中用作底本的伯2621号卷首残缺，卷末却有"事森"两字，好像就是书名，很可能是一部类书的题目。古代类书有《史林》、《类林》、《华林遍略》等，"森"比林更稠密，所以用作书名也是可以解释的。卷中还有"廉俭篇"的小题，显然是书中的一个门类。舜子这一条开头是"孝友舜子姓姚"。这"孝友"两字来得突兀，大概原来是"孝友篇"的小题，脱了一个"篇"字，第二行"舜子姓姚"又和第一行连写了，因此误读成了一句。孝子事迹只是这个写卷中的一部分，它本来没有"孝子传"的名称，把这一部分摘录出来和其他写卷合并成一篇《孝子传》，是没有任何根据的。另一个斯5776号也像是一种类书的残卷，第一条失名，下面王祥、王修、王褒、吴猛、伯夷叔齐五条，只有吴猛一条下注明"出孝子传"，其馀也有注明出处的，它本身并非《孝子传》也可以想见。

　　敦煌遗书中有不少类书,其中存有孝行门的并不少见。如伯2524类书残卷内有孝养、孝行、孝感等门类,也包括王祥、吴猛等条;伯2537号《略出籝金》卷内有仁孝篇,也有引自"孝子传"的条目;伯3636号类书残卷内有补孝、续孝的故事若干则,也有条目引自"孝子传"。此外,敦煌本句道兴《搜神记》开端有"行孝第一"的标题,似乎原本也是分门别类的,但现存各卷都没有第二个门类,所收故事只有少数几条是孝行事迹。又如吐鲁番出土文书中有一个薛道衡《典言》残卷,其中也有孝子故事的门类,可以作为敦煌类书残卷的参校资料。如果把这些遗书中的故事辑集起来,可以编成一本古孝子传,将比《敦煌变文集》本《孝子传》更为三实。然而原来的出处并非全是"孝子传",只能说是敦煌遗书中孝子故事的汇录。

　　《敦煌变文集》本《孝子传》里还收了三个残卷,即斯389号,伯3536号,伯3680号。这三个残卷都没有标题,除了全为孝子故事外,还有一个共同的特征,就是在叙述故事之后,都用一首(或两首)诗作结,体制上近似诗话体的话本。这三个残卷更值得我们注意。这里先分别概述一下三个残卷的内容。

　　第一卷斯389号,残存郭巨、舜子、文让三条,前面还有半条残文,包括诗一首,大意是孝子明达为了养母,卖了儿子,其妻割奶身亡。这个明达姓刘,见于宋金的二十四孝图（详后）。故事出处待考①。

郭巨埋儿，事见《法苑珠林》卷六二引刘向《孝子传》，《太平御览》卷四——引作刘向《孝子图》，又见今本干宝《搜神记》卷一一，句道兴《搜神记》亦载其事。《法苑珠林》年代较早，可据以参考：

> 郭巨，河内温人，甚富。父没，分财二千万为两分弟，己独取母供养，住自比邻有凶宅无人居者，共推与居，无患。妻生男，虑养之则妨供养，乃令妻抱儿，己掘地，欲埋之于土中，得一釜黄金，金上有铁券曰："赐孝子郭巨。"

伯 2621 号引《孝子传》没有分财给弟弟的情节，但对郭巨与妻子商量埋儿的过程有具体描写，故事性较强，与句本《搜神记》近似。斯 389 号所载故事很简略，也有一些细节描写，如郭巨劝说其妻说："儿死再有，母重难（当作"难重"）得。你可杀儿存母。若不如是，母饿死。"天赐黄金上的说明文字作："金赐郭巨，官不得侵，私不许取。"最后以诗作结：

> 郭巨专行孝养心，时年饥险苦来侵。
>
> 每被孩儿夺母食，生埋天感似（赐）黄金。

---

① 《永乐大典》卷五二〇四引《元一统志》："隋刘明达墓在太谷县水散村东。"又引《太原志》："隋刘明达墓，在水散村东七里。按《孝子传》云：明达，县人也，养母至孝，死葬于此。"

从郭巨一例,可以看出这本孝子传故事情节并无增饰,而最主要的特点就是多出一首诗。

　　舜子故事,也见《法苑珠林》卷六二引刘向《孝子传》,与《史记·五帝本纪》及《孟子》等书所说虞舜事迹稍有不同,主要一点是说舜为瞽叟舐目,瞽叟眼睛复明。文字比较粗拙,而且还有脱误,故事情节当出自民间传说。伯2621号引"太史公本纪",故事较为繁复,与《史记》根本不同。《舜子至孝变文》则更为曲折详尽了。斯389卷故事也很简要,但最后一段说:"瞽叟疑是舜,令妻引手,遂往市都,高声唤云:'子之语声,似吾舜子。'舜知是父,遂拨人向父亲抱头而哭,以舌舐其父眼,其眼得再明。市人见之,无不惊怪。"与《法苑珠林》所引刘向《孝子传》大体相同,而文字却通顺明白多了。结尾两首诗说:

> 瞽叟填井自目盲,舜子从井历山耕。
> 将来冀都逢父母,以舌舐眼再得明。

> 孝顺父母感于天,舜子涛(掏)井得银钱。
> 父母抛石压舜子,感得穿井东家连。

这两首诗也见于《舜子至孝变文》,可见它在民间广为流传,可以互相移用。

　　文让事见《太平御览》卷四一一引萧广济《孝子传》,叙事很简略,斯389卷的故事丕较为详尽曲折。最后诗曰:

> 至哀行闻(孝)感天闻,事母惶惶出众群。
>
> 乃至阿娘亡殁后,能令鸟兽助培坟。

斯 389 卷后面还残留向生一行,详见伯 3536 卷。

第二卷伯 3536 号,残存闪子、大舜、向生、王褒四条。需要特别指出的是,第一条闪子故事,基本完整,只因墨色暗淡,不易辨认,因此《敦煌变文集》本《孝子传》的纂辑者没有采入,其实这一条故事非常重要,留待后面再作详细论述。

第二条大舜,已见斯 389 卷,只有个别文字出入。

第三条向生,较斯 389 卷完整,故事源流不详。讲的实际上是媳妇不孝而遭雷劈的故事,属于惩戒性质。这类故事在前人志怪小说中常见,如《冥报记》中的河南妇人事,就是同一类型。结尾的诗写得拙劣不通,韵脚也找不出来,可能是有脱误。

第四条王褒,即王裒,见于《晋书》卷八十八本传及多种《孝子传》,今本干宝《搜神记》卷一一亦载其事。《晋书》本传说:

> 痛父非命……庐于墓侧,旦夕常至墓所拜跪,攀柏悲号,涕泪着树,树为之枯。母性畏雷,母没,每雷,辄到墓曰:"裒在此。"

伯 3536 卷把攀树啼哭的事也归并在母亲坟前,作了一点艺术加工。

第三卷伯 3680 号,残存王褒、王武子两条和丁兰、闪子的两条残文。

第一条丁兰只剩一首诗：

> 丁兰刻木作慈亲,考养之心感动神。
>
> 图舍忽然偷斩却,血流洒地真如人。

丁兰故事也见于《法苑珠林》卷六二引刘向《孝子传》及郑缉之《孝子传》。《太平御览》卷四八二引《搜神记》佚文与这首诗的内容更为接近。句道兴《搜神记》里也有丁兰故事,较此更详,可以参看。

第二条王褒故事,已见伯3536卷。

第三条讲王武子出征,十年不归。其母患病,媳妇割股给母吃,病果立愈。实际上讲的是王武子妻行孝故事。这个故事也见于宋金的二十四孝图。据本文说是开元二十三年的事,年代最晚,应是这个写卷的上限。宋金时代的二十四孝图没有说明文字,只凭这个敦煌写卷才能了解王武子故事的内容。

第四条闪子故事,只存残文。《敦煌变文集》本的纂辑者没有用伯3536卷合校,又移录作"闪子",所以没有引起研究者的注意。现在以伯3536卷为底本,并用伯3680卷校录如下：

> 闪子者,嘉夷国人也。父母年老,并皆丧明。闪子晨夕侍养无阙,常着鹿皮之衣,与鹿为判(伴),担瓶取水,在鹿郡(群)中。时遇国王出城游猎,乃见□下有鹿群行,遂止,张弓射之。悟(误)中闪子,失声

号叫云："一箭煞三人!"王闻之(知)有人叫声,下马而问。闪子答言:"父母年老,又俱丧明。侍养无人,必定饿死。"语了身亡。诗曰:

闪子行尊孝老亲,不恨君王射此身。

父母年老失两目,谁之(知)一箭煞三人。

这个闪子何许人也? 就是梵文 Śyāmaka 的音译。《洛阳伽蓝记》卷五所说:"阿周陀窟及闪子供养盲父母处皆有塔记。"(周祖谟校释本)就是这个闪子。《六度集经》卷五、《僧伽罗刹所集经》卷上译作睒,《杂宝藏经》卷一译作睒摩迦,《大唐西域记》卷二译作商莫伽,都讲到了他被毒箭射死的故事,但没有着鹿皮衣的细节。《佛说菩萨睒子经》专讲这个故事,与敦煌本"孝子传"所说比较接近。经文说佛向阿难讲述过去无数世,迦夷国中有一长者,没有儿子,夫妻两目皆盲,当时菩萨愿当他们的儿子,供养父母终身,于是托生他们家,名为睒。与"孝子传"相应的一段经文如下:

父母时渴欲饮,睒着鹿皮之衣,提瓶行汲水,麋鹿众鸟亦复往饮水,不相畏难。时有迦夷国王入山射猎,王遥见水边有麋鹿,引弓射鹿,箭误中睒胸。睒被毒箭,举身皆痛,便大呼言:"谁持一毒箭射杀三道人者!"……睒语王言:"非王之过,自我宿罪所致。我不惜身命,但怜念我盲父母年既衰老,两目无所见,一旦无我,亦当终殁,无所依仰。以是之故,用自懊恼酷

毒耳。"(《大正藏》第三卷)

经文后面还讲到盲父母来摸到睒子的尸体，呼天抢地，喊道："若睒有至诚至孝者，天地所知，箭当拔出，毒药当除，睒当更生。"结果释梵四天王下夹，以神药灌入睒子口中，箭自拔出，睒子便复活如故。最后佛告诉阿难："宿命睒身，我身是也；时盲父者，今现父王阅头檀是也；时盲母者，今现我母夫人摩耶是也；迦夷国王者，阿难是也；时天帝释者，弥勒是也。"这是一个佛本生故事，在中国早已流传，敦煌299窟壁画即睒子本生变，建于北周。可见这个故事在唐代以前就已广为传播，以后与中国的孝子故事合流，成为宣扬孝道的通俗文学。伯3536卷的故事只摘取了经文中的一段，"闪"与"睒"是音译不同；迦夷国仍用原名，只是用"嘉"字代替"迦"字。同音字假借，这在敦煌遗书里是不足为奇的。不过它没有讲到盲父母感天动地而睒子终于复活，未免悲剧气氛太浓，有失宣扬孝道的本意。伯3680卷中"国"字写作"圀"，还是武后造的新字。它虽然写于开元二十三年(735)之后，但恐怕也不致太晚。

　　更值得注意的是，睒子故事列入了二十四孝图和诗，一直流传到了现代。历来相传的二十四孝故事，可能产生于晚唐五代。敦煌遗书中有一卷《故圆鉴大师二十四孝押座文》(翟理斯编目8102，伯3361，斯3728)，已收入《敦煌变文集》卷七。后两个写卷上著明"左街僧录圆鉴大师赐紫云辩述"，作者是有年代可考的。根据斯4472卷《左街僧录与缘人遗书》，得知云辩卒于广顺元年(951)。启功先生曾考证出:"云辩与杨凝式同时,曾居洛,与妓女作诗嘲讽,事见宋张齐贤《洛阳缙绅旧闻记》。"这条资料可以说明这位圆鉴大师除了俗讲之外还参与了世俗的娱乐活动。他不顾清规戒律,竟和歌妓调笑嘲戏,可见他的俗讲之类也不会全是佛门的正经。他讲的二十四孝正文没有留存下来,无从知道这二十四个孝子的名单,只在押座文中提到了舜、王祥、郭巨、老莱子、孟宗、黄香和释迦、目连的事迹,包括了历史人物和佛经人物。因此睒子故事很可能就已收录在内。至于舜、王祥、郭巨等,当然属于二十四孝的基本队伍了。

　　二十四孝的名单是逐步定型的,可能还有不同地域的不同传承。1958 年河南孟津县出土的北宋崇宁五年(1106)张君墓石棺刻有二十四孝画像,据石棺上的榜题,其人名为:赵孝宗、郭巨、丁兰、刘明达、舜子、曹娥、孟宗、蔡顺、王祥、董永、鲁义姑、刘殷、元觉、睒子、鲍山、曾参、姜诗、王武子妻、杨昌、田真兄弟、韩伯俞、闵损、陆绩、老莱子。(见《文物》1984 年 7 期,黄明兰、宫大中《洛阳北宋张君墓画像石》)山西长子县石哲公社出土的金代正隆三年(1158)墓壁画二十四孝图,名单与此相同。(见《文物》1985 年 6 期,山西省考古研究所晋东南工作站《山西长子县石哲金代壁画墓》)山西永济县张营公社出土的金代贞元元年(1153)姚氏青石棺刻二十四孝图,人名与北宋张君墓基本相同,只是有王怖而没有陆绩。这些宋金二十四孝画像里都有睒子和郭巨、丁兰、刘明达、舜子、王祥、董

永、王武子妻等，但是没有向生、王褒、文让，所以不能说它
和敦煌本"孝子传"是同一传承。其中睒子都不作"闪
子"，与通行的佛经译名相同。

　　据山西省考古研究所晋东南工作站的报告，金代壁画
中的睒子图像为："睒子赤足裸腿，身披鹿皮，手提陶罐，
坐于地上。左绘一武将身穿铠甲骑于马上，直视睒子。旁
有一卒，穿短甲，手持彩旗。右侧墨书'睒子'二字。"这个
武将可能就是嘉夷国王，与后世所传的猎人形象不同。

　　迄今流传的二十四孝诗，相传为元人郭居敬所作。但
王圻《续文献通考》卷七十一把郭居敬列为宋人。小
传说：

　　　郭居敬，尤溪人，性至孝，事亲左右承顺，得其欢
　　心。尝摭虞舜而下二十四人孝行之概，序而诗之，名
　　《二十四孝诗》，以训童蒙。

又有人说《二十四孝》为元人郭守正所编，见韩泰华《无事
为福斋随笔》卷上（按郭守正字正己，景定甲子〔1264〕曾
撰《增修校正押韵释疑》，不知是否此人）。不管现存《二
十四孝诗》是谁所作，二十四孝故事当然不是从元代才开
始流传的。实际上，从敦煌本《故圆鉴大师二十四孝押座
文》出现以后，二十四孝故事的起源已经提早到了五代之
前。敦煌本的三个残卷，虽然不能断定它就是二十四孝诗
的前身，但其中的虞舜、郭巨、睒子、王褒、丁兰五人，都在
二十四孝名单中长期保留着席位，则是无疑的。

现存《赵子固二十四孝书画合璧》,据说是南宋赵孟坚和画家刘松年合作的二十四孝图并赞,原经项子京收藏,后来成为清宫的藏品,印有"乾隆御览之宝",本是珍贵的文物和文献,有 1933 年北平古物陈列所的珂罗版影印本。这是一种较早的二十四孝图,我们从这本画册上看到了另一份二十四孝的名单:

1.虞舜 2.杨香 3.孟宗 4.王祥 5.郭巨 6.王裒 7.董永 8.丁兰 9.朱寿昌 10.剡子 11.仲由 12.老莱子 13.汉文帝刘恒 14.江革 15.陆绩 16.闵损 17.吴猛 18.蔡顺 19.庚黔娄 20.曾参 21.黄香 22.崔山南祖母唐夫人 23.姜诗 24.黄庭坚

这本画册次序非常混乱,不按时代先后,也没有其他体例可循。其中朱寿昌、黄庭坚两人是宋代人,当然是宋代或更晚一些加进去的。二十四孝的名单在流传中不断变化,但上面这个名单相当稳定,一直保持到本世纪的三十年代还是如此。

赵孟坚所写的孝子事迹,与敦煌遗书有所不同,比较接近史书。如虞舜小传就没有舐目复明的情节。也有一些情节比较接近于敦煌遗书所叙述的故事。如:

汉郭巨,家贫,有子三岁,母尝减食与之。巨为妻曰:"贫乏不能供母,子又分母之食。盍埋此子?儿可再有,母不可复得。"妻不敢违。巨遂掘坑三尺馀,

> 忽见黄金一釜，金上有字云："天赐黄金，郭巨孝子，
> 官不得夺，民不得取。"

像"官不得夺，民不得取"的话与敦煌本中"官不得侵，私
不许取"相似，显然有一定的承传关系。

我们再来看睒子的一条：

> 周剡子，性至孝，父母兰老，俱患双目，思食鹿乳。
> 睒子乃衣鹿皮，去深山入鹿群之中，取鹿乳供亲。猎
> 者见而欲射之。睒子具以情告，乃免。

这里的"剡"字似为"睒"字的形误，但"剡"字本有两读，
一读作 yǎn，一读同"睒"（shàn）。它大概是直接从佛经的
睒子故事演化而来，并非承受敦煌本闪子故事的系统。唐
五代以后，一直有一个译作"睒子"的孝行故事在流行，可
以说是另一个系统的传承。后世流行的"剡子"故事已经
对睒子本生故事作了重大修改。首先是把迦夷国的睒子
说成是周朝人剡子，第二是把取水改造为取鹿乳，第三是
把射死他的国王改变为猎人，第四是根本没有射箭。猎人
为什么"欲射之"，也没有说清楚。而剡子的孝行也很不
卓著，只有衣鹿皮入鹿群取鹿乳供亲这一件事迹，既没有
"一箭杀三人"的悲惨境遇，更没有《佛说菩萨睒子经》里
原有的菩萨发愿去给盲目长者当儿子和睒子中毒箭后又
遇救复活的动人情节。这个剡子故事变得平淡无奇，然而
却长期保留在二十四孝里，历久不废，到底是什么原因，还
很值得研究。

　　从宋末直至现代,出现过各种版本的二十四孝图,绝大多数都有剡子"鹿乳奉亲"这一幅,孝子事迹与赵孟坚所写小传大体相同,但多出了诗赞。所见多种版本文字互有出入,现据日本天保十四年(1830)刻本《分类二十四孝图》和民国乙亥(1935)郭氏双百鹿斋刻本《二十四孝图说》参校,移录其诗如下:

　　　　亲老思鹿乳,身挂褐毛衣。若不高声语,山中带箭归。

　　在其他一些版本里,"剡子"又形讹为"郯子"。"若不高声语"又作"不敢高声语"。我们不妨再看一下咏虞舜、郭巨、王褒、丁兰的四首诗:

　　　　队队耕田象,纷纷耘草禽。嗣尧登宝位,孝感动天心。

　　　　郭巨思供给,埋儿愿母存。黄金天所赐,光彩照寒门。

　　　　慈母怕闻雷,冰魂宿夜台。阿香时一震,到墓绕千回。

　　　　刻木为父母,形容在日身。寄言诸子姪,及早孝双亲。

这些五言诗写得都很平庸,比敦煌本的七言诗并不高明多少,但以诗作赞的文体还是一致的。此后,也有一些文人新写的二十四孝诗。如1923年北平永盛斋刻本《二十四孝图说》中就收有《鹿乳奉亲》的五言八韵排律诗:

麋鹿成群至，谁能只一剡（"剡"字的形误）。蒙皮施巧计，奉乳有馀甘。朴樕林争入，蘋蒿路共探。梦非寻郑野，膳欲备陔南。吸想云浆溢，毛兼雪色含。游踪追帝舜，仙驭骇苏耽。羊跽情偏似，龙官纪凤谙。平原谁纵猎，带箭我何堪！

还有 1935 年潮阳郭氏双百鹿斋刻本《二十四孝图说》中收有对凫老人潘守廉写的《二十四孝图咏》，其中《鹿乳奉母》诗云：

莘野鹿鸣呦复呦，物非同类乳难求。化装别有生新法，猎户惊心佳话留。

至于坊刻的通俗唱本，也都有剡子故事，但情节更为简单，文字错讹极多。如文顺堂刻本的《新刻二十四孝全本》中唱道：

第六行孝是剡子，父母思想鹿乳吃。身背鹿皮山中去，得乳归家与亲食。

又一个总文堂刻本《二十四孝》所唱又稍有不同：

第六行孝是郯子，母病心中想鹿乳。身披鹿皮往深山，取得鹿乳母病安。

这个唱本把盲父母改成母亲一人，又说是因病想吃鹿乳，根本不谈中箭与否，和佛经原文距离更远了。

有一本 1931 年北平中央刻经院印的《二十四孝宣讲》宝卷，关于郯子的故事讲得更详细，说他是周朝洛南人,因父母眼病需要鹿乳医治,才去取乳,最后说郯子孝名传至朝廷,周室天子赐他孝廉官职,又赠白金千两。这个故事就更加民族化了。

以睒子故事作为一个典型例证,可以说明佛教传入中国之后逐渐汉化的过程。睒子故事被收入了二十四孝,用以宣扬中国人传统的孝道。孝是封建统治者用以治天下的精神支柱之一。俗讲僧人为了迎合统治者和广大群众的伦理观念,大力宣扬孝道,把中国人喜闻乐见的孝子故事作为俗讲的内容。从僧人来说,接受了儒家“百行孝为先”的思想,把佛教经典中可以为宣扬孝道服务的内容和本国历史故事结合起来了。对于听众来说,也从孝行故事和其他俗讲文学中接受了佛教思想的熏陶。如《故圆鉴大师二十四孝押座文》中所说:“佛身尊贵因何得? 根本曾行孝顺来。”“如来演说五千卷,孔氏谈论十八章,莫越言言宣孝顺,无非句句述温良。”“佛道孝为成佛本,事须行孝向耶娘。”不过,到了后世的二十四孝故事里,睒子完全被汉族文化所同化了。在敦煌遗书里,睒子身上的佛教色彩已经冲淡了许多;在二十四孝图咏里,不仅佛法无边的幻变情节全已抹掉,而且嘉夷国的睒子也被改成了周人剡子。剡子取鹿乳奉亲,穿着鹿皮进入山林。就那么一个简单的故事,竟流传了约千年之久。可能也反映了讲唱者和听众都被封建孝道观念所束缚,把二十四孝故事当作经典来传授,即使在通俗说唱文学里也相承不变。当然,也有变化的东西。但更多的是儒家提倡崇实、不言怪力乱神的思想影响。因此睒子故事通俗化的过程，也就是民族化、现实化的过程。

　　敦煌写卷中的三个残卷，在孝子故事后面都以诗赞作结，非常近似后世的二十四孝图咏。三个残卷可能原来是一种书，但不是一个抄本。如闪子、王褒两条互见于伯3536卷和伯3680卷，舜、向生两条互见于斯389卷和伯3536卷，说明现存的三个残卷不是一个写本。它和类书里所引的孝行事迹不是一种书，自应分别辑录。其中五个人物一直保留在二十四孝的名单里，另外还有一部分列名在二十四孝里的董永、王祥、曾参、闵损等人，估计在敦煌遗书里也会有类似的诗赞，不过现已亡佚了。

　　从敦煌俗文学到民国时期的俗文学，都把二十四孝故事作为传统题材，可见其影响之深远。而且其流传之广，超过了一般通俗文学。甚至在日本也有许多版本的二十四孝图咏。如鲁迅在《朝花夕拾》的《后记》里所举到的日本小田海仙本（我所见的日本刻本题作海仙王嬴画，又像是中文名字），还有日本刻的《日记故事大全》里也收有二十四孝图咏。正如鲁迅在《二十四孝图》一文中所说："这虽是薄薄的一本书，但是上图下说，鬼少人多，又为我一人所独有，使我高兴极了。那里面的故事，似乎是谁都知道的；便是不识字的人，例如阿长，也只要一看图画便能够滔滔地讲出这一段的事迹。"鲁迅童年时代的印象，可以说明二十四孝故事流传的原因和影响，然而其流毒也不浅，鲁迅对此曾有极尖锐的批判。我们对于通俗文艺中的佛

家或儒家的说教,应该给予充分的估计,力求作出全面的
评价。对于敦煌俗文学,恐怕都应作如是观。

　　本文写定后,始于《敦煌学》第十四辑上读到王三庆
先生《〈敦煌变文集〉中的〈孝子传〉新探》一文,所见略
同,惟重点有所不同,因不再改削。1990 年 7 月附记。

（原载《中国文化》第 5 卷,1991 年）

《舜子变》与舜子故事的演化

敦煌本《舜子变》，现存两个写卷。斯四六五四卷后缺，存前题作《舜子变》；伯二七二一卷前缺，存后题作《舜子至孝变文》。两卷原非一本，前者舜父写作"苦瘦"，后者作"瞽叟"不误。两卷之间所缺不多，情节大致可以衔接。所述舜子至孝故事，多据唐以前的古籍而又加以增饰。如开头一段叙舜母乐登夫人病死，瞽叟继娶后妻，可以在《史记·五帝本纪》中找到根据：

> 舜父瞽叟盲，而舜母死，瞽叟更娶妻而生象，象傲。瞽叟爱后妻子，常欲杀舜，舜避逃；及有小过，则受罪。舜事父及后母与弟，日以笃敬，匪有懈。

当然，更早的来源是《尚书·尧典》所说的："岳曰：瞽子，父顽，母嚚，象傲，克谐以孝。"按：变文所说的乐登夫人，当作握登。唐司马贞《史记索隐》引皇甫谧云："舜母名握登，生舜于姚墟，因姓姚氏也。"

　　变文继而铺演后母谋害舜的故事。第一段叙瞽叟出门后后母命舜上树摘桃,自己用金钗刺伤了脚,诬告舜在"树下多埋恶刺,刺我两脚成疮",唆使瞽叟拿大杖要打死舜。舜受杖而不死。这一段就把舜"及有小过则受罪"的事迹作了具体的描写,但诬告刺伤两脚的情节未见更早的出处。值得注意的是,变文增附了帝释对舜的保佑,说是"上界帝释知委,化一老人,便往下界来至,方便与舜,犹如不打相似"。这里就加进了佛教徒的宣传,但渲染并不多。接着又说舜回到书堂,"先念《论语》《孝经》,后读《毛诗》《礼记》",这还是信奉传统的儒家文化,而且全不顾历史时代的次序,把上古的虞舜改扮成了汉代以后的少年儒生。

　　下面两段分述瞽叟命舜修仓廪和淘井的阴谋。这两个故事早见于《孟子·万章篇》:

　　　　父母使舜完廪,捐阶,瞽叟焚廪;使浚井,出,从而掩之。象曰:"谟盖都君咸我绩,牛羊父母,仓廪父母;干戈朕,琴朕,弤朕,二嫂使治朕栖。"象往入舜宫,舜在床琴。象曰:"郁陶思君尔。"忸怩。舜曰:"惟兹臣庶,汝其于予治。"

万章所叙述的这一段文字古质,大概是引自更早的文献,不像他自己的话。《史记·五帝本纪》则像是经过司马迁改写的文字,而且更为详尽:

　　　　尧乃赐舜𫄨衣,与琴,为筑仓廪,予牛羊。瞽叟尚复欲杀之,使舜上涂廪,瞽叟从下纵火烧廪。舜乃以两笠自扞而下,去,得不死。后瞽叟又使舜穿井,舜穿井为匿空旁出。舜既入深,瞽复与象共下土实井,舜从匿空出,去。瞽叟、象喜,以舜为已死。象曰:"本谋者象。"象与其父母分,于是曰:"舜妻尧二女,与琴,象取之。牛羊仓廪予父母。"象乃止舜宫居,鼓其琴。舜往见之。象鄂不怿,曰:"我思舜正郁陶!"舜曰:"然,尔其庶矣!"舜复事瞽叟爱弟弥谨。

《史记》的这一段记事本来就很富有传奇性和民间文艺色彩。变文把这两个事件铺演成两大段赋,自然要增加许多细节描写。其中较早的参考文献大概是刘向的《列女传》。《列女传》卷一《有虞二妃》中有一段比较概括的记载,与《史记·五帝本纪》略有不同,节录如下:

瞽叟与象谋杀舜,使涂廪。舜归告二女曰:"父母使我涂廪。我其往?"二女曰:"往哉!"舜既治廪,乃捐阶,瞽叟焚廪。舜往飞出。象复与父母谋,使舜浚井。舜乃告二女。二女曰:"俞,往哉!"舜往浚井,格其出入,从掩,舜潜出。时既不能杀舜,瞽叟又速舜饮酒,醉,将杀之。舜告二女。二女乃与舜药浴汪,遂往。舜终日饮酒不醉,舜之女弟繫怜之,与二嫂谐。父母欲杀舜,舜犹不怨。

《列女传》是以女性为传主的,因此着重写二妃的事,还连带叙及了舜的女弟繫。按:《史记索隐》引《列女传》云:

"二女教舜鸟工上廪"是也。今本刘向《列女传》无"鸟工上廪"的文字,疑出自晋人皇甫谧的《列女传》(详下)。唐张守节《史记正义》又引《通史》云:"瞽叟使舜涤廪,舜告尧二女,女曰:'时其焚汝,鹊汝衣裳,鸟工往。'舜既登廪,得免去也。"正可与《列女传》相印证。

　　舜淘井脱难的故事,在刘向《列女传》之后也有传说性的记载。《史记正义》引《通史》云:"舜穿井,又告二女。二女曰:'去汝裳衣,龙工往。'入井,瞽叟与象下土实井,舜从他井出去也。"《通史》是梁武帝萧衍的著作,《隋书·经籍志》二正史类著录,四百八十卷,"起三皇,讫梁。"今佚。萧衍迷信佛法,在《通史》里可能已羼杂了一些佛教传说的成分。但变文却并未参照《通史》的记载,而是另外编造了一些地神和帝释救助舜的情节。在烧廪事件中增加了:"舜子是有道君王,感得地神拥起,遂(原作逐)不烧毫毛不损,归来书堂院里。"在淘井事件中则改写成带有佛教色彩的故事:"帝释变作一黄龙,引舜通穴,往东家井出。"似乎曾从"龙工往"的传说得到一些启发,但也没有对此神异事迹作具体的描写,在艺术上是缺乏创造力的。

　　烧廪和淘井两个故事都有典籍的依据,又有后世传说的演化。宋洪兴祖《楚辞补注》《天问》篇引《列女传》有一段佚文,比《史记索隐》所引详细得多:

　　　　瞽叟与象杀舜,使涂廪。舜告二女。二女曰:
　　"时唯其戕汝,时唯其焚汝,鹊如汝裳衣,鸟工往。"舜既治廪,戕旋阶,瞽叟焚廪,舜往飞。复使浚井,舜告二女。二女曰:"时亦唯其戕汝,时其演汝。汝去裳衣,龙工往。"舜往浚井,格其入口,从掩,舜潜出。

这段文字与今存宋建安余氏刻本(文选楼影刻本)及明刻本刘向《古列女传》差异很大,我怀疑《楚辞补注》引的是晋皇甫谧所撰的《列女传》,或是后人增补的《列女传》。曾巩《古列女传目录序》说:"刘向所叙《列女传》凡八篇,事具《汉书》向列传,而《隋书》及《崇文总目》皆称向《列女传》十五篇,曹大家注以颂义考之,盖大家所注,离其七篇为十四,与颂义凡十五篇,而益以陈婴母及东汉以来凡十六事,非向书本然也。"嘉祐八年(公元一〇六三)王回《古列女传序》说:"世所行班氏注向书,乃分传每篇上下,并颂为十五卷。其十二传无颂,三传其同时人,五传其后人,而通题曰向撰……盖凡以列女名书者,皆祖之刘氏,故云。"可见今本《古列女传》已经不是刘向的原书,而《史记·五帝本纪》索隐又一再引皇甫谧的话作注,很可能就引自皇甫谧的《列女传》。《史记正义》引《通史》佚文有"鸟工"、"龙工"的说法,正和《楚辞补注》所引《列女传》相合。张守节引晚出的《通史》而不引《列女传》,大概他没见到增补本的《列女传》。

《舜子变》也没有依照《列女传》的说法,而在穿井旁出的情节之后,又加出了东家老母帮助舜脱险的故事。东家老母给舜穿上衣裳,倒和《列女传》中二女教舜"去汝衣裳"相呼应;又给舜饭吃,还教舜上亲阿娘

坟上去寻母。舜果然见到阿娘真身,生身母亲告诉他:
"但取西南角历山躬耕,必当贵。"这是《舜子变》在舜
子故事中的一点发展。值得注意的是,变文里还有一
个细节:"后母一女把著阿耶:'杀却前家哥(原作歌)
子,交与何处出头?'"上引《古列女传》中曾说:"舜之
女弟繁怜之,与二嫂谐。"这里所说"后母一女"应即舜
的异母妹。"繁"似是舜妹之名,但《说文》攴部"敤"
字注:"舜女弟名敤首。"《汉书·古今人表》上下智人
则作:"敤手,舜妹。"颜师古注说:"流俗书本作擊字者
误。"大概"敤手"二字连书讹作"擊",又讹作"繁"。
这个妹妹与"二嫂谐",所以在关键时刻站出来劝阻瞽
叟不要杀她哥哥。这是一个很好的故事情节,可惜变
文对这一位善良姑娘的活动也没有详细描述。

《舜子变》对传说的虞舜事迹作了不少变动。首先是
把尧嫁二女给舜的事移置到了结尾,其次是把舜躬耕历山
的时间挪到了接受亲阿娘指点之后。这在艺术上虽不无
创新之处,但根本取消了娥皇、女英二女对舜的辅助作用,
而或多或少地宣扬了帝释的灵验,未免舍本逐末。变文的
最后一段叙舜在历山力耕丰收之后,把米运到冀都粜卖,
故意留钱在后母的米袋里。瞽叟怀疑是舜,到市上认出自
己的儿子。舜以舌舐父之眼,"两目即明"。这是舜子孝
行的主要情节,相传来源于刘向的《孝子传》,据《法苑珠
林》卷六十二(百卷本卷四十九)忠孝篇第四十九之馀《舜
子有事父之感》引《孝子传》:

舜父有目失，始时微微至后妻之言。舜有井穴之。舜父在家贫厄，邑市而居。舜父夜卧，梦见一凤凰，自名为鸡，口衔米以哺己，言鸡为子孙，视之是凤凰。黄帝《梦书》言之，此子孙兰有贵者。舜占犹也。比年巢稻，谷中有钱，舜也。乃三日三夜，仰天自告过，因至是听常与市者声，故二人。舜前舐之，目霍然开，见舜，感伤市人。大圣至孝，道所神明矣。①

这段刘向《孝子传》的佚文疑问很多，似有脱误，但应与《舜子变》故事有渊源关系。敦煌写卷伯二六二一号类书《事森》孝友篇的舜子传，原注"出《太史公本记》"，也有这段情节。这篇所谓"太史公本记"与《史记·五帝本纪》完全不同，而内容则与《舜子变》基本一致。文长不便全录，这里只引其中一段，以便对比：

父至填井，两目失明，母亦项愚（原作禺），弟复失音，如此辛苦，经十年不自存立。后母负薪向市易米，值舜巢米。于是舜见识之，遂便与〔米〕，佯不敢取钱，如是非一。叟怪之，语妻曰："是（原作氏）我重华也。"妻曰："百尺井底，大石镇之，岂有活（原作治）理！"叟曰："卿但牵我至市，观是何人。"其妻于是将叟至。叟曰："据子语音，正似我儿重华。"舜曰："是也。"于是前抱父大哭，哀动天地，以手拭其父泪，两眼重开（原作闻），母亦聪（原作听）惠，弟复能言。市

_____

① 《法苑珠林》据《四部丛刊》本及《大正藏》本校录。

人见者，无不悲叹，称舜至孝。①

从这段文字风格看，如瞽叟称妻为卿等语，当是晋代以后的作品。它是否就是变文的直接依据，有待研究。但《舜子变》的文字与之颇有相同之处，可以互为校补，如《舜子变》的结尾一段：

> 尧帝闻之，妻以二女，大者娥皇，小者女英。尧遂卸位与舜帝。英生商均，不肖。舜由此卸位与夏禹王。

所谓"太史公本记"的舜子传结尾较此多了几句，但"不肖"误作"不省"，正可据变文校正。

敦煌遗书中斯三八九号和伯三五三六号都有一篇舜子的小传，就概括了《舜子变》的主要内容，几乎可以说是《舜子变》的缩写，连结尾的两首诗也完全相同，只是省略了焚廪等故事情节。原文不长，附录于此，以充《舜子变》的提要。

> 昔舜子者，冀邑人也。早丧慈母，独养老父瞽叟。父取后妻，妻谮其夫，频欲杀舜。令舜淘（原作涛）井，以石压之。孝感于天，漱东家井出。舜遂奔耕历山，后闻米贵，将来冀都而粜。及见后母，就舜买米。舜识是母，密与其钱及米置囊中。如此数度，到家，具说上事。瞽叟（原作瞍）疑（原作拟）是舜，令妻引手，

---

① 据《敦煌宝藏》本校录。

遂往市都,高声唤云:"子之语声,似(原作以)吾舜
子。"舜知是父,遂拨人向父抱头而哭,以(原作与)舌
舐其父眼,其眼得再明。市人见之,无不惊怪。诗曰:

瞽叟填井自目盲,舜子从来历山耕。

将来冀都逢父母,以舌舐眼再还明。

又诗曰:

孝顺父母感于天,舜子淘(原作涛)井得银钱。

父母抛石压舜子,感得穿井东家连。①

《舜子变》在舜和父亲、后母重归于好之后,才说尧帝
闻其孝行,妻以二女,因此不能不舍弃了周、汉以来相传的
二女助舜免难的许多情节。如《列女传》在淘井事件之
后,还说到:"瞽叟又速舜饮酒,醉,将杀之。舜告二女。
二女乃与舜药浴汪,遂往。舜终日饮酒不醉。""浴汪"二
字费解,但知大意是说二女给了舜一种药,可以饮酒不醉。
这一情节就未被变文作者所采用。屈原《天问》又说:"舜
服厥弟,终然为害;何肆犬体(一作豕)而厥身不危败?"历
来注家对这两句众说纷纭,迄无定论。王逸注认为"厥
身"是指舜本身,但又说"肆犬体"是象"肆其犬豕之心"。
如果联系《列女传》等有关传说,是不是可以设想为又一

---

① 据《敦煌宝藏》本,以斯三八九号与伯三三三六号互校移录。

个谋害事件。"肆犬体"很难解释为"肆其犬豕之心"[1]，疑是指肆陈一只犬身，替舜被害遭难；或者如《列女传》所说的"鸟工"、"龙工"那样，二女教舜以犬工，使舜化为"犬体"，遂免于难。这只是一个大胆的假设，有待大力求证。舜取二女之后，屡遭象和瞽叟的暗算，所以有二女设谋助舜的故事，又有象谋夺二嫂的妄想。《舜子变》把舜取二女的事移置篇末，避开了象谋使二嫂治栖的情节，可能是出于维护封建伦理的观念，认为谋夺二嫂的意图太悖常情了。唐代以后更进一步突出宣扬舜的孝行。从宋代《赵子固二十四孝书画合璧》以来，虞舜始终是二十四孝图中的首席代表。而着重赞扬的是舜躬耕养亲的孝行，把瞽叟杀子等惊险故事都忽略了。《舜子变》已经着力描写了舜送米、舐眼等孝行活动，似乎就是这一转折的契机。

《舜子变》基本上是一篇赋，以六言句为主，大部分押韵。在敦煌变文中体制非常特殊。如开头一段：

　　　尧王理化之时，日浴千般祥瑞。舜有亲阿娘在堂，乐登夫人便是。乐登夫人染疾，在床三年不起，夫人唤言瞽叟："妾（原作立）有孤男孤女，留在儿婿手头，愿夫莫令鞭耻。"瞽叟报言娘子："人问（间）疾病总有，夫人大须摄治。"道了命终。舜子三年持孝，淡

----

① 　王闿运《楚辞释》云："肆，分牲体之名也。分犬体事未详，以为恣犬心，则不词矣。"转引自游国恩主编《天问纂义》，中华书局一九八二年版，二八六页。

服(原作眼)千(原作十)日挂(原作寡)体。①

句末的"瑞"、"是"、"起"、"耻"等字都是韵脚。斯四六五四卷几乎全部押韵,伯二七二一卷前半部分押韵,后半部分却找不到韵脚了。从整篇的大部分看,押韵的句子占多数。其中"子"字用在句末的有十三次,但不一定在偶数句。其馀如"事"字用在句末的有十一次,"起"(或作岂)字用在句末的有九次。大致可以认为韵字的有:属于上声纸韵的"髓"、"委"、"累";属于上声旨韵的"水"、"死";属于上声止韵的"起"(或作岂)、"子"、"似"、"纪"、"裹"(或作李)、"喜"、"里"、"止";属于去声寘韵的"瑞"、"置"(或作智)、"备"、"刺"(或作次)、"义";属于去声至韵的"治"、"二"、"利"、"地"、"魅"、"泪";属于去声志韵的"事"、"记";属于去声未韵的"味"、"气"。这些字都属止摄,上去声通押。还有属于上声荠韵的"体"、"底",属于去声霁韵的"计"、"闭"、"细"、"髻"(或作计),属于去声队韵的"碎",则应属蟹摄,也与止摄字通押。此外,用于句末的字还有属于上声语韵的"女"、去声御韵的"去"、去声遇韵的"树",都属遇摄,似乎也和止摄字通押。总之,《舜子变》押韵以止摄字为主,间与蟹摄、遇摄字通押,用韵较宽,与唐代律赋不同,可能还是唐初或更早的作品。

伯二七二一卷《舜子至孝变文》篇后有题记:"天福十

---

① 除第二句"浴"字外,引文据项楚《敦煌变文选注》校定本,巴蜀书社一九八九年版。

五年岁当己酉朱明蕤宾之月蕢生拾肆叶写毕记。"可知此卷写于五代晋亡之后,而己酉实为汉乾祐二年(公元九四九)。这是变文写作年代的下限。但此卷末还有一段题记,表明写者为书手(名盈)而非作者。现将题记补录于后:

> 盈人中末辈,众内微才,枉历石渠,虚踩洙泗,而又文亏翰墨,学寡笺毫。恬笔空圆,元无词藻。幸因郎君,不耻鲜劣,奉邀命以写周旋。盈愧恧笔势粗疏,望仁私俯垂不讶。辄将草草,叨读文句(原作交勾),不惮荒芜(原作无),略成四句:懍怍学寡又无才,既奉邀命不辞推。狂污白纸皆脱谬,展向人间不堪谈(?)。笔愧羲之书□□,文惭翰墨实心获。傥若不讶相容纳,结义传杯(?)壁不□。①

这篇题记显然出于抄写人之手,然而文义晦涩,别字不少,又像是照抄前人的成辞而有脱谬,尚待研究。

《舜子变》前半篇是六言为主的赋体,后半篇却是无韵的散文,似乎作者写到后面已经意阑才尽,不耐烦认真写作了,就摘抄旧传的现成材料,如前述的所谓"太史公本记"之类,草草收尾,而篇后又抄了几条《百岁诗》、《历帝记》等资料,可能还准备以后继续修订。文中"夫人大须摄治"、"泥水生治不解"两句,不避"治"字,可能还是唐代高宗以前的作品。再从其用韵的宽泛来看,也不像是盛

---

① 据《敦煌宝藏》本,字迹模糊,以意校录。

唐以后的产物。《舜子变》基本上是赋，而原卷上却明确地题为《舜子变》或《舜子至孝变文》无疑是变文的一体。它的体制与确知作于唐末的《张义潮变文》、《张淮深变文》显然不同。从目前所见原来题作变或变文的写卷考察，多数是诗文相间，说唱交替，而且在佛教题材的变文中，四六对仗的骈俪句更多，大致可以看出，唐代变文的格律是越来越严的，用以演唱佛经的俗讲文也是如此，这和近体诗、骈体文的发展趋势也有相应的步调。《舜子变》和全为散文而叙述历史故事的《刘家太子变》则没有穿插诗赞，也没有骈俪化的词句，因此，我曾认为这种接近赋体和散文的变文出现较早，应当产生于佛教题材的变文盛行之前①。有人认为叙说中国历史故事的变文是受了演唱佛经的俗讲文的影响之后才产生的，这个问题有待于科学的论证，至少目前还没有见到文献和史实的依据。多年来我一直在寻求支持或改正自己旧说的新证，但所得不多。值此庆祝敦煌学前辈石禅先生九秩华诞之际，谨以此小文就教于方家前辈和同好学人。

一九九五年十月

（原载《潘石禅先生九秩华诞敦煌学特刊》，台湾文津出版社，1996年1月1版）

---

① 见拙作《关于变文的几点探索》，载《文学遗产增刊》第十辑，中华书局一九六二年版；《敦煌俗赋的渊源及其与变文的关系》，载《文学遗产》一九八九年第一期。

《季布骂阵词文》与词话的发展

敦煌本《季布骂阵词文》，又称《捉季布传文》（P.
3697），全称为《大汉三年楚将季布骂阵汉王羞耻群臣拔
马收军词文》，是一首长篇叙事诗歌。以往我们常以汉语
文学没有长篇叙事诗为憾事，总觉得《孔雀东南飞》还是
太短，在看到《季布骂阵词文》之后，似乎可以稍稍感到欣
慰了。此诗全文 640 句，4474 字，在汉语诗歌史上是空前
的长篇作品。

《季布骂阵词文》演唱汉初季布的故事，根据史实而
又有许多虚构，属于民间的说唱文学。它有唱无说，与变
文体裁不同，从全文看并没有删节说白的痕迹，应该是纯
粹的叙事唱词。篇末明说是："具说《汉书》修制了，莫道
词人唱不真。"可见确是供"词人"演唱的底本。它的体裁
称作"词文"，也是很明确的。前人因为它和变文是相似
的叙事文学，就把它编入了《敦煌变文集》，但实际上则和
变文有所不同。"词文"全部都是唱词，在敦煌遗书里是

非常罕见的品种,而篇幅之长则是仅见的孤本。正因如此,前辈王重民、吴世昌、冯沅君先生等都曾给予充分的注意,已进行过认真的研究。最近,《文献》2012年第1期上又披露了启功先生的一篇校记①,引起了我的兴趣,想从它的历史价值及其在后世的影响方面做一些探讨。

《季布骂阵词文》的出现,证明了古代曾有长篇的叙事诗歌,证明了古代说唱文学(即现代所说的曲艺)的多样性,也证明了元明词话、明清弹词、鼓词的渊源自有由来。明代成化刻本词话《张文贵传》卷上结尾说:"前本词文说了毕,听唱后本事缘因。"诸圣邻修订的《大唐秦王词话》第三十六回说:"诗句歌来前辈事,词文谈出古人情。"可见"词文"正是词话的前身。明代人还把词话称作"词文",这个"词"不是曲子词的词,而是词话的词。《季布骂阵词文》的一个写本(S.5441),篇后题"太平兴国三年戊寅岁四月十日记"。这是它抄写的时间,撰写当在此之前。

敦煌遗书里还有一卷演唱董永故事的歌词(S.2204),原卷失题,有人拟题作《董永变文》,实际上它只有唱词,并无说白,应按《季布骂阵词文》之例定为《董永词文》。这两篇词文的特点是七言的叙事诗,只唱不说,一韵到底,并不换韵,因此不能说是中间已有删节的白文。《季布骂阵词文》长达640句,其中有不少是按平仄声节交替的律

_____

① 启功遗著,柴剑虹抄录整理《〈季布骂阵词〉之"潘"字》,《文献》2012年第1期,205页。

句,通篇用"真"、"文"韵和"元"韵混押,如"门"、"魂"、
"恩"、"昏"等字,大概是民间艺人所作(文人作品会注意
真韵和元韵的分别,如元好问《元遗山集》卷三十六《杨叔
能小亨集引》说:"无为琵琶娘'人'、'魂'韵词,无为村夫
子兔园册子。"就是鄙薄琵琶娘的唱词"真"、"元"韵通
押)。但不和庚青韵混用,还保持着中原的音韵体系,与
后世的词话、弹词、南方的戏曲有所不同。吴世昌先生早
就指出:"这一首词文把'真'、'文'、'元'三韵通押,已开
后代词韵打破诗韵拘束的先例。"①这两篇词文基本上是
叙事体,但唱词中间也有代言体的对话。《董永词文》的
故事情节与《清平山堂话本》的《董永遇仙记》非常接近,
已经衍生了董仲寻母和金瓶火烧孙宾天书等情节,显示了
民间传说的变异性。词文是古代说唱文学中诗赞系的一
体,主要来源于民间的叙事歌行,其性能、句式与白居易的
《长恨歌》、《琵琶行》及《新乐府》等叙事歌行非常接近。
其间应有交流和互相借鉴的关系。一般说民间创作总是
先于文人作品,如《孔雀东南飞》、《木兰辞》早已开辟了叙
事诗的先路,但七言歌行却是较晚出现的。我们不能断定
《季布骂阵词文》、《董永词文》产生于中唐之前,但白居易
之前一定有通俗的七言叙事诗存在。《季布骂阵词文》的
下限是太平兴国三年(978),可能是唐五代的作品,至少
也是一千多年前的古代词话的标本了。词文作为诗赞系

---

① 吴世昌《敦煌卷〈季布骂阵词文〉考释》,此据周绍良、白化文编《敦
煌变文论文录》,上海古籍出版社,1982年,545页。

说唱文学的一体，比较接近于六朝时期歌行化的俗赋，可能还早于变文的产生，至晚是早于鼓子词等乐曲系的说唱文学而出现的。"词文"的名称首见于敦煌遗书，这是值得重视的历史文献。

还值得注意的是，董永故事流传更广，据杜颖陶编的《董永沉香合集》①，所收有晚出的挽歌《新刻董永行孝张七姐下凡槐阴记》和弹词《董永卖身张七姐下凡织锦槐荫记》，都是长篇唱词，没有说白，与敦煌本《董永词文》体制相同。可惜这两篇说唱文学的写作年代难以考证，无法研究它的传承源流，只从文体来看正是与敦煌词文一脉相承的。尤其是《槐荫记》弹词，全篇除少量词句换韵，绝大部分都用了庚青和真文韵通押，几乎是通篇一韵到底，也和《董永词文》相同。

这种词文到后世变化多端，名称各异，如宋代的陶真、元代的词话，都是诗赞系的说唱文学。"词话"的名称流行于元代，屡见于《通制条格》、《元典章》、《元史·刑法志》等书（又有称为"唱词"的），但未见全本的作品。叶德均先生把元人杂剧中引到的片断词句，拟测为诗赞系的词话。但元人杂剧里插入的"词"，都是很短的片断，类似戏曲里的数板韵白，而且多数是上三下四的折腰句。例如孟汉卿《魔合罗》第三折里旦的诉词，与诗赞系的七言词文又有所不同：

---

① 杜颖陶编《董永沉香合集》，上海出版公司，1955年。

哥哥停嗔息怒（此句似有缺字），听妾身从头分诉。李得昌本为躲灾，贩南昌多有钱物。他来到庙中困歇，不承望感的病促。到家中七窍内迸流鲜血，知他是怎生服毒？……①

有人把《快嘴李翠莲记》看作元代（或说明代）词话的例证，可是《李翠莲记》的唱词，多用仄声字押韵，与敦煌词文全用平声韵不同，显然又有变异。唱词用仄声押韵，应该是节奏比较快的念诵，像现代北方的顺口溜、数来宝。这与上引《魔合罗》中的词文相似，但大体上还是上四下三的七言句。而后来南方的弹词，则原则上都押平声韵，唱起来悠扬婉转，音调铿锵，延长而声调不变。可见词文在后世的发展，是千变万化、灵活多样的。元代的词话未见整本留传，难以比较。直到 1967 年上海嘉定县出土了一批成化刻本说唱词话，书名上多数标明"说唱"两字，我们才得到了完整的元明词话的实物样本。

从成化本词话看，明初乃至更早的作品，以七言唱词为主，说白很少，如《白虎精传》全部都是唱词，大概是较早的作品。《曹国舅公案传》和《张文贵传》只有少量说白，可能也是早期词文的规格。《花关索传》词话四卷，从版式和字形看，与元刻平话十分相似，可能还是元代传承的旧本。从词话的发展史看，在演唱中逐步加入了说表的

---

① 孟汉卿《魔合罗》，此据臧晋叔辑《元曲选》，北京：中华书局，1958年，1378 页。

散说部分,更逐步增加了代言的成分,因而篇幅越来越长了。可见词话是由以唱为主逐渐向增加说白发展的。从韵散相间、说唱兼备的体制看,词话似乎逐步接近于变文了,而且越来越多地以说为主,更便于叙说故事。所以《张文贵传》说是"前本词文说了毕",《大唐秦王词话》说是"词文谈出古人情",已用了"说"和"谈"的字样,而唱的部分还是更重要的,所以还是说"听唱后本事缘因"和"诗句歌来前辈事"。这是词文在后世发展的一种趋势。到了《珍珠衫词话》(《古今小说》第一卷开场白)、《金瓶梅词话》,就是以说表为主的小说了。

　　词话的基本特征是:以七言句的唱词为主,而且主要是上四下三的句型;唱词在偶句上押平声韵,特别是多以押真文韵为常规;说白逐步增多,增加了代言体的部分。这是与敦煌词文一脉相承的。

　　词话到明代大体上分化为弹词和鼓词两个系统,似乎是由流传地区不同而变异的,伴奏的乐器也分别为琵琶或鼓板两大类。明代杨慎编写的《历代史略十段锦词话》,应该是模拟民间词话而作的,但唱词部分用了三、三、四的十字句,还加上了《西江月》词和诗,文采和文体都有许多特色,有他自己的许多创新。这种格式流行于北方,后来通称为鼓词。

　　上三下四的句子在元人杂剧里常作为念白的词,前面再加三个字就成为"攒十字"的句子,在鼓词里比较常用,如《历代史略十段锦词话》的第一段:

　　　　盘古氏一出世初分天地，至三皇传五帝渐剖乾坤。天皇氏定干支阴阳始判，地皇氏明气候序列三辰。人皇氏相山川君臣定位，有巢氏辨人兽物类区分。燧人氏治熟食钻燧取火，女娲氏补苍天复立昆仑。……

　　明代诸圣邻修订的《大唐秦王词话》也有一些十字句的唱段，但主体是七言句，还保留了不少民间说唱的格式。

　　《历代史略十段锦词话》后来改名为《廿一史弹词》，可能是张三异改的。张三异原籍汉阳，但定居在杭州，可能采用了江浙人的习称。他命儿子张仲璜作了《廿一史弹词注》，自己续写的《明纪弹词》也用了攒十字的句式，那是沿袭了杨慎的体制（据序知作于康熙十三年，1674）。弹词最初盛行于浙江，到清代才在江苏（以苏州为中心）发扬光大，有所创新。

　　流行于南方的词话改称为弹词，大概是明代以后的事。臧懋循《负苞堂文集》卷三《弹词小纪》说元人有《仙游》、《梦游》、《侠游》三种弹词，不知是否原题。明代的弹词传本极少，《廿一史弹词》和《明纪弹词》实际上应说是鼓词，只有董说《西游补》里插入的一段弹词可作例证。董说曾著有《续廿一史弹词》，未见传本，他的《西游补》第十二回里讲到唐僧听盲女隔墙花唱弹词《西游谈》，开头是一首七言诗，接着是七言唱词，中间有说白："话说唐天子坐朝方退，便饮酒赏花，忽然睡着，梦见一个龙王，叫声：'天子，救我性命，救我性命！'"接着又插叙说："又弄一种

［泣月琵琶调］，续唱文词。"可见明末的弹词是有说白的，而且又可称作"文词"，与"词文"正是倒文。弹词《西游谈》用韵很宽，大部分也是真文韵而杂用庚青和东钟韵。董说是浙江南浔人，似乎是从俗按方音押韵了。否则他精通经史，擅作诗词，不会不懂得写诗要遵守官韵的。

　　清代弹词作品很多，民间作品的年代难以考定，流传的本子大多已经有了变异。从文人拟作的作品可以推想民间说唱的大致情况。最著名的是杭州女作家陈端生写作的《再生缘》。弹词《再生缘》偏重唱词，走向格律化，绝大部分唱词是律化的诗句，这是文人作品的特色。所以陈寅恪先生大加赞赏，说：

　　　　弹词之作品颇多，鄙意《再生缘》之文最佳，微之所谓"铺陈终始，排比声韵"，"属对律切"，实足当之无愧，而文词累数十百万言，则较"大或千言，次犹数百"者，更不可同年而语矣。……如《再生缘》之文，则在吾国自是长篇七言排律之佳诗。在外国，亦与诸长篇史诗，至少同一文体。①

郭沫若先生也作了极高的评价，说：

　　　　我每读一遍都感到津津有味，证明了陈寅恪的评价是正确的。他把它比之于印度、希腊的古史诗，那是从作品的形式来说的。如果从叙事的生动严密、波

①　陈寅恪《论再生缘》，《寒柳堂集》，上海古籍出版社，1980年，64页。

浪层出,从人物性格塑造、心理描写上来说,我觉得陈端生的本领比之十八、九世纪英、法的大作家们,如英国的司考特(Scott,1771—1832)、法国的斯汤达(Stendhal,1783—1842)和巴尔塞克(Balzac,1799—1850),实际上也未遑多让。他们三位都比她要稍晚一些,都是在成熟的年龄以散文的形式来从事创作的,而陈端生则不然,她用的是诗歌形式,而开始创作时只有十八、九岁。这应该说是更加难能可贵的。①

这里引《再生缘》的两段为例。如第十三卷中写刘燕玉见孟丽君的一段词句里用了好几联对仗:

> 只见那,两边侍女启珠帘,闪入风流一宰官。金翅襆头光闪闪,紫罗袍服蟒蟠蟠。靴声踏地初临砌,佩韵飘风已入帘。步稳行端威出众,神清骨瘦品非凡。面如傅粉溶溶白,唇若涂朱艳艳鲜。咳嗽一声朝内走,看他那,巍然颜色十分严。多娇郡主观瞧罢,倒不觉,暗惧当朝极品官。

这就基本上是律诗了。再看一段书中较精彩的片段,即皇甫少华请郦君玉看病那一回:

> 皇亲说得这般凶,竟只道,性命真于旦夕中。此刻看来还可救,止不过,忧悲凝结在心胸。若然遂得他心愿,也无须,妙药神丹顷刻松。(咳!这教我怎

---

① 　郭沫若《校订本〈再生缘〉序》,北京古籍出版社,2002 年,卷首 6 页。

生区处？难道竟为他染病，便承认了孟丽君不成
么？)这是千难与万难，再没有，几回抵赖再扬言，然
而不说如何好，我难道.看着芝田丧九泉。(咳，好生
惆怅！如今又弄出这等事来。)日前略略得安康，偏
又芝田病在床。一件事完重一件，总是个，逼生逼死
逼明堂。(呀，也罢，且待我劝劝芝田看。)郦相沉思
暗不宁，红腮惨淡色凄清。眉皱皱，目凝凝，半晌抬头
叫一声。(咳，小君侯，你要放开心事，再把右手伸来
看看。)……此是君侯没主张，何必要，只将原配挂心
肠。日烧夜烧非轻恙，真个是，损力劳形大祸殃。尔
若要思疗贵恙，但把那，孟家小姐撇于旁。

这一回写孟丽君看着皇甫少华因她而病，虽也有思想斗
争，经过反覆考虑，还是不肯承认，故意安慰他一番。但
因为情节复杂，心理活动很多，所以加入了一些说白，不
多几句唱词就一再转韵，不能通押一韵，显得有些支离
破碎。也可见弹词以唱为主的文体本身就有其局限性，
连陈端生也不能不采用比较灵活的形式了。

《再生缘》是弹词文本中偏于高雅的文人作品，但是
它在故事情节的构造和"关子"的设置等方面，还是学习
了民间弹词的许多艺术技巧，这从陈端生为续《玉钏缘》
弹词而作的设计就足以说明她的传承有自。

词话在北方演化为鼓词，有各地各家的流派。归庄的
《万古愁》是乐曲系的鼓词，与词话关系不大。著名的贾
应宠(凫西)《木皮散人鼓词》，又名《历代史略鼓词》，但

篇幅不长,极嬉笑怒骂之能事,属于文人拟作的讲史唱本。由鼓词派生的子弟书,却更多地采用了七言句,基本上都采用了律诗的格律,比较文雅。启功先生有一篇《创造性的新诗子弟书》,对子弟书作了简要的介绍,并给予高度的评价。启功先生指出:

> 子弟书的形式,基本上以七言诗句为基调。每句中常常垫衬一些字数不等的短句,比起元人散曲,在手法灵活上有相同之处,而子弟书却没有曲牌的限制。元散曲句式灵活而不离开它的曲牌,子弟书句式灵活而不离开七言句的基调。①

启功先生传录的《忆真妃》,是春澍斋的代表作,转引其开头一段如下:

> 马嵬坡下草青青,今日犹存妃子陵。
> 题壁有诗皆抱憾,入祠无客不伤情。
> 三郎甘弃鸾凰侣,七夕空谈牛女星。
> 万里西行君请去,何劳雨夜叹闻铃。
> 杨贵妃,梨花树下香魂散。陈元礼,带领着军(卒)才保驾行。叹君王,万种凄凉,千般寂寞,一心似醉,两泪如倾。愁漠漠,残月晓星初领略,路迢迢,涉水登山那惯经。②

---

① 《启功丛稿·论文卷》,北京:中华书局,1999 年,311 页。
② 《启功丛稿·论文卷》,326—327 页。

这里除了七言句上加衬垫的三字顿之外,还有四言的短句,在演唱时是可以自由调节的,基本上还是以七言诗句为基调,似乎保持了敦煌词文以来的传统。但它的唱腔却比鼓词更多纡曲转折,启功先生还指出:"子弟书唱起来每一字都很缓慢,即使懂得听的人,有时也找不准一个腔中的每一个字。我亲眼看见我先祖手执曲词本子在那里听唱,很像听昆曲的人拿着曲本听唱一样。……这恐怕也是子弟书'广陵散绝矣'的因素之一。"①

偏于高雅的子弟书,比较不易为广大群众所接受,就逐步离开书场而成为案头读物了。一般子弟书都是短篇的,只有一两回,长篇的就多半是民间传唱的鼓词了。所见最长的子弟书《全彩楼》有三十回之多②(傅惜华《子弟书总目》著录的本子作三十二回),篇幅很长,但没有说白,全是唱词,与早期的"词文"完全一致,所以仍属子弟书而不是鼓词。

从《季布骂阵词文》到长篇的弹词和子弟书,体现了叙事诗从民间词话到文人拟作,又回到场上演唱的历史过程。但以雅变俗的缺点也显示了它的局限性,文人作品过于文雅而不谐于里耳,不易为广大群众所接受,如果只有唱词而没有说表,就不能与民间的说唱体曲艺竞争,因此以唱词为主的《再生缘》只能被改编为《孟丽君》才得以传

---

① 《启功丛稿·论文卷》,313 页。
② 《清蒙古车王府藏子弟书》,北京:国际文化出版公司,1994 年,1304—1341 页。

唱。北方的子弟书也因唱腔过于纡曲转折而沦为绝响,但子弟书的文本却日益受到读者的青睐。现在,有编总集的,有编总目的,又形成了新的热门。这里恐怕有一些经验教训值得总结和借鉴。

　　词文在说唱文学史上,源流很长,影响很大,衍生的品种比变文多,艺术成就也较为突出。它不仅是说唱文学的渊源,而且作为长篇叙事诗的代表作,也是汉语诗歌的一种新体。如启功先生所说的清代"创造性的新诗子弟书",就可以从中找到渊源。从叙事诗的传承和发展来看,对今天的诗词创作恐怕也不无借鉴意义。

(原载《敦煌吐鲁番研究》第十三卷,
上海古籍出版社,2013 年)

叙事赋与中国小说的发展

《汉书·艺文志》诗赋略著录的赋分四派,第一是屈原赋等二十家,第二是陆贾赋等二十一家,第三是孙卿赋等二十五家,第四是杂赋十二家。前三派的分类标准为何,难以判断。最后一家杂赋,显然都是佚名的作品。其中"客主赋"十八篇,大概是用客主问答的叙事法。这种叙事法早在传为屈原所作的《卜居》、《渔父》里就已见到了。

《卜居》、《渔父》相传为屈原的作品。王逸注说:"《卜居》者,屈原之所作也。"这篇赋叙述屈原与郑詹尹的问答对话,以大段提问构成押韵的辞赋。《渔父》也是如此,以屈原与渔父的问答,写成一篇韵脚较疏的辞赋,篇末还引了一首楚歌,即所谓《沧浪歌》。以诗歌作结,也是中国小说的常规。王逸注说:"《渔父》者,屈原之所作也。"后面又说:"楚人思念屈原之所作也。"似乎王逸已认定不是屈原自己的作品。洪兴祖《楚辞补注》又说:"《卜居》、

《渔父》，皆假设问答以寄意耳，而太史公《屈原传》、刘向《新序》、嵇康《高士传》或采《楚词》、《庄子》之言以为实录，非也。"这条注文前没有"补曰"二字，可能不是洪兴祖的话，但也决非王逸的注。

《卜居》、《渔父》叙述屈原与他人的问答，不像他自己的话，因此后人认为不是屈原自己的作品，而是"楚人思念屈原之所作也"。但应该还是汉代之前的产物。再说，屈原也可能有虚拟客主问答的创作，因为他在文体上繁复多变，极富于创造性，为什么就不能写一些虚拟的作品呢？司马迁、刘向认为是屈原的作品，应该有他们的根据。王逸离屈原的时代更远，他的话又有什么根据呢？我觉得这个问题还不妨存疑，至少宋玉就写了许多虚构的叙事赋，假设自己与他人的问答，如《风赋》、《高唐赋》、《神女赋》、《登徒子好色赋》、《对楚王问》、《大言赋》、《小言赋》、《讽赋》、《钓赋》及《高唐对》等，其中可能杂有后人的托名之作，但大多是可信的。尤其是《高唐赋》、《神女赋》、《对楚王问》就是叙事赋的代表作，对中国小说的发展，有非常深远的影响。

与屈原同一派的作家如司马相如的《子虚赋》、《上林赋》，也是"假设问答以寄意"的重要作品。而子虚、乌有先生等名称更成了托名人物的通称。唐代小说里的元无有、成自虚等就是他们的后裔。宋玉、司马相如非常自觉地运用了文学的虚构手法，创造了一种叙事赋，为中国小说的发展提供了艺术手段。这一点明代人胡应麟早已看到了,他说:"《子虚》、《上林》不已而为修竹、大兰,修竹、大兰不已而为《革华》、《毛颖》,《革华》、《毛颖》不已而为《后土》、《南柯》,故夫庄、列者诡诞之宗,而屈、宋者玄虚之首也。后人不习其文而规其意,卤莽其精而猎其粗,毋惑乎其日下也。"①他所说的"修竹""大兰"可能也是赋名,《革华传》相传是托名韩愈的作品,《后土》即佚名的《后土夫人传》,《南柯》即著名的《南柯太守传》,那当然就是小说了。

我以前写《敦煌俗赋的渊源及其与变文的关系》一文时曾提到屈宋赋对敦煌俗赋的影响②,但还没有说清楚赋与后世小说的关系。后来见到了汉简《神乌赋》,又查看了《全汉文》等书,觉得赋对小说确有很大影响,因此再作一点补充。首先是由《卜居》、《渔父》所创造的虚构手法,被宋玉等作家发扬了。屈原一派的作家还有枚乘,开创了"七"体的赋。他在《七发》里假设吴客与楚太子的对话,编了一个虚构的故事,随后有傅毅的《七激》,刘广世的《七兴》等。张衡的《七辩》又假设为无为先生与虚然子、雕华子、安存子、阙丘子、空桐子、依卫子、仿无子七个人物的对话,也令人想到唐人《东阳夜怪录》中成自虚与智高、卢倚马、朱中正、敬去文、奚锐金、苗介立、胃藏瓠、胃藏立等的唱和对答,成为小说的一种叙事结构。直到《西游记》第六十四回里唐三藏与孤直公(柏)、凌空子(桧)、拂

① 《少室山房笔丛》卷二九《九流绪论》下。
② 《文学遗产》1989 年 1 期。

云叟（竹）、劲节十八公（松）等吟诗唱和，还是这种文体的演化。

此外，在陆贾一派里，有扬雄赋十二篇，应该包括现存的《长杨赋》、《逐贫赋》和《解嘲》、《解难》等。《长杨赋》假设子墨子与翰林主人的问答，《逐贫赋》假设扬子与"贫"的对话，《解嘲》、《解难》假设扬子与客的对话，都属于"客主赋"的一类。在孙卿一派的赋里，有孙卿赋十篇，可能包括《荀子》里的《赋篇》，共存七篇。但如果把《成相篇》也看作赋的话，那么现存的也许就不止十篇了。因为成相也属于赋的一体，《汉书·艺文志》杂赋里就有佚名的"成相杂辞"十一篇。杂赋里有"杂禽兽六畜昆虫赋"十八篇，应该是以动物为题目的作品。现存有主名的禽兽题材的赋，如贾谊《鹏鸟赋》、路乔如《鹤赋》、孔臧《鸮赋》、班昭《大雀赋》等，应属这类作品。更值得注意的是1993年在连云港市尹湾村汉墓出土竹简中发现的佚名《神乌赋》，假设一只雌乌被盗乌打伤了，临死前与雄乌对话，完全是一篇辞赋体的小说。据考古学者的研究，此赋作于西汉王莽时期或稍前。可惜原文已有残缺，试看赋中写对话的一段：

> 亡乌沸然而大怒，张日阳麋，喷翼申颈，襄而大……乃详车薄。"女不亟走，尚敢鼓口。"遂相拂伤，亡乌被创。随起击耳，闻不能起。贼□捕取，系之于柱。幸得免去，至其故处。绝系有馀，纨树欋栋。自解不能，卒上傅之，不□他措，缚之俞固。其雄惕而

惊,扶翼申颈,比天而鸣:"仓天仓天,视颇不仁。方生产之时,何与其□。"顾谓其雌曰:"命也夫,吉凶浮沉,愿与女俱。"雌曰:"佐子佐子。"涕泣侯下"何□亘家,……死生有期,各不同时。今虽随我,将何益哉。见危授命,妾志所待。以死伤生,圣人禁之。疾行去矣,更索贤妇。毋听后母,愁苦孤子。诗云:'云云青蝇,止于杆。几自君子,毋信谗言。'惧惶向论,不得极言。"遂缚两翼,投于污则。支躬折伤,卒以死亡。①

这一段写雌乌受伤致死的惨遇和它临死时的遗言,凄恻动人。应说是一篇优秀的禽言赋,也是一篇虚构的辞赋体小说。嗣后曹植的《鹞雀赋》则是他的后继者,敦煌本的两篇《燕子赋》又是这类禽言赋的杰作。

汉赋中值得注意的还有如杜督(?—78)的《首阳山赋》和张衡(78—139)的《髑髅赋》,都是故事新编式的小说。前者仅存开头一段,似有缺文,假设作者在首阳山遇见了两个老人,就是伯夷、叔齐,互相问答,写成了赋体的对话:

忽吾睹兮二老,时采薇以从容。于是乎乃讯其所求,问其所修。州域乡党,亲戚匹俦,何务何乐,而并兹游矣?其二老乃答余曰:"吾殷之遗民也,厥胤孤竹,作藩北湄。少名叔齐,长曰伯夷。闻西伯昌之善救,育年艾于胡耇。遂相携而随之,冀寄命乎馀寿。

① 费振刚等《全汉赋校注》,广东教育出版社2005年9月1版,344页。

而天命之不常,伊事变而无方。昌伏事而毕命,子忽
遘其不祥。乃兴师于牧野,遂干戈以伐商。乃弃之而
来游,誓不步于其乡。余闭口而不食,并卒命于山
傍。"①

伯夷、叔齐的故事,常为小说家所喜爱,加以改编。清
代有艾衲居士《豆棚闲话》里的《首阳山叔齐变节》,鲁迅
也在《故事新编》里写了一篇《采薇》,都是别出心裁的编
造,对历史人物赋予了新的寓意。

张衡的《髑髅赋》则假设自己在路边见到一个髑髅,
与他问答。髑髅自称是庄周,对他讲了一番道家的理论。
这是张衡依据《庄子·至乐》篇的寓言再创作的故事,不
过用赋的形式来表达了。张衡还写有《四愁诗》,是七言
的楚歌体。晋代傅玄有《拟四愁诗》,序言说:"昔张平子
作《四愁诗》,体小而俗,七言类也。"他说的七言,是汉代
的一种通俗文体。东方朔就曾作有"七言",见《汉书·东
方朔传》,可惜现在只存残文一句了。可见张衡很爱好俗
文学,他的赋在当时也是通俗的作品,和铺张扬厉的大赋
完全不同。

嗣后曹植(192—232)又写了一篇《髑髅说》,也是根
据庄子的《至乐》篇编造的故事,不过没有让庄子出场,而
是自己代替了庄子,向髑髅提问,要帮他再生复活。髑髅
却谢绝了曹子的好意,对他讲了一番死之乐。全篇大体押

————————

① 费振刚等《全汉赋校注》,398 页。

韵,也是一篇辞赋体的小说。他比张衡更忠实于庄子的原文,基本上把庄子的寓言译述了一遍。我们不妨把二者作一对比:

> 庄子之楚,见空髑髅,髐然有形。撽以马捶,因而问之曰:"夫子贪生失理而为此乎,将子有亡国之事,斧钺之诛,而为此乎? 将子有不善之行,愧遗父母妻子之丑,而为此乎? 将子有冻馁之患而为此乎? 将子之春秋故及此乎?"于是语卒,援髑髅枕而卧。夜半,髑髅见梦,曰:"子之谈者似辩士,视子所言,皆生人之累也,死则无此矣。子欲闻死之说乎?"庄子曰:"然。"髑髅曰:"死无君于上,无臣于下,亦无四时之事,从然以天地为春秋,虽南百王乐不能过也。"庄子不信,曰:"吾使司命复生子形,为子骨肉肌肤,反子父母妻子,闾里知识,子欲之乎?"髑髅深矉蹙额曰:"吾安能弃南面王乐,而复为人间之劳乎?"①

> 曹子游乎陂塘之滨,步乎蓁秽之薮,萧条潜虚,经幽践阻。顾见髑髅,块然独居。于是伏轼而问之曰:"子将结缨首剑殉国君乎? 将被坚执锐毙三军乎? 将婴兹固疾命陨倾乎? 将寿终数极归幽冥乎?"叩遗骸而叹息,哀白骨之无灵。慕严周之适楚,傥托梦以通情。于是怦若有来,悦若有存,景见容隐,厉声而言

---

① 王先谦《庄子集解》卷五《至乐》第十八。

曰:"子何国之君子乎? 既枉舆驾,愍其枯朽,不惜咳唾之音,而慰以若言,子则辩于辞矣! 然未达幽冥之情,识死生之说也。夫死之为言归也。归也者,归于道也。道也者,身以无形为主,故能与化推移。阴阳不能更,四时不能亏。是故洞于纤微之域,通于恍惚之庭,望之不见其象,听之不闻其声,挹之不充,注之不盈,吹之不凋,嘘之不荣,激之不流,凝之不停。寥落冥漠,与道相拘,偃然长寝,乐莫是逾。"曹子曰:"予将请之上帝,求诸神灵,使司命辍籍,反子骸形。"于是髑髅长呻,廓然叹曰:"甚矣! 何子之难语也。昔太素氏不仁,无故劳我以形,苦我以生。今也幸变而之死,是反吾真也。何子之好劳,而我之好逸乎? 子则行矣! 予将归于太虚。"于是言卒响绝,神光雾除。顾命旋轸,乃命仆夫:拂以玄尘,覆以缟巾,爰将藏彼路滨,覆以丹土,翳以绿榛。夫存亡之异势,乃宣尼之所陈,何神凭之虚对,云死生之必均。[①]

这个题材非常流行,直到丁耀亢的《续金瓶梅》第四十八回里还编了一段庄子叹骷髅的渔鼓词作为插曲,也很活泼有趣。我好像还见过一段庄子叹骷髅的鼓词,记不得收在哪本书里了。

影响最大的还是宋玉的《神女赋》,汉末杨修、王粲、应场、陈琳等人都拟作了《神女赋》,而曹植则模拟《神女

---

① 《曹植集校注》,人民文学出版社1984年6月1版,524页。

赋》而写了一篇《洛神赋》,把山神改成了水神。从而演化出了《感甄记》的故事,流传甚广,成为诗人和小说家的好题材。

宋玉是叙事赋的大作家,他的《高唐赋》等作品在文学史上有很大影响。至晚从宋玉开始,赋就有了虚构故事的功能。这种艺术虚构的手段,就为中国小说的发展开辟了新的道路。叙事赋本身就可以说是小说的一体。《隋书·经籍志》小说类在《燕丹子》条下注中说:"(梁有)《宋玉子》一卷,录一卷,楚大夫宋玉撰。"小说《宋玉子》已经亡佚失传,但从这条信息可以说明宋玉曾有小说类的作品,是很早的小说家。其实他的叙事赋大多也可以看作小说家言。小说《宋玉子》可能也是一些虚构的故事,不过不用赋体而用散文写的。

曹植是中国小说史上的一个重要人物,他虽然并没有小说作品留存,但是他的文艺活动提供了重要的信息。《三国志·王粲传》裴注引《魏略》:

> 时天暑热,植因呼常从取水自澡讫,傅粉。遂科头拍袒,胡舞五椎锻,跳丸击剑,诵俳优小说数千言讫,谓淳曰:"邯郸生,何如邪?'

"俳优小说"是口诵的,应该是一种通俗文学,很可能就包括赋在内。按《汉书·艺文志》引传曰,"不歌而诵谓之赋"。赋本来是付之于诵的口头文学。

赋用于朗诵,就是一种文艺娱乐活动。曹植对着邯郸淳诵的"俳优小说",可能就包括了他自己的叙事赋。《初学记》卷十九引晋人刘谧之《庞郎赋》开头说"坐上诸君子,各各明君耳。听我作文章,说此河南事。"说明赋是可以在集会上说给众人听的,而《庞(《太平御览》作宠)郎赋》本文则是讽嘲丑人的游戏文字,现存残句说:

> 其头也,则中骼而上下锐,额平而承枕四起。

刘谧之还有《迷赋》的残句说:

> 宠郎居山中,稀行出朝市。
> 暂来到豫章,因便造人士。
> 东西二城门,赫奕正相似。
> 向风径东征,直去不转耳。

他还有《下也赋》的残句说:

> 头戴鹿心帽,足着狗皮靴。
> 面傅黄灰泽,髻插芜菁花。
> 男女四五人,皆知烧虾蟆。①

严可均《全晋文》注说:"疑即《庞郎赋》、《宠郎赋》、《迷赋》之误。"无论它是否一篇,刘谧之的赋总是诙谐性的俗文学,与宋玉的《登徒子好色赋》及敦煌遗书里的佚名《晏子赋》、《㜗𡧖书》、赵洽《丑妇赋》等是同类作品。曹植所诵的"俳优小说"应该就是这类作品。

---

① 　以上刘谧之赋均据严可均《全晋文》卷一四三。

刘勰《文心雕龙·谐隐》篇说：

> 于是东方、枚皋，哺糟啜醨，无所匡正，而诋嫚媟弄，故其自称为赋，乃亦俳也。……潘岳丑妇之属，束晰卖饼之类，尤而效之，盖以百数。

刘勰把东方朔、枚皋的赋称之为"俳"，正是和"俳优小说"密切有关的。

曹植的《鹞雀赋》继承了《神乌赋》等禽言赋，《髑髅说》继承了张衡的《髑髅赋》，《洛神赋》继承了宋玉的《神女赋》等叙事赋，他是一个集大成式的作家。

听曹植诵俳优小说的邯郸淳，有一部笑话集《笑林》，在《隋书·经籍志》里列入小说类，可能也是俳优小说的记录。

曹植的哥哥曹丕，写过《典论·论文》，具有很强的文学自觉意识。他写了《列异传》，是较早的一部志怪小说集。

《三国志·王粲传》裴注又引《吴质别传》说：

> 时上将军曹真性肥，中领军朱铄性瘦，质召优，使说肥瘦。真负贵，耻见戏，怒谓质曰："卿欲以部曲将遇我耶？"骠骑将军曹洪、轻骑将军王忠言："将军必欲使上将军服肥，即自宜为瘦。"真愈恚，拔刀瞋目，言："俳敢轻脱，吾斩尔。"遂骂坐。

吴质命优人说肥瘦，也就是"讹话"之类，类似现代的相声。如《庞郎赋》、《丑妇赋》和《晏子赋》那样，是嘲弄别人的笑话。这就是俳优的表演。

汉魏之际，文学观念有明显的发展，小说也有新的变

化。1900年敦煌遗书出现之后,我们曾把中国通俗小说
的源头追溯到唐代的俗文学。但俗文学还有更早的源头,
至少可以追溯到汉末的"俳优小说"。在此以前,白话和
文言的区别还不太大。秦汉的文书大体上还与口语接近。
出于街谈巷语的小说,就无所谓通俗与高雅之分。魏晋以
后,白话和文言的距离逐步扩大,而民间流传的俗文学则
比较接近口语,如敦煌遗书中所保留的一些小说及说唱文
学。因此古体小说和近体小说的分流大概始于魏晋时期。
曹植正是一个承先启后、雅俗兼通的作家。他的"俳优小
说"有数千言之多,可惜没有文字记录,但他的叙事赋却
提供了一个旁证,也是俗文学发展的一个转折点。其后有
晋人张敏的《神女赋》,叙述弦超(字义成)遇神女成公智
琼的故事,就是宋玉《神女赋》、曹植《洛神赋》的嫡传。
《神女赋》并序如下:

　　世之言神女者多矣,然未之或验也。至如弦氏之
妇,则近信而有证者。夫鬼魅之下人也,无不羸病损
瘦。今义成平安无恙,而与神女饮宴寝处,纵情极意,
岂不异哉! 余览其歌诗,辞旨清伟,故为之作赋。

　　"皇览余之纯德,步朱阙之峥嵘。靡飞除而入秘
殿,侍太极之穆清。帝愍余之勤肃,将休余于中州。
托玄静以自处,是夫子之好仇。"于是主人怳然而问
之曰:"尔岂是周之褒姒,齐之文姜,孽妇淫鬼,来自
藏乎? 儻亦汉之游女,江之娥皇,厌真乐愆,倦仙侍
乎?"于是神女乃敛袂正襟而对曰:"我实贞淑,子何

猜焉。且辩言知礼,恭力令则。美姿天挺,盛饰表德。以此承欢,君有何惑。"尔乃敷茵席,垂组帐,嘉旨既设,同牢而飨。微闻芳泽,心荡意放。于是寻房中之至燕,极长夜之欢情。心眇眇以忽忽,想北里之遗声。既澹泊于幽默,扬觉寐而中惊。赋斯时之要妙,进伟服之纷敷。俛抚衽而告辞,仰长叹以欷吁。乘云雾而变化,遥弃我其焉如。①

张敏同时还写了一篇《神女传》,现在只存残句,但主要内容保存在今本《搜神记》卷一,杜光庭的《墉城集仙录·成公智琼传》大体上就是从它传抄来的②。洪迈《容斋五笔》卷四《晋代遗文》说:"《集仙录》所载《神女智琼传》,见于《太平广记》,盖敏之作也。"其言可信。

《神女传》与《神女赋》是同一作者同一题材的作品,同样可以看作小说,而且《神女赋》的描写细腻,以神女和弦超的对话开始,很能引人入胜,文辞典雅,比客观记事的《神女传》更有艺术性。可惜现存的并非全文。

总的说,赋比传记更注重文采,对传记体的小说也有影响。六朝以至唐代的小说,就有传承辞赋的一派。其中最典型的例证,就是张鷟的《游仙窟》。它除了插入许多诗歌和骈语之外,最后一段就完全用了赋体。为了说明这一现象,还是要引出大家已熟知的原文:

---

① 据严可均《全晋文》卷八〇。
② 《太平广记》卷六一引。

　　下官拭泪而言曰："犬马何识,尚解伤离;鸟兽无情,由知怨别。心非木石,岂忘深恩!"十娘报咏曰:"他道愁胜死,儿言死胜愁。愁来百处痛,死去一时休。"又咏曰:"他道愁胜死,儿言死胜愁。日夜悬心忆,知隔几年秋!"下官咏曰:"人去悠悠隔两天,未审迢迢度几年? 纵使身游万里外,终归意在十娘边。"十娘咏曰:"天涯地角知何处,玉体红颜难再遇! 但令翅羽为人生,会些高飞共君去。"下官不忍相看,匆把十娘手子而别。行到二三里,回头看数人,犹在旧处立。余时渐渐去远,声沉影灭,顾瞻不见,恻怆而去。行至山口,浮舟而过。夜耿耿而不寐,心茕茕而靡托。既怅恨于啼猿,又凄伤于别鹄。饮气吞声,天道人情,有别必怨,有怨必盈。去日一何短,来宵一何长! 比目绝对,双凫失伴,日日衣宽,朝朝带缓。口上唇裂,胸间气满,泪脸千行,愁肠寸断。端坐横琴,涕血流襟,千思竞起,百虑交侵。独颦眉而永结,空抱膝而长吟。望神仙兮不可见,普天地兮知余心;思神仙兮不可得,觅十娘兮断知闻。欲闻此兮肠亦乱,更见此兮恼余心。

　　《游仙窟》把神女改造成人间的荡妇,所谓"神仙窟"实际上只是北里青楼之类的场所。不过在形式上还采取了《神女赋》的母题和文体,文风也更通俗了。以后唐代文人又从而演化出"传奇体"的小说,到明代又演变为"诗文小说",详见拙作《唐代小说的"诗笔"与诗文小说的兴衰》(《文学遗产》2007 年 6 期)。从叙事赋的发展史,大致可以看出,叙事赋的虚构手法,为中国小说的发展创造了条件。自觉的文学虚构手法,正是在赋家的手里完成的,比之先秦诸子寓言有了重大的进步。如曹植的《髑髅说》对于《庄子·至乐》篇的改造,就从哲学著作发展为文学创作了。在此之前,闻见异辞还是不自觉的传讹,只是客观的记事。中国小说起源于街谈巷语、道听途说,就包括了神话传说,其文本以稗官瞀史为主源,又接受了诸子寓言和叙事赋的支源,才促成了小说的成熟。而宋玉作为一个早期的小说家,他的叙事赋影响最大,尤其是他的《神女赋》无论在文体上还是在题材上都对后世作家有很大启发。楚、汉的叙事赋除了直接发展为敦煌俗赋之外,对古体小说艺术的提高也有不可忽视的作用。

　　附记:敦煌遗书伯 3645 号《刘家太子变》附有《同贤记》一篇,叙宋玉与一良友辩论故事,疑出《宋玉子》小说,可参看。

(原载《中国文化》第 24 期,2007)

　　《洛阳伽蓝记》卷二载杨元慎嘲弄陈庆之的韵语,也是叙事性的俗赋,可视为敦煌俗赋的先声。2009 年 11 月 30 日再记。
　　再记:"修竹",指沈约《修竹弹甘蕉文》,见《全梁文》卷二十七;"大兰",指袁淑《大兰王九锡文》,见《全宋文》卷四十四。2018 年 7 月 3 日记。

中国小说的第一次变迁

清人章学诚在《文史通义·诗话》中提出过中国小说的三变说：

> 小说出于稗官，委巷传闻琐屑，虽古人亦不废，然俚野多不足凭。大约事涉鬼神，报兼恩怨，《洞冥》、《拾遗》之篇，《搜神》、《灵异》之部，六代以降，家自为书。唐人乃有单篇，别为传奇一类（专书一事始末，不复比类为书），大抵情钟男女，不外离合悲欢。红拂辞杨，绣襦报郑，韩李缘通落叶，崔张情导琴心，以及明珠生还，小玉死报。凡如此类，或附会疑似，或竟托子虚，虽情态万殊，而大致略似。其始不过淫思古意，辞客寄怀，犹诗家之乐府古艳诸篇也。宋元以降，则广为演义，谱为词曲，遂使瞽史弦诵，优伶登场，无分雅俗男女，莫不声色耳目。盖自稗官见于《汉志》，历三变而尽

　　失古人之源流矣。①

我从中得到了很大启发。以前我按照鲁迅的说法，注意于中国小说史上的两大变迁，即唐代的传奇和宋元的话本②，对这两个时期的小说作了重点的探讨。后来看到了章学诚的"三变说"，才进行了一些思考，重新研究唐代以前小说发展的历史，曾写过一篇《中国小说史的里程碑——读隋书经籍志札记》③，认为《隋志》小说家的记载，体现了一次不大不小的变迁，但没有作深入的分析。我所以只说它"不大"，因为找不到多少作品和文献资料。

　　继而我又进行多方面的探索，再考察章学诚所说的第一次变迁，究竟是从哪里开始的呢？他所举出的《洞冥》，应指传为东汉郭宪的《汉武洞冥记》，但作者向有疑问，或说为梁元帝萧绎所撰；《拾遗》指晋王嘉撰、梁萧绮录的《王子年拾遗记》；《搜神》指晋干宝的《搜神记》；只有《灵异》不知是否佚书或"灵怪""灵应"之讹。总之，这一类是晋代之后的代表作品。他所认定的小说是赵宋之后的标准，也就是到欧阳修《新唐书·艺文志》时才把这类作品改入子部小说家的，在《隋志》里还是列在史部的杂传类。

　　章学诚所说的第一变，是以《汉书·艺文志》著录的

　　①　《文史通义校注》，叶瑛校注，中华书局 1985 年 1 版，560—561 页。

　　②　见鲁迅《中国小说的历史的变迁》，《中国小说史略》附录，人民文学出版社 1973 年版。

　　③　《中国古代小说研究》第三辑，人民文学出版社 2008 年 12 月 1 版 189—194 页

小说为基础的,也就是说《汉志》所著录的小说家只是三变之前史前史的作品。他的结论说:"盖自稗官见于《汉志》,历三变而尽失古人之源流矣。"班固沿袭刘歆《七略》的目录学,所著录的十五种小说,都已亡佚。从后人辑录的几条佚文看,大体是桓谭《新论》所谓的"丛残小语",与后世所说的小说大不相同。然而它各体兼备,早已显现了多元化的现象。其中汉武帝以后的作品,如《虞初周说》等应该就是讲史性质的小说。据《汉书》颜师古注引应劭说,"其说以《周书》为本",它应是讲周代故事的讲史类小说。《汉书》在《虞初周说》下原注:"河南人,武帝时以方士侍郎号黄车使者。"《史记》卷十二《孝武本纪》说:"丁夫人、雒阳虞初等以方祠诅匈奴、大宛焉。"可见虞初实为方士,与稗官不同。后汉张衡《西京赋》说:"小说九百,本自《虞初》。"他认为《虞初周说》才是小说的起源。这是有一定的道理的。

　　章学诚开头说:"小说出于稗官,委巷传闻琐屑,虽古人亦不废,然俚野多不足凭。"因袭《汉书·艺文志》诸子略小说家的小序,明确指出它的"俚野多不足凭",还是用史学的标准来要求的。因为章学诚视小说为稗史,在他的《史籍考》里就列有"小说部"。

　　"小说出于稗官",历来是一个有争议的问题。稗官指什么官,众说纷纭,莫衷一是。笔者也提出了一个解答,认为指的是《周礼·地官》《夏官》所说的"训诵""训方氏"之类,也许就是《国语·周语》所说的"瞽""史""瞍"

"矇"等。《周语》说"瞽献曲，史献书，师箴，瞍赋，矇诵"，曲是音乐，赋的是诗，诵的是赋。赋本来是动词，后来变为名词，所以说"不歌而诵谓之赋"。史献的是书，就是《虞书》《夏书》及《逸周书》之类。瞽、瞍、矇都是盲人，他们唱的歌、讲的故事，都是口耳相传，所以会如《公羊传》桓公二年所说的："所见异辞，所闻异辞，所传闻异辞。"早期的小说主要就来自这种具有异辞的传闻，不免有无意的讹传和有意的虚构。详见拙著《古体小说论要》第一章《小说的名称和起源》①。

国学大师章太炎早已注意到了《国语·周语》的记载，但只抓住"师箴"一词，不及其馀，说："瞽师瞍矇皆掌声诗，即诗与箴一实也。"②好像只有诗一项，没提不歌而诵的赋，又把箴和诗合为一项，不免太简略了。

章太炎在《诸子学略说》中论小说家时又说：

周秦、西汉之小说，似与近世不同。如《周考》七十六篇、《青史子》五十七篇、《臣寿周纪》七篇、《虞初周说》九百四十三篇，与近世杂史相类，比于《西京杂记》、《四朝闻见录》等，盖差胜矣。贾谊尝引《青史》，必非谬悠之说可知。如《伊尹说》二十七篇、《鬻子说》十九篇、《宋子》十八篇、《待诏臣安成未央术》一

① 《古体小说论要》，华龄出版社 2009 年 12 月 1 版。
② 《国故论衡》，刘梦溪主编《中国现代学术经典·章太炎卷》，河北教育出版社 1996 年 1 版，83 页

篇,则其言又兼黄老。《庄子·天下》篇举宋钘、尹文之术,列为一家,荀卿亦与宋子相难。今尹文入名家,而宋子只入小说,此又不可解者。以意揣之,宋子上说下教,强聒不舍(见《庄子·天下》篇),盖有意于社会道德者。所列黄老诸家,宜亦同此。街谈巷议,所以有益于民俗也。《笑林》以后,此指渐衰,非刍荛之议矣。"①

章太炎说秦汉小说与近世不同,这当然是正确的。他把古小说分为几类,对我们很有启发,如说《周考》等四种"与近世杂史相类",也大体可信。除《青史子》外,大概都可视为讲史故事的书。其馀几种则因无佚文可考,只得存疑。《笑林》是汉末邯郸淳的作品,正在建安时代。章太炎说"《笑林》以后,此旨渐衰",就因为它都是笑话,与"有益于民俗"的"刍荛之议"不合了。《笑林》最早著录于《隋书·经籍志》,与《汉志》著录的小说确是不同的。

古代小说是多元的,题材和体制各有不同。应该说《虞初周说》是主要的一派,不仅因为它有九百四十三篇之多,而且它是讲周代故事的讲史类小说。讲故事是中国传统小说的主流,无论传奇小说、宋元话本和明清演义小说,都是讲故事的,直到今天像莫言的小说也还传承这个传统。唐代之后,《四库全书》中所谓"叙述杂事"和"缀辑

<hr>

① 《国故论衡》,刘梦溪主编《中国现代学术经典·章太炎卷》,河北教育出版社1996年1版,479页。

琐语"的小说,实际上已逐步让位于讲故事的小说了。
《四库全书》中的杂事之属的作品,虽然数量很多,但大部
分是属于历史琐闻类和考据辨证类的笔记(据刘叶秋先
生《历代笔记概述》的分类),我们在古籍整理中已逐步把
史料笔记归到史部的杂史类去了。汉代讲历史故事的小
说有《燕丹子》和《汉武故事》等。《燕丹子》是比较成熟
的讲史小说,关于它的产生年代,历来有不同意见。前人
如胡应麟认为"盖汉末文士因太史《庆卿传》增益怪诞为
此书",近人罗根泽则认为此书为晚出伪作,"其时代盖在
萧齐之世",但并无确证。最近还有人说此书是梁江淹所
伪托①,那是大胆的猜测,更需要小心的求证了。荆轲刺
秦王的故事早在秦汉时已广为流传,司马迁《史记·刺客
列传》明说:"世言荆轲,其称太子丹之命,'天雨粟,马生
角'也,太过。又言荆轲伤秦王,皆非也。"可见,这些故事
早在司马迁之前就已存在,汉人应动引而称之为"俗说"、
"闾阎小论",王充引而称之为"传书",这种"俗说"、"传
书"就是小说之所本。现存的文本即使有后人的增删修
订,其创作权还是应属汉人的②。古代小说出于街谈巷
语、道听途说,向来有世代累积型的传承方式,从其内容及
汉人论著看基本上是汉代的作品。《汉武故事》讲当代皇
帝的故事,杂有许多神怪色彩,是后世杂传记之祖,前人多

---

①　张海明《荆轲故事最早见于何书》,《中华读书报》2013 年 5 月 22 日
15 版。

②　详见拙校《燕丹子》附录,中华书局 1931 年 1 版。

视为史传。《隋书·经籍志》把它列在史部的旧事类,宋人陈振孙《直斋书录解题》才把它列为小说。

汉人的史传著作乃至《左传》、《史记》的笔法,都是后世传记体小说的渊源。唐人传奇的特点之一,就是兼具"史才"。

多元的古代小说来源各有不同,也可以说是多源的。其中一源是秦汉以来的叙事赋。《汉书·艺文志》把赋分为四派,包括屈原赋、陆贾赋、孙卿赋和杂赋。杂赋的作者都是无名氏,大概多属民间的低层文人。详见拙作《叙事赋与中国小说的发展》①。杂赋中有"客主赋"十八篇,应为客主问答的对话体;有"杂禽兽六畜昆虫赋"十八篇,应是以动物为题材的赋,新出土的《神乌赋》可以作为代表②。可惜这类赋留存下来的太少了。

客主赋在屈原赋、陆贾赋里也有,如屈原的《卜居》、《渔父》,屈原一派宋玉的《高唐》、《神女》,陆贾一派扬雄的《长杨赋》、《逐贫赋》等,都用主客对话的方式,叙述了一个虚构的故事。

宋玉的《神女赋》影响很大,后来拟作《神女赋》的很多,直到曹植的《洛神赋》,无不受其启发,承其格局。《洛神赋》又衍生出了《感甄记》,那就完全是传奇小说的先声了。

汉代的叙事赋还留存不少,比较重要的如杜督的《首

---

①　《程毅中文存续编》,中华书局 2010 年 1 版,68—80 页。

②　费振刚等《全汉赋校注》,广东教育出版社 2005 年 9 月 1 版,344 页。

阳山赋》和张衡的《髑髅赋》，都是故事新编式的作品。

曹植的《髑髅说》实际上也是一篇赋，也是根据《庄子·至乐》篇再创作的故事。这个题材非常受人喜爱，明人吕景儒原作、宁斋增补的《庄子叹骷髅》般涉调哨遍散套，也是用这个题材加以铺演，见于张禄《词林摘艳》丙集①。这是乐曲系的说唱文学。《醒世恒言》卷三十八《李道人独步云门》里曾说到有瞽者唱的《庄子叹骷髅》道情，未见传本。清初丁耀亢的《续金瓶梅》第四十八回里引用了一段《庄子叹骷髅》的渔鼓词作为插曲，可为例证。还有一种诗赞系的《庄子叹骷髅》唱词，今存明末刊本，题"毗陵舜逸山人杜蕙编"、"同邑仰文陈奎刊"。它虽题为"南北词曲"，但唱词并非南北曲而是以七言诗赞为主。据说杜颖陶先生有藏本，无从得见②。可以说这都是《髑髅赋》的遗响。直到现代，鲁迅写的《起死》，还是在演绎这一故事。

因此，我们可以说在汉代乃至更早，就有赋体小说的出现。随后才有敦煌叙事赋的传承，更进一步产生了像《游仙窟》那样的辞赋体小说，又从而进化为传奇体的小说。

这个进化过程很长，其标志性的代表作家就是曹植。

---

① 《词林摘艳》卷三，文学古籍刊行社 1955 年影印明刻本。

② 见叶德均《宋元明讲唱文学》，上杂出版社 1953 年 1 版，68 页。日本东京大学东洋文化研究所藏有抄本，见黄仕忠《日本所藏中国戏曲文献研究》，高等教育出版社 2011 年 4 月 1 版，290 页。

曹植著有《鹞雀赋》,上承《神乌赋》之源,下接敦煌本《燕子赋》之流;他的《髑髅说》,前受张衡《髑髅赋》的影响,后启《庄子叹骷髅》等说唱文学的演化;再有《洛神赋》,既是宋玉《神女赋》的馀波,又是《游仙窟》等艳遇小说的先河,也是传奇体小说的滥觞。这类作品可以称之为"辞赋体小说",它不仅以文本流传,而且可以诵说以供娱乐。《初学记》卷十九引晋人刘谧之《庞(《太平御览》作宠)郎赋》开头说:"坐上诸君子,各各明君耳。听我作文章,说此河南事。"还保留着这种演艺方式。

更为明显的是《三国志·王粲传》裴注引《魏略》的记载:

> 时天暑热,植因呼常从取水自澡讫,傅粉。遂科头拍袒,胡舞五椎锻,跳丸击剑,诵俳优小说数千言讫,谓淳曰:"邯郸生,何如邪?"①

"俳优小说"是口诵的说唱文学,应该就包括了叙事赋。按《汉书·艺文志》引传曰,"不歌而诵谓之赋"。赋本来是付之于诵的口头文学。刘勰《文心雕龙·谐隐》篇说:

> 于是东方、枚皋,哺糟啜醨,无所匡正,而诋嫚媟弄,故其自称为赋,乃亦俳也。……潘岳丑妇之属,束晰卖饼之类,尤而效之,盖以百数。②

————————

① 《三国志》,中华书局 1959 年 12 月 1 版,603 页。
② 周振甫《文心雕龙注释》,人民文学出版社 1981 年 1 版,160 页。

刘勰把东方朔、枚皋的赋称之为"俳"，正是和"俳优小说"有关的。东方朔、枚皋都是汉武帝时的文人，他们和虞初一样，是随从皇帝的弄臣，都和小说的发展有密切的关系。

曹植所诵的"俳优小说"，有数千言之多，可能还不止于赋。而这类小说，本来是由"俳优"所说，已有专业艺人来表演，曹植只是即兴来客串玩票，与邯郸淳自娱取乐。但足以说明汉末有一种口诵的"俳优小说"，显然与《汉书·艺文志》所著录的小说有很大不同。然而它还是继承着"瞍赋""矇诵"的传统，保留着口诵故事的伎艺，不过稗官的身份更沦落为俳优了。汉魏时的俳优还有"说肥瘦"的节目，类似现代的相声，可以现场抓笑料讽嘲听众。

《三国志·王粲传》裴注引《吴质别传》说：

> 时上将军曹真性肥，中领军性瘦，质召优，使说肥瘦。真负贵，耻见戏，怒谓质曰："卿欲以部曲将遇我耶？"骠骑将军曹洪、轻骑将军王忠言："将军必欲使上将军服肥，即自宜为瘦。"真愈恚，拔刀瞋目，言："俳敢轻脱，吾斩尔。"遂骂坐。[1]

这个优伶竟敢对着上将军曹真开玩笑，把他的肥胖作笑料，惹怒了曹真，几乎招来杀身之祸。这也是建安时代的事。

同时，曹植的好友邯郸淳著有《笑林》一书，《隋书·经籍志》才列入子部小说。这是一部笑话集，与隋末唐初

---

[1]　《三国志》，609 页。

的《启颜录》性质相同。刘勰《文心雕龙·谐隐》篇又说："至魏文因俳说以著笑书。"《笑林》很可能就是邯郸淳奉曹丕之命而作的"笑书"。它也是因"俳说"而作的，又出现了一种笑话体的新小说。据说曹丕自己还著有《列异传》一书，《隋书·经籍志》著录于杂传类，实际上是志怪性质的小说。不过原书已失传，后来经晋人张华订补的本子也仅存佚文，在《新唐书·艺文志》里才归并到小说类。参照章太炎《诸子学略说》所论"《笑林》以后，此旨渐衰"的判断，我们把《笑林》作为古代小说第一次变迁的作品，似乎是可以举为例证的。

汉末时期，小说有了明显的变化。曹植所以在创作上有所开拓，因为他文备众体，雅俗兼爱，对民间文艺也有特殊的爱好。他在《与杨德祖书》中说：

> 夫街谈巷说，必有可采；击辕之歌，有应风雅，匹夫之思未易轻弃也。[1]

"街谈巷说"就是民间小说的源泉。古代的目录学家都沿袭这一个说法，但评价不一。曹植说是"必有可采"，已是较高的估价。他处在曹操提倡的"惟才是举"的大环境下，对文学的追求也很开放，包容"轻脱"的俳说，与他哥哥曹丕《典论·论文》一样有初步的艺术自觉。他的诗如钟嵘《诗品》所说："情兼雅怨，体被文质。"他的辞赋更有丰富的体裁和题材。如《七启》和《释愁文》、《恶毒鸟》

---

[1]　《与杨德祖书》，《曹植集校注》，人民文学出版社1984年1版，154页。

就用了客主对话的格式,《秋思赋》则用了楚歌体的句式,更多的赋则继承了屈原的骚体,但摒弃了铺张扬厉的大赋。他也写了不少小说性的叙事赋,自己还能诵"俳优小说"。曹植的赋是辞赋体小说的渊源,唐人传奇按宋人赵彦卫的说法,"此等文备众体,可以见史才、诗笔、议论"。唐代的传奇体小说,正是以"诗笔"优美为其特色的。小说从实录见闻的史传进化为真正的文学作品,也是从叙事赋得到了资源。

　　古代小说的进化是很缓慢的,如果我们想要找出一个转折点的话,曹植是一个比较突出的代表作家。他的叙事赋和他背诵的"俳优小说",还是古体小说和近体小说的一个分水岭。在此以前,汉语的书面语言和口语的区别还不太远,因而古体小说之间还没有明显的区别。所谓"俳优小说",我们从《文心雕龙·谐隐》的论述里可以略知一二,即近于"俳说"的俗赋(如潘岳《丑妇赋》、束晳《饼赋》)和"笑书"。潘岳的《丑妇赋》已失传,幸而还有刘思真的《丑妇赋》(《初学记》卷十九,实为五言诗,与《庞郎赋》同。)和敦煌本赵洽的《丑妇赋》可为佐证。其后两晋南北朝的小说作品和小说观念又有所变化,但留传还是不多。《汉书·艺文志》所著录的十五种古小说,到《隋书·经籍志》里只有《青史子》一卷,见于附注所说的"梁有",也就是说到隋代已没有了。还载梁有的《宋玉子》一卷,我曾考证它可能即敦煌遗书中引到《宋玉集》[①]，恐怕只是后人假托的伪书了。

　　《隋书·经籍志》体现了唐初人的小说观，开始提示了中国小说的第一次变迁。直到1900年我们从敦煌出土的大量写卷中看到了隋唐以来的叙事赋、话本、变文、词文、讲经文等等说唱文学后，才了解近体小说与古体小说之间，还有一大段空白的历史。近体小说的渊源直接传承自汉魏的"俳优小说"，早就与古体小说分流了。从曹植之后，很少人再背诵这类"俳优小说"和提到"街谈巷语"的价值了。不过唐代还有韦绶曾"兼通人（民）间小说"（《唐会要》卷四），段成式曾听过"市人小说"（《酉阳杂俎》续集卷四），元稹《酬翰林白学士代书一百韵》诗注说曾听过"一枝花话"也可作旁证，可惜见不到文本的记录，详见拙著《唐代小说史》第四章[②]。白居易的叙事诗《长恨歌》、《琵琶行》实际上是一种诗体的小说，与叙事赋有相通之处。敦煌本《燕子赋（乙）》实际上是五言叙事诗。敦煌本《季布骂阵词文》则是能唱的七言词话。近体小说的特征之一是逐步增加了口语的运用，形成了新的文学语言，并提高了讲故事的技巧，到宋元话本才造成了中国小说的第三次变迁。

　　因此，建安时代是中国小说的第一次变迁，又是一次分流，古体小说与近体小说开始分化了。然而在历史的潜流中，近体小说还在不断进化，为第三次变迁作好了准备。

---

① 《先秦两汉的杂赋与〈宋玉子〉》，《程毅中文存续编》，81—92页。
② 《唐代小说史》，人民文学出版社2011年12月重印本。

宋元话本也不是凭空出现的。从历史的渊源看，建安时代的一次变迁，应该说是不小于第二次的变迁。但正统的文人学士多偏重于史传体的作品，而把辞赋体的作品加以雅化了。

　　　　　　　　　2013 年 10 月 23 日改稿
（原载《国学茶座》第二期，山东人民出版社 2014 年 1 版）

唐人小说中的"诗笔"与
"诗文小说"的兴衰

　　宋人赵彦卫《云麓漫钞》卷八有一段话，常为研究唐人小说的人所引用：

　　　　唐之举人，先借当世显人，以姓名达之主司，然后以所业投献。逾数日又投，谓之温卷。如《幽怪录》、《传奇》等皆是也。盖此等文备众体，可以见史才、诗笔、议论。

　　他对唐人小说文体特征的分析，给了我们一些启发，但他所举出的例证是《幽怪录》和《传奇》，却不尽确当。一则《幽怪录》中诗笔不多，《传奇》中并无议论；一则唐人小说里运用诗笔，并非始于《幽怪录》、《传奇》等传奇小说集。运用诗笔最早最多的唐人小说应该是《游仙窟》，这是现代学者都已论定的了。

　　《游仙窟》的文体很特别，我们乍然一见，就觉得非常新奇。它用了第一人称来写一个艳情故事，而且在叙事中插入了许多诗，都是作为主人公互相调情而唱和的作品。全篇多用四六句，大体整齐，基本上是骈体文，尤其是结尾一段，多用对偶，声调和谐，完全是六朝小赋的格局。

　　下官拭泪而言曰："犬马何识，尚解伤离；鸟兽无情，由知怨别。心非木石，岂忘深恩！"十娘报咏曰："他道愁胜死，儿言死胜愁。愁来百处痛，死去一时休。"又咏曰："他道愁胜死，儿言死胜愁。日夜悬心忆，知隔几年秋！"下官咏曰："人去悠悠隔两天，未审迢迢度几年？纵使身游万里外，终归意在十娘边。"十娘咏曰："天涯地角知何处，玉体红颜难再遇！但令翅羽为人生，会些高飞共君去。"下官不忍相看，匆把十娘手子而别。行到二三里，回头看数人，犹在旧处立。余时渐渐去远，声沉影灭，顾瞻不见，恻怆而去。行至山口，浮舟而过。反耿耿而不寐，心荧荧而靡托。既怅恨于啼猿，又凄伤于别鹄。饮气吞声，天道人情，有别必怨，有怨必盈。去日一何短，来宵一何长！比目绝对，双凫夨伴，日日衣宽，朝朝带缓。口上唇裂，胸间气满，泪脸千行，愁肠寸断。端坐横琴，涕血流襟，千思竞起，百虑交侵。独攀眉而永结，空抱膝而长吟。望神仙兮不可见，誓天地兮知余心；思神仙兮不可得，觅十娘兮断知闻。欲闻此兮肠亦乱，更见此兮恼余心。

这篇小说用对话和"对歌"来叙述故事,展开情节,有许多独特的手法。但是,这种文体也不是凭空出现的。我们如果把它和敦煌遗书中的叙事赋及变文联系起来,就可以看出它是从秦汉以来的辞赋演化而来的。1993 年在连云港东海县尹湾村出土的汉简中有一篇《神乌赋》①,叙述一个鸟类争斗的寓言故事,据裘锡圭先生考证为西汉成帝时期的作品②,多数研究者认为它就是敦煌叙事赋的前河。随后曹植的《鹞雀赋》更是敦煌本《燕子赋》的蓝本。这里可以提出讨论的是古代通俗小说的起源,其实并不始于唐代,至晚在建安末年,曹植曾对邯郸淳"诵俳优小说数千言"(《三国志》卷二十一裴注引《魏略》)。"俳优小说"就是一种说唱文学,可能就包括了张衡的《髑髅赋》、曹植的《鹞雀赋》和《髑髅说》等。"诵"即《汉书·艺文志》所说的"不歌而诵谓之赋"。赋是可以诵的方式来讲故事的,《初学记》卷十九所引刘谧之《庞郎赋》开头说:"坐上诸君子,各各明君耳。听我作文章,说此河南事。"可为明证。《庞郎赋》和刘思真《丑妇赋》及敦煌本《燕子赋》(乙)③,又演变出一种五言诗体的叙事赋。

另一方面,在题材上从宋玉的《高唐赋》、《神女赋》,曹植的《洛神赋》,张敏的《神女赋》等又传承了人神相恋

---

①　《尹湾汉墓简牍》,中华书局 1997 年版,第 149 页。

②　裘锡圭《神乌赋初探》,载《文物》1997 年第 1 期。

③　伯二六五三。收入《敦煌变文集》,人民文学出版社 1957 年版,第 262 页。

的母题。于是就孕育出一种辞赋体的小说,也可以说是"诗文小说"的先驱了。

《游仙窟》久已失传,未见著录。直到清末才从日本引渡回国,引起了学者的注意。如果不是日本保存了它的多种版本,我们就不知道唐人小说中还有这么一体。然而我们不能说这种文体的出现就是孤立的现象。在《游仙窟》之前,晋人张敏的《神女传》和曹毗的《杜兰香别传》,都有神女赠诗的情节,讲的是人神相恋的故事。张敏的《神女传》虽已散佚,但基本情节还保存在今本《搜神记》卷一和《太平广记》卷六十一所引《集仙传》里。相似的还有《八朝穷怪录》的《萧总》(《太平广记》卷二百九十六引),也是讲巫山神女和凡人一夜情的故事,篇末有萧总的一首五言诗,情思杳渺,很有神韵。《游仙窟》以投宿神仙窟开场,竟得艳遇。看了开头一段,读者还以为张文成也和刘晨、阮肇入天台一样,真遇上仙女了,实际上所遇的只是两个独守空闺的寡妇。这种题材和文体,在唐人小说里影响很大。刘晨、阮肇遇仙的故事流传很广,保存在《幽明录》的辑本里(《太平广记》引作《神仙记》或《搜神记》,存疑),但文辞比较朴实。值得注意的倒是晋王嘉撰、梁萧绮录的《拾遗记》,有些篇章显露出了辞赋体的风格,就很接近《游仙窟》的文体了。如:

> 汉武帝思怀往者李夫人,不可复得。时始穿昆灵之池,泛翔禽之舟。帝自造歌曲,使女伶歌之。时日已西倾,凉风激水,女伶歌声甚遒,因赋《落叶哀蝉》

之曲曰:"罗袂兮无声,玉墀兮尘生。虚房冷而寂寞,落叶依于重扃。望彼美之女兮安得,感余心之未宁。"(卷五)

　　昭帝始元元年,穿淋池,广千步。……帝时命水嬉,游宴永日。土人进一巨槽,帝曰:"桂楫松舟,其犹重朴,况乎此槽可得而乘也?"乃命以文梓为船,木兰为舵,刻飞鸾翔鹢,饰于船首,随风轻漾,毕景忘归,乃至通夜。使宫人歌曰:"秋素景兮泛洪波,挥纤手兮折芰荷,凉风凄凄扬棹歌,云光开曙月低河,万岁为乐岂云多。"(卷六)

唐人小说大致可以分为两派,一派是史传派,一派是辞赋派。后者注重诗笔,在叙事中插入一些主人公的诗歌,既加强了人物的描写,又显示了作者的才华。但前者也不排斥诗笔,有些传记体的小说,文中没有诗歌,然而有别人写的诗歌与之配合,如元稹的《李娃行》与《李娃传》相配,白居易的《长恨歌》、《任氏行》与《长恨歌传》、《任氏传》相配①。唐代诗歌与小说有多种多样的联系,详见王运熙、杨明《唐代诗歌与小说的关系》一文(《文学遗产》1983年第1期)。我这里着重谈的是小说人物的诗歌,是作为小说艺术不可分割的一个有机组成部分而存在的。

---

　　① 参看拙作《唐宋传奇本事歌行拾零》,载《文学评论》1978年第3期。《任氏行》据日本《千载佳句》考证为白居易作,已收入《全唐诗补编》(中华书局1992年版,第1087页)。

较著名的作品如沈亚之的《湘中怨解》、《异梦录》、《秦梦记》，文中都有小说人物所作、所唱的诗歌。特别是《秦梦记》，作者以自叙传的方式写他与弄玉公主的梦里婚姻，与《游仙窟》的情节有某些相似之处。而诗文连缀，间用楚歌，又是辞赋体小说的创新。沈亚之的小说不重故事情节而重词章文采，已为后世的"诗文小说"开辟了一条新的道路。还有一篇《异闻集》所收的《感异记》(《太平广记》卷三百二十六题作《沈警》)，我认为也是沈亚之所作，从文体和题材上看，更像是《游仙窟》的后继之作。不过沈警所到的真是"神仙窟"了。这里节引几段，可与《游仙窟》参看：

> 沈警，字玄机，吴兴武康人也。……途过张女郎庙，旅行多以酒肴祈祷。警独酌水具祝词曰："酌彼寒泉水，红芳掇岩谷。虽致之匪遥，而荐之随俗。丹忱在此，神其感录。"既暮，宿传舍，凭轩望月，作《凤将雏含娇曲》，其词曰："命啸无人啸，含娇何处娇。徘徊花上月，空度可怜宵。"又续为歌曰："靡靡春风至，微微春露轻。可惜关山月，还成无用明。"吟毕，闻帘外叹赏之声，复云："闲宵岂虚掷，朗月岂无明。"音旨清婉，颇异于常。忽见一女子褰帘而入，拜云："张女郎姊妹见使致意。"警异之，乃具衣冠，未离坐而二女已入。……大女郎歌曰："人神相合兮后会难，邂逅相遇兮暂为欢。星汉移兮夜将阑，心未极兮且盘桓。"小女郎歌曰："洞箫响兮风生流，清夜阑兮

管弦遒。长相思兮衡山曲,心断绝兮秦陇头。"……
小婢丽质,前致词曰:"人神路隔,别促会赊。姮娥妒
人,不肯留照;织女无赖,已复斜河。寸阴几时,何劳
烦琐?"遂掩户就寝,备极欢昵。……愆乃赠小女郎
指环,小女郎赠愆金合欢结。歌曰:"结心缠万缕,结
缕几千回。结怨无穷极,结心终不开。"大女郎赠愆
瑶镜子,歌曰:"忆昔窥瑶镜,相望看明月。彼此俱照
人,莫令光彩灭。"赠答极多,不能备记,粗忆数首
而已。

《游仙窟》在唐代文献中未见记载,当时人是否见到,不无
疑问。我们应该考虑到这篇小说浮艳猥亵,一定会遭到抑
制甚至禁毁。但是也必有人抄写流传,因此他的文名才会
远播新罗、日本。《旧唐书·张荐传》附张鷟传载:"鷟字
文成,聪警绝伦,书无不览。……然性褊躁,不持士行,尤
为端士所恶,姚崇甚薄之。开元初,澄正风俗,鷟为御史李
全交所纠,言鷟语多讥刺时,坐贬岭南。……鷟下笔敏速,
著述尤多,言颇诙谐。是时天下知名,无贤不肖,皆记诵其
文。……新罗、日本东夷诸蕃,尤重其文,每遣使入朝,必
重出金贝以购其文,其才名速播如此。"《新唐书·张荐
传》还说他:"属文下笔辄成,浮艳少理致,其论著率诋诮
芜猥,然大行一时,晚进莫不传记。"正因如此,所以《游仙
窟》才会保存于日本。然而不见得真会灭迹于当时的国
内。就像白行简的《天地阴阳交欢大乐赋》也因语涉淫秽
而失传于世,可是当时已有抄本流传到了敦煌边陲,我们

不能说唐代的文人就没有见到。又如张祜曾嘲笑白居易的《长恨歌》像《目连变》(孟棨《本事诗》嘲戏第七)，可是我们直到 1900 年敦煌遗书出现之后，才见到了《目连变》的真面目。因此我们可以想象，唐代小说家应该有人会看到《游仙窟》以及其他通俗的辞赋体的说唱文学。张鹭的孙子张荐，在《灵怪集》的《郭翰》篇里就有辞赋体的手笔，很像《游仙窟》的风格。

> 女为敕侍婢净扫室中，张霜雾丹縠之帱，施水晶玉华之簟，转会风之扇，宛若清秋。乃携手升堂，解衣共卧，其衬轻红绡衣，似小香囊，气盈一室，有同心龙脑之枕，覆双缕鸳文之衾。柔肌腻体，深情密态，妍艳无匹。……明年至期，果使前者侍女，将书函致。翰遂开封，以青缣为纸，铅丹为字，言词清丽，情意重叠。书末有诗二首。诗曰："河汉虽云阔，三秋尚有期。情人终已矣，良会更何时?"又曰："朱阁临清汉，琼宫御紫房。佳期情在此，只是断人肠。"翰以香笺答书，意甚慊切，并有酬赠诗二首。诗曰："人世将天上，由来不可期。谁知一回顾，交作两相思。"又曰："赠枕犹香泽，啼衣尚泪痕。玉颜霄汉里，空有往来魂。"自此而绝。(《太平广记》卷六十八)

我们再从文体和情节结构的渊源考察，唐人小说注重诗笔的一派，往往会在叙事口运用诗和骈文交错的手法，继承并改进了辞赋体小说的体裁，其中就包括了对《游仙窟》

的借鉴。除了沈亚之，最突出的是李玫。他的《纂异记》虽已散失，但《太平广记》里保存着十三四篇，大部分都穿插有小说人物的诗歌。其中如《嵩岳嫁女》篇，虚构了一个神仙聚会的故事，让周穆王、西王母、汉武帝等都来作诗，构思奇特，在文体上有很多创新的地方。

又如《蒋琛》一篇，主人公参加了水神的盛大宴会，有范蠡、屈原和雪溪神、太湖神、湖王等一起饮酒唱歌，情节和文风与《嵩岳嫁女》十分相似。这两篇是《纂异记》的代表作。明初瞿佑《剪灯新话》中的《龙堂灵会记》就是摹拟《蒋琛》而作的。又如《许生》篇，是非常著名的一篇政治小说，写许生遇见四人和白衣叟一起饮酒赋诗。前人早已指出，这是暗示甘露政变中死难的王涯、贾𫗧、李训、舒元舆和卢仝的鬼魂，诗也写得沉郁典雅，别有情采。还有《韦鲍生妓》一篇，写鲍生用美妓换韦生的马，命歌妓唱了两首歌，都是很好的诗。又见到两个紫衣人闯来，讨论赋的格律问题，接着就合写了半篇《妾换马赋》。根据他们的谈话，可以断定作赋的就是谢庄和江淹的鬼魂。这篇里的诗和赋都写得非常优美，实在是唐代小说中的佳作。明末人编的《幽怪诗谈》卷六有一篇《废宅联诗》，写一个老僧在废宅里寄宿，夜里见到两个人，一个紫衣、一个绿衣，对饮联句，情景与《许生》、《韦鲍生妓》十分相似，但诗笔则难以相比了。《幽怪诗谈》流传不广，引录原文于下，以便比较：

万历壬子秋日，有中州老僧，寓居某贵人废宅中。……俄闻户外欢声,遂支襟起窥,见振绮阁前,败石台上,蓬翟蒙茸,有二人在焉。其一白面伟躯,衣绿罗衫,乌角巾,曳飞云履;其一瘦肌微髯,衣紫襕衫,白袷巾,曳五朵履,顾瞻徘徊于月下。时有童子携樽罍肴槛至。二人藉草对坐,巨罗递饮。绿衣者忽慨然曰:"风景不殊,举目有黍离之感,奈何?"歔欷低回,若不胜情者。紫衣者笑谓曰:"当此良宵,吾侪自当行乐,何至作楚囚对泣耶? 莫若即景联句,以当悲悰,消此良夜,如何?"绿衣者首肯,遂举筋吟曰:"自惜峥嵘第,嗟今没草莱。"紫衣者继曰:"危楼犹窈窕,废阁尚崔巍。""椒面双镮落,螭头四壁颓。(绿衣)""雀飞鸳瓦堕,虫蚀翠檐颓。(紫衣)"……二人联毕,抵掌起歌,欢笑自若。时兔魄将沉,曙光欲朗。僧闿知所出,启关就坐,恍惚而灭。遂茫然失措,不敢复寝,逡巡而出,竟不知何怪也。

晚唐裴铏的《传奇》,是传奇体小说的代表作。北宋古文家尹洙所说"传奇体",就是指《传奇》而言的。据陈师道《后山诗话》记载:

> 范文正公为《岳阳楼记》,用对语说时景,世以为奇。尹师鲁读之,曰:"传奇体耳。""传奇",唐裴铏所著小说也。

传奇体的特征是"用对语说时景",也就是说多用骈俪的词句。这是辞赋体小说的传统,当然也包括了多用诗笔。

《传奇》的《封陟》一篇（《太平广记》卷六十八），最足以说明传奇体的特点，不仅用对语写时景，而且也用对语来写对话。现在引它原文的开头一段为例证：

> 宝历中，有封陟孝廉者，居于少室。貌态洁朗，性颇贞端，志在典坟，僻于林薮。探义而星归腐草，阅经而月坠幽窗。兀兀孜孜，俾夜作昼，无非搜索隐奥，未尝暂纵揭时日也。书堂之畔，景象可窥，泉石清寒，桂兰雅淡。戏猱每窃其庭果，唳鹤频栖于涧松。虚籁时吟，纤埃昼阒。烟锁篁篁之翠节，露滋踯躅之红葩。薜蔓衣垣，苔茸毯砌。时夜将午，忽飘异香酷烈，渐布于庭际。俄有辎軿，自空而降，画轮轧轧，直凑檐楹。见一仙姝，侍从华丽，玉佩敲磬，罗裙曳云，体欺皓雪之容光，脸夺芙蓉之艳冶，正容敛衽而揖陟曰："某籍本上仙，谪居下界，或游人间五岳，或止海面三峰。月到瑶阶，愁莫听其凤管；虫吟粉壁，恨不寐于鸳衾。燕浪语而徘徊，莺虚歌而缥缈。宝瑟休泛，虬觥懒斟。红杏艳枝，激含颦于绮殿；碧桃芳萼，引凝睇于琼楼。既厌晓妆，渐融春思。伏见郎君坤仪浚洁，襟量端明，学聚流萤，文含隐豹。所以慕其真朴，爱以孤标，特谒光容，愿持箕帚。又不知郎君雅旨如何？"

这种文体完全是辞赋体的风格，骈偶句用得更多了。还有《萧旷》篇（《太平广记》卷三百一十一），写了萧旷遇见洛浦神女和洛浦龙王的女儿织绡，与《游仙窟》中张文成遇见十娘、五嫂的情节有相似之处。文中多叙对话,骈偶较少,但结尾一段,仍是作诗酬唱,乜与《游仙窟》一脉相承。为了便于对比,还是要引出原文:

> 神女遂命左右传觞叙语,情况昵洽,兰艳动人。若左琼枝而右玉树,遣绻永夕,感畅冥怀。旷曰:"遇二仙娥于此,真所谓双美亭乜。"忽闻鸡鸣,神女乃留诗曰:"玉箸凝腮忆魏宫,朱丝一弄洗清风。明晨追赏应愁寂,沙渚烟销翠羽空。"织绡诗曰:"织绡泉底少欢娱,更劝萧郎尽酒壶。愁见玉琴弹别鹤,又将清泪滴真珠。"旷答二女诗曰:"红兰吐艳间夭桃,自喜寻芳数已遭。珠佩鹊桥从此断,遥天空恨碧云高。"神女遂出明珠翠羽二物赠旷曰:"此乃陈思王赋云'或采明珠,或拾翠羽',故有斯赠,以成《洛神赋》之咏也。"龙女出轻绡一匹赠旷曰:"若有胡人购之,非万金不可。"神女曰:"君有奇骨异相,当出世。但淡味薄俗,清襟养真,妾当为阴助。"言讫,超然蹑虚而去,无所睹矣。后旷保其珠绡,多游嵩岳,友人尝遇之,备写其事。今遁世不复见焉。

辞赋体的小说在《游仙窟》之后,除了"用对语说时景",更多的运用了"诗笔",这正是唐代"一代之所胜",就为唐人小说增添了异彩。所谓传奇体小说,就以情节新奇和词章华丽而著称于世,使小说进一步成为文学作品,而与杂史、杂传拉开了距离。洪迈《容斋随笔》卷十五《唐诗人有名不显者》说："大率唐人多工诗,虽小说戏剧,鬼物假托,莫不宛转有思致,不必颛门名家而后可称也。"就称许了唐人小说里诗笔的成就。这里应该指出,唐代人并没有用"传奇"作为小说的通称,北宋人所说的"传奇体",是以裴铏的小说集为标准的。南宋人开始把"传奇"作为小说的一种类别,与灵怪、烟粉并列,则只是从题材着眼,并不注重文体的特征。近人常用"笔记小说"的名称来统称古代的文言小说,造成了目录学上的难题。应该说,唐代小说的成熟,与重视诗笔的文学自觉性是有密切关系的。不过唐人小说并非全属传奇体的作品,而且有些优秀的名篇却是不用"诗笔"而偏重"史才"的。这个问题还需要具体研究和分析。

辞赋体小说的发展确有其片面性,其流弊是过分的堆砌辞藻,华而不实。到了明代的"诗文小说",就逐步走向极端了。"诗文小说"的名称,是孙楷第先生提出来的。他说:

> 凡此等文字皆演以文言,多羼入诗词。其甚者连篇累牍,触目皆是,几若以诗为骨干,而第以散文联络之者。而诗既俚鄙,文亦浅拙,间多秽语,宜为下士之所览观。……余尝考此等格范,盖由瞿佑、李昌祺启之。唐人传奇,如《东阳夜怪录》等固全篇以诗敷衍,然侈陈灵异,意在俳谐,牛马橐驼其为诗亦各自相切合;则用意固仍以故事为主。及佑为《剪灯新话》,乃于正文之外赘附诗词,其多者至三十首,按之实际,可有可无,似为自炫。昌祺效之,作《馀话》,著诗之多,不亚宗吉。而识者讥之,以为诗皆俚拙,远逊于集中

所载,则亦徒为蛇足而已。自此而后,转相仿效,乃有以诗与文拼合之文言小说。乃至下士俗儒,稍知韵语,偶涉文字,便思把笔;蚓穿蝇声,堆积未已,又成为不文不白之"诗文小说"。(囙以诗文拼成,今姑名之为诗文小说。)①

孙先生的论述给了我们不少启发,我现在就沿用"诗文小说"这个名称加以推论。孙先生认为"诗文小说"创始于《剪灯新话》,只是指出了它的近源,实际上还有它的上游,那就是唐代偏重"诗笔"的传奇小说。这一流派影响很大,晚唐五代的《甘泽谣》、《三水小牍》、《灯下闲谈》等都有这种文体的作品。宋代张君房的《丽情集》虽已失传,但从它的佚文看,他对唐人小说的选录就偏重诗笔,而且还增加了一些来源不眀的歌行②。又如《甘泽谣》的《素娥》篇,在宋代出现了一个新版本③,还加上了两首诗。这个故事影响很大,在明代又有许多新的变形④。李献民《云斋广录》所收的王山《盈盈传》等,有不少连缀诗歌的作品。元人宋远的《娇红记》和郑禧的《春梦录》,已经是典型的诗文小说了。到了明代,更有变本加厉的趋势。在

---

① 《日本东京所见中国小说书目》,上杂出版社1953年版,第170页。

② 参看拙作《〈丽情集〉考》,载《文史》第21辑。

③ 《分门古今类事》卷二《天后知命》引《甘泽谣》的绮娘故事,与《素娥》情节大异,且多出诗两首,似出改本。

④ 如祝允明《祝子志怪录》卷二《柏妖》、谈迁《枣林杂俎》义集《天台山仙女》等。

《剪灯新话》之后，先是出现了一批"中篇传奇小说"①，篇幅大大扩展，长的竟有三四万字之多。而诗词也连篇累牍，令人读之生厌。最突出的例子是艳情小说《素娥篇》，除了附丽于淫秽不堪的春宫图之外，把唐人《甘泽谣》里的《素娥》一篇改写成辞赋体的诗文小说。为了说明问题，不妨摘引一段原文为例证：

> 素娥虽未幸，实其行中第一。然质居人先，选居人后，群姬妒欲抑而掩之，竟难近得三思身，呴呴承恩也。愤愤郁抑，情况无聊，见杨花之乱飘，感春风之骀荡，适有蝴蝶双来，激动热肠，遂作《春风荡》一诗以自见。诗曰：

> 春风荡，春风荡，柳絮漫天雪作浪。一春花事浑无主，蝴蝶双飞轻薄相。拍将春色上钗头，钗头单凤成惆怅。同心欲寄求鸾曲，匀指调筝写情况。欲弹若懒指下迟，知音不逢负肮脏。回头顾曲有周郎，应解勾除相思帐。只恐风吹别调间，对面空弹千古上。

> ……天与其会，人与其缘，异日三思出游园亭，群幸尽随，宛转流连，回睇周盼，笑丽冶之满堂，恨天人之未遇。窃忆美女入宫，群姬见妒，飞燕昭阳，不可料也。搦管题诗，命留木兰亭北。诗曰：

> 春风红紫俨成行，满院梨花妒海棠。细数丛中谁

---

① 参看陈益源《元明中篇传奇小说研究》，香港学峰文化事业公司1997年初版。

第一,恐闲飞燕在昭阳。

明代后期出现的《古今清谈万选》和《幽怪诗谈》,是两个古体小说的选本。编者选辑唐宋元明人的作品,加以删改,又增添了一些拙劣的诗词,可以视为明代诗文小说的总集。绝大部分的诗文小说,都离开了故事情节的发展和人物形象的描写,把诗词当作小说的主体。这种写法对于中国小说的发展是弊大于利的。这个时候,诗文小说已经发展到了末路了。它的衰落和失败,是后人片面注重词章而不善于借鉴古人的结果,当然不能由古人任其咎的。不过到了民国初年,诗文小说又有一度复活的现象,如徐枕亚的《玉梨魂》《雪鸿泪史》居然又风行一时,但也只是日薄西山的回光返照,不久就消失于地面了。

　　唐代注重"诗笔"的传奇小说对后世的通俗小说也有很多影响,除了故事素材之外,在文体上如插入诗词、引诗为证及多用赋赞来补充描写之不足。特别是明清才子佳人小说,更为主人公拟作了许多酬唱言情的诗词,像是"中篇传奇小说"通俗化的语译版。通俗小说的源头来自话本,它的上游直接唐代及更早的民间说唱文学,和辞赋体的小说也有不可分割的关系。唐宋以后,古体的文言小说与近体的白话小说分道扬镳了,但是还有许多相互影响的地方,它们的源头似乎还在更早的汉魏之际。这个问题容待另作讨论。

(原载《文学遗产》2007 年 6 期)

重读《讲史与咏史诗》

　　张政烺先生于 1948 年所发表的《讲史与咏史诗》一文①,迄今已逾半个世纪,但对我们仍有不少启发意义。重读之下,得到了温故知新的乐趣。不揣谫陋,试就咏史诗的影响与流变,作一点补充,以就正于张先生。

　　讲史与咏史诗有密切的关系,除了讲史平话经常引用文人咏史诗为证之外,宋代还有文人模仿讲史而撰写以诗论史的咏史诗。其篇幅最多的似当推洪皓的《春秋纪咏》一千篇。据洪适《跋先忠宣公鄱阳集》说:"未汇次者,犹有《春秋纪咏》千篇云。"②洪适又在《先君述》中说:

　　　　先君天性强记,书无所不读,虽食不释卷。稗官
　　　　小说亦暗诵连数千言。宣政间,《春秋》之学绝,先君
　　　　独穷遗经,贯穿三传,在冷山摘褒贬微旨,作诗千篇。

---

　　① 《中央研究院历史语言研究所集刊》第十册,第 601—645 页。
　　② 《盘洲文集》卷六十三,《四部丛刊》本。

北人抄传诵习,欲刻板于燕,先君弗之许。①

可是赵与峕《宾退录》卷二却说:"洪忠宣著《春秋纪咏》三十卷,凡六百馀篇。《石碏大义灭亲》曰:'恶吁及厚笃忠纯,大义无私遂灭亲。后代奸邪残骨肉,屡援斯语陷良臣。'《郑人来渝平》曰:'郑人来耆请渝平,姑欲修和不结盟。使宛归祊平可验,二家何误作蹧成。'"他说原书分三十卷,凡六百馀篇,可见那时已有刻本②,而诗则删定为六百馀篇了。

《春秋纪咏》是洪皓被金人拘留于冷山时期所写,北方人曾抄写传诵,还想为他刻印于燕京,洪皓没有同意。直到洪适为他父亲编诗集《鄱阳集》时,还没有汇次。宋末赵与峕见到的三十卷本,现在也未见传本。幸而《永乐大典》残本里保存了八首佚诗,我们还可以看到原诗的大致面目。《永乐大典》多处引用到洪澔的《纪咏》,列在《春秋》注文之后。"澔"字多了三点水的偏旁,不免令人怀疑,因此新版《全宋诗》的编者,没有把《纪咏》佚诗收入洪皓名下,应该说是谨慎小心的。然而从洪适的话和赵与峕所引的两首诗来看,《春秋纪咏》确是洪皓所作,而现存《纪咏》佚诗也正是咏春秋史事,诗题也和《宾退录》所引的体例相同。《全宋诗》没有收《永乐大典》所引洪皓的《春秋纪咏》诗,未免

① 《盘洲文集》卷四十七。
② 《景定建康志》卷三十三著录《春秋纪咏》四百九十三版,说明确已刻有书版。

过于小心；而《宾退录》所引的两首，也只收了一首，还有一首《郑人来渝平》竟失之眉睫，则更难以解释了。何况三瑞堂本《鄱阳集》拾遗已经收了这两首诗。《永乐大典》中洪皓名上加了三点水，大概是传抄之误，可能是因涉上面"洪"字而讹的。但《大典》中七处都作"洪澔"，可见它的底本就已如此，恐怕也是一个抄本。

为了进一步考辨《春秋纪咏》的方便，这里辑录几首佚诗于下，以见其例。

《永乐大典》卷五二九六"昭"字条下，引了《春秋》昭公十一年的《左氏传》，下面引洪澔《纪咏》诗，题为《五大不在边》：

> 知臣自古莫如君，楚有灵王异楚文。五大在边忧弃疾，喻如尾大卒纷纭。

下注："传云。见前《左氏传》。"

同书卷五二九七"昭"字条，引了昭公十二年的《左氏传》，先后引了三首洪澔《纪咏》。第一首《赋诗弗知》：

> 司徒怙侈不敦诗，为赋《蓼萧》曾弗知。浑似叔孙讥庆季，徒歌《相鼠》及茅鸱。

第二首《有酒如淮》：

> 酒如淮水肉如坻，中此为师已失辞。宾主投壶非隽异，齐君弱晋代兴衰。

第三首《易不占险》：

以决嫌疑卜有孚，家臣恤恤欲君图。虽知《易》
象难占险，筮短龟长泥亦愚。

三首诗后都注明"见前《左氏传》"。可见原著在诗后都引
《左氏传》作注，与讲史家的讲语相似。因为《永乐大典》
已列《左氏传》正文于前，所以一概省略了。

同书卷六五〇五"庄"字条，引了庄公十九年的经文，
后面引了《公羊传》作注，又引洪皓《纪咏》诗，题为《一聘
九女》：

一聘诸侯九女俱，异于二女不同居。祁祁侄娣象
归妹，惠及宫人宠贯鱼。

由此可见《春秋纪咏》吟咏《春秋》的史事，不仅用《左氏
传》，而且也用《公羊传》、《穀梁传》的论述，确如他儿子所
说的，"独穷遗经，贯穿三传"。

从《永乐大典》所引的佚诗，大致可以了解《春秋纪
咏》一书即根据《春秋》所记史事，穿插咏史诗于其中，加
以评论。揣想洪皓的本意，大概是想为《春秋》三传做辅
导读物的。诗写得比较通俗浅显，未必能为《春秋》之学
做多少诠释，但可以为初读经书的学生增加一点兴味。诗
歌便于蒙童吟诵，背熟之后自然会联想到经传的内容，对
《春秋》三传的正文也能熟记于心了。这和张政烺先生认
为胡曾《咏史诗》"用为训蒙课本"的设想是可以互相印证
的。赵与峕把《春秋纪咏》视为咏经的诗，这是当时人尊
崇《春秋》为经典的分类法。其实洪皓的讲语主要是《左

传》的传文,诗咏的也就是先秦史。今天看来,完全可以说是一部咏史诗的专集。

宋人集子中咏史诗很多,但很少像胡曾、周昙和洪皓那样编成专集的。如邵雍《伊川击壤集》卷十五有《观春秋吟》、《观三皇吟》、《观五帝吟》等十馀首,自成系列。南宋金朋说有咏史诗二十九首,见于《古今图书集成》理学汇编经籍典卷四一七史学部,张政烺先生在《讲史与咏史诗》文中曾有论述。现在我们见到了金朋说的《碧岩诗集》抄本,书中收有《泰伯虞仲祠》等七绝三十四首,自成一组。除了已见于《古今图书集成》的二十五首,还可以补出九首。而《古今图书集成》中则有《秦始皇帝》、《汉武帝》、《陈后主》、《隋炀帝》等四首七律,却未见于《碧岩诗集》,又可以作为《全宋诗》的补遗了。张先生还提到元人宋无的《嘄呓集》,当时未见传本。现在我们发现了吴梅旧藏的抄本,二卷,都是咏历史人物的,如《夷齐》:

> 干戈爱及父君间,叩马难令木主还。乡使曾餐周粟活,至今谁说首阳山。

后面引《史记》传文说:

> 伯夷、叔齐,孤竹君之二子也。父欲立叔齐。及父卒,叔齐让伯夷,伯夷曰:"父命也。"遂逃去。叔齐亦逃。国人立其中子。伯夷、叔齐闻西伯善养老,盍往归焉。及西伯卒,武王载文〔王〕木主东伐,伯夷、叔齐叩马谏曰:"父死不葬,爱及干戈,可谓孝乎? 以

臣弑君,可谓仁乎?"左右欲兵之,太公曰:"义人也。"
扶而去之。武王已平殷乱,伯夷、叔齐耻之,义不食周
粟,隐于首阳山。及饿且死,作歌曰:"登彼西山兮,
采其薇兮。以暴易暴兮,不知其非矣。神农虞夏,忽
焉没兮。我安适归兮。吁嗟徂兮,命之衰矣。"遂饿
死于首阳山。

又如《关云长》一诗及其本事:

一面荆州赤手擎,当时华夏震威名。平生不背刘
玄德,独有曹公察此情。

云长名羽,蜀先主起合徒众,云长与张飞为之御
侮。先主袭徐州,使行太守事。曹公东征,先主奔袁
绍。曹公擒羽归,拜偏将军,礼甚厚。袁绍遣大将军
颜良攻东郡太守刘延于白马,曹公使张辽及羽为先锋
击之。羽望见良麾盖,策刺良于万众之中,斩其首还,
遂解白马围。曹公即表封羽为汉寿亭侯。初,壮羽为
人而察其心无留意,令张辽以情问之。羽叹曰:"吾
极知曹公待我厚,然吾受刘将军厚恩,誓以共死,不可
背之。吾终不留,要力〔立〕效以曹公乃去。"及羽杀
颜良,曹公知其必去,重加赏赐。羽尽封所赐,拜书告
辞,奔先主。

又如《李国主》一章:

春花秋月满雕阑,便到江南亦梦间。近日何尝事
汤沐,只将清泪洗朱颜。

　　李煜归朝后，郁郁不乐，见于词语。在赐第七夕命故妓作乐，闻于外，太宗怒之。又传"小楼昨夜又东风"，并坐之，遂被祸。龙衮《江南录》云："李国主小周后随后主归朝，封郑国夫人，例随命妇入宫。每一入辄数日，出必大泣骂后主，外闻之。主多宛转避之。又韩玉汝家有李国主归朝后与金陵旧宫人书云：'此中日夕只以眼泪洗面。'"

按涵芬楼本《说郛》卷三十三有《啽呓集》三条，只有故事而无诗，也引了《李国主》的纪事，但错字很多，正可据原书来校勘。

宋无的诗也有咏及小说人物的，如《秋胡妻》（无讲语）：

　　薰砧久宦忘卿卿，桑下相逢笑不成。既有黄金满归橐，料君官亦欠冰清。

他如《虬髯客》、《田山叟》、《张建封妾盼盼》、《王霞卿》、《胡琴婢胜儿》等诗，正如《四库全书总目》所说，"旁摭小说，亦殊泛滥"。绝大多数诗后有解题讲语，近似讲史话本。例如《虬髯客》诗及其讲语：

　　隋帝鱼游百沸汤，中原豪杰袂争攘。虬髯甘分王东海，让与虬须举晋阳。

　　炀帝幸江都，命杨素守西京。李靖布衣献策，素大悦。素旁执红拂妓目靖。靖别，妓问靖所居，夜奔靖，与归太原。道遇客，赤髯而虬，共食相得。曰：

"闻太原有奇气。"与同诣刘文靖而见李世民,乃识是真天子,悉以家资赠靖助世民。嘱靖曰:"十年后,闻东南海中得国者,可沥酒相贺。"靖后闻海贼千艘入扶馀国,杀其主,自立为王。或曰:"卫公兵法是虬髯所传也。"

值得注意的还有《金明池龟》一章:

> 好笑金明数万龟,凿池休咎不先知。直饶龟祖并龟父,亦向苗家卜决疑。

> 宋太祖时或诒司天监苗光裔卜卦,苗布策成卦,曰:"当迁徙。"其人问:"损丁否?"苗曰:"无害。"又一人占如前。又一人占又问同。苗疑之,起执其裾问为谁。其人不得已,对曰:"我金明池龟也,前二人吾祖、父也。今朝庭广池且及吾穴,恐见杀,故来问卜,幸垂救。"苗释之,即以表闻。已而凿池得龟数十万,下令不得伤一龟,尽辇送水中。

这个故事来源不详,恐怕不能说是史实。清褚人获《坚瓠秘集》卷三《苗光裔》摘引《啽呓集》此条,删诗不录。《啽呓集》里还有一首《毛惜惜》,也令人注目,因为当时人常提到她:

> 当歌对酒是红妆,宁死羞为贼佐觞。州将马蹄先鼠窜,英雄不减北平王。

> 毛惜惜,高沙营妓也。嘉熙间高沙卒荣全据城叛,郡守马光祖闻变逃匿,仅以免。全贼召惜惜佐酒,

惜惜怒曰:"汝本朝廷健儿,今为贼,吾宁死,不能为贼行酒。"全以刃裂其口,立命裔之。惜惜至死〔骂〕不绝声。陈藏一目击其事,有诗云:"食禄为臣无国士,捐躯骂贼有官奴。"可谓天壤间奇事。

这件事亦见于陶宗仪《辍耕录》卷七《忠倡》,引《随隐漫录》却没有载陈藏一(郁)的诗,而后面又引了潘紫岩(牥)的一首七律:"淮海艳姬毛惜惜,蛾眉有此万人英。恨无匕首学秦女,向使裹头真呆卿。玉骨花颜城下土,沐魂雪魄史间名。古今无限腰金者,歌舞筵中过一生。"但今本《随隐漫录》未见此条,当是佚文了。《宋史·列女传》记毛惜惜事,大体相同。宋释元肇亦有《吊毛惜惜》诗:"妓者有毛嫱,高沙骂贼狂。一身虽就死,千古不曾亡。嗟尔男儿活,羞它冢树旁。史应收烈传,祀合御睢阳。"(见《全宋诗》卷三〇九一)明邹诗雅《续剑侠传》卷五也收了毛惜惜一条,虽然与剑侠名实不符,但也表明了毛惜惜英名之大。《全宋诗》既收了宋无的《翠寒集》,却不收他的《啽呓集》,又把"宋无"改成了"宋無";陈郁的残句也没有收。《元诗选》里选收了《啽呓集》的十四首诗,但解题则只摘录了几句话。

《永乐大典》里还引有不少无名氏的咏史诗,其体例则如诗话之类,先叙述故事,后加一首诗。如卷二四〇八"疏广"条下,引"宋人咏史诗"一首,题为《二疏戒子孙》。全文如下:

西汉疏广为太子太傅,疏受为少傅,乞骸骨。宣帝赐黄金二十斤。或劝广以其金为子孙立产业。广曰:"吾岂老悖不念子孙哉！顾自有旧田庐,令子孙勤力于其中,足以共衣食。今复增置,但教子孙怠惰耳。贤而多财,则损其志;愚而多财,则益其过。且夫富者,众之怨也。吾既无以教化,不欲益其过而生怨。

贤者多财应损志,愚而殖货易生嗔。二疏教子无他祝,愿向先畴加苦辛。

疏广的故事摘录自《汉书》卷七十一《疏广传》,这段对话基本上即抄自本传。这篇咏史诗,更明显地像是训蒙课本,可视为修身类的教材。先讲一个故事,再以一首诗作结。这种体例可以上溯到《韩诗外传》之类的书,讲了历史故事之后,最后引诗为证。近则可以和敦煌俗文学相比拟,如敦煌遗书《孝子传》(拟题)的残卷,斯389号,伯3536号,伯3680号,都是讲了一个孝子故事,最后以诗作结。例如斯389号所载郭巨一章:

郭巨者,河内人也,养母至孝。时遇饥荒,夫人与人佣作,每至吃食,盛饭将归,留饯老母。巨有一儿,常夺阿婆饭食,遂不得饱。巨告妻曰:"儿死再有,母重难得,你可煞儿存母。若不如是,母饿死。"遂令妻抱儿,巨自将锹镬穿地三尺,拟欲埋之。天愍其孝,乃赐黄金一釜,并有一文,词曰:"金赐孝子,官不得侵,私不许取。"诗曰:

郭巨专行孝养心,时年饥险苦来侵。每被孩儿夺母食,生埋天感似(赐)黄金。①

后来各种版本的二十四孝图咏,也都采用这种格式。这也就是后世诗话、词话的先河。

《永乐大典》所引的咏史诗,与唐人的咏史诗有所不同,如胡曾的咏史诗,以地名为题;周昙的咏史诗,以人名为题。而宋人的咏史诗,包括洪皓的《春秋纪咏》,则因事立题,重点在于故事。而且引用的不限于史书的记载,还引用了小说、笔记。如《永乐大典》卷二九五二"神"字条引咏史诗《郭汾阳女许桥神》:

> 唐《乾臊子》:郭汾阳镇蒲,欲造浮桥,而激流毁埠。公酹酒许以小女妻之。是夕,水回,木生埠上,遂成桥,而小女寻卒。因塑庙中。人因立公祠,号河渎亲家翁。
>
> 汾阳蒲镇造浮桥,女许桥神水患销。河渎亲翁从此号,正人夫岂自兴妖。

这个故事出自唐温庭筠《乾臊子》,原书已佚,《绀珠集》卷七引有佚文,题作《河渎亲翁》,似与此同出一源。宋贾似道《悦生随钞》也引有这个故事(涵芬楼本《说郛》卷十二)。

同卷还引有咏史诗《陈茂呵水神》一首,《全宋诗》卷二七四〇把它连上一首《郭汾阳女许桥神》都收在周南名

---

① 　参考人民文学出版社《敦煌变文集》,第906页,王庆菽校录本。

下，误认为它是与前面《山房后集》的诗连在一起的。实际上，"咏史诗"三个字在《永乐大典》原书上作为书名用的是红字。大概编纂者用的是《永乐大典》的单色缩印本，分不清红字还是黑字了。

《永乐大典》卷七九六〇引咏史诗《素馨》一首：

> 南汉倾颓宫女亡，风流争睹一花香。香名认取素馨字，玉宇琼花一样妆。

诗后注明前引《龟山志》云："昔刘王有侍女名素馨。"《全宋诗》卷二四六〇把这首诗辑入了许及之名下。按《永乐大典》在此诗前引有许纶《涉斋集》（《四库全书总目》已考证为许及之作），后面"咏史诗"三字也是用红字标明，实非许及之作。无独有偶的是在栾贵明编的《永乐大典索引》里把上引三首咏史诗（还有其他三首）都列在杨维桢名下，又不知有何依据。所谓杨作咏史诗中有一首明确署名为元王仲贤的《奉天城》，见于《永乐大典》卷八〇八九，诗前有说明：

> 奉天城，德宗朝有术士桑道茂上言："陛下不数年当有离宫之厄。臣望奉天有天子气，宜高大筑城。"四年，朱泚叛，上思道茂言，乃幸奉天。泚劫段秀实反，秀实不从。泚留源休等议废帝事，秀实夺休象笏击泚中额，秀买死之。

> 岌岌孤城累卯危，如何道茂有前知。段公一笏决生死，不肯偷臣叛逆儿。

按:桑道茂的建议见于《资治通鉴》卷二二六,唐德宗建中元年。德宗逃难到奉天及段秀实以笏击朱泚而死节,事见《资治通鉴》卷二二八建中四年。这首诗确是咏史,王仲贤的《咏史诗》则未见传本,恐怕仅见于此了。

《永乐大典》卷二八〇九"绿萼梅"条,引咏史诗《梁克家东轩绿萼梅》:

> 宋梁克家,在潮州揭阳县治,馆于是,东轩梅花忽大。克家赋诗曰:"九鼎燮调终有待,百花羞涩敢言香。"后魁天下,十年拜相。
>
> 人生志气以诗言,珍重东轩诗一联。九鼎燮调终有望,状元入相此开先。

梁克家的全诗见于洪迈《夷坚支景志》卷七《九月梅诗》:

> 绍兴三十八年九月,潮州揭阳县治东斋梅花盛开。岭外梅著花固早于江浙,然亦须至冬时乃有之。邑人甚以为异,士子多赋诗,大抵皆谄令尹。时梁郑公正为馆客,寓此斋,亦作一篇曰:"老菊残梧九月霜,谁将先暖入东堂?不因造物于人厚,肯放梅枝特地香。九鼎燮调端有待,百花羞涩敢言芳。看来水玉浑相映,好取龙吟播乐章。"语意不凡,殊类王沂公"虽然未得和羹用,且向百花头上开"之句。明年还泉州,解试第一。又明年遂魁天下,致位上宰。(原注:右二事见潮人王中行教授所作图经。)

元韦居安《梅磵诗话》卷中亦载此事,文字略有差异。咏史诗的讲语极简单,文意都不大明白,但题目说是绿萼梅。这在《夷坚志》、《梅磵诗话》里都没有说是什么梅,大概别有所据。

《永乐大典》卷一二一四八引宋咏史诗《教诸生学走》,更是删节得令人难以理解:

> 嵩,福州人,为蔡京馆师席,教其子,逐日令弟子学走。京怪问之,曰:"天下被汝父坏了,快学走。"京再问之,曰:"急召杨时中出用!"
>
> 蔡京爱子致贤师,争奈君忧国告危。张嵩识时真俊杰,只将走字教京儿。

这个故事出于王明清《挥麈后录》卷三,原文如下:

> 蔡元长晚年,语其犹子耕道曰:"吾欲得一好士人以教诸孙,汝为我访之。"耕道云:"有新进士张嵩者,其人游太学有声,学问正当有立作,可备其选。"元长颔之,涓辰延致入馆。数日之后,忽语蔡诸孙云:"可且学走,其它不必。"诸孙请其故,云:"君家父祖奸憸以败天下,指日丧乱,惟有奔窜,或可脱死。它何必解耶!"诸孙泣以愬于元长,元长愀然不乐,命置酒以谢之,且询以救弊之策。嵩曰:"事势到此,无可言者。目下姑且收拾人材,改往修来,以补万一,然无及矣。"元长为之垂涕,所以叙刘元城之官,召张才叔、杨中立之徒用之,盖由此也。①

---

① 《挥麈后录》卷三,《四部丛刊续编》本。

"中立"即道学家杨时的字,咏史诗误作"杨时中",可见作者对史实不大清楚。杨时的起用,与蔡京有一定关系。《朱子语类》卷一〇一也说杨时是张崈推荐的人才之一。只有俞文豹《吹剑四录》说召用杨时的是王黼,在蔡京罢官之后了。《宋史》卷四二八《道学传》则说:"时天下多故,有言于蔡京者,以为事至此必败,宜引旧德老成置诸左右,庶几犹可及,时宰是之。"因此杨时被起用了。正由于此,杨时在民间说话中成了蔡京的得意门生,如小说《勘靴儿》(《醒世恒言》卷十三)中讲到蔡京曾送他"圆领一袭、银带一围、京靴一双、川扇四柄",而那双京靴最后却到了妖道孙神通的脚上,成为作奸犯科的罪证。在《金瓶梅词话》第十四回里,杨时也被说是蔡京的党羽,还卖了西门庆的人情,把花子虚的官司从轻发落了。杨时不幸而被蔡京起用,大损于这位道学先生的清名。这首《教诸生学走》的咏史诗可能就是最早讲到杨时的"话本"。

　　上面两首咏史诗有两个新的特点。一是讲的不是正史而是野史,而且还是当代的故事;二是诗前的讲语非常简略,只有找出它的"史源",才能了解故事的前因后果。它和《绿窗新话》、《醉翁谈录》一样,像是说话人据以敷演的资料,也可以说是一种提纲式的话本。这种短篇的小故事也许可以作为话本的头回来用。

　　唐人的咏史诗,讲的是正史上的记载。宋元以后,有的诗人就咏到了讲史平话里的故事。如元王沂《虎牢关》

诗中有"君不见三分书里说虎牢,曾使战骨如山高"的句子①。瞿佑《归田诗话》引陈刚中《白门》诗云:"布死城南未足悲,老瞒可是算无遗。不知别有三分者,只在当时大耳儿。"还有张思廉《缚虎行》云"白门楼下兵合围,白门楼上虎伏威。戟尖不掉丈二尾,袍花已脱斑斓衣。……"②不少研究者认为用的都是"说三分"的典故。

讲史平话引前人的诗为证,是说话人的惯技。张政烺先生已指出元刻平话中引用胡曾《咏史诗》,最为常见。如《三国志平话》卷中引胡曾的《檀溪》、《南阳》两首,而不著作者姓名。《宣和遗事》前集也引了《褒城》、《章华台》、《陈宫》、《汴水》四诗,实际上都是胡曾的作品,只有《武王伐纣平话》卷中引《钜桥》一首,明说是胡曾的诗。

平话引胡曾《咏史诗》很多,余《三国志平话》、《宣和遗事》之外,《武王伐纣平话》卷下在伯夷叔齐饿死首阳山之后,又引诗两首为证,一首为周昙的《夷齐》,另一首即胡曾的《首阳山》(卷一,以下所注为胡曾《咏史诗》卷数)。

《七国春秋平话》卷上引胡曾诗两首,即《马陵》(卷二)、《黄金台》(卷一),还有一首为周昙的《孙膑》。卷中又引胡曾的《即墨》一首(卷一)。

引胡曾诗最多的是《秦并六国平话》。卷上引胡曾诗,即《轵道》(卷二);卷中引胡曾《咏史诗》一首,即《易

---

① 《伊滨集》卷五,《四库全书》本。
② 《归田诗话》卷下《吊白门》,《历代诗话续编》,第1285页,中华书局,1983。

水》（卷一）；卷下引胡曾诗，有《云亭》（卷三）、《东海》（卷一）、《博浪沙》（卷三）、《长城》（卷一）、《沙丘》（卷一）、《杀子谷》（卷二）、《大泽》（卷三）、《上蔡》（卷二）、《高阳》（卷二）、《咸阳》（卷三）、《轵道》（卷二），又有一首诗曰："义帝南迁路入郴，国亡身死乱山深。不知埋骨穷泉后，几度西陵片月沉。"不说明作者，实为胡曾的《郴县》（卷一）。共十四首，其中《轵道》一诗前后重出，另外还有一首，卷上叙楚王攻秦失败后，引胡曾诗为证：

> 诸国兵来要伐秦，反遭亏将损人兵。思量无计回军路，秦勇刚强甚怕人。

这首诗不见于胡曾《咏史诗》，也不像胡曾的作品，恐怕是伪托的。

《前汉书平话》续集卷中引胡曾诗一首，即《四皓》（卷三）。卷上讲到韩信被杀后，引胡曾诗二首为证：

> 可惜淮阴侯，曾分高祖忧。三秦如席卷，燕赵刻时收。夜堰沙囊水，舒斩逆臣头。高祖无后幸，吕后斩诸侯。

上引这"二首"诗实际是一首五律，而且也不是胡曾所作，显然是伪托的。《三国志平话》卷上司马仲相断案时，宣证人蒯文通上殿，蒯文通也吟此诗为证，只有几个字不同，就没有说是胡曾诗。明代熊钟谷编纂的《全汉志传》卷三引此诗前四句基本相同，后四句作："北堰沙囊水，乌江逼项头。功成飞白刃，千载恨悠悠。"取消了胡曾的名字，较为合理①。这首五律诗显然是伪托的,《全汉志传》引此诗文字略有不同,删去胡曾的名字,不为无理。

《前汉书平话》卷下又有汉文帝作的细柳营诗一首:

　　文帝銮舆看北征,将军亚父有威名。辕门不听天子令,今日争知细柳营。

实际上倒是胡曾《细柳营》(卷三)的改本,《咏史诗》(涵芬楼影印影宋钞本)第二句原作"条侯此地整严兵",第三句原作"辕门不峻将军令"。因此胡曾咏史诗的真伪存佚,需要仔细考辨。陈尚君辑集的《全唐诗补编》不取平话、演义所引的胡曾诗,确有他的见地。

《三国志演义》引了十二首胡曾咏史诗,都标明作者,前人早已指出了。明代的讲史演义也常引胡曾诗,如陈继儒批评本《春秋列国志传》卷一引《渭滨》,卷二引《汉江》、《瑶池》、《褒城》,卷三引《息城》、《邓城》、《召陵》,卷七引《章华台》,卷八引《骈骊坡》、《柏举》、《秦庭》、《夹谷》、《会稽山》,卷九引《吴江》、《吴宫》、《姑苏台》、《五湖》、《豫让桥》,卷十引《马陵》,卷十一引《黄金台》,共二十首。可是冯梦龙改编的《新列国志》所引胡曾先生的诗,只有六首见于他的《咏史诗》,即《息城》(十九回)、《章华台》(七十回)、《骈骊坡》(七十五回)、《姑苏台》(八十三回)、《豫让桥》(八十四回)、《马陵》(八十九回);

① 明詹秀闽刻本《两汉开国中兴志传》卷四亦载此诗,仍题胡曾作,文字略异。

还有第三回、第四回（两首）、第十回、第十一回、第二十四回（两首）、第三十二回、第三十四回、第三十七回（七律）、第三十八回、第三十九回、第四十一回（两首）、第四十七回、第五十回、第五十八回、第六十五回、第六十七回、第七十回、第七十三回所引的二十一首，都是《咏史诗》未收的。从文字风格看来，都不像是胡曾的作品。《新列国志》凡例的第六条说："小说诗词，虽不求工，亦嫌过俚。兹编尽出新裁，旧志胡说，一笔抹尽。"然而实际上旧志所引的胡曾诗被删掉了十四首，却加上二十一首水平低下、"过俚"之极的伪诗，不知道是从哪里来的。令人真不敢相信这是冯梦龙的新编。蔡元放重编的《东周列国志》仍保留这些诗，只删了一首。

真正引用胡曾《咏史诗》最多的明代讲史小说大概是诸圣邻的《大唐秦王词话》，可是他大多数都不说明作者。经过考辨，已知为胡曾《咏史诗》的有第二回的《汴水》，第四回的《涿鹿》、《洞庭》、《箕山》、《长城》，第十六回的《汉宫》、《青冢》，第二十一回的《商郊》、《傅岩》、《钜桥》、《首阳山》，第二十九回的《渭滨》、《褒城》、《流沙》、《姑苏台》，第三十六回的《细腰宫》、《秦庭》、《马陵》、《函谷关》，第四十四回的《长平》、《即墨》、《上蔡》、《谷口》，第五十一回的《白帝城》、《滹沱河》、《铜柱》、《赤壁》，第五十九回的《杀子谷》，共二十八首，足见胡曾诗影响之大。

《大唐秦王词话》除了唱词之外，还穿插许多咏史诗。有不少无名氏的作品，写得很好，比一般演义引的诗高明得多。如第二回入话四首之四：

> 垓下初闻铁骑过，拔山力尽奈愁何！数年霸业移
> 刘策，一旦雄师散楚歌。夜水挥戈悲壮士，月明按剑
> 泣娇娥。繁华满目空流水，衣旧闲花野草多。

又如第二十六回咏诸葛亮的两首：

> 相国兴师入不毛，滔滔泸水起波涛。汉兵自信三
> 擒易，孟获焉知七纵劳。铁甲渐沾蛮雨湿，征袍初染
> 瘴烟高。一从伐叛扬威武，应使南人识俊髦。

> 六出祁山吊伐勤，要将忠义报先君。生前伏弩诛
> 张郃（原作恰），死后扬旗走魏兵。非是兵机无八阵，
> 只因天意定三分。两川汉业今何在？惟有先生一
> 古坟。

这两首比《三国志演义》里引的无名史官诗更好一些，不
知作者是谁。又如第五十九回的入话两首：

> 补天豪气已消磨，成就人间好事多。正统再更新
> 日月，大明重整旧山河。功超吕望扶周室，策迈张良
> 散楚歌。今日辞朝臣去也，白云影里笑呵呵。

> 当时忠义冠群公，死后英名直上通。荒草含悲秋
> 雨下，杜鹃啼血夕阳中。经邦事业千年制，盖世声名
> 一日功。炳炳封章隆庙祀，行人谁不仰高风。

诗后又接着说："诗谈肃愍褒封日，词整秦王受谮时。"显
然是凭吊于谦的，一定是明代人的作品，很可能就是诸圣

邻自己所写。

值得注意的还有《大唐秦王词话》第三回开头的三首：

> 暮去朝来春复秋，人心不似水长流。受恩深处宜先退，得意浓时趁早休。莫等是非来入耳，恐将恩爱反为仇。子房扮道辞刘主，不愿官封万户侯。

> 鸟尽弓藏意可哀，高人何事忌贤才。金章紫绶无心恋，绿水青山有意来。双手掣开名利锁，一身跳出是非坨。子房因甚休官早，恐蹈韩侯剑下灾。

> 汉收三杰定家邦，却恨韩王失主张。功满宜归真帝主，官高何必假封王。一朝猜忌擒云梦，千古含悲死未央。谁似子房辞富贵，全身远害姓名香。

前两首诗是根据元人话本改写的。第一首见于清平山堂刻本《张子房慕道记》，原作张良所吟的辞朝诗：

> 游遍江湖数百州，人心不似水长流。受恩深处宜先退，得意浓时便可休。莫待是非来灌耳，从前恩爱反为仇。不是微臣归山早，服侍君王不到头。

诗中第二、三、四、五、六句基本上保留了，一、七、八句则作了改变。明书林徐梁成刻本《张子房归山诗选》也有这首诗，但第一句作"游遍天涯海角州"，第八句作"临期恐主不相周"，其馀六句与《慕道记》大体相同，只有两字差异。

第二首见于元刻本《前汉书平话》续集卷中，也是作为张良的诗：

懒把兵书再展开,我王无事斩良才。腰间金印无心恋,抽袖白云去不来。反手拨开名利路,一身跳出是非垓。老臣若不归山去,怕似韩彭剑下灾。

这首诗亦见于《张子房慕道记》,文字略有不同,到了《大唐秦王词话》中改动较多,但四联韵脚相同,文字基本相似,显然出于后人的改笔。这首诗在《张子房归山诗选》中删去了四句,成为一绝:

懒把兵书去展开,我王无事斩贤才。腰间金印无心挂,怕似韩侯剑下灾。

由此可见,《大唐秦王词话》所引的诗是直接从《前汉书平话》或《张子房慕道记》来的。

第三首诗未见于元人话本,但也与张良有关,似乎是针对《前汉书平话》而发的感叹,其中隐含着对明代皇帝杀戮于谦等功臣的讽喻。《大唐秦王词话》所引的诗,有些是唐宋名家所作;也有不少无名氏的作品,都比较高雅,即使像上举两首从元人话本承袭而来的,也改得工整妥帖多了。这是明代咏史诗中不可多得的佳作。

明代咏史诗,引用得最多的是周静轩的诗。周静轩名礼,字德恭,馀杭人。著有言体小说《秉烛清谈》五卷及《湖海奇闻集》六卷①,还有《通鉴外纪论断》、《朱子纲目

① 明高儒《百川书志》卷六外史类著录。《湖海奇闻》原作五卷,此据孙楷第《戏曲小说书录解题》(人民文学出版社,1990),末一卷为附录。

折衷》及《续编纲目发明》等史部著作①。《湖海奇闻集》
书前有弘治癸丑（六年，1493）柏昂序，周礼《续资治通鉴
纲目发明进表》作于弘治十一年（1498），可以推知他生活
于 15 世纪下半叶至 16 世纪初。他对《通鉴》似乎很有兴
趣，又对小说有所爱好，也许他还有咏史诗的集子。万历
年间《三国志演义》的周曰校万卷楼本、余象斗双峰堂本、
郑少辉联辉堂本、汤宾尹校正本和黄正甫刻本等，都引有
周静轩的诗共七十多首。有没有周静轩的诗，就成为《三
国志演义》版本源流考证的一个重要依据。如万卷楼本
第一卷《废汉君董卓弄权》节有静轩诗：

　　　　董贼潜怀废立图，汉家宗社委丘墟。满朝臣宰皆
　　囊括，惟有丁君是丈夫。

又如《曹操兴兵报父雠》一节中，引"静轩先生有诗断之
曰"：

　　　　曹操奸雄世所夸，曾将吕氏杀全家。如今阖户逢
　　人杀，天理循环报不差。

这些诗写得非常浅显通俗，不如胡曾、周昙的诗还有一些
个人的见识。胡应麟《少室山房笔丛》卷十《丹铅新录》曾
说："周名礼，字德恭，所著有《纲目发明》，浅陋曲士也。"
所评可信。

---

① 刘修业《古典小说戏曲丛考》中《新刻按鉴全像批评三国志传》（第
66—67 页）对周礼生平考证甚详，可参看。作家出版社，1958。

　　周静轩的诗主要见于《三国志演义》,但在流传翻刻过程中常有误署作者的问题。如第二卷(或作第四卷)《曹操会兵击袁术》一节中,有一首静轩的诗:

　　　　十万貔貅十万心,一人号令众难禁。拔刀割发权为首,方见曹瞒诈术深。

这首诗在毛评本《三国志演义》里还保存着,但只说是“后人有诗论之”了。

　　还有嘉靖本《三国志通俗演义》里的几首“前贤”“后人”的诗,在黄正甫刻本里却称作静轩诗了。如嘉靖本第三卷《迁銮舆曹操秉政》中“前贤有诗一首”:

　　　　血流砀砀白蛇亡,赤帜纵横游四方。秦鹿赶翻兴社稷,楚骓推倒立封疆。子孙懦弱奸邪起,气色雕零盗贼狂。看到两京遭难处,铁人无泪也凄惶。

黄正甫本作静轩诗。

　　又第十卷《庞统进献连环计》一节中“后有诗曰”,是一首七律:

　　　　赤壁鏖兵用火攻,运谋决策尽合同。阚生纳款欺曹操,黄盖停舟待祝融。千里舳舻沉水底,一江烟浪起波中。若非庞统连环计,公瑾安能立大功。

到了黄正甫本里,却节取了前半首,改成一首七绝,称作静轩诗。有人据之认为嘉靖本晚于黄正甫本,是把周静轩的诗删去了主名,因此引起了争论。实际上应该是黄正甫删去了半首,伪托为周静轩的诗。

　　静轩的咏史诗不仅见于《三国志演义》,也见于其他讲史演义。如余象斗刻本《列国志传评林》中有不少静轩先生的诗,但第七卷中出现了一次"静轩杨先生读史至此作诗"曰:

　　　　二子原无负郭田,相随游说业相连。后来心事成冰炭,彼此从横各一偏。

静轩先生怎么又有一个姓杨的呢?恐怕只是一个失误,因为书中还引有不少杨丽泉的诗,这一处大概是涉上而误。又如《残唐五代史演义传》和《南北两宋志传》中都有静轩的咏史诗,但恐怕有冒名伪托的,例如《杨家府世代忠勇演义志传》卷一《令公狼牙谷死节》在杨业战死之后,有静轩先生诗叹云:

　　　　力尽烽销马罢隤,堪悲良士不生回。陵碑千古斜阳里,一度人看一度哀。

在与之同出一源的《北宋志传》第十八回里,也有静轩诗叹曰:

　　　　矢尽兵亡战力摧,陈家谷口马难回。李陵碑下成忠节,千古行人为感哀。

咏的是同一件事,为什么会写两首文字不同的诗呢?可能其中有一首是伪托或两首都是假的。

　　周静轩的咏史诗是继胡曾之后被讲史演义引用得最

多的,如果辑集成书,也可以辑得近百首,成为一卷。但有的真假难辨,而且水平也不高。可能因为它通俗易懂,所以流传很广,周礼就成为明代最著名的咏史诗人了。

　　咏史是中国诗歌中常用的题材,从汉代的班固、三国的王粲、晋代的左思以来,咏史诗不断出现。但成系列的咏史组诗则产生于唐代①,杜甫的五首《咏怀古迹》也许可以说是咏史系列诗的先声。胡曾《咏史诗》三卷是数量最多、影响最广的唐代咏史系列诗。周昙《咏史诗》与讲语相结合是唐代出现的新现象②,它与宋人讲史的关系,很值得研究。但讲史而引诗为证,则早已肇端于汉代的《韩诗外传》;诗、话并行则至晚有唐五代的诗话体说唱文学。宋元以后,平话和讲史演义引“前贤”、“后人”的诗为证,蔚然成风。其中最著名的是周静轩的诗,然而明人咏史诗的集子很少传本。清代小说里极少引用别人的诗,《红楼梦》五十一回中薛宝琴所作的十二首怀古诗,正是咏史诗的流风遗韵,但只是曹雪芹的拟作。咏史诗由于它的通俗浅显,为很多小说作者和读者所喜爱,得到了广泛的传布。可能正因为它以文与史相结合,以叙事与议论相结合,大多数是以比较平易浅俗的语言写成的、接近民歌的七绝,所以比典雅高深的抒情诗更

---

　　① 左思《咏史》诗八首,已成系列,但每首诗不是咏一人一事,还不能称为组诗。

　　② 周昙《咏史诗》有天津古籍出版社 1981 年影宋本。

能接近群众。这个文学现象也给了我们一点新的启发①。

（原载《揖芬集》，社会科学文献出版社 2002 年 1 版）

---

① 参看莫砺锋《论晚唐的咏史组诗》，《社会科学战线》2000 年第 4 期，第 88—96 页。

宋元小说的写实手法与时代特征

宋元小说的艺术成就①，突出表现在细节描写上的逼真与传神，用写实的手法再现了特定时代、特定环境中的社会风貌和生活气息，就像张择端的《清明上河图》那样，体现了宋代艺术的一种潮流，形成了有民族特色的现实主义文学风格。

例如宋元小说的代表作《碾玉观音》，就在临安的都市里展示了故事发生的场景。璩老儿开的裱褙铺在钱塘门车桥下，后来崔宁开的碾玉铺则在清湖河下，都是杭州实有的地名，可以在《咸淳临安志》、《梦粱录》等书里找出它的方位。更值得注意的是咸安郡王韩世忠的王府，原在清湖之东②，清湖桥之西，后来献给公家作了左藏库。据《咸淳临安志》卷十载：

① 本文所讨论的"小说"是狭义的，指宋元小说家的话本。
② 洪迈《夷坚乙志》卷十六《韩府鬼》："韩郡王解枢柄，建第于临安清湖之东。"

> 韩蕲王府,绍兴间凡两赐第,一在清湖桥西,献以
> 为左藏库基;一在新庄桥西,献以益景灵官。

后来崔宁在建康府被皇帝召回,叫他修整玉观音,就命他"只在行在居住"。崔宁道:"我今日遭际御前,争得气,再来清湖河下寻间屋儿开个碾玉铺,须不怕你们撞见。"为什么崔宁要在清湖河下寻房屋开铺子呢? 就因为咸安王府在清湖桥西,他就要在咸安王府旁边开个碾玉铺,给你们看,争一口气。读者试想,这一细节是多么真实,又多么深刻! 说话人对这一个手工业工人的思想性格理解得入木三分,又表达得丝丝入扣。要不是作者深入了平民社会的下层,又怎能写得如此神情毕肖呢?

《碾玉观音》详细地讲到杭州的许多地方,如钱塘门里的车桥,发生火灾的井亭桥,崔宁和璩秀秀私奔时途经的石灰桥,璩公璩婆投水的清湖河,都在咸安王府的附近。当地的看官们听说话人讲到这些情节,必然会感到十分亲切,就像发生在他们身边的实事。《碾玉观音》所说的故事发生在绍兴十年刘锜顺昌大战之后,绍兴十三年韩世忠封咸安郡王至绍兴二十一年韩世忠去世之间。小说里描写刘锜受到投降派的打击,退居潭州,发出了"三千里地无知己,十万军中挂印来"的感慨,因而杨存中派人送钱给他。这一情节虽然在小说里只是一个插曲,但这一首《鹧鸪天》词,却非常真实地写出了故事的典型环境。小说要讲的是韩世忠府里郭排军到潭州出差的一个小情节,不讲他送钱给刘锜的具体任务也可以,不交代刘锜的孤寒

处境也可以,但是小说人追求写实,捎带一笔写了刘锜这一个为群众熟知而热爱的抗金大将,就使璩秀秀这一个卑贱的绣作养娘被杀的故事,具有了更深刻更广阔的社会内容。作为韩世忠的对比,小说讲刘锜"是个不爱财的名将,家道贫寒,时常到村店中吃酒",这样一说,刘锜和村店里的群众可能就坐到一条板凳上来了。金主亮南侵时,刘锜于绍兴三十一年又起复出任江、淮、浙西制置使,尽管他因病抗金无功,但也使金人害怕一时,望风丧胆。《宋史》卷三六六《刘锜传》说:

> 金主亮之南也,下令有敢言锜姓名者,罪不赦。枚举南朝诸将,问其下孰敢当者,皆随姓名其答如响,至锜,莫有应者。金主曰"吾自当之。"

这就是人民群众怀念刘锜,甚至在讲鬼故事时也情不自禁地要拉他出来作一个陪衬人物的原因。从说话人的感情色彩看,对刘锜的爱戴和对韩世忠的谴责,正好起了对比的作用。刘锜那首《鹧鸪天》词,可能出于某一位书会先生的拟作,但确实写出了他当时的心情。《宋史》本传说他"慷慨深毅,有儒将风",因此像辛弃疾那样在罢职闲居时写词自遣也是符合人物性格的。

当然,小说也有艺术虚构的地方,如刘锜被罢免了淮北宣抚判官之后,还保留了提举江州太平观的官俸,后来又任知潭州,实际上,并不至于"闲在家中","直恁孤寒"。小说所讲的"家道贫寒",是完全合理的艺术加工,否则就写不出刘锜这个抗金名将在当时所处的典型环境来了。不过,小说在叙事上也有疏漏的地方。故事背景是在刘锜闲居潭州时,即绍兴二十一年(1151)之前,而话文中却称杨存中为杨和王,那是乾道二年(1166)杨存中死后的封号,显然是后来的追称。然而,从思想感情的内蕴看,《碾玉观音》之为南宋临安人的创作,还是可信的。

再看《简帖和尚》里的皇甫松,开头说"本身是左班殿直"。左班殿直是宋代的武职官名,级别不高,应为正九品。政和二年(1112)改名成忠郎,而以内侍官高品改称左班殿直①。小说人说皇甫松是"左班殿直",沿用的是政和二年以前的旧官名,因此这个故事的背景是北宋时期。接着说:"皇甫殿直官差去押衣袄上边回来。"话文的后面还一再提这件事。这是皇甫松当左班殿直官的一项任务。边防军的衣袄由东京押送去,这是北宋时的制度。由左班殿直这样的武官押送,恐怕是符合实际情况的。如《续资治通鉴长编》卷一〇四记载宋仁宗天圣四年八月诏令说:

> 押赐外州军衣袄,旧皆差伎术官。比来宗室、戚里多以亲属干请,至有诸司使副及京朝官为之,烦扰州县,自今一切罢之。

当时京里的宗室、戚里谋求押送衣袄这个差使,就是因为可以借机在一路上敲诈勒索,收贿吃请,有些比较高级的

---

① 见《宋史》第一六九《职官》九。

官也不惜屈尊俯就。在元人武汉臣的《生金阁》杂剧里竟让包拯亲自去押送衣袄，那就是出于夸张了。无名氏《狄青复夺衣袄车》杂剧派狄青押送衣袄，随范仲淹上西延边赏军，还比较合乎历史实际。相比之下，宋元小说更注重写实，不像元人杂剧那样随意虚构，因此更符合北宋时期的史实。

　　《简帖和尚》里有许多细节，是来源于当时的生活实际的。如说洪和尚招呼僧儿买鹌鹑馉饳儿："僧儿见叫，托盘儿入茶房（疑当作坊）内，放在桌上，将条篾篁穿那馉饳儿，捏些盐，放在官人面前。"鹌鹑馉饳儿是宋代街市上常见的一种小吃，见于《武林旧事》等书。《都城纪胜·食店》条记载："夜间顶盘挑架者　如鹌鹑馉饳儿、焦饠、羊脂蒸饼……之类，遍路歌叫，都人固自为常。"正好可以和《简帖和尚》相互参证。我们先看《都城纪胜》的记载，还不知道鹌鹑馉饳儿怎么吃法，看了《简帖和尚》才明白就像烤羊肉串那样穿在篾篁上，还要捏些盐撒在上面再吃。这些细节使我们更多地了解了宋代都市生活的习俗。《简帖和尚》所说的钱大尹大概指宋仁宗时知开封府的钱明逸，《宋史》卷三一七本传说他知开封府时没有威望，因而调职。小说把钱大尹写成是一个糊涂官，似乎也事出有因。话文中说到的"上名"、"前行"，都是宋代人的称呼，见于《云麓漫钞》等书；僧人犯奸按"杂犯"判罪，也合乎宋代的法律①。

　　亡友许政扬先生在《话本征时》中从"巡军"一词考证,认为"它必定产生于元代以后"②。我觉得还可以考虑,话文中"如今叫做连手,又叫做巡军"这一句话,只是元代人加的夹注,或者说是说话人的插话,而这个故事的基本内容还是宋代的③。而且我怀疑它可能还有北宋祖本的痕迹,例如沿用左班殿直的旧官名,插叙押送衣袄车的北宋旧制,提到了枣槊巷、大相国寺、墦台寺(当作繁台寺)、天汉州桥等东京的地名,像是东京人的作品。前人早已考出《简帖和尚》的故事取材于洪迈《夷坚支景》卷三《王武功妻》。二者故事相同,而具体情节略有差异。如王武功正将赴官淮上,并没有押送衣袄赴边的情节。这些可能是小说人的铺衍,但也不能排除另一种可能,即《夷坚志》和《简帖和尚》都出于同一个母题的民间故事(《夷坚志》里还有类似的故事)。《简帖和尚》出于说话人的加工润色,因此它细节描写之详尽,远非《夷坚志》所能比拟。

　　类似的例子如《阴骘积善》,确是取材于《夷坚甲志》

<hr>

①　窦仪等《宋刑统》卷二十六《杂律》"诸色犯奸"条:"准周显德二年五月七日敕节文,今后僧尼中有犯盗窃、奸私、赌钱物、醉及蠹害、欺诈等罪,并依法科刑,仍勒还俗。罪至死者,准法处分。"

②　《话本征时》,载《南开大学学报》(哲学社会科学版)第4卷第1期,收入《许政扬文存》,中华书局1984年第1版,第259页。

③　《简帖和尚》中的助词"底"不作"的",与宋代文献《朱子语类》、《五灯会元》等相同,也可证为宋代旧本。

卷十二《林积阴德》，情节比较简单。《阴骘积善》把宋代人林积说成是唐德宗朝的秀才，可是后面在林积出榜招领失物时却加上了那么一句："可相访于贯道斋。"洪迈《夷坚甲志》只说林积托店主告诉巨商："幸令来上庠相访。"并没有说具体的斋名。东京太学本有十斋，后来又续置七斋，名为观化、贯道、务本、果行、谨信、时中、循理（见至顺本《事林广记》后集卷六《宋朝太学旧规》）。南宋重建于临安的太学仍保留了这些斋名，见于《乾道临安志》及《梦粱录》等书。写明了"贯道斋"这一个细节，是小说人根据实有的斋名补充的。加上这样一个斋名，就把故事的写实性大大加强了。

又如《郑意娘传》（《杨思温燕山逢故人》）明说是采用了《夷坚丁志》卷九的《太原意娘》故事，然而它不仅改变了人物的姓名，而且还改写了郑意娘报复韩师厚的结尾，更重要的是它增添了许多细节，尤其有颊上添毫的妙处。例如《夷坚志》只说到杨八善在燕山酒楼上见到意娘题壁小词，并没有记载词的原文，而酒家也只说："恰数妇女来共饮，其中一人索笔而书，去犹未远。"这在小说里则铺演了一大段情节。先是描写了燕山元宵灯节的场景，随后说杨思温走到昊天寺前，遇见了郑意娘，又见到僧堂题壁词《浪淘沙》；第二天杨思温到秦楼喝酒，遇见了东京白樊楼的过卖陈三儿，谈起韩国夫人宅眷的情况，从而传达了郑意娘的信息。三个月后杨思温再上秦楼，遇见的又是东京寓仙酒楼的过卖小王，又见到了韩思厚的题词。于是他乡遇故知，由杨思温串连了一系列的东京人，再去寻找韩国夫人宅，遇上了东京人老婆婆，才找到了郑意娘的踪迹。这一系列情节，在《夷坚志》里都找不到出处，而是小说人的再创作。小说点染了燕山的都市风光、异乡情调，增强了故事的真实感。如昊天寺、悯忠寺、天王寺等，也是燕山实有的名胜古迹①。正是这些东京人，在沦陷于金人统治下的燕山邂逅相聚，勾起了思乡怀旧的情绪，充分体现了宋国人的民族感情。小说作者大概是有些流亡生活的体验的，然而却未必是北宋末年经过靖康之乱的遗民。话中引用到了洪迈的《夷坚丁志》，必在南宋孝宗时期以后。小说人是很讲究细节真实的，讲到韩思厚出外饮酒时特别提出：

> 说话的，错说了。使命入国，岂有出来闲走买酒吃之理？按《夷坚志》载，那时法禁未立，奉使官听从与外人往来。

《夷坚志》里确有这样的记载，但《夷坚志》并没有讲具体年代，而《郑意娘传》的故事背景则放在绍兴十一年之前的几年内，就有了具体的历史环境。话中有些都市生活的描写可能是按作者的生活经验嫁接上去的，可是细节写得非常精密，使人如亲临其境。更能打动读者的是那几首凄

---

① 小说中讲到"昊天寺"，又说到"昊山悯忠禅寺"，似误混为一，"悯忠寺"建于唐代，"昊天寺"建于辽代，并非一寺。参看《永乐大典》本《顺天府志》卷七。

恻动人的词，尤其是前后重复出现的《好事近》一阕，就是小说的主题歌，确实饱含着"同是天涯沦落人"的切身感受①。《夷坚志》里没有这些词，如果不是另有所本，那么拟作者确是水平很高的"才人"。《鬼董》所载张师厚、崔懿娘的故事，与《郑意娘传》的后半段基本相同，只是人名不同。结尾还说："案此新奇而怪，全在再娶一节。而洪公不详知，故复载之，以补《夷坚》之阙。"我认为二者可能同出一源，《鬼董》所收的这篇故事可能正是根据民间流传的故事记录的，《郑意娘传》的年代未必晚于《鬼董》的编纂。明陈耀文《花草粹编》中收了郑意娘、刘金坛、韩思厚的词，调名、文字略有不同；而卷十二所收郑意娘的一首《胜州令》，却不见于《郑意娘传》，可见它另有一个版本②，或者说今本《郑意娘传》已经被后人删改过了。即使如此，现存的《郑意娘传》还是保存了不少南宋人所特有的生活经历和思想感情。

　　当然，小说的再创作往往要借助于书面材料，如《郑意娘传》的开头一段，似乎就转抄自《东京梦华录》。《醉翁谈录·小说开辟》宣称小说人"幼习《太平广记》，长攻历代史书"，"《夷坚志》无有不览，《琇莹集》所载皆通"，

---

　　①　何满子先生在《古代白话短篇小说选集》的"评解"中说："从小说的情致以及它所显示的作者的生活经验来看，作者（不管是说话人或书会先生）很像是一个北宋的遗民。"可备参考。但今本必写成于《夷坚志》之后。
　　②　晁瑮《宝文堂书目》著录有《燕山逢故人郑意娘传》及《燕山逢故人》二本。

也不是自我吹嘘。我们拿《夷坚志》和同题材的小说来作对比，可以看出它的素材确有来源，但是更多的是说话人的艺术加工。这种创造性的敷演和嫁接，则主要来自当时的日常生活。试以取材于唐人小说《续玄怪录·张老》的《种瓜张老》（《张古老种瓜娶文女》）来看①，《张老》的原文在唐人小说中已经是细节描写比较多的了，但《种瓜张老》则大事铺张，写成了大约近万字的"中篇小说"。《张老》着重讲神仙异迹，因此开头一段写张老娶少女的情节只占全篇的四分之一，而《种瓜张老》则摄取了许多人世生活的景象，从韦谏议失马到张老娶文女的情节占了全篇的一半以上，而且充满了世俗社会的生活情趣。

值得比较的是，《种瓜张老》除了开头那一段咏雪的闲话之外，还增添了许多新的情节。《张老》原文开头一段只有四十多字：

　　　　张老者，扬州六合县园叟也。其邻有韦恕者，梁天监中自扬州曹掾秩满而来。有长女既笄，召里中媒媪，令访良婿。

而《种瓜张老》则说成韦恕原是谏议大夫，"因谏萧梁武帝奉持释教得罪，贬在滋生驷马监做判院"，走失了一匹白马，因寻马才找到了张老的花园。这里的"滋生驷马监"，实当作"孳生监"，是宋代才有的养马的机构，见《宋史》卷

---

① 《张老》，《太平广记》卷十六引作《续玄怪录》，又见明刻本牛僧孺《玄怪录》。

一八九《兵》三,元丰之前隶属枢密院。绍圣元年(1094)太仆寺"依元丰法置孳生监",见《宋史》卷一六四《职官》四。可见这就是宋代人的再创作。又如下面这一段:

> 话里却说张老,一并三日不开门,六合县里有两个扑花的,一个唤做王三,一个唤做赵四,各把着大蒲篓来寻张公打花。

"扑花"就是以花为赌注进行博卖。"扑"即"博",博卖这种方式常见于宋元文献。吴自牧《梦粱录》卷十三《诸色杂货》说:

> 四时有扑带朵花,亦有卖成窠时花、插瓶把花、柏桂、罗汉叶。春扑带朵桃花、四香、瑞香、木香等花,夏扑金灯花、茉莉、葵花、榴花、栀子花,秋则扑茉莉、兰花、木樨、秋茶花,冬则扑木春花、梅花、瑞香、兰花、水仙花、腊梅花,更有罗帛脱蜡像生四时小枝花朵,沿街吟叫扑卖。

王三、赵四是扑花的小商贩,他们来寻张公打花,即找张老批发一些花去街市扑卖。这种扑卖活动屡见于宋元的小说、戏曲,如《史弘肇龙虎君臣会》和元李文蔚《燕青博鱼》杂剧,可以参看。《种瓜张老》里还有一大段讲张媒、李媒为张老说亲的情节,写得很生动活泼。媒婆是宋元小说中常见的形象,《三现身》、《西山一窟鬼》、《史弘肇传》、《小夫人金钱赠年少》、《花灯轿莲女成佛记》里都有媒婆出场。这正是市民阶层中特别活跃的人物,说话人对这类人非常熟悉,所以一学就像,把他们描摹得声情毕肖,能使读者如见其人,如闻其声。在唐人传奇里恐怕只有《霍小玉传》的鲍十一娘的形象还差可比拟,在宋人小说里则是常能见到的熟人了。《种瓜张老》就是以当时人的生活经验丰富了《张老》故事的细节,才夺胎换骨地变唐人传奇为宋人小说了。

再如《闹樊楼多情周胜仙》,虽然没有直接依据的素材可以对比,但可以与《清尊录·大桶张氏》、《夷坚支庚》卷一《鄂州南市女》作比较。《闹樊楼》开头一段周胜仙和范二郎的调情,显然是从市井生活中采撷来的花絮。无论《大桶张氏》或《鄂州南市女》都没有写出这样的情节。《山亭儿》的入话说:"春浓花艳佳人胆。"《闹樊楼》就写出了市民阶层的"佳人胆",周胜仙正是这样一个大胆泼辣的女性。她在茶坊里买了一盏糖水,借题发挥,主动与范二郎搭话。这个细节也来源于生活,卖水这种小经纪,在宋代都市特别繁盛。《西湖老人繁胜录》载有"诸般水名",《梦粱录》卷十四《茶肆》条载"四时卖奇茶异汤",《武林旧事》卷六《凉水》条载有甘豆汤、椰子酒等十七种饮料,《事林广记》别集卷七茶果类载有"诸品渴水"、"诸品熟水"。可见这一段由喝糖水而引出的戏剧性情节正是在那样一种场合产生的。

《闹樊楼》还讲到了朱真盗墓的一系列活动,交代得头头是道,滴水不漏。如:

当日是十一月中旬,却恨雪下得大。那厮将蓑衣

穿起，却又带一片，是十来条竹皮编成的一行，带在蓑
衣后面。原来雪里有脚迹，走一步，后面竹片扒得平，
不见脚迹。……抬起身来，再把斗笠戴了，着了蓑衣，
捉脚步到坟边，把刀拨开雪地，俱是日间安排下脚手。
下刀挑开石板，下去到侧边，端正了，除下头上斗笠，
脱了蓑衣在一壁厢。去衣袋里取两个长钉，〔钉〕了
在砖缝里，放上一个皮灯盏。竹筒里取出火种吹着
了，油罐儿取油，点起那灯。把刀挑开命钉，把那盖天
板丢在一壁，叫："小娘子莫怪，暂借你些个富贵，去
与你做功德。"道罢，去女孩儿头上便除头面。有许
多金珠首饰，尽皆取下了。只有女孩儿身上衣服，却
难脱。那厮好会，去腰间解下手巾，去那女孩儿肢
（当作脖）项上阁起，一头系在自〔己〕肢项上，将那女
孩儿脱得赤条条地，小衣也不着。

这一段写得多么细致。朱真完全是一个智能型的惯
犯。如果不是懂一些江湖门道的市井艺人，恐怕就想不出
这些细节。只要和《夷坚志·鄂州南市女》等故事相比，
就可以说明二者的差别不又在于语言的不同，而且在于叙
事方法的不同，在于全知叙事和限知叙事的视角不同。我
们用同一母题的文言小说作比较，更能说明白话小说的长
处就在于细节的真实。

《宋四公大闹禁魂张》里描写宋四公盗窃禁魂张员外
的土库，也和盗墓贼朱真一样，精心策划，按计行动，做得
得心应手，又是一个手段高强的惯偷。如话里所说：

宋四公夜至三更前后,向金梁桥上,四文钱买两只焦酸馅,揣在怀里,走到禁魂张员外门前。路上没一个人行,月又黑。宋四公取出蹊跷作怪的动使,一挂挂在屋檐上,从上面打一盘盘在屋上,从天井里一跳跳将下去。……只听得两个狗子吠,宋四公怀中取出酸馅,着些个不按君臣作怪的药,入在里面,觑得近了,撇向狗子身边去。狗子闻得又香又软,做两口吃了,先摆番两个狗子。

宋四公半夜在金梁桥上四文钱买两只焦酸馅,这也是从日常生活中抓来的细节。按孟元老《东京梦华录》卷三《马行街铺席》的记载:

夜市直至三更尽,才五更又复开张。如要闹去处,通晓不绝。寻常四梢远静去处,夜市亦有燋酸臁(即焦酸馅)、猪胰胡饼、和菜饼、獾儿、野狐肉、果木翘羹、灌肠、香糖果子之类。

《梦粱录》卷十三《夜市》条也说有"焦酸馅"供应。所以说宋四公在三更前后能在金梁桥下买到焦酸馅,是完全符合北宋时汴梁都市生活的实况的。《宋四公》还讲到赵正买燋肉、蒸饼、酸馅等点心,也都是街市上随处可见的食品,都是平民百姓常吃的东西。小说里讲到的缉捕使臣马翰,也实有其人。据李焘《续资治通鉴长编》卷五十二记载:

(真宗咸平五年五月庚戌)皇城司言亲从第二指

挥使马翰称在京有群贼,愿自缉逐收捕。上谓辅臣曰:"朕尹京日,闻翰以缉贼为名,乃有三害:都市豪民惧其纠察,常厚赂之,一也;每获贼赃,量以当死之数送官,馀悉入己,且戒军巡吏不令穷究,二也;常畜无赖十馀辈,俾之侦察,其扰人不下于翰,三也。顾其事未彰败,不欲去之。自今捕贼,只委开封府,勿使翰复预其事。"

马翰就是这样一个贪官酷吏。小说人最终把他治死于狱中,大概是为了发泄积怨宿恨。小说里讲到的新郑门、金梁桥、大相国寺、桑家瓦、白虎桥等,都是汴梁实有的地方。故事编得如此精确细密,作者无疑对汴京的生活环境是非常熟悉的。钟嗣成《录鬼簿》卷上载陆显之著有《好儿赵正》话本,有人认为即现存的《宋四公大闹禁魂张》。这个问题还有待研究,但陆显之是汴梁人,对于"赵正激恼京师"的故事应该是熟知的。现存的《宋四公》更可能是源于"京师老郎流传'的旧本,不过难保没经过后人的一些修订。

《拦路虎》是《醉翁谈录·小说开辟》所举的篇目之一,是南宋时期流传的杆棒类小说。清平山堂刻本的《杨温拦路虎传》,文字比较简率,错字也多,可见刻印时未经修订,大概还比较接近《拦路虎》的原貌,可以视为宋元小说的一个标本。这篇小说以杨温失妻夺妻为线索,而主要内容却是比棒打擂,所以列入杆棒类。话文讲杨温与李贵赛棒,写到了三月廿八日东岳神诞辰的庙会,真实反映了当时的民间习俗。宋代人信奉东岳神,宋真宗封东岳神为天齐仁圣帝,曾派官员去祭告,平民群众也往往要上东岳庙烧香还愿。这种风俗在《史弘肇龙虎君臣会》《三现身包龙图断冤》《郑节使立功神臂弓》里都有所反映。南宋时兖州奉符县(今山东泰安)被金人占领后,临安的民众就在当地的东岳庙祭祀酌献,盛况如旧。吴自牧《梦粱录》卷十九《社会》条记载:

> 三月二十八日,东岳诞辰……每遇神圣诞日,诸行市户,俱有社会迎献不一。如府第内官以马为社,七宝行献七宝玩具为社。……遇东岳诞日,更有钱燔社、重囚枷锁社也。

《拦路虎传》里杨温从东京到东岳去烧香,中途遇盗,流落在客店里,遇上了杨员外。三月二十七日,节级部署来请杨员外上岳。次日,杨温随杨员外上东岳庙和山东夜叉李贵比棒。这一段描写得比较精彩,可以看到东岳庙擂台比武的盛况。我们发觉这个场面和《水浒全传》第七十四回《燕青智扑擎天柱》有许多相似之处。《水浒》第七十三回回末就从一伙赶庙会使棒的人口中介绍:"目今三月二十八日天齐圣帝降诞之辰,我们都去台上使棒,一连三日,何止千百对在那里。"《水浒全传》写的是宋代的事,但已经称奉符县为泰安州,说明它产生于金人占领山东之后,而东岳庙三月二十八日擂台比棒的风习还流传不衰。于此也可见《水浒》与宋元的朴刀、杆棒小说之间的联系。

　　《拦路虎传》结尾说杨温后来"直做到安远军节度使、检校少保"。"安远军"是北宋时的军政建置（在今湖北安陆），建隆元年（960）建立，宣和元年（1119）升为德安府，在此之后就没有安远军的名称了。小说称杨温为安远军节度使，用的是宣和元年以前的地名，当然不会是后人追改的。

　　《拦路虎传》说杨温的妻子冷氏，是左班殿直冷镇太尉之女。"太尉"只是对武官的美称，左班殿直作为武官，还是政和二年以前的旧官名。它和《简帖和尚》一样，可能还保存了北宋旧本的基本内容。

　　以上所举的一些例子，都是多数研究者公认为宋元时期的作品。我们可以把它作为宋元小说的标本，进行深入的研究。

　　宋元小说注重细节描写的真实性，这是中国古代小说发展的一个重大突破。古代小说只粗陈梗概，偏重纪事，很少纪言，细节描写更少。唐代传奇开始注意细节描写，但还是追求典雅，讲究文采而偏重诗笔。宋人小说用实录见闻的方法叙事，偏重史才，以白描的手法再现生活的本来面貌。特别是突破了限知叙事的局限，更多地用全知叙事的视角来讲述故事，有时加上夹叙夹议，创造了一种话本体的白话小说。这在中国小说史上是一大变迁。正由于它的写实手法，宋元小说里往往记录了许多当时当地的风物习俗和社会史料。也如恩格斯所说的，巴尔扎克"在《人间喜剧》里给我们提供了一部法国'社会'特别是巴黎

'上流社会'的卓越的现实主义历史"①,宋元小说则给我们提供了一部宋代以来以市民为主体的平民社会的现实主义历史。我们正好可以从小说中的名物制度、生活习俗和语言文字等许多方面,找到它的年轮。

　　宋元小说是一种特殊的文学作品,它具有民间文学的某些特征。除了口头性之外,还有集体性和变异性的特征。加以它的文本在传抄、传刻中又经过了或多或少的修订。正如近代汉语学家刘坚学长所说:"现存的'话本',大概都经过不断修改补充,修改补充的结果,增加了话本语言层次的复杂性。"②然而幸亏小说作者采用了精确细密的写实手法,还是给我们提供了不少内证,可以作为断代的参照数据。这一点是值得我们重视的。

　　　　　　　　　　　（原载《社会科学战线》1996 年第 6 期）

　　①　《马克思恩格斯选集》第四卷,人民出版社 1972 年第 1 版,第 462 页。
　　②　《略谈话本的语言年代问题》,载《运城师专学报》1985 年第 1 期。

《三国志演义》与宋元话本

　　《三国志通俗演义》是一部讲史性质的通俗小说。它在"说三分"讲史话本的基础上吸收了不少文学素材,采取了许多文献资料,逐步编订成一部长篇演义体小说,开了明清演义小说的先河。《三国志通俗演义》与现存的元刻本《三国志平话》可能有一定的传承关系,但差距很大,显然不是一个层次。罗贯中所作的加工很多,已有许多人讨论过,书中运用的史源大多可以考出,并可与演义小说作对比。周兆新先生的《三国演义考评》一书已经作出了精密的分析①。但有些出于书会才人和说话人之手的故事和诗赞似乎还有可以研究的余地。

　　《演义》除传承"说三分"的遗产外,也吸收了其他讲史家和小说家的资源。例如卷二《王允授计诛董卓》中李儒劝董卓把貂蝉赐给吕布,说:"昔日楚庄王夜宴诸侯,令

----

　　①　周兆新《从说三分到〈三国演义〉》,《三国演义考评》,北京大学出版社1990年版,第38—54页。

爱姬劝酒,忽狂风骤起,尽灭其烛。座上一人抱爱姬,姬手揪冠上缨,告知庄王。庄王曰:'酒后也。'命取金盘一面,尽挱其缨,然后秉明烛。其会曰'挱缨会'。正不知戏爱姬者何人也。后庄王被秦兵围住,见一大将杀入阵中,救出庄王。王见其人身带重伤,问之,答曰:'臣乃蒋雄也。昔挱缨会上,蒙大王不杀之恩,故来答报。'"按:元白朴有《楚庄王夜宴绝缨会》杂剧,已佚。冯梦龙、蔡元放《东周列国志》第五十三回说此人名唐狡。只有小说家话本《陈巡检梅岭失妻记》里提到:"风穿珠户透簾栊,灭烛能交蒋氏雄。"可为旁证。楚庄王灭烛绝缨事,见于《韩诗外传》卷七第十四章、《说苑》卷六《复恩》,都未言及当事人的姓名。《古今逸史》本《楚史梼杌》亦无蒋雄之名。宋刘斧《青琐高议》别集卷七《楚王门客》中刘大方引述这个故事,又说是楚襄王的事,也没说到被断缨的是谁。这个情节当出自宋元平话,可看作元刻平话的佚文。

又如卷九《长坂坡赵云救主》讲到赵云对糜夫人大喝曰:"如此不听吾言,后军来也!"糜夫人遂投枯井而死。下面夹注:"后来子龙不得入武臣(按:当作成)庙,与子胥把门,盖因吓喝主母,以致丧命,亦是不忠也。"按:赵云不得从祀武成庙的事,见于小说家话本《老冯唐直谏汉文帝》。小说讲宋真宗上太公望吕尚的武成庙烧香,逐一问从祀列代功臣的功绩,尚书张询奏说:"伍(原作五)子胥曾鞭主尸,赵云曾喝主母,此二人不堪入庙。"宋真宗说此二人也是英杰,"可于门首享祭",于是,"至今于武庙为把门将"。据说,后来武成庙确有二人把门,见于佚名的《如梦录》官署纪第五。按之官方文献,如《唐会要》、《宋会要辑稿》、《宋史·礼志》所载武成庙的从祀功臣,本来就没有伍子胥和赵云,但宋代曾屡次调整武成庙的从祀功臣名单,可能有人提过这两人的名,终于未能通过,也可能只是小说家的虚构。有趣的是,联辉堂本《三国志传》在这里有一大段评论说:

> 糜氏之死,论者以因子龙一喝所致,故忠臣庙遂不得入,只与子胥把门。以愚见论之,糜氏死时,谅以自度,倘从子龙之言,或三人俱至丧命。己与子龙不足惜,阿斗独不足惜乎?所以宁先死,使子龙无累,得全阿斗耳,岂因一喝哉!且子龙之过,亦充类至义之尽也。子胥不得与同语,何也?盖子龙之喝乃无心之失,子胥之鞭尸乃有心而为耳。学者须详观其事而原其心,以别玉石可也。

这一段评论对赵云的一喝作了认真的分析和辩护,虽然不免有点迂腐,但可见说三分故事影响之大,群众对赵云爱戴之深。

又卷十七《白帝城先主托孤》一则讲到刘备病中在夜里见到两个人的鬼影,叱之不退。"先主自携玉麈斧起而观之,上首乃云长,下首乃益德也。"玉麈斧是什么?是一种皇帝用的礼器,亦见于小说《老冯唐直谏汉文帝》,宋太祖手里就拿着它。小说讲到宋太祖"策玉麈(原误作麈)

斧,下殿左廊,指押班:'此何人也?'"后面又讲到汉文帝
"执麈斧入院烧香",也是皇帝手持的仪仗。

这里不妨对玉麈斧作一点考证。玉麈斧应即宋太祖
所持的玉斧。宋周辉《清波别志》卷一记载:"黎州,汉沉
黎郡也。……上命取地图视之,亲以玉斧画划大渡河曰:
'自此以外朕不取。'即今之疆界也。"①元刘埙《隐居通
议》卷十《赵信国桃符句》说:"按玉斧事乃宋太祖开基时
阅地舆图,偶持玉斧,因以柄画其分界。今省记不全。玉
斧,非刀斧也,乃金杖子,约长四五尺,以片玉冠其首。人
主闲步则持之,犹今之柱杖等类。神祠中素绘仪从,犹或
存此。"②

"麈斧"又称"柱斧"。释文莹《续湘山野录》记太宗
即位时,"饮讫,禁漏三鼓,殿雪已数寸,帝引柱斧戳雪,顾
太宗曰:'好做! 好做!'"③帝即宋太祖。此事屡见于后来
的杂史笔记,都引作"柱斧"。

司马光《涑水纪闻》卷一记:"太祖尝弹雀于后园,有
群臣称有急事请见,太祖亟见之,其所奏乃常事耳。上怒,
诘其故,对曰:'臣以为尚急于弹雀。'上愈怒,举柱斧撞其
口,堕两齿。"④

李焘《续资治通鉴长编》卷九载:"(开宝元年九月)甲

① 《清波别志》卷一,影印《文渊阁四库全书》第 1039 册,第 94 页。
② 《隐居通议》卷一〇,影印《文渊阁四库全书》第 866 册,第 104 页。
③ 《湘山野录》,中华书局 1984 年版,第 74 页。
④ 《涑水纪闻》,中华书局 1989 年版,第 7 页。

戌,屯田员外郎雷德骧责授商州司户参军。……上怒,叱之曰:'鼎铛犹有耳,汝不闻赵普吾之社稷臣乎?'引柱斧击折其上腭二齿,命左右曳出.诏宰相处以极刑。"①雷德骧的事也屡见于宋代杂史。

由上引三事,可见柱斧确是宋太祖常拿在手边的器具,但并非武器。蔡绦《铁围山丛谈》卷一载:"太上(按:指徽宗)自即位以来,亢深考慎……然命相每犹自择日,在宣和殿亲札其姓名于小幅纸,缄封垂于玉柱斧子上,俾小珰持之导驾于前。"②他明说是"玉柱斧子",不过却不是徽宗皇帝自持了。

可见玉麈斧是宋代皇帝常拿在手里的,已为宋代人所熟知,说话人也把它放到了蜀又先主的手里。这正是说话人以今拟古的捏合手法。

又卷二十一《孔明秋风王丈原》,引宋尚书姚伯善吊孔明古风一首。诗云:

火精秒暮当桓灵,妖氛蔽日豺狼横。
操虽汉相实汉贼,逼胁万乘迁神京。
二袁刘表孙破虏,坐视王室扬旗旌。
豫州哀愍世无主,殷勤三顾茅庐行。
先生感激弃耒耜,坐间谈论诛鲲鲸。
运谋东吴破赤壁,长剑西指烟尘清。

① 《续资治通鉴长编》,中华书局1995年版,第210页。
② 《铁围山丛谈》,中华书局1983年版,第18页。

> 托孤泣涕请继死,愿效忠贞竭股肱。
> 祁山六出世罕比,折冲不用施刀兵。
> 中兴功业耀神武,灭伏鼠盗潜无踪。
> 苍天何事绝炎汉,半夜耿耿长星倾。
> 可怜豪俊志不遂,哽咽怨气空填胸。

这首诗见于小说《夔关姚卞吊诸葛》,文字略有不同。小说里讲,姚卞字伯善,曾应举不第。成都府安抚晁尧臣是他父亲的好友,邀他去西川游学,途经夔关诸葛亮庙,写了一首词赋八阵图,又写了一首诗致祭,就是这首古风。后来姚卞得到诸葛亮的保佑,中了状元,累官至吏部尚书,升参知政事。《三国志演义》称他为宋尚书姚伯善,可是在宋代史籍中找不到线索,大概就是从小说引来的。小说里还有他的一首写八阵图的《酹(原误作酩)江月》词,《三国志演义》却没有收。现在补录于下:

> 小舟横截,看云峰高拥,千堆苍壁。白帝城中冠盖换,田野(《花草粹编》有"犹谈"二字)玄德。三顾频繁,两朝开济,何处寻遗迹?翻石阵,至今神护沙碛。　　想诸葛当年,幅巾高卧,抱图王计策。见说祠堂今尚在,中有参天松柏。巡蜀英谋,吞吴遗恨,俯仰成今昔。空令豪俊,浩歌横涕挥臆。

值得注意的是《三国志通俗演义》卷十六《魏太子曹丕秉政》引有宋邺郡太守晁尧臣的《登铜雀台》诗一首,卷十七《八阵图石伏陆逊》又引有宋贤晁尧臣《赋八阵图》一

诗,不知所据。可能另有一本小说,或者《吊诸葛》还有更
繁复的版本。晁尧臣是姚卞的父辈,可能也是虚构的人
物,联辉堂本《三国志传》卷十四引晁尧臣诗称作成都制
置,正与小说《夔关姚卞吊诸葛》相合,似乎来源相同。
《三国志通俗演义》所引宋贤晁尧臣《赋八阵图》诗,或许
本来是与姚卞的词相唱和的,且不见于《吊诸葛》,也许出
于别的话本,也引录于此,以便研究:

> 怪石成堆抵万军,孔明布阵在江滨。
> 四头八尾分形势,三略六韬惊鬼神。
> 天地风云生变化,鸟蛇龙虎按经纶。
> 历观自古行兵者,妙策如公有几人。

　　《三国志通俗演义》里引诗赋很多,也是宋元话本的
常规,有的确是唐宋名家的作品,有的却不见于他书。如
上引姚卞、晁尧臣的诗,就不知来源,从它所写的故事情节
和语言的通俗朴实看,也许是书会才人或说话人假托的。
又如第五则《董卓议立陈留王》一节中引一首曹仙姑的诗
"腐草为萤上岸时",这个曹仙姑是谁呢? 她是宋代的女
道士,初名希蕴,徽宗赐名道冲,见明李濂《汴京勾异记》
卷二引郑昂《希元观妙先生祠堂记》。著有《曹希蕴歌诗
后集》二卷,未见传本。小说《史弘肇传》也引有她的一首
《风响》诗,但实为唐人高骈《风筝》诗的改笔,大概是说话
人假托的。可能也和姚卞一样,只是随意虚拟的人名。
　　《三国志演义》里还有许多唐宋名贤的诗,都不见于

现存的诗文集,如第十七则《王允授计诛董卓》中引邵康节诗,第四十一则《青梅煮酒论英雄》引苏东坡诗,第六十八则《玄德跃马跳檀溪》中引苏学士古风,第七十五则《定三分亮出茅庐》中引曾子固古风,第八十二则《长阪坡赵云救主》引司马温公《长阪词》,第八十三则《张益德据水断桥》引祖龙图《据水断桥赋》,第二百零五则《孔明秋风五丈原》中引元微之《孔明庙赞》、白乐天《言先主能用孔明诗》、程伊川《挽孔明诗》等,都不像是名人的佚文,出处是很可疑的。

　　更值得注意的是有些引文确有来源,如《孔明秋风五丈原》一则中引有一篇"南轩张氏赞孔明曰":

> 维忠武侯,识其大者。仗义履仁,卓然不舍。
> 方卧南阳,若将终身。三顾而起,时哉屈伸。
> 难平者事,不昧者几。大纲既得,万目乃随。
> 我奉天讨,不震不竦。惟一其心,而以时动。
> 噫侯此心,万世不泯! 遗像有严,瞻者起敬。

按:南轩张氏即张栻,这篇赞见于他的《南轩集》卷三十六,题为《汉丞相诸葛忠武侯画像赞》。可见书中引文并非完全出自虚拟,其中许多前贤的诗文,也许真有古人的佚文在内,还值得继续研究。张栻还著有《汉丞相诸葛忠武侯传》,是一本罕见的书,现存《宛委别藏》本,可见他对诸葛亮是极为尊崇的。明人夏良胜《中庸衍义》卷五也引了张栻这篇赞。

　　这一则里还引有"史官朱黼论孔明曰"的一大段文字：

> 　　孔明高卧南阳，时人莫之许也。余窃论之，孔明王者之佐，伊尹之俦也。管乐之比，特主乎拨乱继绝之志，一时自寓之言耳，奚足以知孔明哉？夫孔明之于伊尹，所遇虽异，处心则同，要未可以差殊观也。夫躬耕有莘，而系尧舜之道；躬耕南阳，而吟梁父；同一隐晦也。聘币三往而后起，枉驾三顾而后从，同一出处也。……其肯以天下动其心乎？其肯以负其主以利其家乎？其肯为不义以利其身乎？

朱黼是南宋人，著有《纪年备遗正统论》（《直斋书录解题》作《纪年统纪论》）一卷，见《宋史·艺文志》，未见留传。他论诸葛亮的话，除见于《三国志演义》外，只见于明人夏良胜《中庸衍义》卷五引的一小段，从"孔明高卧南阳"到"一时自寓之言耳"，只有五十奚字。而在《三国志通俗演义》里却保存了一大段朱黼的原文，可能是一篇宋人的佚文，那就非常可贵了。

　　《演义》引有不少"史官"或"前贤"的诗文，绝大多数都不见于《三国志平话》，除了胡曾《咏史诗》，都引到了杜甫的《蜀相》，这是不足为奇的。此外还有两篇有关的，一首是《平话》卷下曹丕受禅台歌，原作很长，共二十六句。开头四句是："鹤凫燕鼠狐狸嗚，鬼吹病死烧蓬蒿。此台虽善名不善，垒土虽高德不高。"中间有两句是："黄土一

堆宫自痴,空在巍巍半空里。"《演义》第一零九则《废献帝曹丕篡汉》里说:"后人观此受禅台,有诗叹曰":

> 鸢鸱攫鼠腥狐臊,鬼吹野火烧蓬蒿。
> 此台名禅人不禅,斯地虽高道不高。
> 黄土一堆真可耻,虚在巍巍半空里。
> 坏却唐虞揖让风,奸臣贼子从此起。

后者显然是从前者改写而成,不能说没有传承关系。另一篇是《平话》卷下署名苏东坡的诸葛亮庙赞:

> 密如神鬼,疾若风雷。进不可当,退不可追。昼不可攻,夜不可袭。多不可敌,少不可欺。前后应会,左右指挥。移五行之性,变四时之令。人也? 神也? 仙也? 吾不知之,真卧龙也。

这篇赞亦见于《演义》第二零九则《武侯遗计斩魏延》,文字全同,但不见于现存的苏轼文集,当出于书会才人的虚构,不会是罗贯中的代笔。也许罗贯中也信以为真,沿用旧本,未作校勘。

罗贯中或其前的才人的确读过不少书,包括正统的经史和民间的说唱,兼收并蓄,广征博引。书中引用了许多诗文和史料,有的注明出处,又略加解说。如第八十四则《刘玄德败走夏口》中插入的一段话:"后来史官裴松之,曾贬剥(当作驳)刘玄德此言非真也。论曰":

> 当时玄德在许昌,曾与董承等同谋,但事泄漏不

克谐耳。若为国家惜操,安肯若是同谋诛之乎? 云长
果此时劝杀曹操,玄德不肯从者,因恐惧曹操心腹爪
牙之多也。有徒,事不宿构,非造次所行;操虽可杀,
自身亦不能免祸,故以计而止,何惜之有乎! 既往之
事,故托为雅言。故知以为国家惜而答云长者,非本
心也,乃饰词耳。

按《三国志》裴注原文作:

　　臣松之以为备后与董承等结谋,但事泄不克谐
耳。若为国家惜曹公,其如此言何! 羽若果有此劝而
备不肯从者,将以曹公腹心亲戚,实繁有徒,事不宿
构,非造次所行;曹虽可杀,身必不免,故以计而止,何
惜之有乎! 既往之事,故托为雅言耳。①

《演义》里那些加出来的文字,大概是为了帮助看官
们了解而作的补充和较浅显的解说,可能还是说话人在演
说中加进的插话。除"有徒"上面的"实繁"两字可能是无
意的脱漏外,其馀文字不同,则显然是引用者有意的增改。

第六十七则《刘玄德襄阳赴会》中有蔡瑁假造诬陷刘
备的一首反诗:

　　困守荆州已数年,眼前空对旧山川。
　　蛟龙不是池中物,卧听风雷飞上天。

也和《水浒》里宋江题的反诗一样,略显了书会才人的文

① 《三国志》卷三六《关羽传》,中华书局1959年版,第941页。

采,但未见于元刻本的《三国志平话》。这又不像是罗贯中的拟作,因为罗贯中未必会把近体的七绝诗放在三国时的蔡琰名下。元刻本《三国志平话》里刘备写的诗倒是不少,卷中刘备投奔袁谭时得不到援助,念了一首短歌,还是楚歌体,比较合乎汉代的情况,正和《三国志通俗演义》第七则《废汉君董卓弄权》中少帝、唐妃所作的绝命歌同一体制(原出《后汉书·皇后纪》,文字有误)。赵云当场也和了一首。《三国志平话》里刘备三顾茅庐时又先后在西墙题诗两首,《演义》就没有收。第一首是:

> 独跨青鸾何处游,多应仙子会瀛洲。
> 寻君不见空归去,野草闲花满地愁。

这首诗的末一句流传很广,据说出于孔子的琴歌,见于宋代孔传编订的《东家杂记》,原歌作:"寒暑往来春复秋,夕阳西去水东流。将军战马今何在,野草闲花满地愁。"[①]这首近体的七绝,显然不可能是春秋时代的作品,很像是说话人的留文,末一句更是说话里常见的名句,就被借用到《三国志平话》里来了。(亦见于《水浒传》第三回的入话诗,末两句还是"将军战马今何在,野草坪花满地愁"。)

　　《三国志平话》里还有刘备在黄鹤楼上写的楚歌和赞,都没有被收入《演义》,似乎罗贯中比较注意了刘备的时代和身份,轻易不收为他虚拟的诗歌,只收了一些拟作的书信文牍。他采用的大概并非现存这一种版本的《三

---

① 《东家杂记》,《丛书集成初编》重印《琳琅秘室丛书》本。

国志平话》,因此《三国志平话》里的许多诗词如卷下的一首《钟吕女冠子》曲,就未被《演义》采用。

《三国志通俗演义》基本上用的是浅近的文言,与平话有较大距离,更不如小说家话本通俗浅显。因此很难从语言上看出它的时代特征。但从它个别情节和诗词赋赞看,还是可以发现一些宋代讲史"说三分"的痕迹,从而探索它的渊源。如《长阪坡赵云救主》、《张益德据水断桥》等则,口语化程度较高,引用诗赋较多,就像是沿袭自前人的话本。书中也出现了一些宋元话本里常见的词语。例如第十四则《孙坚跨江战刘表》中孙坚说:"叵耐刘表昔日断吾归路,今不乘时报恨,又待何年!"这"叵耐"一词常见于宋元话本,元刻本《三国志平话》里就屡见不鲜。如:

> 术哭曰:"叵耐张飞!"(卷上)
> 叵耐刘备故言关公不知所在,今损吾二将!
> 叵耐胡汉! 尔言不求司日生,只顾同日死。
> 叵耐胡汉,尔今有何面目。(以上卷中)

又如第十五则《司徒王允说貂蝉》:"卓命允回,乘白马,前列侍五七人。"第五十六则《刘玄德古城聚义》:"江东孙伯符威镇三江……积粮有五七年。""五七"也是宋元时代口语的称数法,也屡见于《三国志平话》。如:

> 城上张宝火急开门,张表军都无五七十人入城。
> 在路数日,前至虎牢关,相离大寨五七里下帐。
> 三将辞冀王,出寨东北五七里,到于本寨。

　　　　都无五七日,使丫环侍女,驷马重重,送貂蝉于太
师宅内。(以上卷上)

　　　　却说曹操知得周瑜为元帅,无五七日。(卷中)

　　从这方面也可以看出它和宋元话本还有某些共同的
时代特征。

　　《三国志通俗演义》与《三国志平话》有许多共同的资
源,但并非传承自现存的元刻本《三国志平话》,很少沿用
其中的诗歌赋赞,也摒弃了一些太荒诞的故事情节(参看
周兆新《三国演义考评》)。现存的《三国志平话》和另一
种版本《三分事略》一样,都是删节本①,《演义》的祖本应
该较这两种版本更繁更详。有迹象表明,《演义》与宋元
小说家话本也有一定的联系。罗贯中在编次成书时曾吸
收了不少当时流传的民间故事,并收录、改换、拟构了许多
诗文作品,似乎有意在添加一些文采,也加强了演义小说
的历史真实感。(有些诗文不见于叶逢春本,可能是明人
所加。)《三国志通俗演义》开始以平话为基础改编成新型
的历史演义小说,作为供读者阅读的文学作品,比说话人
所用的话本有了很大的提高。应该说这是中国小说史上
的一次重大发展。

　　　　　　　　　　　　(原载《文学遗产》2014 年第 2 期)

---

　　①　参看拙作《从〈三分事略〉谈话本的繁简》,《三国演义学刊(一)》,四
川社会科学出版社 1985 年版,第 48—55 页。

读《水浒全传校注》书感

　　早就听说王利器先生在作《水浒传》的校注，我一直盼望着这一巨著能早日问世，佢总是杳无音信。直到王先生辞世十一年之后，才看到了《水浒全传校注》的全貌。初步阅读之下，真感到了震惊和佩服。

　　《水浒》是一部杰作，王先生的校注又是一部力作。他用了几十年的心血，查看了近五百种书，亲手抄录了一百三十多万字。这是多么艰巨而繁重的工程啊！恐怕只有这样的校注才配得上《水浒》这部伟大的经典著作。

　　《水浒全传校注》按照前人为经典作注疏的方式，广征博引，逐字逐句地加以笺证。也许有人会像批评李善注《文选》那样，认为这是"释事忘义"的炫学之举。但是今天谁又能读《文选》而不依傍李注呢？《水浒》是一部宋元时代历史文化和社会生活的百科全书，正需要这样详尽的注释，才能揭示它独具的艺术的、文献的价值。《校注》以翔实的资料论证了《水浒》原作者的才学和见识，也论证了注者对《水浒》的研究成果。这是一种坚实的基础研究。

校注者全面地占有资料,对书中的每一个环节都作了精心的考证。首先,校注者有一篇独具一格的序言,对"引首"和"艳"、"致语"等词语作了详细分析,最后对《水浒》的版本作出了自己的结论,认为天都外臣序本,是所谓施耐庵的本;日本无穷会藏的李卓吾评本是李评真本;李评本的底本即郭武定本。这个结论是王先生经过反复研究而得出的,早曾跟我们当面谈过他的看法。虽然未必能成为公认的定论,但对于历来存有异议的版本疑团,确是提出了一个独具只眼的读法,揭示了正本清源的"话头"。

《校注》的突出特点,就是不厌其详的收集有关本书文字的资料,注释条目之多,令人惊叹不已。如一篇引首,就设立了106条注。第二回设了371条注,第二十四回设了241条注。《水浒》的研究资料,已有不止一种的专书,而《校注》则扩大了资料的范围,又把各种资料分别系在每个词句之下,为正文作了解释和关连的旁证,也为《水浒》的产生展示了广阔的历史背景。

注释所引的书证,则力图竭泽而渔,有见必录。往往是一个字就引用了十几种书,一条注就写了上千字。以前的训诂学家提倡"例不十,法不立",就是说要确立一个字的义项,要举出十个以上的例证,这是极高极严的要求。王先生的注,就是按这个要求来做的。当然,并不是每条注都能举出十个书证，也不是说必须十个书证才能确立一个义项，但这种做法是符合科学研究的法则的。《水浒全传校注》的不少注释，就可以为《汉语大词典》补出许多条目和书证。它在训诂学上的独特贡献，是非常突出的。

另一方面，校注者注意于历史文化的印证，收集了许多民风世俗的资料，又是一种独特的社会史料。有些是罕见的秘籍，有些是不为人注意的杂书。从先秦古籍到民国以后的方志，都兼收并蓄，巨细不遗。他很注意于民风世俗的传承，如第277页注[95]："则'郑屠'之称，亦宋元习俗如是也。"555页注[46]对"朱书"作考察之后，指出："亦研究婚姻史之重要资料也。"书中有不少有关的社会史料，也是非常可贵的。

王先生对《水浒》的校注，具有自己的观点，强调的是它产生于宋代，写成于传为元人的施耐庵。他有"耐雪堂"的斋名，就是以耐庵和雪芹为崇拜对象的。他在第51页注[28]中把《钱塘梦》的入目词与《水浒》的引首词作对比，认为前者为拟《水浒》而作，从而得出结论："《钱塘佳梦》既见著于《醉翁谈录》，而《钱塘梦》又重刻于弘治年间，则《水浒》非纂修于明代，似无有疑义也。"他在注释中一再指出哪些是宋元习俗或宋元俗语，就是为了说明《水浒》里有许多是宋元以来的旧本。如第745页注[59]引用《归田诗话》中"生辰纲"的记载，推论说："然则明初人已然见到《水浒》了。"又如1326页注[14]说："作者书成时，尚无《宋史》，然所叙录，已与正史相辅助，全赖后人疏通证明之。乃数百年来,竟无识者,亦未有人留心及此,可慨也夫!"关于《水浒》产生的年代,是文学史和版本学上的一个老大难问题。近年学术界比较公认的见解是,它是一部世代累积型的作品。包括语言学家和历史学家,都持这一看法。但是有一部分学者偏重它的下限,注意于寻求明代的例证;有一部分学者则偏重它的上限,着力于考证宋元时代的痕迹。王利器先生是后一派的代表。他对《水浒》的研究,有许多突出的成就,这部《校注》更是他几十年来的精心力作,无论能不能接受他的结论,总要先看一看他收集的文献资料。我们要全面深入地了解《水浒》,这部《校注》总是不能不看的。

遗憾的是,《校注》经过几十年的惨淡经营,直到最后还没有完全杀青。王先生精益求精,始终还在订补扩充。这从某些条目的前后差异或重出可以看出这一迹象。人生有涯,书囊无底,这是无可回避的事实。因此书中有一些遗留的问题,也就不足为怪。为了继续探讨,我愿做一点拾遗补阙的献替,可惜的是,不能再就教于王先生了

例如第 55 页注[39],"故宋"一词,只注"为元代人对宋代的称呼",没举书证,就显得说服力较弱。不揣谫陋,试举几条书证作续貂之补:

　　元好问《南冠录引》:"就所传谱牒,乃于河南诸房得之,故宋以后事为详,宋以前皆不得而考也。"(《遗山文集》卷三十七)姚燧《襄阳庙学碑》:"襄阳,宋之鄙城也。金社既墟,尝归吾元。由于忽弃不戍,

故宋切筑为蓟北门始四十年。"(《元文类》卷十九)郑
陶孙《舍奠礼器记》:"议从旁郡致工匠补之,有袖舍
奠礼器图一编来者,乃故宋景定间赵公汝楳守宣城日
所作而锓诸梓者也。"(《元文类》卷二十七)俞焯《诗
词馀话》:"故宋驸马杨镇有十姬,皆绝色,名粉儿者
尤胜。"(涵芬楼本《说郛》卷四十三)《错斩崔宁》:
"却说故宋朝中,有一个少年举子。"《勘靴儿》:"这词
调寄《柳稍青》,乃故宋时一个学士所作。"《醒世恒
言·佛印师四调琴娘》:"原来故宋时,最以剃度
为重。"

这里应该说明,说有易,说无难,如《佛印师》这篇的
年代很难断定,就不能据此而说也是元人作品。不过元代
人确是多称宋代为"故宋"的。

说到这里,还可以提到,《水浒》第四十五回原文说:
"因此苏东坡学士道:'不秃不毒,不毒不秃。转秃转毒,
转毒转秃。'"第 1915 页注[21]引了《拍案惊奇》卷二十
六,却没引《恒言》的《佛印师》。又说:"不言出自东坡。"
其实,最早的来源是宋人的《东坡问答录》(又名《东坡居
士佛印禅师语录问答》),书中第二则《纳佛印令》确是说:

> 东坡与佛印同次,佛印曰:"敢出一令,望纳之。
> 不悭不富,不富不悭。转悭转富,转富转悭。悭则富,
> 富则悭。"东坡见有几讽,即答曰:"不毒不秃,不秃不
> 毒。转毒转秃,转秃转毒。毒则秃,秃则毒。"

　　又如第 1923 页注［54］引李昌龄《乐善录·僧道》一条，且说："此条，宋本《乐善录》无之，而见于《续百川学海》本，不意《水浒》之足以证成宋本《乐善录》之有遗漏也。"不料这是上了《续百川学海》的当。这一条实际上不是李昌善的《乐善录》而是出于黄光大的《积善录》，见于涵芬楼本《说郛》卷六十四。不过说《水浒》引用的是宋代的谚语，还是可以成立的。

　　像这样的问题当然只是偶然的疏忽，属于智者的千虑一失。王先生作为北大的校友或作为整理出版古籍的编辑，都是我的老前辈。作为后学，在作者身后却要大胆地吹毛求疵，提出个人的一得之见，不避班门弄斧之讥，只是希望今后重印此书时能作适当的校订，使这部力作更完善一些，能起更大的影响。我相信这部传世之作一定会有重印的机会的。作为编辑工作者，对民族文化经典负有保护和传承的责任，对读者负有推广和引导的义务，这是我们共同的守则。为了推进对《水浒》的研究整理，我愿以这篇读后感作为对王利器先生的一种纪念。

　　王利器先生留下了很多精湛的著作，但这部《水浒全传校注》还是没有最后完成的遗稿。河北教育出版社的同行们，付出了多年的精力物力，整理出版了这部巨著，相信许多读者会和我一样表示衷心的感激和钦佩。但我还是要吹毛求疵，提一点意见。令人惋惜的是，录入和校对的人员对繁体字、异体字还不够熟悉，因而书中出现了一些错误，不免也是白璧微瑕。这是目前古籍出版中常见的问题,值得我们认真对待。为了引起大家注意,这里举一个典型的例子:第55页注[41]引翟灏《通俗编·数目》为"個"字作注,原文是:

> 《大学》:"若有一个臣。"《左传》:"又弱一个焉。"《吴语》:"一个负矢,百群皆奔。"《考工记》:"庙门容大扃七个,闱门容小扃叁个。"通作箇,扬子《方言》:"箇,枚也。"《荀子·议兵篇》:"负矢五十箇。"亦作個。《仪礼·士虞》及《特牲馈食》俱云:"俎释三个。"郑注云:"今或名枚为個者,音相近也。俗言物数有云若干個者。"按:个属古字,经典皆用之。箇起六国时,個则用于汉末,郑康成犹谓俗言。唐人习用箇字,如杜诗"两箇黄鹂鸣翠柳","樵音箇箇同",今或反疑个为省笔,非也。

这是清代人翟灏对"个"字演变作出的考释,很值得古籍整理者和文字学者参考,可是在书里把所有的"个""個""箇"三个字都排成了"個",又把"焉"字排成了"马"字,"释"字排成了"挥"字,就使读者莫名其妙了。

2010年11月22日写定

(原载《书品》2011年1期)

《忠义传》与《水浒传》

《水浒传》的早期刻本都题为《忠义水浒传》，如《百川书志》所著录的"钱塘施耐庵的本"；现存残页的一种早期刻本竟只题作《京本忠义传》，并没有"水浒"二字。梁山好汉怎么会都列入了《忠义传》呢？这恐怕还得从正史里的忠义传说起。

"二十四史"里最早设立《忠义列传》的是唐太宗李世民任主编的《晋书》，第八十九卷是《忠义》，立传的有嵇绍等二十五人（不计附传）。传前序言说：

> 古人有言："君子杀身以成仁，不求生以害仁。"又云："非死之难，处死之难。"信哉斯言也！是知陨节苟合其宜，义夫岂吝其没；捐躯若得其所，烈士不爱其存。

下面就列举了晋代的一系列"蹈节轻生之士"，最后说：

> 莫不志烈秋霜，精贯白日，足以激清风于万古，厉

薄俗于当年者欤！所谓乱世识忠臣，斯之谓也。卞
壶、刘超、钟雅、周虓等已入列传，其馀即叙其行事以
为《忠义传》，用旌晋氏之有人焉。

《忠义传》中如虞悝抗击王敦的叛乱，被王敦部下魏义所
擒，他对子弟说："人生有死，阖门为忠义鬼，亦何恨哉！"
又如谯王司马承对虞悝出来作官时说："况今鲸鲵塞路，
王室危急，安得遂罔极之情，忘忠义之节乎！"再参证以
《晋书》卷 37《宗室传》。司马承在拒绝王敦策反活动时
曾说：

> 吾其死矣！地荒人鲜，势孤援绝。赴君难，忠也；
> 死王事，义也。惟忠与义，夫复何求。

这是当时人对"忠义"的解释。"赴君难"是"忠"，"死王
事"是"义"。二者兼备，才是"忠义"。似乎必须是以身殉
国的忠臣，才够得上称"义"，相当于烈士的称号。《忠义
传》里的人物，大多数符合这个标准。

然而《忠义传》中有一个刘敏元，他在永嘉之乱中与
同县七十多岁的管平同行逃难，为盗所劫。他在脱身之后
又回去对"贼"说："此公孤老，馀年无几，敏元请以身代，
愿诸君舍之。"在经过一番抗争之后，盗长相谓曰："义士
也！害之犯义。"就把他们两人都放了。刘敏元"后仕刘
曜，为中书侍郎、太尉长史"。可能在"盗贼"们看来，刘敏
元为朋友舍生取义，够得上是个"义士"。可是他后来却
做了刘曜的官，实际上背叛了晋朝的中央政权，又怎能符

合"赴君难"之"忠"呢？然而他也列入了《晋书》的《忠义传》。

《晋书·忠义传》还有一个太守陈楚的功曹韦忠，遇上山羌破郡，韦忠以身捍卫陈楚，愿以身代。因而"贼相谓曰：义士也，舍之"。韦忠舍身救护的是太守陈楚，所以说他是义士而没说他是忠臣。后来这个韦忠又"仕刘聪，为镇西大将官、平羌校尉，讨叛羌，矢尽，不屈节而死"。那么韦忠虽然也可以说是"死王事"，然而所忠的是刘聪，即匈奴人所建立的汉朝政权，而不是司马氏的晋朝。他也被写入了《晋书》的《忠义传》，真令人有些费解了。

从最初的《忠义传》看，"忠义"的概念就有些模糊。作为一个复词，它的词义有时偏重于"忠"，有时偏重于"义"，而"义"又可以有不同的解释。除了司马承所说的"死王事"之外，一般的"蹈节轻生之士"也都可以称为"忠义"。《晋书·忠义传》里除了少数几个人结局不明，绝大多数都如传赞所说，是"重义轻生，亡躯殉节"的烈士。

在《晋书》之后，《旧唐书》卷187、188，《新唐书》卷191、192、193都是《忠义传》；《新五代史》则分设了《死节传》和《死事传》；《宋史》的《忠义传》最多，自卷446至455，共有十卷之多。自唐至宋，忠义之士越来越多，到了南宋，国家越弱，忠臣越多，不是"乱世识忠臣"，而是"乱世出忠臣"。《宋史》的忠义之士，绝大多数是在宋金对峙和宋元对抗时出现的，共收了二百七十多人（包括附传）。可是宋朝还是无可挽回地灭亡了。《宋史·忠义传》的小序说：

士大夫忠义之气……及靖康之变,志士投袂,起而勤王,临难不屈,所在有之。及宋之亡,忠节相望,班班可书,匡直辅翼之功,盖非一日之积也。

奉诏修三史,集儒臣议凡例,前代忠义之士,咸得直书而无讳焉。然死节、死事,宜有别矣;若敌王所忾,勇往无前,或衔命出疆,或授职守土,或寓官闲居,感激赴义,虽所处不同,论其捐躯徇节,之死靡二,则皆为忠义之上者也;若胜负不常,陷身俘获,或慷慨就死,或审义自裁,斯为次矣;若苍黄遇难,陨命乱兵,虽疑伤勇,终异苟免,况于国破家亡,主辱臣死,功虽无成,志有足尚者乎! 若夫世变沦胥,毁迹冥遁,能以贞厉保厥初心,抑又其次欤! 至于布衣危言,婴鳞触讳,志在卫国,遑恤厥躬,及夫乡曲之英,方外之杰,贾勇蹈义,厥死惟钧。以类附从,定为等差,作《忠义传》。

《宋史》的编纂者把忠义之士分为好几等,但并没有分类标明。从他们的行事看,都是能够“捐躯徇节,之死靡二”的。所谓“忠”就是忠于赵宋王朝,是最根本的标准;所谓“义”则是陪衬,或者说是一个抽象的道德概念。文天祥所阐述的话是:“孔曰成仁,孟曰取义。”能“舍身”就是“取义”,有君臣之义,有父子之义,有夫妇之义,有朋友之义,为之杀身,也就是“成仁”,似乎并不限忠于一家一姓。《宋史·文天祥传》后论曰:“自古志士,欲信大义于天下者,不以成败利钝动其心,君子命之曰‘仁’……”并没有说文天祥的“忠”,可能是写于元朝时而有意回避。而文天祥的追随者,则大多写在《忠义传》里了。到了清初,万斯同还续编了一部《宋季忠义传》(现存抄本),又增补了好多人,可见宋代真出了不少忠义之士。

那么宋江三十六人乃至一百零八人能不能也列入忠义传呢?《宣和遗事》前集讲到宋江得到九天玄女娘娘的天书,在三十六人名单之后,有一行字写道:

> 天书付天罡院三十六员猛将,使呼保义宋江为帅,广行忠义,殄灭奸邪。

后面吴加亮又向宋江道:

> 是哥哥晁盖临终时分道与俺,他从正和年间朝东岳烧香,得一梦,见寨上会中合得三十六数。若果应数,须是助行忠义,卫护国家。

原来宋江三十六人要"助行忠义,卫护国家"是早在宋元之际《宣和遗事》产生时期就已定下的方针,也是晁盖生前就已确定的路线,而不是宋江掌权以后才篡改的。《水浒传》第四十二回九天玄女吩咐宋江:"为主全忠仗义,为臣辅国安民。"这里的"为主",应该是为梁山泊的"主";"为臣"当然是受招安以后为宋朝的"臣"。"全忠"应即"忠心报答赵官家","仗义"就是"仗义疏财"了。《水浒传》基本上贯彻了这个方针,一方面要"酷吏赃官都杀尽",一方面要"忠心报答赵官家",力图搞成"忠"和"义"的平衡。然而,"可怜忠义难容世,鸩酒奸谗竟莫逃"(第一百回诗),宋江还是被毒酒药死了。这在《宋史·忠义传》里也许可以列在第十卷的陈东、欧阳澈一个等级。

《水浒传》故事大致起源于南宋，说话人有意无意地把梁山好汉和太行忠义联系了起来。我们知道：南宋时太行山区有人民抗金武装的忠义社，岳飞曾招募他们一起作战。《宋史》卷365《岳飞传》载：

> （绍兴）六年，太行山忠义社梁兴等百馀人，慕飞义率众来归。……又命梁兴渡河，纠合忠义社，取河东、北州县。……梁兴会太行忠义及两河豪杰等，累战皆捷，中原大震。

就在抗金屡胜的大好形势下，岳飞被高宗赵构和奸臣秦桧杀害了。太行忠义社的首领如果归顺了宋朝，当然也逃不脱宋江等人的命运。曾有研究者论证过《水浒传》与岳飞馀部抗金活动的关系，梁山将领也曾有参加过抗金战争的人物（最明确的是史斌，《建炎以来系年要录》说他"本宋江之党"），余嘉锡先生《宋江三十六人考实》有所考证，但大多不能确认。如果从"通性之真实"来看，《水浒传》里《涌金门张顺归神》这一回真可能是以抗元民兵部将张顺为原型的。《宋史·忠义传》（五）载：

> 张顺，民兵部将也。襄阳受围五年，宋闻知其西北一水曰清泥河，源于均、房，即其地造轻舟百艘，以三舟联为一舫，中一舟装载，左右舟则虚其底而掩覆之。出重赏募死士，得三千。求将，得顺与张贵，俗呼顺曰"矮张"（此处有误），贵曰"竹园张"，俱智勇，素

为诸将所服,俾为都统。出令曰:"此行有死而已,汝辈或非本心,宜亟去,毋败吾事。"人人感奋。汉水方生,发舟百艘,稍进团山下。越二日,进高头港口,结方陈,各船置火枪、火炮、炽炭、巨斧、劲弩。夜漏下三刻,起碇出江,以红灯为识。贵先登,顺殿之,乘风破浪,径犯重围。至磨洪滩以上,北军舟师布满江面,无隙可入。众乘锐凡断铁絚攒栰数百,转战百二十里,黎明抵襄城下。城中久绝援,闻救至,踊跃气百倍。及收军,独失顺。越数日,有浮尸溯流而上,被介胄,执弓矢,直抵浮梁,视之顺也,身中四枪六箭,怒气勃勃如生。诸军惊以为神,结冢敛葬,立庙祀之。

龚开《宋江三十六人赞》中惟独对张顺用了"忠"字:

> 雪浪如山,汝能白跳。愿随忠魂,来驾怒潮。

龚开对别人都没有许之以"忠",如果张顺只是在打方腊时牺牲的一名勇士,他怎么会说到"愿随忠魂"呢? 因此前贤认为这个张顺的原型就是救援襄阳的张顺,还是大致可信的。

《水浒传》的编纂者相当忠实于历史,并没有把抗金拒元的斗争挪移到宣和年间的宋江名下。尽管《宣和遗事》曾把梁山泊移到了太行山,然而在《水浒传》里却很严格地按照时间顺序只讲到征方腊班师还朝为止。只在第一百回里提了一下:

> 呼延灼受御营指挥使,每日随驾操备。后领大军

破大金兀术四太子,出军杀至淮西阵亡。只有朱仝在保定府管军有功,后随刘光世破了大金,直做到太平军节度使。

还有第九十一回,提到了方腊降将金节的结果:

> 有副都督刘光世,就留了金节,升做行军都统,留于军前听用。后来金节跟随刘光世,破大金兀术四太子,多立功劳,直做到亲军指挥使,至中山阵亡。

除此之外,只有曾头市的曾家是大金国人,但与梁山泊的冤仇并非民族矛盾。

《水浒传》并没有写到北宋的崩溃和南宋的灭亡,但始终标榜着"忠义"的口号。梁山好汉们高唱"酷吏赃官都杀尽",即所以"忠心报答赵官家";他们受招安去替国家打不"替天行道"的强盗,也是忠于赵官家;最后宋江为了保持一世清名,把毒酒给李逵分享同死,也是忠于赵官家。从封建道德的标准来衡量,宋江及其大多数追随者,确是有资格进入忠义传的。然而《忠义水浒传》的主要作者,在具体的艺术描写中,赞扬的是"仗义疏财"的义,"替天行道"的义,"舍己为人"的朋友之义,"同生共死"的异姓兄弟之义。广大读者所欣赏的也是这种"义"而不是"忠"。《水浒传》中真正动人肺腑的是像《鲁智深大闹野猪林》那样"救人须救彻"的侠义精神。

"忠义"是一个复合词,从《晋书·忠义传》开始,就可以有不同的理解,或偏重于"忠",或偏重于"义"。在《水

浒传》里也同样有不同的理解。容与堂本"李卓吾先生批评"《忠义水浒传》的第四十回末,有李秃翁评语说:

> 晁盖也须十七人才来干事,张顺亦是九人方来劫牢;那里如李大哥,独自一个,两把板斧,便自救人。是如何胆略!如何忠义!或曰:若无晁盖、张顺等众人,终须丧了三人性命。卓吾曰:如此一算,便无胆略,便不是忠义了。若是真正忠义汉子,即事不济,亦不碍其为忠义也,此李大哥之所以不可及也与?此李大哥之所以不可及也与?

对于那位叫嚷要拥戴晁盖为大皇帝、宋江为小皇帝,直到死后还要抡起双斧径奔宋徽宗的李逵,竟被称作"真正忠义汉子"。无论评者是否李贽,真可以说是善读《水浒传》者了。

（原载《文史知识》2003 年 10 期）

《西游记》版本探索①

　　《西游记》的作者和著作年代,至今还是一个没有解决的问题。吴承恩是不是《西游记》的最后修订者,就是一个谜。章培恒先生和黄永年先生都曾提出了质疑②,但还是有不同意见。无论如何,《西游记》早就有不止一种版本,这是无可怀疑的。早在元末明初,曾有一部《西游记平话》,见于朝鲜人编的《朴通事谚解》。永乐五年(1407)编成的《永乐大典》第一三一三九卷里收有《西游记》的《梦斩泾河龙》一回,这是非常可贵的一段佚文。据此可以说明,至晚到永乐五年就有一部《西游记》存在。这一回的末尾有"正唤作《魏征梦斩泾河龙》"一句话,与

---

　　①　此文与程有庆合作。

　　②　章培恒《百回本西游记是否吴承恩所作》,载《社会科学战线》1983年4期;黄永年《论西游记的成书经过和版本源流》,载《古代文献研究集林》第二集,陕西师范大学出版社1992年1版,又见中华书局1993年版《西游证道书》前言。

《水浒传》第四十回说"这个唤作《白龙庙小聚会》"相同,像是说话人交代的回目。大概这就是《西游记平话》的残文。

《永乐大典》所引《梦斩泾河龙》一回,与现存百回本《西游记》的第九回情节相似,但简略得多。后出的百回本可能在平话本的基础上又作了不少增订。两本主要不同之点有如下列:

《永乐大典》本

出场人物为两个渔翁:张梢、李定

无诗词

玉帝下令:辰时布云,午时升雷,未时下雨,申时雨足。

有一首诗:黄河摧两岸,华岳振三峰。威雄惊万里,风云喷长空。

百回本(世德堂本)

出场人物为渔翁张梢、樵子李定

各作词五首、诗二首

玉帝下令:辰时布云,巳时发雷,午时下雨,未时雨足。

无此诗

这些地方可以说是永乐五年之后增订的结果。但值得注意的是,情节与百回本大体相同的朱鼎臣编辑本《唐三藏西游释厄传》还保留着"黄河摧两岸"那首诗①,而世德堂刻本《西游记》里却没有了。朱鼎臣本有八首张梢、李定的诗词,而后来根据百回本删改的黄周星定本《西游证道书》却把张梢、李定的诗词全部删去了。这些诗词在《西游记》里本来是游离于故事之外的插曲,删去了也无妨故事的延续。因此《永乐大典》所引用的也有可能是一个曾经删节的简本,但更大的可能是在《永乐大典》之后还有一个古本,即朱鼎臣据以删节的底本,它既有张梢、李定的诗词,又有"黄河摧两岸"那首诗,而且还有江流儿的故事。

我们还可以注意到,百回本里张梢、李定的诗词,表露了更多的文人的隐逸思想,不像是平话艺人的创作,当然更不像渔翁、樵子的口吻。张、李二人渔樵唱和,"既各道词章,又相联诗句",这种情节构思与明代的文言小说十分相似。例如明初瞿佑的《剪灯新话》,就往往采用小说里的人物相互联句唱和的方式,敷演一些故事情节,显示一下作者的文才。这种文言小说不断出现,形成一时的风气。孙楷第先生曾称之为"诗文小说"②。《西游记》在魏征梦斩泾河龙之前,插增一段渔樵唱和的情节,从而引入泾河龙王找袁守诚问卜的故事,还是承袭说话人德胜头回的遗风,正好又和"诗文小说"的盛行也是相呼应的。

---

　　①　参看程毅中《读稗散札·朱本〈西游释厄传〉源出古本》,载《国学研究》第3卷,199—201页。

　　②　《日本东京所见中国小说书目》,上杂出版社1953年1版,170页。

　　世德堂本《西游记》第六十四回《木仙庵三藏谈诗》里还有一大段联吟唱和的情节。孤直公（柏）、凌空子（桧）、拂云叟（竹）、劲节十八公（松）和唐三藏各自作了七律一首，五人又联句二首，随后五人又各作七律一首，接着杏仙出场也作七律一首，共有诗十三首。这种构思远则溯源于唐人传奇如《东阳夜怪录》等，而最相似的则有《潇湘录》的《贾秘》一篇（《太平广记》卷四一五），叙书生贾秘与松、柳、槐、桑、枣、栗、樗七个树木之精相聚谈论；近则借径于明代的"诗文小说"。例如《古今清谈万选》卷四有《常山怪木》一篇，讲的是邵十朋与松、桧、柏、槐四个树精一起吟诗唱和；同书同卷还有一篇《滁阳木叟》，讲的是臧颐正与梧、枫、柳、桑、竹"山庄五逸"联床吟咏。这些故事与《西游记》第六十四回似乎同样体现了一时盛行的风气。

　　这一回的联吟情节也游离于唐僧取经故事之外，然而它确已列入了八十一难中的第五十二难，叫作"棘林吟咏"。据明人盛于斯《休庵影语》说：

　　　　余幼时读《西游记》，至《清风岭唐僧遇怪，木棉庵三藏谈诗》，心识其为后人之伪笔，遂抹杀之。后十馀年，会周如山云："此样抄本，初出自周邸。及授梓时订书，以其数不满百，遂增入一回。先生疑者，得毋是乎？"盖《西游记》作者极有深意，每立一题，必有所指。即中间科诨语，亦皆关合性命真宗，决不作寻常影响。其末回云："九九数完归大道，三三行满见真如。"九，阳也；九九，阳之极也。阳，孩于一，茁于

　　三，盛于五，老于七，终于九。则三三，九数也。不用
　　一而用九，犹"初九，潜龙勿用"之意云。三三，九九，
　　正合九十九回。而此回为后人之伪笔，决定无疑。①

盛于斯的怀疑不无道理，这一回的诗词和第九回的渔樵唱
和一样，可能是较晚的增订本才有的。《休庵影语》这一
条资料还提出了一个新问题。据周如山说这个版本"初
出自周邸"。"周邸"即周藩，即周王府。这句话很值得研
究，因为百回本陈元之序说："……《西游》一书，不知其何
人所为。或曰出今天潢何侯王之国，或曰出八公之徒，或
曰出王自制。"黄永年先生曾根据《古今书刻》的著录，认
为《西游记》最早的版本是山东鲁王府刻本。但盛于斯的
记载又具体明确地说是"出自周邸"，说明《西游记》还有
河南周王府刻本，也可以与陈元之序言相印证。这又是一
个很重要的信息。盛于斯幼年所见的《西游记》这一回回
目作"清风岭唐僧遇怪，木棉（疑为"仙"字之误）庵三藏谈
诗"，而今存百回本回目上句都作"荆棘岭悟能努力"，世
德堂本、杨闽斋本、朱继源本（即《唐僧西游记》）、李卓吾
评本以及《西游证道书》、《西游真诠》、《西游原旨》等各
本都如此，我们还没有发现有作"清风岭唐僧遇怪"的版
本。显然，"唐僧"与"三藏"作对仗，成为合掌，不如以"悟
能"作主语更好。盛于斯所见的《西游记》，末回回目作
"九九数完归大道，三三行满见真如"，也和今存百回本不

　　①　《休庵影语》，开明书店1931年排印本，36—37页。

同。今本末回是"径回东土,五圣成真";而第九十九回作
"九九数完魔残(目录"残"作"灭")尽①,三三行满道归
根",也略有不同。如果盛于斯所说原本"数不满百"不是
误记的话,那么增入的应该是第一百回"径回东土,五圣
成真"。至于"清风岭唐僧遇怪"这一回,倒不一定是最后
增入的。如果第六十四回和第一百回都是新增的,那么原
本就只有九十八回了。现在找不到这样的版本,只能存疑
待考。

盛于斯(1598—1640?),字此公,南陵(在今安徽)人,
著有《休庵集》。顺治五年(1648)周亮工为他编刻《休庵
集》时已不在世,估计他大约卒于崇祯年间。他幼年时所
见的《西游记》可能是早于世德堂本的旧本,但也有"木仙
庵三藏谈诗"的情节。因此他说它是"后人之伪笔",只是
怀疑和猜想而已。所谓"后人"也只是相对于古本而言。

世德堂本收诗词很多,不但唐三藏会吟诗,而且孙悟
空、猪悟能、沙悟净都会吟诗。如第三十六回唐僧一行投
宿宝林寺,夜里唐三藏"对月怀归,口占一首古风长篇"。
虽说赋诗言志是从《大唐三藏取经诗话》传承下来的传
统,但唐僧的诗里用了"乍临汉苑惊秋鬓,才到秦楼促晚
奁。庾亮有诗传晋史,袁宏不寐泛江船"等句子,一点也
不像僧人的口吻,可见拟作者没有注意人物的个性。倒是
孙悟空的一首七绝还具有一点宗教色彩,他指点师父说:

---

① 李卓吾评本及《西游证道书》、《西游真诠》等本"残"作"划"。

> 前弦之后后弦前,药味平平气象全。采得归来炉里炼,志心功果即西天。

沙僧的诗又加以补充发挥,他说:

> 水火相挽各有缘,全凭土母配如然。三家同会无争竞,水在长江月在天。

他们的两首诗主要是讲"三家司会",并不是纯正的佛教徒。写得最有个性的还是八戒的诗:

> 缺之不久又团圆,似我生来不十全。吃饭嫌我肚子大,拿碗又说有粘涎。他都伶俐修来福,我自痴愚积下缘。我说你取经还满三途业,摆尾摇头直上天!

这一回师徒联吟,实际上也是游离于故事之外的游词馀韵,到了《西游证道书》里唐三藏和猪八戒的诗就被删改了。更值得注意的是,百回本《西游记》里还有许多代言体的唱词,这在明代小说里是非常特殊的现象。孙悟空一再向别人自报家门,叙述他的光荣历史。如第十七回对黑熊精唱的"自小神通手段高"七言六十四句,第三十五回对银角大王唱的"家居花果山"五言十六句,第五十二回对独角兕大王唱的"自小生来手段强"七言七十句,第六十三回对九头虫唱的"老孙祖住花果山"七言三十六句,第六十七回对驼罗庄老者唱的"祖居东胜大神洲"七言十句,第七十一回对赛太岁唱的"生身父母是天地"七言六十四句,第八十六回对南山大王唱的"祖居东胜大神洲"

七言二十四句。这些以七言为主的唱词都是代言体,与成化本词话、《大唐秦王词话》还有所不同,词意前后不避重复,如"自小神通手段高"与"自小生来手段强","祖居东胜大神洲"两段,内容大致相同,这只能说是说唱文学的遗存。这里举最长的一段唱词为例:

> 自小生来手段强,乾坤万里有名扬。当时颖悟修仙道,昔日传来不老方。立志拜投方寸地,虔心参见圣人乡。学成变化无量法,宇宙长空任我狂。闲在山前将虎伏,闷来海里把龙降。祖居花果称王位,水帘洞里逞刚强。几番有意图天界,数次无知夺上方。御赐齐天名大圣,敕封又赠美猴王。只因宴设蟠桃会,无简相邀我性刚。暗闯瑶池偷玉液,私行宝阁饮琼浆。龙肝凤髓曾偷吃,百味珍馐我窃尝。千载蟠桃随受用,万年丹药任充肠。天宫异物般般取,圣府奇珍件件藏。玉帝访我有手段,即发天兵摆战场。九曜恶星遭我贬,五方凶宿被吾伤。普天神将皆无敌,十万雄师不敢当。威逼玉皇传旨意,灌江小圣把兵扬。相持七十单二变,各弄精神个个强。南海观音来助战,净瓶杨柳也相帮。老君又使金刚套,把我擒拿到上方。绑见玉皇张大帝,曹官考较罪该当。即差大力开刀斩,刀砍头皮火焰光。百计千方弄不死,将吾押赴老君堂。六丁神火炉中炼,炼得浑身硬似钢。七七数完开鼎看,我身跳出又凶张。诸神闭户无遮挡,众圣商量把佛央。其实如来多法力,果然智慧广无量。手

中赌赛翻筋斗，将山压我不能强。玉皇才设安天会，
西域方称极乐场。压困老孙五百载，一些茶饭不曾
尝。金蝉长老临凡世，东土差他拜佛乡。欲取真经回
上国，大唐帝主度先亡。观音劝我皈依善，秉教迦持
不放狂。解脱高山根下难，如今西去取经章。泼魔休
弄獐狐智，还我唐僧拜法三。

（世德堂本第五十二回）

　　《水浒传》第四十八回有一段"独龙山前独龙冈"的七
言诗赞，只有十八句，孙楷第先生认为这一段是《水浒传
词话》的残文，从而推论《水浒传》的"前身应是词话无
疑"①。如果注意到《西游记》里有那么多的唱词，那么我
们不就更可以说《西游记》的前身应是词话了吗？这也不
是没有可能的。在百回本之外，朱鼎臣《西游释厄传》卷
六《度孤魂萧瑀正空门》一节里有一段唐僧出身的韵语：

　　　　灵通本讳号金禅（蝉），只为无心讲佛经。转托
尘世受苦摩（磨），降生世俗遭罗网。投胎落地就逢
凶，未出之前临恶党。父是海州陈状元，外公总管辅
朝佐。出身命犯落红（江）星，顺水顺波逐浪泱。托
孤金山有大缘，法明和尚浮他养。年方十八认娘亲，
特赴京都求外长。总管开山调大军，洪州剿寇诛凶
党。状元光蕊脱天罗，子父相逢堪贺奖。复谒当今受
主恩，灵烟阁上贤名响。恩官不受拜为僧，洪福沙门

①　《水浒传旧本考》，见《沧州集》，中华书局1965年1版，124页。

　　　将道访。小字江流三藏儿,法名唤做陈玄奘。

这一段和世德堂本第十一回所载的韵语略有不同,最主要的就是"托孤金山有大缘,法明和尚将他养"两句作"海岛金山有大缘,迁安和尚将他养",人名和情节有所差异。当然,这可能是朱鼎臣为了和第四卷所叙唐僧出身故事相符而作的改动,但是也可以说明在此之前曾有两个系统的唐僧出身故事。这段韵语可能来自某一个词话本。

　　在这里,还可以顺便指出,明刻本阳至和(清刻本作杨致和)编的《唐三藏出身全传》卷二《刘全进瓜还魂》一节没有这段韵语,而改为散文叙述。值得注意的是这段叙述虽然十分简略,却比世德堂本和朱鼎臣本的韵语讲得更为清楚。

　　　　此人是谁?讳号金蝉,只为无心听佛讲法,押归阴山。后得观音保救,送归东土,当朝总管殷开山小姐投胎,未生之前,先遭恶党刘洪,惊散父亲陈光蕊,欲犯小姐。正值金蝉降生,洪欲除根,急令淹死。小姐再三哀告,将儿入匣抛江,流至金山寺,大石挡住,僧人听见匣内有声,收来开匣,抱入寺去,迁安和尚养成,自幼持斋把素,因此号为江流儿,法名唤做陈玄奘。他母幸得刘洪母贤,脱身修行不题。

尽管世德堂本系统的百回本把江流儿故事删除了,只保留了上引的一段韵语,可是与之同源的阳至和本却明确点出了恶党刘洪的名字,交代了出胎、抛江的缘由,这在百回本

里是避而不谈的。更需要注意的是阳至和本说："他母幸
得刘洪母贤，脱身修行不题。"这和朱鼎臣本、《西游证道
书》中的唐僧出身故事都不相同，在世德堂本系统的百回
本里更是毫无踪迹了。朱鼎臣本只说到陈光蕊合家团圆，
《西游证道书》则说"殷小姐毕竟从容自尽"，而阳本却说
刘洪的母亲救了殷小姐，让她"脱身修行"，也就是说保护
了殷小姐没有失节。这大概是晚出的一种改本，修改者可
能就是阳至和，但是他一定是见到过原有江流儿故事的旧
本的，否则，如果他只凭世德堂本这一段韵语又怎能想出
刘洪和刘洪母亲的故事情节呢？因此，阳本所据以删改的
底本不会是万历二十年的世德堂本，至少是不限于这一个
版本。可惜的是，清刻的杨致和本《西游记传》又把"他母
幸得刘洪母贤"改为"幸得常供母食"（各本又有小异），致
使研究者忽视了这个细节。

我们说《西游记》的前身可能是词话，当然只是一种
推测，也许它不叫词话而是宝卷之类的说唱文学。因为朱
本卷六《玄奘秉诚建大会》的结尾诗说："积善之人宣一
卷，三灾八难免熬煎。"显然就是从宝卷里搬来的。而且，
还可能世德堂本里的那些唱词在更早的《西游记平话》里
就有。因为平话和词话本来并没有绝对的界限，也不见得
平话里就一定不能插入唱词。如《大唐三藏取经诗话》的
另一种宋刻本又题作《大唐三藏法师取经记》，就不用"诗
话"的名称了。清平山堂刻本的《六十家小说》中，含有大
量诗篇的《张子房慕道记》和缀以许多唱词的《快嘴李翠

莲记》，尾题都标作"小说"；显然因袭宋人鼓子词格式的
《刎颈鸳鸯会》，也题作"新编小说"。唱词比《西游记》少
得多的《金瓶梅》却标以"词话"的名称。钱曾《也是园书
目》把并无唱词的《宣和遗事》等列入了"宋人词话"。可
见有唱词的不一定就称作词话，而平话也不一定没有唱
词。为了便于说明问题，不妨再引第十九回猪八戒的一段
代言体的自报家门来看：

> 自小生来心性拙，贪闲爱懒无休歇。不曾养性与
> 修真，混沌迷心熬日月。忽然闲里遇真仙，就把寒温
> 坐下说。劝我回心莫堕凡，伤生造下无边孽。有朝大
> 限命终时，八难三途悔不喋。听言意转要修行，闻语
> 心回求妙诀。有缘立地拜为师，指示天关并地阙。得
> 传九转大还丹，工夫昼夜无时辍。上至顶门泥丸官，
> 下至脚板涌泉穴。周流肾水入华池，丹田补得温温
> 热。婴儿姹女配阴阳，铅汞相投分日月。离龙坎虎用
> 调和，灵龟吸尽金乌血。三花聚顶得归根，五气朝元
> 通透彻。功圆行满却飞升，天仙对对来迎接。朗然足
> 下彩云生，身轻体健朝金阙。玉皇设宴会群仙，各分
> 品级排班列。敕封元帅管天河，总督水兵称宪节。只
> 因王母会蟠桃，开宴瑶池邀众客。那时酒醉意昏沉，
> 东倒西歪乱撒泼。逞雄撞入广寒宫，风流仙子来相
> 接。见他容貌挟人魂，旧日凡心难得灭。全无上下失
> 尊卑，扯住嫦娥要陪歇。再三再四不依从，东躲西藏
> 心不悦。身胆如天叫似雷，险些震倒天关阙。纠察灵

官奏玉皇,那日吾当命运拙。广寒围困不通风,进退无门难得脱。却被诸神拿住我,酒在心头还不怯。押赴灵霄见玉皇,依律问成该处决。多亏太白李金星,出班俯颤亲言说。改刑重责二千捶,肉绽皮开骨将折。放生遭贬出天关,福陵山下图家业。我因有罪错投胎,俗名唤做猪刚鬣。

这一大段唱词,正如《西游证道书》中憺漪子评语所说:"此一篇即木母出身本传也,不可不知。"其中用了不少道士教徒的术语,但文字比较粗劣,因此在《西游证道书》里又遭到了憺漪子的删改。不过我们还应该注意到"那日吾当命运拙"一句中的"吾当"两字,在明代小说里却相当罕见。"吾当"一词来源很早,敦煌本《伍子胥变文》(拟题)说:"吾当不用弟语,远来就父同诛,奈何!奈何!""吾当"是第一人称代词,即"我"。元人杂剧中常见,在明代文献中就少见了。《西游记》同一回里猪八戒还有一段赞叹九齿钉钯的唱词,又说:"诸般兵刃且休题,惟有吾当钯最切。"世德堂本《西游记》第二十回黄风岭下的虎先锋对猪八戒喊道:"慢来!慢来!吾当不是别人,乃是黄风大王部下的前路先锋。"这里的"吾当",在李卓吾评本里改作了"吾党",就由单数变成复数了。人民文学出版社校注本竟从李卓吾评本径改为"吾党",实误。世德堂本第二十四回唐三藏说:"徒弟,前面一山,必须仔细,恐有妖魔作耗,侵害吾党。"这里的"吾党"也应作"吾当",大概是世德堂的编刊者臆改的。正因为这时候的刻书者已经不懂"吾当"的语义,才误改成了"吾党"。世德堂本如果不是由两种版本拼合而成,就是偶尔臆改而又没有统一,因而留下了旧本的痕迹。类似的情况还有如表示人身复数的词尾"每"字和"们"字互见,世德堂本里多数地方用了"们"字,但还有一些地方用了"每"字。如第二回:"教他变科[棵]松树,果然是科松树,弟子每俱称扬喝彩。"第十四回:"长老莫怕,我每下山去看来。"在较晚的版本里就都改作"们"字了。可见世德堂本还是保存了一些较早版本的用字。根据汉语史学者的研究,"每"字表示人身复数,主要是元代以至明初人的习惯,似乎通行于北方方言,常见于元人杂剧。《西游记》里的"每"字逐步变化为"们",说明它是由某个古本被翻刻者不断修改而来的。世德堂本改得还不彻底,因此造成了前后不一致的现象。

又如世德堂本第八十二回,陷空山无底洞里的地涌夫人向三藏吟诗,有两句说:"蓝桥水涨难成事,祆庙烟沉嘉会空。"其中"祆庙"在李卓吾评本里却改成了"佛庙"。人民文学出版社校注本也依李评本改作"佛庙"。殊不知"火烧祆庙"乃是元人常用的典故,如李直夫有《火烧祆庙》和《水淹蓝桥》杂剧;《西厢记》二本三折《得胜令》:"白茫茫溢起蓝桥水,不邓邓点着祆庙火。"即用此典①。杨暹《西游记杂剧》五本十七出《金盏儿》:"莫不是淹蓝

---

① 王季思先生的注本据《渊鉴类函》引《蜀志》作了详解。按:亦见《情史类略》卷十一《火化》条,早于《渊鉴类函》,但未注来源。此事似源出佛典《大智度论》卷十四所说国王女拘牟头与捕鱼师术波伽相爱事。

桥、烧祆庙的腌神将，比唐僧模样更非常。"地涌夫人诗中的"蓝桥水涨"、"祆庙烟沉"，用的是元人熟知的故事，与《西游记杂剧》似有相应关系。可是从李评本起，直到近年新出的各本，都把它改错了。在这里我们觉得有必要指出，人民文学校注本用世德堂本作底本，用其他诸本作校勘，改字而不出注，还未可厚非，而近年新出的一些校点本，也照它改不误为误，还说根据的是世德堂本，那就失诸盲从了，应当引以为训。

　　世德堂本里还有一些早期的语言现象，如第二十八回，黑松林三藏逢魔时，"一个小妖就伸头望门外打一看，看见是个光头的长老"。在动词前加上"打一"，是宋元话本中常见的语法结构。如《杨温拦路虎传》："杨温打一看时，却是县司弓手五十来人，出巡到此。"《西湖三塔记》："老妈打一看，道：'叔叔，多时不见，今日如何到此？'"《宣和遗事》前集："则见香案上一声响亮，打一看时，有一卷文书在上。"《水浒传》里也有这种说法。在《西游记》里则是仅见。《新说西游记》却删掉了"打"字，人民文学出版社校注本也照《新说》本把"打"字删掉了。于是，具有一定时代特征的语言现象就被湮灭得无影无踪了。古典小说作为一种文学古籍，在整理工作中不按对校法以原本为准，改字而不出校注，实在是弊大于利。前人已有不少教训，恐怕是值得我们借鉴的。

　　从以上的论述中，是不是可以作出这样的一些推论？
　　一、从《大唐三藏取经诗话》到百回本《西游记》，中间有过许多种西游故事的古本小说。《永乐大典》所引的《西游记》，可能就是《朴通事谚解》所引的《西游记平话》，但也不能完全肯定，也可能另有一本《西游记词话》。世德堂本《西游记》里的许多唱词，可能是《西游记词话》留传下来的残文，也可能是《西游记平话》里就有的，但它一定出自说唱艺人的话本，决不会出自文人的创作。

二、从《永乐大典》本到百回本《西游记》，经过了不止一次的增订，也经过不止一次的删改，出现过不少版本。我们没有见到的，至少有《古今书刻》所著录的鲁府本、登州府本，还有一种盛于斯幼年所见的末回作"九九数完归大道，三三行满见真如"的版本，可能还有一种"周邸"本和朱鼎臣据以删节的《释厄传》本，大多数都在世德堂本之前。

三、世德堂本《西游记》是现存最完整的、可能也是最早的百回本，它还保存着一些旧本《西游记》的痕迹。从它删改未尽的某些残文看，似乎还传承自永乐五年以前的古本。而在世德堂本以后的李评本直到近年所出的多种新版本，却把这些旧本的痕迹逐步删改得泯灭殆尽了。这在古籍整理中是一大损失！

四、已如不少研究者所指出的，《西游记》是一部世代累积型的作品。而从它的演化史考察，文献资料非常丰富而头绪又极为纷繁，比之《三国志通俗演义》《水浒传》更有典型意义。但是在百回本定型以后，各种版本的差异只是少量诗词和细节的增删。吴承恩即使真作过一些修订工作,也是微不足道的。所以《西游记》的著作权,的确不应再沿袭吴玉搢的误解了。

(原载《文学遗产》1997 年 3 期)

《心经》与"心猿"

　　唐僧取经遇到许多磨难,从《大唐三藏取经诗话》起,都说是靠猴行者(后来称为孙行者)的保驾,才能到达西天。可是在玄奘弟子慧立、彦悰写的《大慈恩寺三藏法师传》里却说是念《般若心经》的作用。《法师传》卷一说:

　　　　从此以去,即莫延贺碛,长八百馀里,古曰沙河,上无飞鸟,下无走兽,复无水草。是时顾影唯一心但念观音菩萨及《般若心经》。初,法师在蜀,见一病人,身疮臭秽,衣服破污,愍将向寺,施与衣服饮食之直。病者惭愧,乃授法师此经,因常诵习。至沙河间,逢诸恶鬼,奇状异类,绕人前后,虽念观音,不得全去。即诵此经,发声皆散。在危获济,实所凭焉。

在唐人李亢(或当作伉)《独异志》里,也有玄奘传习《心经》的故事:

　　　　沙门玄奘俗姓陈,偃师县人也。幼聪慧,有操行。

唐武德初,往西域取经。行至罽宾国,道险虎豹,不可过。奘不知为计,乃锁房门而坐。至夕开门,见一老僧,头面疮痍,身体脓血,床上独坐,莫知来由。奘乃礼拜勤求,僧口授《多心经》一卷,令奘诵之。遂得山川平易,道路开辟,虎豹藏形,魔鬼潜迹。遂至佛国,取经六百馀部而归。其《多心经》至今诵之。

（《太平广记》卷九二引）

《法师传》里的病人在这里变成有病的老僧了,而《心经》的功能也说成能使"虎豹藏形,魔鬼潜迹"。这还是较早的传说。到了《大唐三藏取经诗话》里,有了神通广大的猴行者,《心经》的护法作用就显得不必要了。然而《取经诗话》还是非常突出地强调了《心经》的重要性,而且传授《心经》的不是什么病人或老僧而是定光佛了,不过传经的时间推迟到了取经回来的路上。因为保护唐僧的任务已有猴行者去完成了。请看《取经诗话》第十五节说三藏取得经卷之后,"点检经文五千四十八卷,各各俱足,只无《多心经》本"。随后第十六节就讲香林寺受《心经》的故事:

竺国回程,经十个月,至盘律国地名香林市(标题作寺)内止宿。夜至三更,法师忽梦神人告云:"来日有人将《心经》本相惠,助汝回朝。"良久惊觉,遂与猴行者云:"适来得梦甚异常。"行者云:"依梦说看经。"一时间眼瞤耳热,遥望正面,见祥云霭霭,瑞气盈盈,渐睹云中有一僧人,年约十五,容貌端严,手执金杖,袖出《多心经》,谓法师曰:"授汝《心经》归朝,切须护惜。此经上达天宫,下管地府,阴阳莫测,慎勿轻传。薄福众生,故难承受。"法师顶礼白佛言:"只为东土众生,今幸缘满,何以不传?"佛在云中再曰:"此经才开,毫光闪烁,鬼哭神嚎,风波自息,日月不光,如何传度。"法师再谢:"铭感,铭感!"佛再告言:"吾是定光佛,今来授汝《心经》。回到唐朝之时,委嘱皇王,令天下急造寺院,广度僧尼,兴崇佛法……"

　　《取经诗话》第十七节还讲到:"皇王收得《般若心经》,如获眼睛,内外道场,香花迎请。"看来《心经》当然是佛经中最宝贵的一部了。实际上它应该指在玄奘以前已有译本的《般若波罗蜜多心经》,不知为什么玄奘的弟子竟把它说得那么神秘,至于《取经诗话》更是说得耸人听闻,什么"毫光闪烁,鬼哭神嚎,风波自息,日月不光"。可惜传授得太晚了些,否则猴行者也不必那么艰苦奋斗了。

　　到了百回本《西游记》里,仍然保留着传授《心经》的情节,只是在西行不久的途中,传经的是一位来历不明的乌巢禅师。他对三藏说:"路途虽远,终须有到之日,却只是魔障难消。我有《多心经》一卷,凡五十四句,共计二百七十字。若遇魔障之处,但念此经,自无伤害。"(第十九回)三藏念熟了这部《心经》,可是并不起作用,遇到魔怪,还得靠孙行者去战斗。而且三藏对《心经》的精义竟毫无所知,还得他徒弟孙行者来给他讲解,岂非咄咄怪事! 试看《西游记》第三十二回：

> 唐僧道："徒弟们仔细。前遇山高，恐有虎狼阻挡。"行者道："师父，出家人莫说在家话。你记得那乌巢和尚的《心经》云'心无挂碍；无挂碍，方无恐怖，远离颠倒梦想'之言？但只是：扫除心上垢，洗净耳边尘。不受苦中苦，难为人上人。你莫生忧虑，但有老孙，就是塌下天来，可保无事。怕甚么虎狼！"

又《西游记》第四十三回：

> 三藏大惊道："徒弟呀，又是那里水声？"行者笑道："你这老师父，忒也多虑，做不得和尚。我们一同四众，偏你听见甚么水声。你把那《多心经》又忘了也！"唐僧道："《多心经》乃浮屠山乌巢禅师口授，共五十四句，二百七十个字。我当时耳传，至今常念，你知我忘了那句儿？"行者道："老师父，你忘了'无眼耳鼻舌身意'，我等出家人，眼不视色，耳不听声，鼻不嗅香，舌不尝味，身不知寒暑，意不存妄想——此谓之祛褪六贼。你如今为求经，念念在意；怕妖魔，不肯舍身；要斋吃，动舌；喜香甜，嗅鼻；闻声音，惊耳；睹事物，凝眸。招来这六贼纷纷，怎生得西天见佛！"

又第八十五回：

> 三藏道："休言无事，我见那山峰挺立，远远的有些凶气，暴云飞出，渐觉惊惶，满身麻木，神思不安。"

行者笑道："你把乌巢禅师的《多心经》早已忘了。"三藏道："我记得。"行者道："你虽记得，还有四句颂子，你却忘了哩。"三藏道："那四句？"行者道："佛在灵山莫远求，灵山只在汝心头。人人有个灵山塔，好向灵山塔下修。"

又第九十三回：

唐僧道："徒弟，虽然佛地不远，但前日那寺僧说，到天竺国都下有二千里，还不知是有多少路哩。"行者道："师父，你好是又把乌巢禅师《心经》忘记了也！"三藏道："《般若心经》是我随身衣钵，自那乌巢禅师教后，那一日不念，那一时得忘。颠倒也念得来，怎会忘得！"行者道："师父只是念得，不曾求那师父解得。"三藏说："猴头，怎又说我不曾解得！你解得么？"行者道："我解得，我解得。"自此三藏、行者再不作声……三藏道："悟能、悟净，休要乱说。悟空解得是无言语文字，乃是真解。"

从上引几段情节看，唐僧的确没读懂《心经》，倒是孙行者真解得《心经》的要义。孙行者不仅用金箍棒保护了唐僧，而且还用佛学真谛指点了他的师父。他成为西天取经的真正的主角，比宋元时代的猴行者又大大地提高了一个层次。和西游故事的不断演化一样，孙行者的形象也是不断演化的。在百回本《西游记》里，这个修订者把孙行者加工塑造成一个深通佛法的真僧，用了不少篇幅来描写他的禅机妙悟。这一点很可能是今存世德堂本《西游记》修订者的新创。

在世德堂本《西游记》里,有不少回目用了"心猿"来指代孙行者。正文第七回里有诗说:"猿猴道体配天心,心即猿猴意思深。"第十九回里又有诗说:"意马胸头休放荡,心猿乖劣莫教嚎。""心猿意马"本来是佛家的语言,早在敦煌遗书《维摩诘经讲经文》(拟题,伯2292)里就有"卓定深沉莫测量,心猿意马罢颠狂"的句子。猿猴的心是颠狂的、放荡的、乖劣的,因此心即是猿,心即是魔。《西游记》第十三回里唐僧已经说过:"心生,种种魔生;心灭,种种魔灭。"书中还用了不少禅机隐语反复说明"灵山只在汝心头"的道理。许多故事都是讲了"心中佛"与"心中魔"或"心中贼"的斗争。第三十二回孙行者所讲的《心经》,就根据其中"依般若波罗蜜多故,心无挂碍;无挂碍故,无有恐怖"的经文说明魔自心生。第四十三回孙行者说师父忘了《心经》"无眼耳鼻舌身意"的要点,才"招来这六贼纷纷"。再看第十四回《心猿归正、六贼无踪》。孙行者初出茅庐打死的六贼名叫眼看喜、耳听怒、鼻嗅爱、舌尝思、意见欲、身本忧,就清楚地表明了六贼出自人的心中。孙行者本来是个妖魔,自己也心怀六贼,消灭了六贼,才能归依正道。可是师父唐僧却不明此理,骂他"一味伤生,去不得西天,做不得和尚"。孙行者之所以称为"心猿",就因为他六根未净,六贼未死,还有许多世俗的"人心"。第七十九回白鹿变化的国丈要唐僧的黑心,假唐僧孙行者剖开肚皮来看,"都是些红心、白心、黄心、悭贪心、利名心、嫉妒心、计较心、好胜心、望高心、侮慢心……种种不善之心,更无一个黑心"。正如那个国丈所说,"这是个多心的和尚"。这一段情节可能借鉴于唐人张读《宣室志》里的杨叟故事(《太平广记》卷四四五引)。杨叟得了心病,有个医生说,"非食生人心,不可以补之"。杨叟的儿子在山中遇见了一个"胡僧",愿意舍身饲虎,杨子求他舍心救治其父之病。胡僧在吃饱斋饭之后,说道:"《金刚经》云:'过去心不可得,现在心不可得,未来心不可得。'檀越若要取吾心,亦不可得矣。"说完了,"忽跳跃大呼,化为一猿而去"。这个讲《金刚经》的"胡僧",可能就是讲《心经》的"猢狲"的前身。在吴语方言里,"胡僧"与"猢狲"是音近而可以转化的。学兄张锦池在《西游记考论》中曾提出此说,他认为"胡僧"指的是《三藏法师传》所说的石槃陀。但石槃陀是个知难而退、半途而废的逃兵,我觉得不如直接从《独异志》里传授《心经》的老僧着眼,那个罽宾国的"头面疮痍,身体脓血"的老僧也可以说是一个"胡僧",他在《西游记》里则分化为传授《心经》的乌巢禅师和解得《心经》的孙悟空两个人物了。猴行者无论是中国猴还是印度猴,怎么会和唐僧取经的事业连接起来的呢?传授《心经》的"胡僧"可能是一个交叉点。当然,这只是一种可能而已。

世德堂本《西游记》所写的孙悟空,第一个师父是须菩提祖师,据说是灵台方寸山中斜月三星洞里的神仙。世德堂本原有注文说:"灵台方寸,心也。""斜月象一钩,三星象三点,也是心。言学仙不必在远,只在此心。"从须菩提祖师秘传的妙法看,完全是道家的法术。可是一开头就讲修道只在此心,竟和佛家的说法相同。后来孙悟空"弃道从僧"(第十九回对猪精自述),听了乌巢禅师的《心经》,就无师自通,妙悟真解。第三十二回他讲了"心无挂碍,方无恐怖";第四十三回讲了"无眼耳鼻舌身意";第八十五回讲了"灵山只在汝心头";第九十三回懂得了无言语文字的真解,才达到了大彻大悟,完全可以成佛了。孙行者的佛性也是逐步提高的。就像禅宗六祖慧能对神秀偈语的批判,神秀说"心如明镜台",慧能说"明镜亦非台",就达到大彻大悟的境界。禅宗宣扬的是主观唯心主义的心学,例如两个和尚讨论幡动还是风动,慧能的解答是:"直以风幡非动,动自心耳。"《西游记》有不少地方宣扬了这种主观唯心主义的禅学,但幸而没有把孙行者的"猿心"、"人心"磨灭掉,否则也成不了斗战胜佛了。《西游记》精彩动人的地方在孙行者的顽强巧妙的斗争,而不是那些玄虚神秘的说教。然而《西游记》的写定者的确把一些佛教观念强加在孙行者的头上了。回目上出现"心猿"字样的有"五行山下定心猿","心猿归正","意马忆心猿","心猿获宝伏邪魔","心猿正处诸缘伏","心猿遭火败","心猿显圣灭诸邪","心猿空用千般计",等等,可是正文里却很少照应,看来这些回目是写定时后加的,祖本的回目恐怕未必如此。正文里那些参禅悟道的说教可能也是较晚才加入的,可能是在以"破心中贼"为最高任务的王阳明心学流行之后,写定者才融合了儒、释、道三教的玄言术语,对《西游记》作了一些加工改造。不少研究者曾指出《西游记》是以个性心灵解放为基础的文艺作品,蕴含着明代个性思想改造过的心学哲理。可是唐僧传习《心经》的传说由来已久,从《大慈恩寺三藏法师传》起就作为唐僧西行取经的精神支柱而载入传记了,经过《独异志》到《大唐三藏取经诗话》的铺演,《心经》的影响始终没有消失。可是与猴行者并无关系。到了今本《西游记》里,把讲解《心经》的任务又转嫁到了孙悟空的身上,这是一个很大的变异。今本的写定者似乎对禅学还略有所知,孙悟空讲解的《心经》要义还头头是道,层层递进,不过讲的是禅宗的心学,与明代的心学还有一定差距。从《西游记》的具体描述看,孙悟空还是一个心猿,他的行动与他的佛学信仰互相抵触,知行不一,与王氏心学所要求的"知行合一"更是完全背道而驰的。《取经诗话》里的猴行者最初是以白衣秀才的形象出现的,后来又嫁接了东方朔偷桃故事,由西王母池偷桃发展为偷老君灵丹、偷王母绣仙衣(见《朴通事谚解》引《西游记平话》和《西游记杂剧》),再发展为大闹天宫的齐天大圣,最后才"弃道从僧"。到了世德堂本《西游记》里又被塑造成比他师父还懂佛学的真僧了。这些改造并没有达到宣传佛学的效果,却多少损害了孙悟空的形象。幸而这些情节未能引起广大读者的注意和兴趣,但这一历史文化现象还是很值得我们研究的。

(原载《文学遗产》2004 年 1 期)

从《前汉书平话》到《东西汉演义》

　　宋元话本《大唐三藏取经诗话》、《五代史平话》、《宣和遗事》、《薛仁贵征辽事略》和元刻本五种《全相平话》，都是明代章回小说的前身。以历史演义为大宗的明代早期章回小说都有它传承的历史渊源。赵景深先生的《〈武王伐纣平话〉与〈封神演义〉》、《〈七国春秋后集〉与〈前七国志〉》、《〈前汉书平话续集〉与〈西汉演义〉》三篇文章（都收入《中国小说丛考》，齐鲁书社 1980 年版），就是在看到了《全相平话》之后所作的考证，也是为鲁迅的《中国小说史略》作补充的。我们现在又看到了一些新材料，还可以为赵景深先生的论述作一些补充。

　　先以《前汉书平话》续集为中心，看一看明代文人和书坊主人对它的继承和改编。有一部署名为"抚宜黄化宇校正，书林詹秀闽（或误作"阁"，无据）绣梓"的《两汉开国中兴传志》（扉页作"志传"），现存万历乙巳（三十三年，1605）刻本。第一回（原书无"回"次，或称则，或称节，此从内证作回)《帝业承传统绪》从周文王遇姜子牙讲起，讲到秦始皇称帝，后面直到第四十三回《光武灭寇兴东汉》为止。西汉部分以刘邦开国故事为主，但讲到了第二十九回《三王诛吕立文帝》；东汉部分以刘秀中兴为主，只讲到重建汉朝就结束了。

从第十九回《楚王独奔乌江自刎》末尾到第二十九回，故事情节与《前汉书平话》续集大体相同，中心内容就是吕后斩韩信。两相对照，明显可以看出二者的传承关系。如平话开头有一段评论项羽的话：

> 夫项王有八德：起于陇亩，威服天下者，英雄之致，一也；斩宋义而存报国，断之明，二也；大小七十馀阵，未尝败，勇略之深，三也；与仇敌，而不敌人之父者，仁之大矣，四也；割鸿沟而不质汉之妻子，言之厚，五也；势力屈，言天亡我，是知其命者，六也；至乌江而不肯渡者，羞见父老，有耻之不爱其生，七也；引剑自杀者，知死有分定，八也。细察项王之事，有终有始，功以多矣，过以寡矣。项王言"天亡我"，非为谬也。

这一段"是非颇谬于圣人"的话，基本上保留在《两汉开国中兴传志》第十九回的结尾，并名之为《西汉君臣论》。平话中许多凭空虚构的情节，差不多都保留在书里。例如《汉高帝伪游擒韩信》一回中说蒯通、李左车、周叔、孙安劝韩信不要出迎刘邦，韩信不听，果然被擒。韩信自己作诗一绝曰："收秦燕赵略三齐，破楚封王事亦宜。不用蒯

通周叔计,遭擒削职悔时迟。"这首诗原见于平话卷上,到
了熊大木改编的《全汉志传》里就没有了。吕后杀了韩信
之后,有一首假托胡曾的诗:

可惜淮阴侯,曾分高祖忧。
三秦如席卷,燕赵刻亡收。
囊沙隆沮没,渡罂魏豹休。
汉皇无后幸,吕后斩王侯。

这首诗原见于《前汉书平话》卷上,第四句作"燕赵刻时
收",第三联作"夜堰沙囊水,舒斩逆臣头"。两书都有错
字,《三国志平话》卷上作"昼斩盗臣头"较胜。第五句的
"隆沮"当作"龙且"。第三联如果是黄化宇改的,应该说
比平话原诗还好一些,但不知是否别有所本。在《全汉志
传》里,这首诗只说是叹韩信之功,就不说是胡曾作的了,
诗的后四句则作:"北堰沙囊水,乌江逼项头。功成飞白
刃,千载恨悠悠。"又是另一种改笔。

《两汉开国中兴传志》里许多荒诞离奇的情节,多与
平话相同。如韩信被杀后,其部下夏广、孙安、柴武、周叔
等六将起兵反叛,迫使汉高祖斩了假吕后的头以安抚六
将。六将看出破绽,要求吕后上城,对她射了六箭不中,知
道天命助汉,六将只得自刎而死。这段情节完全取自平
话。到《全汉志传》里就删去了。又如告发韩信与陈豨通
信密谋叛汉的是妇人青远,赚蒯通的是隋何,还与平话一
致,到了《全汉志传》里却改成告密的是谢公著,赚蒯通的

8

是陆贾了。有人认为《两汉开国中兴传志》是由熊大木编次的《全汉志传》增补而成，其实未必如此。相反的，很可能《全汉志传》倒是根据《两汉开国中兴传志》增改而来的，至少后者是直接从《前汉书平话》承袭下来的较早的改本，只是现存的刻本晚于《全汉志传》而已。否则怎么《两汉开国中兴传志》里有许多只见于《前汉书平话》而不见于《全汉志传》的情节呢？从二十六回以下，情节都与平话相合，只是文字略有删改，例如吕太后宴请群臣，陈平行令作诗一段，比较有趣，下面各引一段以便对照。《两汉开国中兴传志》第二十八回《田子春计与刘泽得兵印》：

> 太后依计，次早设朝，谓众文武曰："今日排一小宴，请卿等就宫中一会，以乐太平。"文武领旨赴宴。坐定，陈平觉有伏兵气象，自思此会有变，乃举樊亢监筵，赐剑一口，如不遵令者，许明辅斩首。亢欣然执剑于筵前厉声曰："第一，筵上不得双起；第二，筵上不得交头接耳；第三，不得佯推故醉。违此令者，当筵受剑。"太后大喜，赐亢三杯酒毕。陈平曰："臣举一令，要联诗一律，一人一句，题楚汉争锋，起句先从娘娘，小臣执杯。联得诗句者饮酒，联不得者罚水三杯。"太后起句曰："楚汉争锋志气高。"陈平举酒太后饮。周勃联句曰："交兵策马战无休。"陈平举酒周勃饮。贯婴联句曰："滩水月下三更出。"陈平举酒贯婴饮。樊亢联句曰："霸业刀头半夜收。"陈平举酒樊亢饮。张毕联句曰："雄将操戈施武略。"陈平举酒张毕饮。

王陵联句曰:"谋臣坐幄运机筹。"陈平举酒王陵饮。陈平联句:"功成纵马挥鞭唱。"陈平举酒自己饮。众臣不答,陈平结句曰:"时人不负汉炎刘。"时汉下群臣俱有诗句,尽皆饮酒。吕氏在筵者,并无一人联得诗句,悉罚水而过。

对照《前汉书平话》卷下:

太后对文武便言:"子童自从惠帝归天,不曾与大臣宴会,今日排一小宴,请文武就宫中筵宴。"众官领旨赴宴。坐定了,陈平见是伏兵气象,曰:"这事大变也!"俄尔坐筵,敕下樊亢为明府监宴,赐剑一口,如有筵前作闹者,先斩后奏。樊亢告曰:"第一,筵上不得双起;第二,筵上不得交头接耳;第三,不得推醉。如违此令,当筵吃剑。"亢三盏酒罢,陈平曰:"臣举一令。于咱这八人,要一首全篇诗,一人一句,题楚汉争锋,起句先从娘娘,小臣执壶,诗句联就饮酒,不成联句者饮水三盏。只此为令。"第一句太后起句,诗曰:"楚汉争锋志气酬。"陈平举盏与太后饮毕。第二句周勃接句,诗曰:"交兵策马战无休。"陈平举盏与周勃饮毕。第三句贯婴联句,诗曰:"灉水月下三更出。"陈平举酒与贯婴饮毕。第四句樊亢联句,诗曰:"秦业刀头半夜收。"陈平举酒〔与〕樊亢饮毕。第五句张毕联句,诗曰:"雄将敲镫停参问。"陈平举酒与张毕饮毕。第六句王陵联句,诗曰:"帖骑摇鞍从辔

兜。"陈平举酒与王陵饮毕。第七句陈平联句,诗曰:
"归来从马挥剑唱。"陈平举酒自饮毕。第八句众臣
不答,陈平再续结句,诗曰:"时人不负汉炎刘。"于是
汉下群臣都皆有诗句,各索饮酒。吕家投下没一人吟
和得诗句,不能饮酒,频次罚水。

由此可见《两汉开国中兴传志》与《前汉书平话》的传承关
系。前者西汉部分只讲到汉文帝劳军细柳营为止,也与平
话相同。《全汉志传》则扩展到成帝时期《朱云谏君折庭
槛》才完,不知是否另有所据。由此可以推想第十九回
《楚王独奔乌江自刎》以前楚汉相争的故事,应即《前汉书
平话》正集的内容。元刻本平话虽然不存,但基本情节可
以在《两汉开国中兴传志》里得知梗概。只是第一回开头
《帝业承传统绪》从周文王讲起,可能是改编者从别的平
话里移植过来的。下面抄录第二至十八回的回目,大致可
以了解其内容:

秦始皇得梦求长生,汉祖斩蛇举义兵,汉楚兵入
咸阳,二公鸿门大宴,鲁公称帝封诸侯,萧何三荐韩信
为元帅,韩信破关收复三秦,张良说取魏申二王,陈平
归汉说殷王,汉王濉水败陈奔荥阳,韩信计擒魏豹取
平阳,陵勃战楚信取代州,韩信连收赵燕两国,汉王军
败被困荥阳,楚汉盟分天指鸿沟,韩信收齐假印镇守,
楚汉大会九里垓。

书中竭力表扬韩信的战功,正是为后面"蒯通见帝诉

信功勋"这一段作铺垫的。从《汉祖斩蛇起义兵》开始,基本上按史书敷演,但也有一些虚构的细节。如项羽在禹王庙举鼎比武,擒住黑龙后变为黑马,虞公见了他愿把女儿虞姬嫁他。这些地方都有不少民间故事的基因。讲到《楚汉大会九里垓》时,张良吹箫唱楚歌,歌辞为:

> 飒飒寒风九月天,家乡撇却十馀年。父母老来谁侍养,只于塞上受熬煎,寂无言。边城凋洒夕阳暮,孤雁声声叫归去。胡风由来嘶北风,越鸟巢南君不顾。楚之声,楚之曲,汉臣送下五音律。相哀分明道子归,远处其待五更促。人仍皆从父母生,长大须知父母育。惜似宝珠爱似珍,三乂乳哺无抛掷。艰辛养成六尺躯,指望图谋成家计,父母老来皓首时(以下原书缺页,据《全汉志传》补),望梅止渴供甘旨。眼穿肠断人不归,撇下爹娘虚过世。思量悔恨却是迟,负戟持枪征战时,梦里忽然刀不死,觉来犹有鼓旗随。归兮归兮宜速早,光阴似箭催人老。山川□冶路难行,问君何日是归道。

这首歌《全汉志传》也有,仅有数字不同,大概同出于《前汉书平话》的正集。讲到《楚王独奔乌江自刎》时虞姬与项王生离死别,非常惨烈。在项羽唱了《垓下歌》后,虞姬也唱了一首楚歌:

> 妾心真兮匪石,此情坚兮洁白。素怀怅兮明皓月,庸人随兮归不得,大王去兮自努力。

后面还有一首题为苏东坡赞叹虞姬的诗：

> 妾本江东妇，随君已数年。娥眉双宛转，云鬓两婵娟。玉貌倾城色，花容西楚怜。今朝垓下别，刎首落君前。

此诗《全汉志传》及更晚的《二十四帝两汉志传》都有，略有不同。按苏轼确有《虞姬墓》一诗，但是七绝，并非此诗。

《两汉开国中兴传志》第三十回以下是东汉部分，再抄录其回目如下：

> 王莽弑平帝立子婴，子陵占卜文叔应试，文叔逃难出长安，宛城会遇李通兴义，文叔兵取南阳五郡，宜秋山八辅佐立更始，马武智取颍川郡，汉军大战昆阳城，贾复拖肠大战，子陵马援破王寻，刘秀灭莽兴汉业，滹沱冰坚渡汉主，众将表秀即帝位，光武灭寇兴东汉。

东汉部分只有十四回，从回目可以知道它的基本内容。大概已佚的《后汉书平话》就止于此，黄化宇没有作多少增补。从前面第十九到二十九回与《前汉书平话》续集的比较，不难得出这样的结论。所谓"开国中兴"只是讲到刘秀建立东汉，中兴汉室，这是可以理解的。后来到了余文台梓行的《全汉志传》里，本该讲到汉末为止。但现存六卷的《东汉志传》，也止于《梁冀谗言倾杜乔》，讲到桓帝死后，"窦太后临朝，大将军窦武定策，迎立河间孝王曾孙刘宏立之,是为孝灵皇帝"。离汉献帝被曹丕夺权,还有一段空白。

现存万历十六年(1588)日本的《全汉志传》,分西汉六卷,东汉六卷。西汉部分卷一署名"鳌峰后人熊锺谷编次,书林文台余世腾梓行",东汉部分卷一却题作"爱日堂继葵刘世忠梓行",以下各卷又标明"克勤斋文台余世腾梓行",而书末又印有"清白堂杨氏梓行"的牌子。这个版本源流很杂,似乎最初是杨氏清白堂的刻本,后来又归余世腾补刻重印,最后又落到爱日堂刘世忠手里,重印时又挖改了第一卷的首页,其馀各卷就照印不改了。《西汉志传》的序写得含糊其辞,说:"书林余氏文台有感于目而感于心,遂请名公修辑《西汉志传》一书,加之以相,刊传四方。"《东汉志传》的序写得更为奇怪,说:

> 书林文台余子者,已刊《西汉》,而未得《东汉》,躬求于予。予于是书(原作出)之,嘱曰:子可如《西汉》增之以相,俾四民俯焉之下,深晓东汉之所以为东汉者如此,毋空我之书可也。

这番话显然是编书者说的,可是下面没有署名,只署为"书林余氏克勤斋梓"。这分明是翻印者所玩的把戏。《西汉志传》书上原署"熊锺谷编次",还没有被改掉。熊锺谷所编的演义小说《唐书志传通俗演义》是杨氏清江堂印的,《大宋中兴通俗演义》是杨氏清白堂印的。清白堂似乎是杨氏一家的联号店,因此我认为《全汉志传》(至少是《东汉志传》）最初是杨氏清白堂的刻本，余世腾实即双峰堂余象斗的化名。书上"文台余世腾"五个字略小，像是挖改的。

《西汉志传》从第四回到二十回《楚霸王自刎乌江》是楚汉争锋部分，与《两汉开国中兴传志》基本相合；第二十一回《韩信回兵访异人》到三十七回《文帝驾幸细柳营》，大体上也与《前汉书平话》相应，但的确做了不少"按鉴增补"的工作，比《两汉开国中兴传志》更近史实，删改了平话里一些全出虚构的情节。例如陈豨（原作稀）叛汉时曾布下五面埋伏打败汉军一段，在《西汉志传》里就没有了；韩信部下六将叛汉箭射吕后等情节也都删去；张良辞朝并没有真的归山，只是杜门不出。这些地方都与平话不同，但从第三十四回《田子春智取兵印》以后就与平话基本一致了。

《东汉志传》比《两汉开国中兴传志》的东汉部分增出的内容更多。它以汉光武复国为中心，但讲到了桓帝时《梁冀谗言倾杜乔》为止。第一回王莽弑平帝之后，有一首诗说："汉祖当年太薄情，嘱令吕后斩忠臣。皇天报应无差谬，至使今朝臣弑君。"思想倾向与西汉部分一致，还是在批判汉高祖杀戮功臣的罪行。《东汉志传》与《两汉开国中兴传志》也有不少相同的地方，大概都承传自已佚的《后汉书平话》。书中《文叔逃难遇刘唐》一回中（原书有缺页）讲到王莽令岑彭为状元、马武为榜眼。下面有小字夹注说："此时无状元、榜眼之名，后人演话者自取之矣。"说明这一段就采自演史家的话本,改编者标榜自己是"按鉴校正",知道汉代并没有状元、榜眼等的名称,但仍保留了平话的旧说。直到以后题作谢诏的《东汉通俗演义》也还保留了状元、榜眼等名称。《两汉开国中兴传志》的东汉部分只有两卷十四回,而《东汉志传》则有六卷五十八回,大概从第三卷以下都是扩增的。

如前所说,《全汉志传》是文台余世腾重印的一个版本,原编次者是熊锺谷。过了不久,文台余氏又推出了一部《二十四帝通俗演义两汉志传》(以下简称"两汉志传",区别于《全汉志传》),干脆署名作"书林仰止山人编集,余氏文台重梓"了。此书在第五、第九、第十一、第十二、第十三、第十五卷上有"双峰堂余氏梓行"的署名,但值得注意的是这部书的第六卷和第十一卷上,又题作"金川西湖谢诏编集"(国家图书馆藏本)。到底是仰止山人掠夺了谢诏的改编本呢,还是谢诏剽窃了仰止山人的著作成果?按照余氏刻书的惯例看,应该是仰止山人(即余象斗)沿用了谢诏改编本的旧版,作了挖改,只有这两卷上的署名漏改了。再到后来,谢诏只被认为是《东汉通俗演义》的编者,而《西汉通俗演义》的改编权又被转移给了甄伟。这个问题留待下面再谈。

《两汉志传》分西汉十卷、东汉十卷,但卷数相连作二十卷,比《全汉志传》卷数多了,回目也增加了。各卷的回目多少不一,有的卷多至二十几回,少的只有五回。这部《两汉志传》确实按史书增补了许多情节,叙事则比较简略,往往只是摘抄史书,又删去了一些诗赞和民间讲史所创造的虚拟故事,如吕亢杀其母吕婴等。但还是保留了一部分较为动人的情节,如霸王别姬之后,也引有苏东坡赞虞姬的一首诗,又新加了一首诗:

> 薄姬曾为西魏妇,国亡遽舍事刘君。虞姬千载昭青史,烈烈霜姿独出群。

总的说,《两汉志传》里引诗减少了,但又有抽换的。如九里山前垓下张良吹箫教唱的歌,在《全汉志传》里还与《两汉开国中兴传志》相同,是一首七言古风(见前),到了《两汉志传》里,就改成一首楚歌,与当时的历史背景相合。再录歌辞全文如下,以便对比;

> 秋深风怒兮四野零霜。天高水阔兮寒雁悲伤。最苦边戍兮日夜疆场。披坚执锐兮骨立沙冈。离家十年兮少恃高堂。妻子何堪兮独宿闺房。故山腴田兮孰与支张。邻家酒熟兮谁与之尝。白发倚门兮目楚天长。稚子啼饥兮泪断肝肠。胡马嘶风尚知恋土,人生客久兮宁忘故乡。一旦交兵兮蹈刃而亡。骨肉为泥兮衰草濠梁。魂魄悠悠兮罔知所倚,壮志寥寥兮付之荒塘。当此永夜兮追思退省,急早散楚兮免死殊方。我歌岂诞矣天遣告汝,汝其知命兮忽谓渺茫。汉王有德兮降军不杀,哀告归情兮放汝翱翔。勿留楚营兮粮道已绝,指日擒羽兮玉石俱伤。楚之声兮散楚卒,我能吹兮协六律。我非胥兮品丹阳,我非邹兮歌

燕室。仙音彻兮通九天，敌风起兮楚亡日。楚既亡兮
汝焉归，时不待兮如电疾。歌兮歌兮三百字，字字句
句有深意。劝汝莫作等闲看，入耳关心当熟记。

这首歌辞如果是谢诏拟作的，可以说他确实有一定的文学
修养，改得比《两汉开国中兴传志》好了，而且用了楚汉相
争时期流行的楚歌体，也更符合历史真实。前面韩信未遇
刘邦时也有一首题壁的楚歌：

月未明兮小星竞光。运未遇兮才能晦藏。霜蹄
蹇滞兮身寄殊乡。龙泉埋没兮若钝无钢。芝生函谷
兮为谁为芳？兰长深林兮孰含其香？何得美人兮愿
与相将。同心断金兮为鸾为凰。

这类自叹怀才不遇的诗歌常见于讲史平话，如《五代史平
话》中尚让与黄巢感泣为诗，《薛仁贵征辽事略》中薛仁贵
弹剑作歌，《全汉志传》中马武考不上状元后午门题诗，无
非是书会才人或下层文人怀才不遇时的自我表现。

《两汉志传》中也保留着一些民间故事的情节，如刘
秀被申屠健、庞能追捕时，仰天祝告，忽见一独角红牛在
旁，幸而骑牛突围脱险。后见一老人索还红牛，留一纸条，
上有诗云：

乾坤有意定升平，何用兵戈日夜鸣。二百炎刘从
此定，红牛直上五云轻。

这首诗在《两汉开国中兴传志》里原作：

　　　　立起南阳盖自然,赤牛骑坐作征鞍。皇天若不垂
　　　　洪佑,谁立炎刘二百年。

的确谢诏改写的比原作略强。又如虞姬嫁项羽时,《两汉
开国中兴传志》和《全汉志传》原有诗云:

　　　　天配姻缘今日会,新降子弟尽皈依。万载千年誉
　　　　项羽,三贞九烈说虞姬。

在《两汉志传》里则改作:

　　　　云鬟花颜玉雪肌,绝胜飞燕与西施。风流娇态人
　　　　争羡,正值春光艳冶时。

似乎也比原作略胜一筹。《两汉志传》的东汉部分在贾复
拖肠累战之后,说明"此名曰拖肠大战"。在《全汉志传》
东汉部分第二卷《苏成途中收岑彭》里还作"此一回名曰
拖肠大战",可见原来有讲史平话的回目。到《两汉志传》
删掉了"一回"两字,平话的痕迹就进一步消除了。

　　《两汉志传》把《全汉志传》的十二卷改为二十卷。西
汉部分由六十一回扩展为七十六回;东汉部分由五十八回
扩展为一百四十五回。回目增多,故事则有增有减,但文
字却比较简略。两书的异同很难详作对比,现把西汉部分
第三十七回以下的回目列举如下,可见内容的一斑:

　　《全汉志传》　　　　　　《两汉志传》
37.文帝驾幸细柳营　　　69.细柳营亚夫军令
38.袁盎反间害晁错　　　70.董仲舒对上三策

（以上卷九）

39.周亚夫得胜回朝　　71.苏子卿坚持汉节

40.匈奴兵寇雁门关　　72.李陵大战故龙城

41.汉李广大战沙漠　　73.苏子卿持节还乡

42.卫青振振入长安　　74.文更生上书陈言

43.张骞通使乌孙王　　75.王昭君出塞和戎

（以上卷四）

44.李广利平定大宛　　76.授王莽九锡之荣

……　　　　　　　　（以上卷十）

59.杨恽放肆遭诛戮

60.陈宣大胜康月氏

61.朱云谏君折庭槛

（以上卷六）

　　从以上回目的对比看,显然《两汉志传》在《细柳营亚夫军令》以下的故事比《全汉志传》少得多;在此以前的故事也并未增加多少,只是回目分得细了。

　　东汉部分回目更多,实际上故事情节也没有增加多少。改动的比西汉部分多一些。限于《两汉志传》是善本书,无法复印下来与《全汉志传》作比较,只把首尾部分回目例举如下:

　　《全汉志传》　　　　　《两汉志传》

1.谋平帝王莽篡汉　　1.奸计图王侵宝位

2.白水村明君出现　　2.忠言骂贼死金銮

3.文叔逃难遇刘唐　　3.仗剑立阶扶寇王

　　从回目上看,两本大不相同,但实际上基本内容相差不多,而后者分回较细。最后一部分讲到灵帝即位,结尾说:"灵帝即位之初,三国传于是编起,二帝之事,俱备其传。今但略其名,馀悉不载。"这是与《三国志演义》接轨的。按《全汉志传》结尾也讲到灵帝即位,却说"且看后事如何,看（疑当作下）回便见"。似乎原来还和《三国志演义》合刻为一书的。

　　大概稍晚不久，又有另一种版本的《二十四帝通俗演义全汉志传》，竟然题为"汉史臣蔡邕伯喈汇编"，"明潭阳三台馆元素订梓"（北京大学图书馆藏，孙楷第《中国通俗小说书目》所著录的明本残帙似即此本，只存九卷）。汉代的蔡邕已经编成了《全汉志传》，岂非咄咄怪事。另有一个清宝华楼覆刻三台馆本，全书十四卷。此书西汉部分只有九卷，东汉部分只有五卷。西汉结尾止于《王昭君出塞和戎》，比双峰堂本少了《授王莽九锡之荣》一回，而且第九卷《苏子卿坚持汉节》之后的六回，在双峰堂本里是分作第十卷的。现在合并为一卷，可能是底本缺了第十卷的首页，就连成一片了。原来"余氏文台重梓"的，为什么又改称"三台馆元素（应即余象斗）订梓"呢？可能是重印者虽然把编者"仰止山人"改成了"蔡邕"，但还保留了"三台馆元素"的版权，直到清宝华楼覆刻本也还如此。他们志在赚钱，并不在乎著作权。"三台馆"的名气较大，还算是名牌老字号呢，所以还保留了它的版权。我怀疑那部二十卷本的《两汉志传》可能是由两个版本拼凑而成的，否则为什么又保留了两卷题作"谢诏编集"呢？这个版本的《两汉志传》有许多页子的字体不同，显然是一个补刻后印本。书上的署名不足为据。明清小说的版本，由于翻印盗版而造成的混乱，给我们添了很多麻烦。

　　"蔡邕汇编"本的《全汉志传》东汉部分只有五卷，与余刻《两汉志传》的后半部大不相同。它是直接用熊锺谷本《东汉志传》的前五卷配补的，删去了熊本的第六卷和

第五卷末一回《廉范智退西域兵》,止于《单于送郑众还国》。

可能与《二十四帝通俗演义全汉志传》约略同时,又有甄伟的《西汉通俗演义》和谢诏的《东汉通俗演义》相继问世。前者即据余刻本《两汉志传》的西汉部分修订而成,只讲到《汉惠帝坐享太平》为止,没有吕后篡权和周勃、陈平立文帝以后的情节,实在说不上是"西汉演义"。故事十分简略,可是却分为一百零一回。《西汉通俗演义》较《两汉志传》略有修改,删节或缩写了一部分故事,平话所有神奇虚构的情节更少了,换了一些诗赞,文字更为雅洁。也有一些新创的情节,如写项羽突围逃奔时进入一庄院,庄主老人还给项羽供应粮食,对楚王有一定的好感;韩信被刘邦用计擒住以后,曾被韩信宽容奖赏的淮阴恶少年于途中企图箭射刘邦,劫夺韩信,终被刘邦左右所杀;张良辞官修道,最后与商山四皓飘然归山而去。这些订补都不无新意。甄伟生平不详,据他于万历壬子(1612)所写的序言说:

> 予为通俗演义者,非敢传远示后,补史所未尽也。不过因闲居无聊,偶阅西汉卷,见其间多牵强附会,支离鄙俚,未足以发明楚汉故事,遂因略以致详,考史以广义。越岁,编次成书。言虽俗而不失其正,义虽浅而不乖于理;诏表辞赋,模仿汉作;诗文论断,随题取义。使刘项之强弱,楚汉之兴亡,一展卷而悉在目中,此通俗演义所由作也。然好事者或取予书而读之,始

而爱乐以遣兴,既而缘史以求义,终而博物以通志,则
资读适意,较之稗官小说,此书未必无小补也。若谓
字字句句与史尽合,则此书又不必作矣。书成,识者
争相传录,不便观览,先辈乃命工锓梓,以与四方好事
者共之。请予小叙以冠卷首,遂援笔书此,欲人知予
编次之初意云尔。

从序言的文字看,甄伟的文化修养较高,修改前人著作时
有自己的独立见解,也有一定的理论。一方面他"缘史以
求义",另一方面又不求"字字句句与史尽合",对于历史
演义小说来说,的确是比较实事求是的做法。

谢诏的《东汉通俗演义》是以《两汉志传》的东汉部分
为底本的,据孙楷第先生所见大业堂刻本原为一百四十六
则,我所见剑啸阁批评本只有一百二十五则。但从目录
看,与余刻本《两汉志传》东汉部分的回目基本相同,文字
很少改动。书中内容也大致相同(遗憾的是,我还没有来
得及把它和余刻本《两汉志传》作详细的对校)。估计大
业堂本与余刻本应该是相同的,剑啸阁批评本所删减的二
十一个回目,就可以据余刻本来校补。

值得注意的是,余刻双峰堂本《二十四帝通俗演义两
汉志传》第六卷和第十一卷原题"金川西湖谢诏编集",应
为谢诏改编的一个新版。现在把第十一卷改为第一卷,独
立成书,它和甄伟修订过的《西汉通俗演义》就是不同系
统的两种书了。大概是大业堂印了甄伟的《西汉通俗演
义》之后,又把《两汉志传》的后半部抽出来单印,与甄伟

的书配套。其实两部书并不是一个系统，文字水平也不是一个层次。只要对这两种版本作一次详细的比勘，就会得出这个结论。

入清以后，又有珊城清远道人，把《东汉通俗演义》改编为《东汉演义评》，分为三十二卷，加上很多评语，更注重于对史实的评论。后来又有人把它和甄伟的《西汉通俗演义》合刊为《东西汉演义》，有多种清刊本。

从《前汉书平话》到《东西汉通俗演义》，加上清远道人的《东汉演义评》，经历了五代传承，已经夺胎换骨了。以平话为基础，明代最早的改编本是黄化宇的《两汉开国中兴传志》，基本上保存了民间说话的遗传基因。到了熊钟谷编次的《全汉志传》，开始"按鉴增补"了部分内容。西汉文帝以后和东汉明帝以后的部分可能是熊本的新创。东汉部分由两卷扩展到六卷，显然有许多"按鉴增补"的故事，还删改了一些神奇虚构的情节。例如告发韩信与陈豨通信密谋的妇人青远，在《全汉志传》里改为谢公著了。按《史记·淮阴侯列传》说上变的是其舍人之弟（据《汉书·功臣表》说是慎阳侯乐说），而《史记索隐》则引《楚汉春秋》说是"谢公"，也没有名"著"之说。又如张良纳官辞朝，似乎终于归山修仙去了。在《全汉志传》里只说是杜门不出（到了甄伟《西汉演义》又说他与商山四皓飘然归山了）。其他删去的地方如韩信部下六将箭射吕后不中等情节，也是逐步向史实靠近。仰止山人编集的《二十四帝通俗演义两汉志传》（实应为谢诏编集）大体上因袭熊本,而又有所增改,特别是抽换一些诗赞,如张良教唱的楚歌(见前),较有新意。删掉了像樊亢杀死其母吕婴及吕氏家族等,也是进一步按史鉴作了修订。最后由甄伟改编的《西汉演义》,又作了不少订正,更进一步靠近史书,更多地直接摘录史传原文,但还保留了不少前人积累的有趣的故事,如项羽娶虞姬及霸王别姬的场面,萧何月夜追韩信、蒯通为韩信鸣冤等情节。但只讲到汉惠帝就草草收场了。东汉部分,从题为谢诏编集的十卷本到《东汉演义》,又有一些修订,似乎更多地钞录史书,艺术性的创造极少,特别是后半部,几乎完全是摘抄史传原文。入清以后,清远道人的《东汉演义评》,才是真正的第五代作品。清远道人改写的意图很明确,他在序言中说:

> 遂连类及汉世事,有以光武骑红牛脱难为问者,余曰:"光武起宛,初骑牛,杀新野尉,乃得马,无所谓红牛事。"客取《东汉演义》津津言之。演义,通俗者也,汉俗犹为近古,故足资博览而挽薄俗,恶可捏不经之说,颠倒史事以惑人心目!因为敷说大端,正其荒谬。……则坐中诸客鼓舞未既而继之以叹且泣矣。因共怂恿(原作诶)重为编次其事。

清远道人果然对《东汉演义》大加删改,大量地抄录史书,包括许多文告奏章,还在书前加上了西汉历史的概述。虽然更接近史实,而小说的特征也就消失了。在艺术上是由小说回到历史,由通俗走向古朴,文与史的矛盾就尖锐地摆到了我们的面前。这对历史小说来说,始终是一个难题。

西汉故事从平话到演义小说,充分体现了中国通俗小说发展的世代累积过程,也在一定程度上体现了民间文学的传承性和变异性。从《前汉书平话》到《东西汉演义》的五代传承提供了明代通俗小说演化史的典型例证。我们研究中国近体小说的发展史,首先就该充分运用这一个典型例证。

（原载《明代小说丛稿》,人民文学出版社 2006 年 1 版）

试探《隋唐两朝志传》的渊源

　　《隋唐两朝志传逅俗演义》一百二十二回（又补一回），原题贯中罗本编辑，有日本尊经阁藏明万历四十七年（1619）龚绍山刊本，原书多处题作"镌杨升庵批点隋唐两朝史传"，今人多按孙楷第先生书目定名。又有日本横山弘教授藏永寿堂重印本①，另有上海图书馆藏复刻本。孙先生《日本东京所见中国小说书目》卷三据尊经阁藏本著录，并有提要云："似所据为罗氏旧本，而书成远在正德之际，先于熊钟谷《唐书志传》者且四十馀年。而细观全书，则似与熊书同出于罗贯中《小秦王词话》（今有明诸圣邻重订本），熊据史书补，故文平而近实。此多仍罗氏旧文，故语浅而可喜。"②孙先生相信有"罗氏旧本"，而熊书

---

　　①　横山弘《〈隋唐志传〉版本小考》，《奈良女子大学文学部研究年报》第三十一号，1988年3月刊。

　　②　《日本东京所见中国小说书目》，上杂出版社1953年12月1版，60—63页。以下引孙说同此。

已据史书作了订补,此龚刊本则大多仍罗氏旧文。柳存仁先生的《罗贯中讲史小说之真伪性质》大体上也支持此说①。

　　近年来学者继续考证,多认为罗贯中编辑此书之说不可信,而且书出于熊钟谷(大木)《唐书志传》之后,林瀚的序言是假托的。第九至九十回的情节与熊书大体相同,但有很多差异,孙楷第先生也曾举例说明其异同和与史实的正误。但孙先生说它与熊书同出于《小秦王词话》,又说"此书于九十二回后增补高宗以下事至僖宗而止",使人误认为中间八十三回的故事与《唐书志传》同出罗氏旧本,只加出了前八回和后三十二回,则未免疏略。实际上只有伪托徐渭序的一百十四节的《隋唐演义》才是在《唐书志传》前后嫁接了《隋唐两朝志传》的前八回和后三十二回。有人认为后出者有所修改,因而较为近实。罗贯中编辑之说,虽不可信,但《隋唐两朝志传》(以下简称"隋唐志传")编辑者有无旧本为依据却仍有待研究。现在试作一些探讨。

一　薛仁贵故事的插增

　　《隋唐志传》第八十九回之后,又补了一个八十九回《薛仁贵箭射飞刀》,叙述盖苏文中箭伤臂,意欲退兵,萧

---

① 刘世德编《中国古代小说研究》,上海古籍出版社 1983 年 5 月 1 版,94—104 页。

地虎建议向扶桑国求救,盖苏文听从其计。扶桑国派出三
员猛将,名元龙、元虎、元凤。这三将都被薛仁贵射死。书
中引"宋范菊轩赞仁贵"诗云:

> 凛凛身材盖世雄,扶持唐主定辽东。
> 能降海外烟尘路,尽在天山三箭中。

按:这一段承袭自《永乐大典》本《薛仁贵征辽事略》平话,
元龙、元虎、元凤三将的名字全同,但细节略异。话本引
诗曰:

> 凛凛威风冠世雄,扶持唐世定辽东。
> 能交海外烟尘静,皆在天山三箭中。

成化辛卯(1471)永顺堂刻本《薛仁贵跨海征东》词话结尾
也有这首诗,又略有差异:

> 凛凛身躯胆气雄,扶持唐世定辽东。
> 能降海外烟尘静、因在天山三箭中。

只要看这一首诗,就可以断定这一回是根据元(或金)代
平话系统的话本插入的,因为成化词话里并没有三箭定天
山的具体叙说。

《隋唐志传》本有《仁贵三箭定天山》的故事,见于第
九十三回,放在后面唐高宗时期是符合史实的,所以孙楷
第先生指出:"有熊书纪事误而此书不误者:如破铁勒九
姓及薛仁贵三箭定天山本高宗时事;熊书本以秦王为主,
而艳羡其事强属之太宗,大是谬误。兹于太宗征辽,改铁

勒为扶桑,（太宗征高丽本无功而还,熊书尚不背于史,兹以高丽王舆椟出降,则亦误也。）仍以薛仁贵事属之高宗。"

实际上《隋唐志传》是把薛仁贵三箭定天山的故事讲了两遍,高宗时破铁勒的事本来见于九十三回,大概编成后又见到平话里有三箭破天山射雕王颉利可汗援军的故事,舍不得抛弃,又把它改写后插入第八十九回之后。编者在书成之后才加进去的,所以回目上没有来得及改正次序。但也可以说明他并非抄自《唐书志传》。《唐书志传》第八十九节也有"薛仁贵三箭定天山"的故事,讲的却是三箭射死铁勒援军万留公、万济公、万通公三兄弟。可见两书的底本不同。

唐太宗征辽的故事,《隋唐志传》从第八十一回就开始讲起,到第九十回《高丽王舆椟出降》,用了十回多(加上补的又八十九回)的篇幅,以薛仁贵为中心人物。这一部分比平话《薛仁贵征辽事略》内容更加丰富,有不少新奇的情节,如薛仁贵追杀毒蛇,得到兵书、盔甲、方天戟;降伏火龙马,得到坐骑;五箭取榆林;箭射飞刀战胜盖苏文等等。其馀情节与平话大同小异,可能编者作了较多的增订,也可能别有所本,只有"三箭定天山"这一节像是根据平话改编的。元人杂剧里有张国宾的《薛仁贵衣锦还乡》和无名氏的《摩利支飞刀对箭》,都说到了三箭定天山,把它作为太宗征辽时的事。成化词话《薛仁贵跨海征东》也讲到"三箭定下烟尘",结尾诗也说:"能降海外烟尘静,因在天山三箭中。"可是词话里并没有讲三箭定天山的具体情节,只有用箭射落五口飞刀的事,和《隋唐志传》第八十六回《薛仁贵五箭取榆林》相似。大概薛仁贵的故事在传说中不断演化,先是把三箭定天山的史实提前到了征辽时,随后又铺衍出摩利支(即莫利支)飞刀对箭的情节,三箭又增加为五箭。《隋唐志传》为了扩充篇幅,兼收并蓄,既有破铁勒时的三箭定天山,也有征辽时的三箭破扶桑;既有五箭取榆林,又有五箭射飞刀。

　　《唐书志传》也有薛仁贵的故事,从七十七回到八十九回,都是讲唐太宗征辽的战役。这十三回书,情节和《薛仁贵征辽事略》平话、《薛仁贵跨海征东》词话大不相同。除了薛仁贵屡建奇功之外,还有其他将领的战绩。第八十九回也说"薛仁贵三箭定天山",只是把破铁勒的三箭定天山移到了征辽时,而元龙三兄弟则改成万留公三兄弟了。最突出的一点是没有张士贵冒功谋害薛仁贵等情节,刘君卯(不作昂或昂)也不是反面人物,而是战死疆场的阵亡副将。显然《唐书志传》的底本与《隋唐志传》不是一个系统,与元代以来戏曲、话本里的薛仁贵故事差异很大,也不像是熊大木"参采史鉴"而彻底改造的。因为这些故事也远离史实,虚构的情节太多,熊大木没有必要做这么大的手术。于此可以看出《隋唐志传》和《唐书志传》完全不是同一系统的传承。

　　这里还需要对上引那首诗作一点考察,平话里的那首诗被托名为范菊轩撰,这应该是《隋唐志传》编者的改笔。

除了补的又八十九回,书中第七十八回、第七十九回也有
"宋贤范菊轩"的两首诗,当出于同一人之手。看来这补
入的第八十九回不是另一个人插增的。

二　孙甫史评的佚文

《隋唐志传》第九十四回讲到唐高宗驾崩时,引"宋孙
甫评曰":

> 高宗为人沉静寡默,足有可称。然溺爱衽席,不
> 戒履霜之渐。卒使妖后斫丧唐室,贻祸邦家。可叹
> 也夫!

第九十八回讲到武则天病死时,又引"宋孙甫评曰":

> 武后乘唐中衰,攘窃神器,任用酷吏,屠害宗支,
> 毒流缙绅,其祸惨矣。

这个孙甫应指《唐史论断》的作者。按宋陈振孙《直
斋书录解题》卷四编年类著录《唐史论断》三卷:

> 天章阁待制阳翟孙甫之翰撰。甫以《唐书》烦冗
> 遗略,多失体法,乃修为《唐史》,用编年体。自康定
> 元年逮嘉祐元年,成七十五卷,为论九十二首。甫没,
> 朝廷取其书留禁中,其从子察录以遗温公,而世亦罕
> 见。闻蜀有刻本,偶未得之,今惟诸论存焉。

孙甫的《唐史论断》,在南宋时就只存三卷了,至今流传于
世的就是这三卷。《隋唐志传》所引的两条,不见于今本。

《唐史论断》不是很常见的书,《隋唐志传》的编者居然能引用南宋时已经散佚的原文,实在令人惊讶。如果说是编者伪造的话,孙甫又不是什么大名人,为什么要借用他的名义呢?

可以作为旁证的是,同样是署名为罗贯中编的《残唐五代史演义传》,第一回就是《按宋待制孙甫史记》,正文只有两首诗,叙事极少,也没有论断。同书第二十五回又引孙甫的评语说:

> 僖宗为人,荒淫暴虐,昏庸相继,祸乱相仍,民愁盗起,不可复支。盖亦天人之所愤欤!

两部都题为罗贯中编的演义,都引用了孙甫的评论,其中是不是有一定的联系呢?《残唐五代史演义传》的故事和风格比《隋唐志传》更为浅俗,有如三鞭换两铜那样"粗鄙"的故事,近似民间话本,可能年代较早。所以赵景深先生曾说:

> 我疑心这部《五代残唐》是元人的著作,因为:一、每回的回目只有一句,不是对偶的,颇像《三国志平话》。二、第十三回《李晋王河中会兵》云:"醒而复醉,醉而复醒",这样的话正是元人散曲所常用的。三、戏剧多根据小说改作,但根据戏剧而改编小说的却极少。戏剧所写每只是小说中的一段,很是注重结构,而中国小说却是一向不大注重结构的。元人所作杂剧,都可以从《五代残唐》里找到它的来源。我想,

大约是元人杂剧根据《五代残唐》改作的。从这推测,《五代残唐》也有为元人作品之可能。①

赵景深先生的意见只是推测,并无确证,但是第三点说元人杂剧里的五代故事与《残唐五代史演义传》有渊源关系,则是基本可以肯定的。《残唐五代史演义传》与《五代史平话》体例不同,性质有异,然而元人杂剧的情节却近于前者而远于后者,说明应有一个较早的共同来源。其中引用宋人孙甫《唐史论断》的佚文,可能出于某一较古的祖本,不是杨丽泉或龚绍山所能伪托的。

三　李白故事的"旧小说"

《隋唐志传》第九十九回叙翰林学士贺内翰向玄宗推荐李白说:

> 近有一人姓李名白,西川绵州人也。先因绵竹县令贺知章家一使女名曰秀春,尝在绵江洗菜,忽然跳一鲤鱼入篮。其女取鱼归家食之,因而有孕,后生一子,容貌希奇,身体端严。知章异之,取名李白。及长,颖悟绝人,才学无敌。

下面《李太白立扫番书》、《华阴李白倒骑骡》两回,与《警世通言》第九卷《李谪仙醉草吓蛮书》故事相似,但情节差

---

① 《残唐五代史演传》,《中国小说丛考》,齐鲁书社 1980 年 10 月 1 版,122 页。

异很多。可一主人（即冯梦龙？）眉批说："旧小说谓李白为贺家婢出，得此正之。"可见可一主人曾见过有李白出身故事的"旧小说"，似即指《隋唐志传》。他称之为"旧小说"，年代应该较早，那么书中的李白故事当有更早的来源，未必是刻印者的新创。

四　与《大唐秦王词话》的异同

《隋唐志传》龚刻本的末页有木记说："继此以后则有《残唐五代志传》详而载焉，读者不可不并为涉猎以睹全书云。"（永寿堂后印本也有这段广告）可知龚绍山是把此书与《残唐五代史演义传》作为同一系列的丛书编印的。《残唐五代史演义传》有题"李卓吾批点"的明刻本和"汤显祖批评"的清刻本，前者有可能即龚绍山刻本。《残唐五代史演义传》第六十回结尾又说："馀见《宋传》，此编不多录也。"可见还有一个衔接赵匡胤登基之后的《宋传》，又与现存的《南北两宋志传》不同。研究者多认为《残唐五代史演义传》可能即钱希言《桐薪》所说的正德年间传世的《金统残唐记》。按晁瑮《宝文堂书目》子杂类著录有《李唐五代通俗演义》一书，或即同书异名。

《隋唐志传》和《残唐五代史演义传》中都有不少丽泉的诗，丽泉应即清白堂的主人杨丽泉，他的诗也见于余象斗刻本《列国志传》。清白堂和刻《唐书志传》的清江堂都属杨氏，似为一家，但年代较晚。熊大木编的《全汉志传》

中东汉部分,书末也题"清白堂杨氏梓行",印于万历十六年(1588)。所以有丽泉诗的版本应晚于熊大木的《唐书志传》。《隋唐志传》的编者有可能看到《唐书志传》,但没有抄袭的证据,两书的情节、文字出入很大,如果逐回对比,可以看出许多不同的地方。讲唐代历史的宋元平话,现存的只有《薛仁贵征辽事略》一种。从元人杂剧和明刻的演义小说考察,宋元时一定有不少唐史平话的话本,惜已佚失。唐代著名的英雄人物,除了薛仁贵以外,还有尉迟敬德和秦琼(叔宝),秦王李世民也是一个重要人物。《唐书志传》里的薛仁贵故事,把三箭定天山说是打铁勒九姓的战役是正确的,而移置于唐太宗征辽时期却错了;《隋唐志传》把三箭定天山放在唐高宗时是正确的,而重出于唐太宗征辽时则回避了破铁勒的矛盾,改说是扶桑国齐天可汗助高丽的援军,就圆了平话《薛仁贵征辽事略》以来就流传的谎。这一回作为增补部分放在八十九回之后,显然是《唐书志传》之外的新材料。原本目录还有第一百二十四回《郑畋大战收朱温》,有目无文,大概是编者看到《残唐五代史演义传》第六回有《郑畋大战朱全忠》故事,就删掉了。现在第一百二十二回,写到曾元裕杀了王仙芝之后班师回长安,没讲到唐僖宗和昭宗以后的事,不像是全书的结局。就因为这部分故事都留在《残唐五代史演义传》里讲了。看来编者有一个全盘整合的策划,并未完成。

　　《唐书志传》不是全部唐代历史的演义,只讲唐太宗的事迹,到九十回《长孙臣劝回銮驾,唐太宗坐享太平》为止,只比《大唐秦王词话》多了一大段征辽故事,所以又名"秦王演义",孙楷第先生说它与《隋唐志传》"同出于罗贯中《小秦王词话》"。但无论《唐书志传》或《隋唐志传》,都不是简单地照搬和直接传承《大唐秦王词话》,而是同源异流的演化。于此可以再一次考察明代前期小说的世代累积过程。

《隋唐志传》与二书不同,除回目为单句外,如第九回叙裴寂鼓动李渊起事,孙楷第先生曾指出:"有与熊书微异者:如裴寂以晋阳宫人私侍李渊,熊书与《通鉴》同,兹则竟指为张尹二妃。"

《隋唐志传》叙事很详,有裴寂鼓动张尹二妃,教她们劝李渊饮酒,醉后扶向龙床,与之共宿等情节,大约有一千来字。可是在《唐书志传》里,仅有一句话:"因选晋阳宫人有美色者私侍渊。"(第一节)

按:这一情节亦见于《大唐秦王词话》第一回:

> 一日,裴寂设宴于晋阳宫内,邀李渊入宫饮酒,私以张尹二妃侍陪。李渊平素贪恋酒色,肆无忌惮,尽欢而散。

就和《隋唐志传》比较接近了。

接着,有一段李世民劝说李渊的话:

> 世民乃乘间屏开左右,说于渊曰:"今主上无道,百姓困穷。晋阳城外,皆为战场。大人若守小节,下

有寇盗，上有严刑，危亡无日。不若顺民心，兴义兵，转祸为福，此天授之时也。"（第九回）

这番话也见于《大唐秦王词话》第一回，可是在《唐书志传》里却只有"世民牖下闻之，因进说之甚力"十二个字。

再往后，《隋唐志传》又有一段：

酒半酣，寂又从容言于渊曰："二郎阴养士马，朝夕训练，欲举大事。正为寂以宫人侍公，恐此事觉得罪见戮，故为此急计耳。公意如何？"（第十回）

《大唐秦王词话》第一回也有这一段，只有几个字不同，在"公意如何"之前多出"众情已协"一句。在《唐书志传》里则只是十二个字：

裴寂亦曰："众情已协，公当从之。"

三种书有相似的文字，似乎同出一源。但究其根源，实际只是《资治通鉴》一书而已。按《资治通鉴》卷183载：

世民乘间屏人说渊曰："今主上无道，百姓困穷，晋阳城外皆为战场。大人若守小节，下有寇盗，上有严刑，危亡无日。不若顺民心，兴义兵，转祸为福，此天授之时也。"……

先是，裴寂私以晋阳宫人侍渊，渊从寂饮，酒酣，寂从容言曰："二郎阴养士马，欲举大事，正为寂以宫人侍公,恐事觉并诛,为此急计耳。众情已协,公意如何?"①

由此看来,孙楷第先生所说"同出于罗贯中《小秦王词话》"的话,恐怕有待考虑。因为他去日本看书时间非常局促,不可能同时取三种书进行对比。三种书取舍不同,相似的地方实在不多,且《小秦王词话》也说是罗贯中的原著,和《隋唐志传》一样,都是后人托名,至少是经过后人改编的再创作。如果真是罗贯中一人所作,那么就应该基本相同了。

说唐故事中最著名、最精彩的一段是秦叔宝与尉迟敬德大战,在《隋唐志传》里是《柏壁关唐刘大战》、《美良川秦王跳涧》、《敬德三鞭换两锏》三回。《大唐秦王词话》第二十九至三十回,《秦王私窥柏壁关,叔宝夜战秋风岭》、《秦王三跳虹霓涧,叔宝大战落叶坡》,就是讲这一故事。《隋唐志传》的故事大致相同,但加了不少情节,人物姓名也改过了。如随同秦王夜探柏壁关的是程咬金、马三保、段志玄,《隋唐志传》里则是丘师利、向善志、马三宝、武士虐(应作彠)四人。这一次尉迟敬德打败了四将,秦叔宝没有出场,第二天秦王听从程咬金之计,偷渡柏壁关,才有尉迟敬德追赶秦王,秦叔宝救驾,两人交战;李世民、尉迟

①　以上一段对话见于《旧唐书·裴寂传》,原作:"二郎密缵兵马,欲举义旗,正为寂以宫人奉公,恐事发及诛,急为此耳。今天下大乱,城门之外,皆是盗贼。若守小节,且夕死亡;若举义兵,必得天位。众情已协,公竟如何?"与《资治通鉴》卷183略同。《隋唐志传》似据《通鉴》。

敬德、秦叔宝三人马跳虹霓涧。两人大战,不分胜负。第
二天再战,又加进了"三鞭换两锏"情节,说两人斗"并力
法",尉迟敬德卸了盔甲让秦叔宝先打两锏,然后秦叔宝
让尉迟敬德打三鞭。敬德还说:"吾受四锏,汝早还我四
鞭之债。"而叔宝则说:"论数算来果少一鞭,以轻重较之,
四锏约有二百斤之力,三鞭还有二百四十斤之重。汝尚欠
吾四十斤的气力,何足为奇!"这是《隋唐志传》的独特之
处。在《大唐秦王词话》里并没有此说,只有这样的说法:

> ……这个是三跳虹霓涧。还有三鞭不及二锏,这
> 是怎么说?尉迟在柏壁关下,鞭打马三保、段志玄、程
> 咬金,中伤不损其命。秦叔宝在清风岭下,锏打魏雕
> 儿、张赛虎。所以三鞭不及二锏。

《隋唐志传》则作秦叔宝打死了一个韩哙,《唐书志传》里
根本没有这段情节,只有秦叔宝锏打魏刁(不作雕)儿一
人,都没有张赛虎其人①。

　　三部书各有特色,《隋唐志传》增加的枝叶最多,正如
孙楷第先生所说:"惟此书三鞭换两锏事则尤粗鄙。"三部
书各有繁简和差异,可能有同出一源而各有增改的关系;
更可能是各有传承,来自不同说话人的编创,而其共同的
根源只有一个,就是史书。三部书里相同的文字,大多可

---

　　① 　魏雕儿或魏刁儿,应即指魏刀儿,见《旧唐书》卷2《太宗纪》、卷54
《窦建德传》、卷55《刘武周传》,后为窦建德所灭,不是秦琼所杀,不知《大唐
秦王词话》所据为何。

以在《资治通鉴》里找到来源。当然,还有两《唐书》等更早的史源。

　　尉迟恭是隋唐故事里的著名人物,《大唐秦王词话》第二十一至二十六回讲他的出身,有许多神奇的故事,《隋唐志传》就没有采取。尉迟恭三夺槊的故事,和三鞭换两锏一样是唐史演义的重要关目,当然不会放弃。《大唐秦王词话》里有两回讲到了李元吉与尉迟敬德比武夺槊的故事(三十八、三十九回),《唐书志传》却没有采用。《隋唐志传》第六十二回《尉迟恭榆窠救主》之后,也有李元吉要与尉迟敬德比武的情节,仍请李世民扮演榆窠园逃走之状,让尉迟敬德单鞭来夺槊。李元吉持槊追赶世民,意图把他刺死。尉迟敬德急来救主,用木槊刺倒元吉,夺过其槊。继而李元吉又派部将黄太岁(《词话》作黄庄,绰号立地太岁)在南御园再次重演追刺李世民,又是尉迟敬德夺槊救主,打死了黄庄。元人尚仲贤有《尉迟恭单鞭夺槊》和《尉迟恭三夺槊》两个杂剧,就演这两个故事,但元刻本《三夺槊》杂剧文字有缺误,不易读通,第四折唱词有"谢吾皇把罪愆免,打元吉丧黄泉"的话,大致可以解读出尉迟敬德三次夺槊后竟打死了元吉。这是元杂剧的虚构,离史实太远了,《词话》也没有采取。《隋唐志传》则又有变化,第六十二回叙元吉与尉迟敬德比武,被敬德夺槊刺倒,只有一次。次日黄太岁扮演单雄信追秦王,真要下手时,还是敬德夺槊一下刺死了黄太岁,就没有"三夺"的情节了。

《隋唐志传》的情节与《大唐秦王词话》较为接近,与
《唐书志传》则差异很大,所以很难说二书同出于《小秦王
词话》。再说,《隋唐志传》与《词话》也有很多出入,并不
是直线传承。《唐书志传》则与《词话》很少相同之处,或
许另有所本,或许熊大木已经"参采史鉴",作了彻底的改
造了。

五　与元明杂剧的异同

《隋唐志传》与元人杂剧有相同的故事,上面已提到
尚仲贤的《单鞭夺槊》、《三夺槊》,张国宾的《衣锦还乡》
和无名氏的《飞刀对箭》,情节大同小异,不再赘述。

元杂剧还有郑德辉的《程咬金斧劈老君堂》,即《隋唐
志传》第三十一回《秦王北邙山射猎》故事,特点是从斧劈
老君堂一直演到程咬金归顺大唐。在中间加了一个楔子,
演李世民消灭萧铣的故事。第三折又由正末扮探子,用唱
词描述了李世民和萧铣的战斗场面。第四折由李靖向秦
王报告李密降将内有程咬金,秦王不念前仇,亲释其缚。
与《隋唐志传》不同的是预言李世民有百日之难的是袁天
罡,把李孝恭、李靖征服萧铣的功劳放在秦王身上,又把时
间提前了。

杨梓的《功臣宴敬德不伏老》,演尉迟恭在功臣宴上
争论打了李道宗,被贬到职田庄耕地。后来高丽国兴兵挑
战,徐茂功奉命来召他起用。尉迟恭装疯病不去,徐茂功
命军校装作下高丽的小军,上他门来骚扰,激怒尉迟恭动

手打人,徐茂功抓住他没病,逼他出马应战,打败了高丽大将铁勒金牙,又还朝复职。这个故事不见于《隋唐志传》,在《大唐秦王词话》里则把尉迟恭被贬的原因说是齐王元吉的陷害。第五十五回《诏皇庄敬德诈病》说徐茂功带着医生去给他扎针,激怒尉迟恭举鞭要打,才被骗复出。敬德装疯成为流传甚广的折子戏,保存在南戏《金貂记》里,演唱不衰。

无名氏的《小尉迟将斗将认父归朝》,演尉迟恭与儿子尉迟保林相遇的故事,这也是《隋唐志传》里没有的。但《词话》第二十三回尉迟恭参军时与怀孕的妻子梅凤英分别,嘱咐说,如生下孩子,取名宝林,留下一条竹节钢鞭为记。可见这是早就有的传承故事,只是后文却没有呼应。

脉望馆所藏钞校元明杂剧里有好几本演唐史故事的,与《大唐秦王词话》有同有异。现在再拿它和《隋唐志传》比较一下。

《魏征改诏风云会》杂剧头折李世民上场有一大段念白,叙述了十八处烟尘的形势,最后说到:"别处军兵也不打紧,则有这江南萧铣、洛阳王世充、金墉城李密。某今先要收伏洛阳王世充,后破李密。"剧中演军师李靖看出李世民面色不好,不可远行。李世民决意去探看金墉,被程咬金抓住。幸而李密打败了孟海公,大赦一应罪人,惟独不赦李世民、刘文静,魏征改"不"字为"本"字,放了两人。《隋唐志传》与之基本相同,只是说李淳风预言:"殿下面带青色,可保过百日之灾。一忌走马,二忌开弓,三忌玩景。犯此三者,其灾难躲。"李淳风与李靖不同,孟海公则讹为"凯公"了。在《大唐秦王词话》里则说是李靖与李淳风先后劝阻李世民出游,被李密打败的却是梁师都,不是凯公,与杂剧差距较大。《魏征改诏》与《斧劈老君堂》有重合的地方,也有不同的情节,各有重点不同。

　　《长安城四马投唐》杂剧开头有一个很长的楔子,演述王世充和李密交战之前,先向李密借粮,随后背信下书挑战。单雄信打破金墉城,李密与王伯当、柳周臣、贾润甫四马投唐。唐公李渊封李密为邢山公,并赐他独孤夫人。第二折演李世民西征薛举得胜回来,唐公命李密去迎接,李世民有意羞辱李密。又出题命他作诗,互相讽嘲,激怒了李密,就决意出逃叛唐。第三折演盛彦师于断密涧射死李密,李世民又下令射死了王伯当。这些情节与《隋唐志传》有所不同,却和《词话》相合。如《隋唐志传》第三十六回《魏征四马自投唐》,随李密投唐的有魏征和祖君彦、王伯当、王珪、徐世勣等,也与史籍不合。第三十八回《秦王十计羞李密》,与杂剧第二折情节一致,但十将里只有殷开山、马三宝两人出场,另八人未见,却换了一个段志玄;也没有吟诗讽嘲的情节。《词话》则更近似杂剧,随李密投唐的是王伯当、柳周臣、贾润甫,剧中李密吟《竹》诗云:"老竹苍苍节大坚,等闲小辈莫摧残。潇潇雨洒深秋月,惊的邪魔心胆寒。"《词话》第十四回李密的《竹》诗则作:"拂云苍玉手亲栽,饱历风霜足干才。寄语时人莫轻弄,曾从葛水化龙回。"还有李世民和李密咏鸡的两首诗,也完全不同。可是都有两人吟诗相嘲的情节,应有共同的渊源。

《徐懋公智降秦叔宝》杂剧演徐懋功拿着李世民的信去说降秦叔宝和陆德明、程知节、李君实、田留安等,一起归唐。最后由殿头官念诵断语韵白,宣读圣旨,可见剧情大意:

> 您听者:隋室乱天下荒荒,四海内各占封疆。太原城先朝旧业,王世充搅乱村坊。仗手下文强武胜,秦叔宝双铜高强。徐懋公施谋用智,一封书拱手来降。各罢兵干戈宁静,众将军武艺非常。秦叔宝封胡壮公之职,陆德明加紫绶金章。李君实田留安二将,取家小直到洛阳。今日个加官赐赏,一齐的拜谢吾皇。

《隋唐志传》第四十七、四十八回《世勣云游访叔宝》、《秦叔宝弃郑投唐》,讲到秦叔宝、程知节两人阵前倒戈,李君实、田留安搬来五家(连同陆德明)老小等,与杂剧大体相同,应出自同一系统。《大唐秦王词话》则讲得更细,细节更多,说徐茂功扮作道人,潜入河南,遇见秦叔宝命家僮出卖双简(铜),就跟着到秦家游说秦琼,又拿出敬德的画像,激发秦琼的好胜心,决意归唐。共事者只有牛进达、牛进雄、程咬金三人,没有李君实、田留安、陆德明。看来与《隋唐志传》不是同一来源。

《尉迟恭鞭打单雄信》杂剧演的是唐史故事里的著名情节。单雄信追赶李世民,徐懋功扯住他的袍袖,单雄信割袍断义。尉迟恭来救,铲马单鞭,打伤了单雄信,立了大功。《隋唐志传》也大体相同,但没有说到夺槊,与尚仲贤的杂剧《单鞭夺槊》有所不同。杂剧末尾唐元帅李世民的断语,综述了整个剧情,可知大意:

> 某不合私观洛阳,到城边惹起刀枪。北邙山闲游玩赏,驰战骑才到山旁。单雄信猛然相遇,起恶心要把吾伤。见军师苦苦哀告,断银袍结义相忘。俺军师投唐取救,不承望遇见忠良。尉迟恭单鞭铲马,催征宛保驾勤王。到垓心奋勇交战,将雄信鞭举着伤。打得他吐血数里,回洛阳胆碎身亡。这一场奇功当赏,回朝中保奏吾皇。封国公赤心辅佑,立清名万载称扬。

《唐李靖阴山破虏》杂剧演李靖率军打败颉利可汗,立功受赏,剧末由魏征宣布:

> 你本是立国功臣,建大唐多有功勋。因北番虏寇作乱,遣天兵挣剿番军。加李靖卫国公之职,李世勣封英国公权衡。张公谨封为殿前太尉,柴绍封武略将军。薛万彻升掌军总管,有功官各赏分明。

这个故事与《隋唐志传》第七十八回《李靖阴山破突厥》相同,而情节较简,似出其后。这是太宗登位之后的事,在《词话》和《唐书志传》里就没有了。

《贤达妇龙门隐秀》杂剧演柳迎春看到薛仁贵寒冷，把一件红锦袄儿盖在他身上，被父亲赶出家门，跟薛仁贵甘贫守分。薛仁贵投军在张士贵部下，屡被赖功。第四折演薛仁贵三枝箭对了盖苏文三口飞刀，息平高丽国，累建大功，封为平辽公，衣锦还乡。这是一个旦本剧，与元杂剧《衣锦还乡》主题不同，但也演到了薛仁贵飞刀对箭的情节。《隋唐志传》第八十三回也有一段薛仁贵投军故事，比杂剧简单多了。

脉望馆抄校本元明杂剧的年代没有确切记载，只知赵琦美校订于万历四十二至四十五年，这几种杂剧大致编写于明代前期。《鞭打单雄信》剧中李世民点将，先后有二十四人出场，可见这个戏班子阵容庞大，剧本大概是皇家内府专用的。故事的来源不一定只有一个，如《四马投唐》里李世民记旧仇曾要杀程咬金，《智降秦叔宝》里就没有这一情节，而且程咬金作程知节，名字不同。《隋唐志传》编写的年代与杂剧谁先谁后，很难确定，但必有互为影响的关系。从现存的刻本看，当然晚于脉望馆藏本杂剧，故事情节往往比《词话》更接近于杂剧。各本杂剧的作者和年代可能各不相同，《隋唐志传》与杂剧及《词话》又各有一些差异，恐怕还是同源而分流的结果。

元明杂剧一般是取材于说唱话本，又有所增饰。从多数情况说，编写往往是晚于小说，但不一定晚于今本《隋唐志传》。各个剧本的情节不统一，与《词话》也不一致，很可能是有一个更早的共同祖本，而在流传中又有变异，这是俗文学史上常见的现象。

六　旧本"小说"的痕迹

在三种唐史演义里,《唐书志传》刻本的年代最早。《隋唐志传》有林瀚的序,龚绍山刻本的林序没有年代,但是褚人获《隋唐演义》前也有林瀚的序,文字较《隋唐志传》所载的更繁,而且还有正德戊辰(1508)的纪年。虽然林瀚序像是伪托的,然而伪托者不会是褚人获。褚人获所见到的可能是一个早于龚绍山的旧本。龚本已是一个经过修订的版本,因而林瀚的序也经过了删改。褚人获没有必要对林瀚的序再加增补。孙楷第先生非常谨慎,一方面说了"书成远在正德之际",另一方面又指出:"所载瀚序,盖依托耳。"从现存版本看,龚刻本在万历四十七年,已经很晚,并非载有正德戊辰林序的旧本原貌。有没有它的祖本,还是一个有待探讨的问题。

再说,熊大木的《唐书志传》题作"金陵薛居士的本,鳌峰熊钟谷编集",确认它有更早的"的本"。书中第四十二节有一条夹注说:"小说言割袍断义,即此事也。"熊大木所见的"小说",当即出于民间说唱的话本,确有单雄信割袍断义的情节。这在《大唐秦王词话》里就有叙述,《隋唐志传》第六十一回回目正作《单雄信割袍断义》,还是源出旧本。

综上所述,大致可以作出如下推论:

(一)《隋唐志传》中有许多丽泉的诗,丽泉即清白堂主人杨丽泉,刻过《达摩出身传灯传》。清白堂刻的《西游记》,又署名杨闽斋,可能即杨丽泉的别号。(清白堂重印的《大宋中兴通俗演义》是利用清江堂嘉靖壬子年的旧版。)《残唐五代史演义传》里也有他的诗,现存明刻本可能也出自龚绍山之手。杨丽泉大概就是《隋唐志传》编辑者,可能曾有清白堂的初刻本,龚绍山则是翻印者。有没有再加修订,无从判断。再后还有永寿堂的后印本,即利用龚本旧版重印,较现存龚刻本多图版四十四幅。

　　(二)《大唐秦王词话》传为罗贯中撰,实不可信。现在且不加考证,只说现存的明刻本,题作"澹圃主人编次,清修居士参订",至少是已经过两个人加工的了。书前有陆世科写的序,说到:"吾友诸圣邻氏以风流命世,狎剑术纵横,雅意投戈,游情讲艺,羡秦主之雄烈,挥霍遗编,汇成钜丽。"陆世科名下有一方"丁未进士"的印,诸圣邻的年代也可由此略知一二。陆世科其人见于《明史》卷242《董应举传》,说到天启五年(1625)陆世科为巡盐御史,因知他中进士的丁未应为万历三十五年(1617)。《大唐秦王词话》第五十九回前有一首诗是赞叹于谦的,后面接着说"诗谈肃愍褒封日,词整秦王受谮时"。"肃愍"是弘治二年(1489)追赠于谦的谥号,后来在万历(1573—1629)中又改谥"忠肃"①,所以《大唐秦王词话》当编成于弘治二年与"万历中"之间,而刻印应在万历三十五年之后。杨丽

---

① 见《明史》卷170《于谦传》。

泉未必有条件参照诸圣邻的《大唐秦王词话》进行增订。当然,《大唐秦王词话》必有诸圣邻之前的祖本,并不妨碍杨丽泉能够见到。

（三）《隋唐志传》与《大唐秦王词话》、《唐书志传》的情节、文字差异都很大。如果确有传承关系的话,编辑者为什么要大动干戈,劳心费力地去大加修改呢? 一种可能是编辑者有意要超越前人,作了夺胎换骨的改造。杨丽泉很爱写诗,诗虽然写得不好,但他的文化水平还是可以"参采史鉴"来进行一些修订的。另一种可能是编辑者另有所本,如熊大本所据的"薛居士的本"的"小说"。编者只增加了《薛仁贵征辽事略》等新材料。《隋唐志传》的前八回和后三十二回的情节都未见他书(李白故事可能有较早的"旧小说"),可能确有一个更早的祖本。隋唐故事是一个活在说唱艺术中的节目,明末的著名说书家柳敬亭也能说隋唐演义,到八十多岁还在说《秦叔宝见姑娘》(见余怀《板桥杂记》),那就只能留给后出的《隋唐演义》去收编了。

（四）如果属于后一种情况,那么《隋唐志传》的历史价值还值得重新评估。它的文采虽不如《大唐秦王词话》,但比《大唐秦王词话》及《唐书志传》多了不少内容,还保存了一些较早的民间故事的成分,对褚人获的《隋唐演义》也有一定贡献。不能因为它不是罗贯中的作品而不加重视,甚至一笔抹煞。《隋唐志传》给我们提供了又一个明代前期小说世代演化史的例证①。这就是它的历史文献价值。

（原载《文献》2009 年第 3 期）

孙甫有《唐史记》七十五卷，见欧阳修文集卷三三《孙公墓志》及《宋史》卷二九五《孙甫传》。《直斋书录解题》说："其从子察录以遗温公，而世亦罕见。闻蜀有刻本，偶未得之。"既有刻本，就不能说后人都没见到。小说所引可能真是《唐史记》的佚文。2017 年 7 月 29 日附记。

---

① 参看拙作《简述明代前期的几种历史演义》、《从〈前汉书平话〉到〈东西汉演义〉》，收入《明代小说丛稿》，人民文学出版社 2006 年 12 月 1 版，48—61 页。

杨家将故事溯源

　　杨家将故事早在北宋时期就已广为流传。1944 年，在重庆的卫聚贤曾撰有《杨家将考证》一文①，以《杨家将传》与《宋史》比较，考其虚实是非，极为详细。但是他只见到《杨家将传》即《北宋志传》一书，不知有《杨家府世代忠勇通俗演义》，而且主要依据一部《宋史》，大段大段地抄录《宋史》原文，旁证材料很少，却附加了不少对伪造的《潘氏世族谱》的考证。1945 年，在北平的余嘉锡也撰写了一篇《杨家将故事考信录》②，广征博引，追溯史源，对故事源流作了详细的考证，认为南宋时必有杨家将的话本。罗烨《醉翁谈录》著录的宋人话本有《杨令公》、《五郎为僧》两种，惜亡佚不存。现存宋代话本《杨温拦路虎传》里说杨温是杨令公之孙重立之子，这是宋代杨家将故事之一。杨温已是第四代了，足见前三代的故事早已盛传于

---

　　① 《说文月刊》第四卷，重庆，1944。
　　② 《余嘉锡论学杂著》，中华书局 1963 年版，417—490 页。

世。《拦路虎》也著录于《醉翁谈录》的杆棒类，现存清平山堂刻本的《杨温拦路虎传》，文字简朴，错讹较多，刻印时未经校改，当比较接近宋代话本的原貌。故事以北宋时代为背景，最后说杨温"直做到安远军节度使、检校少保"。安远军是北宋时的地方行政建置，宣和元年（1119）升为德安府①，此后就没有安远军的名称了。因此《拦路虎》可能还是北宋时的旧本。但是后来的小说、戏曲里却没有出现过杨温这个人物。

杨业有七个儿子，据史传记载是延玉、延浦、延训、延瓌、延贵、延朗、延彬。但《宋史》只说"其子延玉亦没焉"，没说延玉是几郎。后面又说："既殁，朝廷录其子供奉官延朗为崇仪副使，次子殿直延浦、延训并为供奉官，延瓌、延贵、延彬并为殿直。"按常例说，如果延玉是长子的话，首先升官的延朗就应该是次子，但本传又明说次子是延浦。光从文意上看，很像延朗是长子。相传杨六郎是延昭，他原名延朗，因避宋始祖玄朗之讳而改名延昭，见于《隆平集》和《东都事略》等书，余嘉锡先生已有充分的论证。但《宋朝事实类苑》卷五十五引《（杨）文公谈苑》说：

> 杨业，麟州人……业抚下有恩，时从卒尚百馀人，业谓曰："汝等各有父母妻子，傥鸟兽散，尚有还报天子者，无与我俱死。"军士皆泣不肯去，其子延昭死之。业独手刃数百人，后就擒，叹息曰："上遇我厚，

---

① 《宋史》卷八十八《地理志》四。

为奸臣所逼致败,何面目虏中求活哉!"遂不食三日死。天下冤之,闻者为流涕。上闻之,侁、文裕并除名,配隶诸州。厚赆业家,录其五子,诏褒赠业太尉、大同军节度使。业子延朗,骁勇,为边将,有威名,戎人畏之。①

这里所说的延昭,似指从死的大郎,而延朗应即是六郎。但延昭在元人杂剧中却说是四郎,也可能别有所据。《文公谈苑》说"录其五子",大概不包括七郎在内,因为他尚未成年。延昭和延朗原是两人,并不是避讳改名的关系。那么已死的延昭,指大郎或四郎都未尝不可。《文公谈苑》是杨亿(974—1020)口述,由黄鉴笔录的。关于杨业的记载非常详细,很接近《宋史》的《杨业传》,而年代很早。杨亿的卒年仅晚于杨六郎六年,他的话应该是最可靠的。可是他没有说杨延朗改名延昭,是不是当时杨家将故事已有不同的传说,把一人分成两人了呢? 据宋末元初徐大焯《烬馀录》说:"雍熙三年,业副潘美北伐,会萧太后领众十万犯寰,业出战,死之。长子渊平随殉,次子延浦,三子延训,官供奉,四子延环(疑为瓌字之误)初名延朗,五子延贵,并官殿直,六子延昭,从征朔州功,加保州刺史,真宗时与七子延彬初名延嗣者屡有功,并授团练使。延昭子宗保,官同州观察,世称杨家将。"②这是把民间传说和史

---

① 《宋朝事实类苑》,上海古籍出版社1981年版,721—722页。

② 《烬馀录》甲编,《望炊楼丛书》本。

实混而为一了。大郎名渊平,四子延环初名延朗,与元人杂剧正好相反;七子延彬初名延嗣,又出了一个孙子杨宗保,与后来的小说基本相同,大概容纳了民间传说的内容,调和了矛盾。于此可以了解宋元话本的大致情况。

宋元说话中的杨家将故事已经失传了,只能在元杂剧和明人编撰的《杨家府世代忠勇通俗演义》里找到一些线索。首先说杨六郎,在元人杂剧中既不是杨延朗,也不是杨延昭,而是杨景。如朱凯《昊天塔孟良盗骨》第一折杨景上场白说:

> 某姓杨名景,字彦明,父亲是金刀无敌大总管杨令公,母亲佘太君,所生俺兄弟七人,乃是平、定、光、昭、朗、嗣,某居第六。

这里的六郎名景,另外还有昭、朗两人,次序又成了四郎五郎,而且不加"延"字,问题更复杂了。可是第四折结尾寇莱公念词又说到:"杨延景全忠全孝,舍性命苦战沙场。""景"字上又有"延"字了。当然,科白有可能是后人改的。无名氏《谢金吾诈拆清风府》第二折杨景上场又自称:"某姓杨名延景,字彦明……所生俺弟兄七个,乃是平、定、光、昭、朗、景、嗣,某居第六。"稍晚一些,元明杂剧《八大王开诏救忠臣》和《焦光赞活拏萧天佑》则说杨家七弟兄为平、定、光、辉、昭、朗、嗣,"昭"又成了五郎了,又说杨景字彦朗,似乎七弟兄的字都以"彦"字排行。那么其馀六人的正名又叫什么呢?

在杨家将里，杨六郎的名气最大，他的名字也最多，有：景、延朗、延昭、延景、彦朗、彦明。《宋史》说他原名延朗，后改延昭，应该说是比较可信的。因为大中祥符五年（1012）宋真宗赵恒编造了一个神话，说是见到了赵氏的始祖，名为"玄朗"，就下令要全国对这两个字避讳。可是这事就在杨六郎病逝前两年，延朗的名声在他生前早已传开了。群众对杨延朗的名字记忆犹新，一般说不大会把延朗和延昭看作两人。尤其是杨亿，是编撰《太宗实录》的史官，怎能既称延朗的原名，又说另有一个已死的延昭呢？所以《文公谈苑》的说法很值得研究。

明代人编的《杨家府世代忠勇通俗演义》，虽然刻印于万历年间，但保存着不少宋元以来民间传说的情节。它在第一节《宋太祖受禅登基》中明说杨继业"娶佘氏，生七子：渊平、延广、延庆、延朗、延德、延昭、延嗣；又生二女：琪八娘、瑛九娘"。这和《烬馀录》所说有不少相同的地方，如大郎渊平，四郎初名延朗，七子初名延嗣。六郎名延昭，并非避讳而改。这些在宋末元初就已流传于世了。其中延朗是四郎而不是六郎，更令人惊讶莫明。关于六郎的名字，《杨家府通俗演义》在《太宗敕建无佞府》一节中又有新的解释："以六郎之名犯武功郡王之讳，敕赐名景。"武功郡王是谁呢？就是宋太祖的儿子赵德昭。宋太宗夺了他的皇位之后，封他为武功郡王，不久又逼得他自杀，追封为魏王，又改封为吴王、越王、燕王。"武功郡王"的封号，只用了短短几年，后世的人不大会知道这个名称，大概只有北宋人才会想到赵德昭的名字,而亲王的名字也要避讳,恐怕也只有北宋人才想得到。宋太宗对太祖的两个儿子始终存有戒心,不可能下令避赵德昭的讳。因此避武功郡王之讳可能只是民间的一种设想,但也不是明代人能想出来的。可能是宋代人出于对太祖两个儿子的同情而特意避讳,私下把"昭"字改成了"景"字。恐怕这只在民间说话里才会流传,所以在根据宋元话本和元明杂剧改编的《杨家府通俗演义》里还保留着杨景或杨延景的名字。直到最近,我在电视上还看到越剧的《穆桂英挂帅》里仍然把杨六郎称作杨延景,大概正是从民间戏曲里传承下来的。

与《杨家府通俗演义》同出一源的《北宋志传》(即《杨家将传》的祖本),传为明熊大木编撰,原序说:"兹后集起宋太祖再下河东,至仁宗止,收集杨家府等传,并参入史鉴年月编定,盖取其揭始要终之意云。"可见它是根据《杨家府传》的旧本改编的。书中第十六回对杨家将的名字又有一些不同的说法:大郎渊平、二郎延定、三郎延辉、四郎延朗、五郎延德、六郎延昭、七郎延嗣。它和《杨家府通俗演义》不同的是二郎、三郎的名字,四郎、六郎的名字同样是延朗、延昭,分作两人。

值得注意的是,清代内府编的宫廷大戏《昭代箫韶》,是在许多传统剧目的基础上重编的。它的凡例曾提到"旧有《祥麟现》、《女中杰》、《昊天塔》等剧",而戏中的杨家将人名,又另有一套。杨继业有八个儿子:大郎杨泰,二郎杨徽,三郎杨高,四郎杨贵,五郎杨春,六郎杨景,七郎杨希,八郎杨顺。只有六郎杨景,还和元明杂剧相同,其馀七人不知有什么来源。《昭代箫韶》没有说明各人的字,却在杨继业的白中提到"长子杨延平",佘太君的白中提到了"吾儿延昭",就把两个系统的人名合而为一了。

　　从明代以来,大多数小说戏曲都把杨六郎的名字定为杨延昭了。如至今还在传唱的元人杂剧《昊天塔》的《激良》一折,已把杨景改成了杨延昭。这是后人根据史书改正的。然而杨延昭到底是不是六郎,还是一个谜。现存最早的史料是《文公谈苑》,口述者杨亿是一个兼任史馆修撰的翰林学士,他讲的话很有权威性。而且他讲的时候可能还在大中祥符五年之前,当时延朗的"朗"并不避讳,当然就不会把一人当作两人了。后来说话的民间艺人为了避讳,把延朗改成了景或延景,而官方的史书则把延昭当作延朗的改名。更晚的人又根据《宋史》等书去改正小说戏曲,有人又加上了一些想象和解释,造成了许多混乱。按照年代先后来看,最早把延朗和延昭说成两人的是杨亿,这是最有权威的也是很有影响的说法,宋元时期的小说戏曲多数是和它一致的;最早说杨六郎名杨景的是元人杂剧,可能还有更早的来源。后一种说法虽不可信,但说是避武功郡王之讳的解释恐怕只有宋代人才能想得到的。

　　杨四郎的名字也很复杂,有延瓌、延环、延朗、延昭、延辉等五种说法。至于《昭代箫韶》的"杨贵"一说,还不计在内。现在京剧《四郎探母》里杨四郎自称是杨延辉,也有较早的来源,如元明杂剧《开诏救忠》、《活拏萧天佑》就那么说了。

再说杨六郎的儿子,《宋史》说有三个,最著名的是杨文广。《隆平集》卷十七又载了另两个儿子的名字:传永、德政。明宋濂《杨氏家传》说杨延朗还有一个儿子名充广,尝持节广西,他的儿子贵迁又过继给同族杨昭为子①。《杨温拦路虎传》说杨令公的孙子名重立,那是说话人的虚构,不足为据。《水浒传》第十二回杨志也自称是杨令公的孙子,就不知道是谁的儿子。杨志还实有其人,据《三朝北盟会编》卷四十七引《靖康小雅》等书,"招安巨寇"杨志曾将选锋军,但抗金无功。那时杨家将的名单还没有定型。杨宗保的名字最早见于《烬馀录》,大概在宋元之际就已出名了。他是杨家将的第三代,杨六郎的儿子。他的原型应该是杨文广或其兄。元明杂剧《杨六郎调兵破天阵》里也有杨宗保出场。《杨家府通俗演义》有《宗保遇神授兵书》等回目,他在木(不作穆)桂英的辅助下立下战功,被宋真宗封为吓天霸王、征辽破阵大元帅。在《杨家府通俗演义》里,杨文广成了杨宗保的儿子。在《北宋志传》里,杨文广又成了杨宗保的弟弟,是柴郡主在破敌阵前所生。这可能是后人参考了史书而加以捏合的。

最后,再说杨令公,是宋元时代早已著名的。按《宋史》本传,他生前官至云州观察使,死后追赠太尉、大同军

---

① 《宋学士文集》卷三十一(翰苑别集卷一,《四部丛刊》本。

节度。为什么称他为"令公"呢？按欧阳修《供备库副使杨君（琪）墓志铭》说①，杨业死后累赠至太师、中书令。因此宋元话本里称之为令公。可是《杨家府通俗演义》第二节中石守信却说："继业出战，打着红令字旗，其妻出战，打着白令字旗，因此号为令公令婆。"这完全是后人牵强附会的解释。关于杨业的出身，《杨家府通俗演义》也有一段似是而非的解释："却说北汉主姓刘名钧，一妹配薛钊……其妹复适何元，生二子：长继元，次继业。钧又养为己子。至是汉王钧殂，继恩即汉王位，与周甚仇，称子于辽，乞辽助兵侵周。辽乃遣耶律于越领兵三十万，由岭南而出。汉主命继元为元帅，继业为先锋。"照它所说，似乎杨继业原姓何了。实际上杨是原姓，原名重贵，父亲名信，麟州人。继业曾被北汉主刘崇善养为诸孙，赐姓刘，改名继业，按刘氏诸孙排行。入宋后复姓杨，又省去了继字。李焘《续资治通鉴长编》卷九所载较为简明："继业本名重贵，姓杨氏，重勋之兄。"但应说明的是"重勋"原名实为"崇训"，已因避讳而改。《杨家府通俗演义》在降宋之前称之为刘继业，降宋后说太宗赐他姓杨，实在是把史实弄颠倒了。此后改称他为令公或杨业，这是和史书体例一致的。民间说话往往有传讹失实的地方，不足为怪，然而也事出有因，杨业的确屡次改名换姓②，乱人耳目。从它传

---

① 《欧阳文忠公集》卷二十九。

② 如杨继业改称杨业，也不知原因。《隆平集》又说："杨邺，或曰继邺。"又作"邺"字。

讹的根由看，还是出于宋代的史源，到了明代的书商手里，就不会作这样的解释了。

从宋元的资料考察，穆桂英挂帅、十二寡妇征西等故事还没有出现。杨宗保的名字己见于《烬馀录》和《破天阵》杂剧，但未见有多大战功。现在小说、戏曲里穆桂英、杨文广乃至杨宣娘、杨怀玉等人的故事，大概是明代以后衍生的。倒是孟良、焦赞等人物，已见于元明杂剧，有他们较早的历史渊源。元无名氏《谢金吾》里有焦赞随着杨景私下三关，一怒之下杀了谢金吾全家。令人注意的是剧中出了一个杨景的妹妹七娘子，而不是杨八娘。还出现了长国姑，是杨六郎的岳母，那应该就是所谓柴郡主的母亲了。焦赞杀人后在壁上题诗自称是"六郎手下焦光赞"，元明杂剧还有一本《焦光赞活拏萧天佑》，焦赞由正末扮演，主唱了三折。《北宋志传》第四十四回也题作"孟良误杀焦光赞"。焦赞名上为什么还有一个"光"字？如果也是出于避讳的缘故，那么可能避的是宋太宗的原名"光义"。但是太宗改名为"炅"之后，一般就不避"光"字了。如果真是出于避讳而删了"光"字，那就更可以证明杨家将故事源于北宋时代了。只在民间传说里仍保留着"光赞"原名。至今京剧《挡马》里不是还保留着一个焦光赞的弟弟焦光普吗？朱凯《昊天塔》杂剧里有岳胜为杨景出谋画策，激发孟良去盗骨，杨景亲自去接应时还遇见了杨和尚五郎。脉望馆孤本元明杂剧《八大王开诏救忠》等，余嘉锡先生认为"观其风度，实元人所作"。虽不能确证其撰作年代,但其故事情节则源于宋元话本无疑。元明杂剧的情节大都保存在《杨家府通俗演义》里,赵景深先生已作过初步的考证①。我这里不过再作了一点补充。

从杨家将人物的名单,就可以看出许多只有宋代人才会注意的现象,如称杨业为令公,杨景避武功郡王之讳,把延昭和延朗分作两人。还有一个重要人物,是杨家将的保护者八大王。这个八大王原型是谁,就很值得研究。《杨家府通俗演义》第一节《宋太祖受禅登基》中曾有说明:"匡胤乃就殿前拜受毕……封子德昭为皇太子、德芳为梁王,封兄子德崇为燕王,乳名大哥,人称八大王,最有才能,人皆敬服。封弟光义为晋王,光美为秦王。"此说纯出虚构,赵匡胤之兄光济早亡,并无子嗣;弟廷美(即光美)有十子,没有名德崇的。封燕王的是皇子德昭,始封武功郡王,燕王是真宗元符三年才改封的。仁宗时赵元俨死后也追封为燕王。这里说燕王德崇人称八大王,实际上是影射赵德昭,因为他曾改封燕王。第四节《太祖传位与太宗》中又说太宗即位后,"封弟光美为齐王,封德昭为武功郡王,封德芳为山南西道节度使、同平章事,封八王为殿前都虞候指挥使兼南北招讨大将军,封子元侃为七王"。这里的八王和赵德昭、赵德芳也不是一人。书中第十一节《八王设计斩仁美》说八王长于七王,七王怕太宗传位给八王,采取王钦之计阴谋用毒酒杀害八王。这个八王实际上

---

① 《杨家将故事的演变》,载《中国小说丛考》,齐鲁书社 1980 年版,212页。

是指赵德昭。元侃是宋真宗的原名,但并非七王,他排行第三。元侃的两个哥哥都已早死,因此他能继位。元杂剧《昊天塔》第四折结尾寇准说:"奉圣人的命,并八大王令旨,直至瓦桥关,迎取已故护国大将军杨继业并杨延嗣的骨殖,归葬祖茔。"看来八大王是一人之下、万人之上的大人物,很有权威。《八大王开诏救忠臣》头折八大王上场自叙却说:"某乃八大王赵德芳是也。"元人《金水桥陈琳抱妆盒》杂剧中也有八大王出场,叙述得比较清楚:"某乃楚王赵德芳,与当今嫡亲兄弟,世人称为南清宫八大王者是也。身居王位,心在天朝,礼贤士若凤麟,远奸邪如蛇蝎。皇兄赐俺金链一条,专打不忠之辈,每每怀藏袖中,携之出入。以此在朝官员,见俺无不心寒胆落。"八大王又成了赵德芳。他是宋太祖的儿子,和哥哥赵德昭一样,深受他叔父宋太宗的猜忌,自身难保,又怎能当杨家将的保护人呢?再说他死得很早,只有二十三岁,杨业战死时他已不在世了。宋真宗嫡亲兄弟中有个八王,则是赵元俨,《宋史》卷二四五《宗室传》说:"周恭肃王元俨,少奇颖,太宗特爱之。每朝会宴集,多侍左右。帝不欲元俨早出宫,期以年二十始就封,故宫中称为'二十八太保',盖元俨于兄弟中行第八也。"按王辟之《渑水燕谈录》卷九《杂录》说:

> 庆历中,皇叔燕王元俨薨,仁宗追悼尤深,诏有司择位号之尤尊美者以追荣之,乃特赠天策上将军,非常典也。王性严毅,威望著于天下,士民识与不识,呼

之曰八大王。犬戎尤惮之。

沈淑《谐史》说[①]：

> 周王元俨，太宗皇帝第八子也。生而颖悟，广颡丰颐，凛不可犯，名闻外夷。天圣以来，太宗诸子独元俨存，仁宗尊宠尤异。俨好坐木马，遇饥则就其上饮食，仍奏乐于前，或终日在上酣饮。庆历四年，封燕王。时富郑公条上河北守御十二策，其首策曰：“北虏风俗贵亲，率以近亲为名王将相，所以视中国用人亦如其国。燕王威望著于北虏，燕蓟人小儿每遇夜啼，其家必谓之曰：‘八大王来也！’儿啼即止。每牵马牛渡河，旅拒未进，必曰：‘八大王在河里！’其畏之如此。虏使每见南使，未尝不问王安否。今年王薨，识者亦忧之，谓王之生虏以为重，今王之薨，必以朝廷为轻矣。”至今八大王之名独流传俚俗间，每争詈，则曰：“汝是八大王耶？”

按照史实，八大王原来是赵元俨，威望很高，时间也和杨六郎相当。可是后世却有意无意地把“八大王”的名称转加在赵德芳身上，这也是特定历史时代一种社会意识的体现。这个传说可能产生于南宋孝宗即位之后，因为孝宗的确是赵德芳的嫡系后裔，由于当时舆论认为太祖的子孙应该继承皇位，而高宗正好没有儿子，于是就把他立为太

---

① 　宛委山堂本《说郛》卷三十五题沈俶撰，涵芬楼本《说郛》卷二十三题沈徵撰，此据董斯张《吴兴备志》。

子,传位给他。孝宗继位之后,民间自然更可以明目张胆地宣扬赵德芳了。元人杂剧明说八大王是赵德芳,至今民间流传的曲艺、戏曲,也还是这么说。《杨家府通俗演义》本来是在赵德昭之外虚构了一个赵德崇,还说太宗曾想把皇位传给八王,所以七王要谋害他。这个说法也有因头。按《宋史》卷二四四《宗室传》说:"或谓昭宪(杜太后)及太祖本意,盖欲太宗传之廷美,而廷美复传之德昭。故太宗既立,即令廷美尹开封,德昭实称皇子。德昭不得其死,德芳相继夭绝,廷美始不自安。"本来赵德昭和赵德芳的确都是有继承皇位的可能的,不过太宗临终时德芳早已死了,德昭不久也自杀了。所以这些是书会才人或民间艺人精心设计的情节。《北宋志传》又作了一点修改,第五回讲到宋太祖临终时唤其子德昭曰:"为君不易,今传位与叔王,以代汝之劳也。今赐汝金锏一把,在朝如有不正之臣,得专诛戮。"第十一回里呼延赞给杨令公介绍八王说:"此是宋君嫡侄,金简八王也。"宋太宗的嫡侄,显然是指赵德昭了。《北宋志传》第二十回里,七王与王钦密谋,又说:"君父春秋已迈,未肯立皇太子。廷臣谏者,遂遭贬黜。莫非因八王之故,欲以天下丕之耶?"元代杂剧中说八大王是赵德芳,《北宋志传》说八大王是赵德昭,而《杨家府演义》则虚构了一个赵德崇,实际上也是影射赵德昭。到底是哪一种说法在前?我认为《杨家府演义》的编纂者不会把元代以来已经基本定型的赵德芳改成于史无征的赵德崇,更大的可能是像因避讳而改"昭"为"景"一样,还是宋代说话人的创造。但无论它出现早晚,总是一个值得重视的细节。从宋元以来,民间话本和戏曲都把赵德芳或赵德昭作为八大王的原型,而把宋真宗塑造成一个反面形象,大概出于对宋太宗夺取皇位的不满,而对深受迫害的赵德昭和赵德芳寄予了同情。宋太宗重用的潘美,宋真宗重用的王钦若,都被写成了迫害杨家将的奸臣,这也表示了群众的爱憎,可是在流传中又被改名为潘仁美和王钦了。始终不变的是对杨家将的热情歌颂。

　　这里还可以补充一点,《北宋志传》里说到杨六郎的妻子是柴郡主,是杨宗保的母亲,在破天门阵时又生下了杨文广。这个柴郡主又是什么来历呢?《北宋志传》没有明白交代,却在第十七回《柴太郡奏保杨业》里说她与杨令婆一起上朝面奏太宗,请太宗于廷臣中举一有名望者保杨业同行出征。第二十七回里又讲到柴郡主上八王府商议如何保全天波楼。她为什么有资格出头露面呢? 就因为她是皇亲国戚。这在元杂剧《谢金吾诈拆清风府》里有明确的说明,杨六郎的丈母长国姑劫法场救了杨延景,她对王钦若说:"我是太祖皇帝的妹妹,太宗皇帝的姐姐,真宗皇帝的姑姑,柴驸马的浑家,杜太后的闺女,柴世宗皇帝的媳妇。"柴郡主当然就是宋太宗的外甥女了。可是柴驸马是柴世宗的儿子,却不见于史传。宋太宗有个女儿(不是姐姐)鲁国长公主,嫁给柴宗庆,与周世宗柴荣并无关系。柴荣的儿子宗训让位给赵匡胤,入宋之后曾封郑王,不久就死了。他的弟弟也没有当驸马的。可能是民间说话人把柴宗庆说成了柴宗训或其兄弟，甚至还给他们续了家谱。如《水浒传》说柴进是大周皇帝嫡派子孙，第九回说："他是大周柴世宗子孙，自陈桥让位，太祖武德皇帝敕赐与他誓书铁券在家中，谁敢欺负他！"这位柴郡主很有来头，估计在宋代讲史里还有渊源，至今京剧《状元媒》中有她与杨六郎相爱成婚的故事。可是京剧《背子破奇阵》却把临阵产子的柴郡主改成了穆桂英。《北宋志传》里的柴郡主故事应有更早的来源，但已被删节得藏头露尾了。

余嘉锡先生曾说：

余以为杨业父子之名，在北宋本不甚著，今流俗之所传说，必起于南渡之后。时经丧败，民不聊生，恨金人之侵扰，痛国耻之不复，追惟靖康之祸，始于徽宗之约金攻辽，开门揖盗。因念当太宗之时，国家强盛，傥能重用杨无敌以取燕云，则女真蕞尔小夷，远隔塞外，何敢侵陵上国。由是讴歌思慕，播在人口，而令公六郎父子之名，遂盛传于民间。吾意当时必有评话小说之流，敷演杨家将故事，如讲史家之所谓话本者。盖凡一事之传，其初尚不甚失实，传之既久，经无数人之增改演变，始愈传而愈矢其真。使南宋之时，无此类话本，则元明人之词曲小说，不应如此失真也。①

_____

① 《余嘉锡论学杂著》，421—422页。

　　余先生这些话,写于抗日战争胜利的前夕,至今还能给我们很多启发。但是我们还可以作一点补充。

　　第一,杨业父子的故事很可能在北宋时就已盛传于世了。杨延朗和杨延昭是否一人,不但在元人杂剧里提出了问题,而且早在北宋杨亿口述的《文公谈苑》里就提出来了。如果不是黄鉴记录有误的话,那么杨延昭就是跟杨业一起阵亡的大郎(也可能真如民间文艺所说是四郎)。元人杂剧的说法可能是有根据的。杨亿差不多与杨六郎同时,作为一个编撰了《太宗实录》、《三朝国史》的史官,他的话是有权威性的。当然,也还有另一种可能,那就是早在杨亿当时,杨家将故事已经编成了话本,在流传中把杨延昭和杨延朗分为两人,而杨亿也就以讹传讹了。这种可能性比较小,但也不是完全没有。《文公谈苑》还记载了一个党进打说话人的笑话,因为党进怕说话人在背后讲他,说明当时说话人确有讲时事的习惯。南宋时高宗就爱听新事编的小说,有一个内侍纲曾把当时邵青聚义的事编成了话本①。

　　第二,杨家将故事有不少虚构捏合的情节,人名也有改变,但反映的却是北宋人民的思想感情。除了对杨家将的歌颂,还有对宋太宗、真宗的批判。太宗夺了侄子的皇位,还逼得弟弟廷美"忧悸成疾"而死,吓得德昭自杀,德芳死得也很可疑。当时朝士大夫和市井小民对此都有所

―――――――――

　　①　徐梦莘《三朝北盟会编》卷一四九。

非议。潘美陷害杨业致死,降官后又再起用,大概就因为他的女儿是宋真宗已死的皇后[①];王钦若奸诈得宠,就因为他善于奉承宋真宗的意旨。说话人对此大加铺张,痛加挞伐,表示了道义的审判。八大王威望很高,说话人却移花接木,把他影射为赵德芳或赵德昭,而且在包公案里也曾出场。虽然到了明代人编撰的演义里已被修改得前后矛盾,含糊不明了,然而还可以看出蛛丝马迹,找出基本线索。通过杨家将抵御外敌的斗争,表现了统治集团内部的矛盾。这种宫廷隐秘,只有宋代人才会了解,明代改编演义的书商是想象不到的。

第三,爱国思想是历史形成的一种民族传统文化。杨家将故事到了明清以后,仍然得到读者和观众的喜爱,连清代皇室也爱看杨家将的戏,还钦命编纂了二百四十出的《昭代箫韶》。无论抗辽还是抗金,都不重要了,重要的是为国献身的英雄事业要有继承者,因此杨家故事不断扩展,杨家后人不断繁衍,直到今天,还有那么多人喜爱新编的《穆桂英挂帅》、《杨门女将》、《雏凤凌空》等戏,不是没有原因的。

（原载《燕京学报》新 10 期,2001 年 5 月）

---

① 据《宋史》卷二四二《后妃死传》。《宋史》卷二五八《潘美传》作潘美孙女。

《英烈传》与明代历史演义小说

明代的通俗小说,以历史演义为大宗。按孙楷第先生《中国通俗小说书目》明清讲史部所著录的明代作品,除去已佚失传的,加上新发现的《列国前编十二朝传》、《续英烈传》和《镇海春秋》(残)等,现存的大约有四十多种①。嘉靖以前(含嘉靖),主要是由讲史平话改编增订的历史演义。编写者以《三国志通俗演义》为典范,编纂了不少演义体小说。如《列国志传》、《孙庞斗志演义》、《两汉开国中兴传志》、《全汉志传》、《唐书志传通俗演义》、《残唐五代史演义传》、《南北两宋志传》等。其中有些书刻印于万历以后,但是其编纂所据的祖本一般较早。编纂

---

① 明代的讲史演义中有些是一种书的修改本,如八卷本《列国志传》与十二卷本《春秋列国志传》可视为一书,《新列国志》则可以算另一种。因此统计不一定精确。又如《大唐秦王词话》虽为说唱文学,但又名《大唐全传》或《大说唐全传》,亦可视为小说。

者都是书坊主或无名的下层文人,其中的代表人物是熊大木①。他们一般标榜"按鉴演义"、"按鉴编集",是为正史作演义的。

在这时期,个人新创的历史演义小说,可能以相传郭勋主编的《英烈传》为始。嘉靖年间,郭勋得到皇帝的宠用,位极人臣。据说他为了宣扬他祖先郭英的功绩,组织门客编写了一部《英烈传》,特别夸张郭英一箭射死了陈友谅的作用。对此明人多有记载,如郑晓《今言》卷一:

> 嘉靖十六年,郭勋欲进祀其立功之祖武定侯英于太庙,乃仿《三国志》俗说及《水浒传》为《国朝英烈记》,言生擒士诚,射死友谅,皆英之功。传说宫禁,动人听闻。已乃疏乞祀英于庙庑。

沈德符《万历野获编》卷五《武定侯进公》条说:

> 武定侯郭勋,在世宗朝号好文多艺能计数。今新安所刻《水浒传》善本即其家所传,……谋进爵上公,乃出奇计,自撰开国通俗纪传名《英烈传》者,内称其始祖郭英,战功几埒开平、中山,而鄱阳之战,陈友谅中流矢死,当时本不知何人,乃云郭英所射。令内官之职平话者,日演唱于上前,且谓此相传旧本。上因惜英功大赏薄,有意崇进之。

如此说可信,那么《英烈传》就是嘉靖年间的作品。而且

---

① 参看拙作《简述明代前期的历史演义》,载《书品》1995 年第二期。

还说明当时宫内曾有职掌说平话的内官,正和南宋时给高宗赵构说邵青故事的内侍纲一样(见《三朝北盟会编》卷一四九)。这在中国说书史上也是值得一提的事例。《英烈传》最早以话本的形式出现,还不是后人所说的拟话本,因为它确是付诸场上演唱的。然而现在见到的《英烈传》的最早刻本《皇明开运英武传》(简称《英武传》)(万历辛卯 1591 明峰杨氏重梓)八卷,却是文言成分很多,文字粗糙拙朴,夹杂了不少原始史料的节略。书中还有"按《西樵野记》"、"按《金献汇言》"、"按本传"等说明文字,实际上只是一个讲稿性的简本。有些按语可能是刻印时才加上去的。书中多处提到有一个"旧本",如第四回《撒敦设计害忠良,脱脱被谗服鸩酒》中有"按旧本《英烈传》"的话,不知是郭勋假托的古本,还是在此之前确有一个旧本《英烈传》。杨刻本上标明"南京齐府刊行",而杨氏只是重刻,可见初刻还在其前。齐府如果指明太祖第七子齐王朱榑的后人,那么嘉靖年间早已废为庶人了。《明史》卷一一六诸王传说:"万历中有承彩者,亦榑裔。齐宗人多凶狡,独承彩颇好学云。"刻《英烈传》的齐府有可能指朱承彩。书中引有《金献汇言》一书,疑是《今献汇言》之误。《今献汇言》的编者为高鸣凤,生平不详,书刻于万历中,年代也不会太早。

　　值得注意的是另有一个明三台馆刻本《新刻皇明开运辑略武功名世英烈传》,年代可能晚于万历十九年,分为六卷,六十回,书上称为"节目",实为两节一

回。刻印年代可能稍晚,但文字比杨刻八卷本略详,第
一卷目录多出《徐达大破帖木儿,再成智取和阳郡》一
回(正文没有回目),加上《太祖皇濠州应瑞,刘伯温青
田出身》一回(八卷本作为陈目),实有六十一个回目。
第一回正文前有"按皇明通鉴演义"字样,又有"奉天
承运大明朝圣主贤臣开运传"的导语。第二回说"按
皇明通纪",第三回说"按皇明启运录",在杨刻本中都
作"按史臣论曰";第四回附加的《太祖皇濠州应瑞》
(实为第五回)中说到"按原本英烈传",杨刻本却作
"按西樵野记",回末又比杨本多出"按西樵野记"一大
段文字。书中多处说有一个'原本英烈传'。从许多
迹象看来,这个六卷本似乎比八卷本更接近于所谓的
旧本《英烈传》。顺便可以指出,另外还有一个版本,
四卷,题作《皇明英烈志传》,崇祯刻本(据《中国古籍
善本书目》著录),目录上删节为五十六回,把七言回
目改成六言,如《吴祯单保兴隆会》删去了"吴"字,《王
参军生擒士德》删去了"军"字,改得晦涩不通。回目
本为双句,目录连写,因此柳存仁先生在《伦敦所见中
国小说书目提要》里著录所见残本作每卷二十八则,令
人误会为四卷共一百一十二则。实际上它是五十六回
的目录,而伦敦所藏残本只存四十三回半的回目。但
正文仍是六十回,与六卷本相同。以上这些版本的回
目都是双句,但对仗不工,比较拙劣,可能是从单句节
目合并而成。

　　此后又有一本又名《云合奇踪》的《英烈传》,是根据旧本《英烈传》改编的新版,扩编为八十回,回目改为单句,虽然没有对仗,双数句却通押一韵,情节较多,文字较详,次序和原本差别很大,可以说是另一部书了。从刻本年代说,可能杨刻八卷本较早;但从内容看,三台馆六卷本更详一些,它的底本可能更早。如果真如它所说有一个"原本英烈传"的话,那就应该是相传为郭勋所编的话本了。明代嘉靖末年以前有许多演义小说是从平话话本修订编纂而成的,《英烈传》仍然如此。不过《英烈传》的编者可以举郭勋为代表,较之平话话本作者略有可考,年代大约在嘉靖初年。明代个人自创的长篇小说,它可能是最早的一部。从现存的版本看,有一些值得注意的地方。早期的演义小说都摹拟话本的体制,如每回结尾处都用"不知后事如何,且听下回分解"之类作过渡,一般都用"听"字。而现存《英烈传》的各种版本,每回结尾都没有这种套话,只是少数几回有"下回便见"、"下节便见"的结语,说明作者已有独立创作的自觉意识。当然,"且听下回分解"之类是中国通俗小说从话本演进而来的一个遗迹,直到《儒林外史》、《红楼梦》里还保存着,并不能据以说明它是否拟话本,但用了"便见"、"且看"之类的过渡语,则可以肯定它是自觉创作的案头作品了。《英烈传》中有些地方还是用了"话说"如何如何,仍摹仿说话人的口气,但夹杂了不少文言语汇,像是摘录自原始资料的。看来编者有一定文化修养,但并非说话艺人。它的文学成就较低,因

此研究者一般对它评价不高。后出的《云合奇踪》修订得
比较好一些,还可一读。从总的情况看,《英烈传》也是一
部世代累积型的作品。杨刻本和三台馆本所说的"原本
英烈传"不知是什么样的版本,已无从追踪。只有第四回
后面增附的部分,大致可以认为是原著所无的。拿《云合
奇踪》和《英武传》相比,可以看出修订者又做了不少加
工。二者区别很大,实际上是两种书了,有人把二者看作
一书,就会忽略了其间的差异。这里不妨作一点具体的
介绍:

《英武传》六十回,《云合奇踪》八十回,内容自然增多
了。前者第四回"增附"有《太祖皇濠州应瑞,刘伯温青田
出身》一回,后者把前半回扩展为第四、五、六回,把后半
回移置到第十七、十八回,都加了很多神奇的情节。如
《英武传》在介绍朱元璋出身时说:

> 话说大明太祖高帝,濠泗人也,姓朱氏,世业农
> 桑。祖妣淳皇后陈氏,夜梦神馈药如丸,烨烨有光,吞
> 之,既觉,异香袭体,遂娠焉。及诞之夕,有白气自东
> 南贯室,异香经宿不散……

后面又按《西樵野记》说(不像是侯甸《西樵野记》原文):

> 淮西濠州,即今凤阳府是也。离城地名钟离东西
> 二乡,东乡之中,有一皇觉寺,寺内数百僧人。其住持
> 名灵云,俗名高彬。一日冬景,瑞雪纷纷,至二更左右
> 侧,高彬正寝间,听得本寺伽蓝高叫:"今山门下有一

真命天子,尔当救之。"高彬醒来,持疑之际,小僧来
报,山门下火起。高彬亟领众僧来看,并无火,只见山
门下睡着一男子、一妇人。

《云合奇踪》则没有开头一段概叙,在第四回中先从朱元
璋诞生讲起:

> 且说淮西濠州,就是而今叫做凤阳府,好一座城
> 池。离城有一个地方,名唤做钟离东乡、钟离西乡,这
> 就是当初钟离得道成仙的去处。那里有个皇觉寺,原
> 先是唐高祖创造的……且说那寺中住持的长老,唤做
> 高彬,法名灵云。这个长老,真是宿世种得智果,今世
> 又悟了大乘。一日冬景凄凉,彤云密布,洒下一天好
> 雪。(以下叙长老上天听玉皇命金童玉女下生人世,
> 约千把字,略。)时光荏苒,不觉又是戊辰中秋之夕。
> 忽报山门下十分大火,长老急急出望,四下寂然,并无
> 火焰。长老道:"甚是古怪!"便独自从回廊下过伽蓝
> 殿,到山门前来。只见伽蓝说:"真命天子来也,师父
> 当救之。"长老迅步而往,惟见一男人同一妇女睡在
> 山门下。

后者不仅增加了许多情节,而且也修改了原有的文字,提
高了口语化的程度,显得更通俗了。然后在四至七回里铺
叙了朱元璋的许多神奇事迹。从这个例子,大致可以说明
明代后期小说在通俗化的道路上又有所前进了。然而一
般学者对它评价还是不高,如赵景深先生对它的评论是

"不能逞其想象,结果成了与新闻记事差不多的东西"[1],艺术水平仍然偏低。我觉得《英烈传》的价值主要在于它是第一部明人自创的由平话演进的演义小说,基本上用了白话。这是一次大胆的尝试。

稍晚一些,序于万历二十五年(1597)的《西洋记》,全称是《三宝太监西洋记通俗演义》,则是罗懋登个人创作的演义小说,题材是讲史而加上神魔成分。除了敷演游记著作《瀛涯胜览》、《星槎胜览》等书之外,还移植了许多文言小说和白话小说的片断,或者套用了一些情节结构。这是从改编到新创的过渡,艺术上还不够成熟,与《英武传》大体相似。然而它实际上已是神魔小说而不是历史演义了。

《英烈传》可能曾有一个原本,已经见不到了。现存的《皇明开运英武传》似乎是一个已经增附修订的版本,刻印稍晚的三台馆本又略有不同,是它又有增补还是别有所本,尚待考察。更晚出的《云合奇踪》(亦名《英烈传》),则是修订较多的新版本。从这部书的发展史大致可以看到明代通俗小说一般的演化过程,尤其是历史演义小说的发展过程。明代小说有许多世代累积型的作品,不独四大奇书如此。这里我试作一点粗浅的分析:

一、《英烈传》是现在所知的一部最早的个人始创的历史演义小说。在它之前的历史演义小说都是以讲史平

---

[1] 《英烈传》,见《中国小说丛考》,齐鲁书社1980年版,175页。

话为基础而扩编的,而《英烈传》则是以当代的史料为素材。书中引到的资料有《皇明通纪》、《西樵野记》、《金献汇言》等,我们还可以考证出一些故事的出处①。然而据说它最初还是作为说话人的底本来编的(见前引《万历野获编》)。这又和以往讲史平话的编纂方法基本相同。正因如此,现存的文本里还有不少原始资料的摘录或缩写,保留了不少文言语汇,从表面看,完全不像话本。有人对于《宣和遗事》那样文白相混、杂钞史料的文体感到奇怪,不相信它为说话人的底本,或者认为它是宋元之拟话本②,就因为不了解说话艺人一向有使用提纲式底本的传统。说话这种文艺始终没有失传,不过现在都称为说评书或说评话了。《云合奇踪》作为明代讲史话本的一个修订本,对我们研究话本史和说书史很有参考价值。

二、《英烈传》与许多通俗小说的演化过程相似,也是一部世代累积型的作品。从它的原本到现存的《云合奇踪》本,经过了许多人的修订,它是一部群体性的创作。在长期的琢磨中,情节不断丰富,文字不断修饰,语言艺术有所提高,逐步从一部资料汇编式的说话底本演进为比较成熟的白话小说了。《云合奇踪》删去了《英武传》里的一些诗和按语,删改了一些文言语汇,口语化程度逐步提高,变得更通俗易懂了。这正是通俗小说发展的正常道路。其他小说也有类似的情况。但也可能造成错觉,似乎越来

---

① 参看赵景深《〈英烈传〉本事考证》,同前引书 176—209 页。
② 鲁迅《中国小说史略》第十三篇《宋元之拟话本》。

越接近说话人的语言了。如法国伊维德教授曾认为："一部小说越晚被写成或被重写,它的所谓说书人的风格就越明显。"①实际情况并不如此简单,明代晚期的白话小说口语化程度逐步提高,是小说作者语言艺术越来越成熟的结果,如"三言"里的某些拟话本就是文人的作品。

三、从《英烈传》开始,明代人陆续编写了许多以本朝历史为题材的演义小说。如《承运传》、《续英烈传》等。编写者和郭勋一样,都有明显的政治目的。《四库全书总目》卷五十四《平播始末》提要说:

> 万历间播州宣慰使杨应龙叛,郭子章方巡抚贵州,被命与李化龙同讨平之。子章尝有《黔记》,颇载其事。晚年退休家居,闻一二武弁造作平话,左袒化龙,饰张功绩,多乖事实,乃仿记事本末之例,以诸奏疏稍加诠次,复为此书,以辨其诬。

《征播奏捷传演义》等书也就是这样产生的。明代写本朝人物的小说有如《于少保萃忠全传》、《皇明大儒王阳明先生出身靖难录》、《戚南塘剿平倭寇志传》、《胡少保平倭记》等,都是当代历史的演义。晚明有好几部写魏忠贤事件的小说,政治倾向非常鲜明,可是艺术水平都不高,都是仓促成书的急就章,效果不好。这类作品可能已经丢失了不少。作者简单地把小说当作政治工具,缺乏艺术的修

---

① 伊维德《南宋传与飞龙传》,据宏建燊译文,载《中国古典小说研究专集》(二),台湾联经出版事业公司1970年版,205页。

养,也缺乏材料的积累,因而成为不成功的尝试。有些堆砌新闻时事的作品,倒可以作为野史笔记来看。在这一点上,明代的作家已经看到了小说的价值和作用,和晚清的梁启超一样,初步认识到小说与群治的关系了。这正是明代通俗小说尤其是历史小说发展的结果。

四、明代历史演义小说大量出现,说明了群众有这种需求。广大读者需要历史知识和文艺欣赏。《三国志演义》的广泛流传,引起了读者对历史演义的兴趣,也鼓舞了编写者和书商坊主的积极性,甚至出现了一股狂热的互相抄袭或变相抄袭的不良风气。他们在传播历史知识上,在推动通俗小说的发展上,起了不小的作用。但是从整体上看,历史演义在虚和实的关系上,在文和史的关系上,在雅和俗的关系上,都很难处理好。从《英烈传》的发展史,就可以看出它的局限。至于在它之后的明代时事小说,更没有多少艺术性可言。其原因之一,是还没有像《英烈传》那样经过多次修订的机会。当然,晚明时期也有一些比较好的历史演义,如冯梦龙修订的《新列国志》,袁于令重编的《隋史遗文》。如果范围放宽一些,还应该提到诸圣邻编次的《大唐秦王词话》(亦名《大唐全传》)。而这类作品又是或多或少以旧本传承为基础的。可见文化艺术的积累有多么重要!这时有些知名的文人也真的来参与通俗小说的编写工作了(以前多数是书商托名)。不过明代历史演义对中国通俗小说的贡献,远不如社会人情小说那么大,这在小说史上是越来越显得清楚的。《三国志演义》问世之后，就没有一部历史小说能够赶上它，更不要说超过它了。这个问题很值得深入研究，对于今天编写历史小说和历史剧也可能提供一定的历史经验。

（原载《明代小说丛稿》，人民文学出版社2006年12月1版）

　　天一阁博物馆藏有抄本《国朝英烈传》一书，残存五十卷。据日本学者川浩二《天一阁博物馆藏〈国朝英烈传〉与历史小说〈皇朝英烈传〉》的考述，与三台馆本《皇明英烈传》、杨明峰本《皇明英武传》都有所不同，可能是较早的"原本"，见《中国文学研究》辑刊第十八辑。更可以说明《英烈传》更早的祖本是摘抄史传资料而加工不多的一个说话底本，正和《宣和遗事》有相似的特征。再拿《云合奇踪》来比较，更可以看出它世代累积的演化过程。川浩二的文后附有全部的卷目，请参看。2016年9月27日附记。

《包龙图判百家公案》与明代公案小说

公案小说起源于宋代小说家的公案类,有人认为说公案是说话四家之一,但不能确证。

公案小说在明代通俗小说中占有相当数量,可以说是明代小说中的一个较大的门类。刻印最早的是《全补包龙图判百家公案》,现存有万历二十二年(1594)与耕堂刻本,题安遇时编集;稍晚又有万历二十五年(1597)万卷楼刻本《包孝肃公百家公案演义》,即前书的修订本,书前有完熙生序。

《百家公案》书名前冠以"全补"二字,说明它原来有一个简略的祖本。与耕堂本在第一回至第三十回的回目上都冠以"增补"二字。现存的"全补"本,故事来源很广,有取自宋元小说家话本的,如第二十七回《拯判明合同文字》,第二十九回《判刘花园除三害》;有取自成化词话的,如第四十八回《东京判斩赵皇亲》,第四十九回《当场判放曹国舅》;有取自元人杂剧的,如第六十四回《汴京判就胭脂记》，第八十七回《瓦盆子叫屈之异》。值得注意的是还有一部分故事是根据文言小说改编的，如第一回《判焚永州之野庙》，像是瞿佑《剪灯新话》卷三《永州野庙记》的缩写。原著说书生毕应祥途经永州野庙，有千乘万骑来追他。他逃脱后上南岳庙告状，南岳神查明真相之后，命神将杀了作怪的白蟒蛇。到了《百家公案》里则被改造成包公判案的故事，包公赴永州为官，知道野庙神要童男童女祭祀，就祭庙作文告诫庙神不要作恶，妖神不为所动，包公又往城隍庙祷告。野庙终被雷火烧毁，一条数十丈的大白蛇死在地上。较之《剪灯新话》，不仅主人公改了，而且情节也有不少变异，但永州野庙白蛇精被诛的基本内容相同，完全可以看出其演化之迹。

　　第二回《判革停猴节妇坊牌》，显然是据陶辅《花影集》卷二《节义传》改编的。主要部分叙周安病危时，遗命其妻汪氏改嫁他的好友吴某。吴某慨然应允侍养周安的父母，并介绍张代与汪氏再婚，汪氏坚决守节拒嫁，州县官为她竖立牌坊，以表其节。这个故事与《节义传》情节相同，只是《花影集》原文所写的人物，男主人公名陈安（亦字以宁），妻郝氏，朋友为王官人。二者至少是同出一源，可是《百家公案》却给它加上了一条大杀风景的尾巴。《节义传》中的郝氏是自杀殉节的，而《百家公案》中的汪氏在立了贞节牌坊之后，一天看了搬演《西厢》的戏，竟然动了情欲，与家中所养的雄猴通奸。包公奉命察访，到汪氏家拜谒，见到汪氏脸带桃花之色，乃进行审查，看到雄猴搂抱汪氏，就拆倒了牌坊，"复将汪氏家产籍没于官"，逼得汪氏自缢而死。编者最后还说："此亦可以为守节不终者之戒！"

　　这个故事编得实在荒唐低劣。人兽交合的事，古代小说也时有所见。《百家公案》把一个原来宣扬节义的故事改造成一个审判异类奸情的案件，真令人惊讶万分。如果给《花影集》的作者见到了，岂不要气愤填膺。可能改编者除了劝戒世人不要"守节不终"之外，还有劝人不要看《西厢记》之类戏曲的用意。但实际上也反映了"人性"与"礼教"的矛盾。汪氏守节不终，正说明封建贞节观念的残酷和脆弱。《皇明诸司公案》卷二《王尹辨猴淫寡妇》一案，似即抄袭本案故事，而改变了人物姓名。它后面有一大篇按语，很值得参看。其中一段说：

　　　　又杨宦家一命妇，守节极有清操，忽日见两狗起春，引动淫心，不能自禁，乃去叩西宾房门。幸而西宾昼寝不闻。无奈复归，淫火一发，抱住一柱，茫然忘生，遗精满地，半晌方苏。后亦蒙天朝旌奖，享寿八十。将终，子孙诸妇满前，问曰："婆婆有遗嘱乎？"杨命妇曰："有也，我愿你诸人，夫妻谐老，勿有曲折。若不幸曲折，定须要嫁，决不可守节也。"……此出寡妇将死由衷之言。以此证之，何可强留寡妇哉！……人亦何必守难守之节，以成难成之名哉？予阅世故多矣，略述梗概，未能尽也。唯明者心谅心信之，无沽美名而伤和气，亦调燮赞化之一事也。

这段按语如果出自编者余象斗的手笔,倒可以看到一位书商的比较开放通达的言论。

应该说,《百家公案》里已经有一些新的思想意识,与以往的古体小说有所不同。特别是对待妇女的态度,很值得注意。如第九回写叶广的妻子全氏与吴应通奸,包公将妇人脱衣受刑之后,"复将叶广夫妇判合放回宁家",并没有断离。第二十六回讲陈世美命人杀死秦氏,秦氏还魂复生,告到包公台下,包公判陈世美充军辽东,并不调和他们破镜重圆。第五十三回叙义妇为前夫报仇,李氏嫁了杀夫仇人黄贵,事过十年,还生了两个儿子。但知情后,告发了后夫,包公判斩了黄贵,"将黄贵家财尽给李氏养赡,仍旌其门为义妇焉"。《百家公案》对李氏的宽容和爱护,比起《西游证道书》中处理殷小姐在大团圆之后"毕竟从容自尽",就开明得多了。第五十六回写到宋秀娘因丈夫怀疑她与僧人有私,被丈夫休弃后,再嫁了僧人改名的刘意,事后告到了包公开封府,宋氏断归母家,前夫得"知妻无其事,再遣人议续前姻,秀娘亦绝念,不思归家矣"。宋秀娘就像易卜生《玩偶之家》中的娜拉一样,要争取自己的人格独立了。

第三回《访察除妖狐之怪》,叙张明见一美人望月而拜,即携之回家。时包公见其家有黑气冲天,登门以照魔镜照出妖狐原形,即令李虎挥剑斩之。这个故事可能出自《太平广记》卷四五一所引《集异记》的《僧晏通》,但更直接的来源大概是李祯《剪灯馀话》卷三《胡媚娘传》。虽有较大的变异,但基本情节是相似的。

第四回《止狄青家之花妖》,更值得重视。这个故事渊源来自唐人袁滋《甘泽谣》的《素娥》,先节录原文于此:

> 素娥者,武三思之姬人也。……后数日,复宴。客未来,梁公(狄仁杰)果先至。三思特延梁公坐于内寝,徐徐饮酒,待诸宾客。请先出素娥,略观其艺,遂停杯设榻召之。有顷,苍头出曰:"素娥藏匿,不知所在。"三思自入召之,皆不见。忽于堂奥隙中闻兰麝芬馥,乃附耳而听,即素娥语音也,细于属丝,才能认辨,曰:"请公不召梁公,今固召之,某不复生也。"三思问其由,曰:"某非他怪,乃花月之妖。上帝遣来,亦以多言荡公之心,将兴李氏。今梁公乃时之正人,某固不敢见。某尝为仆妾,宁敢无情?愿公勉事梁公,勿萌他志。不然,武氏无遗种矣。"言讫,更问亦不应也。

这是我们所见最早的出处。宋代宋某的《分门古今类事》卷二《天后知命》条引《甘泽谣》"素娥"改作"绮娘",情节也有很多差异。明代祝允明《祝子志怪录》卷一把这个故事改编为石亨和于谦的事,花月之妖则变为"柏妖"。侯甸《西樵野记》卷五《桂花著异》又把它改写为桂花之妖。周近泉刻本《古今清谈万选》卷四又把它改为

《绥德梅华》①，花妖就成了梅精。这就是《止狄青家之花妖》的直接来源。花妖还是梅芳华，人物却改成狄青和包公了。为了便于比较，还是节引包公案的原文于此：

> 一日，乃是年冬，值西夏作反，仁宗天子传旨，令狄青总兵前往征之。包公领天子之命，往至其家。狄青设宴款待包公，青欲夸耀于包公，令芳华盛服出见，芳华有难色，不肯出见。青固命之，亦不从。侍婢催促者相连于道，芳华终不肯出。包公辞归，狄青大惭愧，自往召之，芳华亦不肯行。青怒曰："汝于王孙公子，达官贵士，所见多矣，何至于包公而不肯一见耶？"芳华泣而不言。青武人也，怒甚，拔剑将欲砍之，芳华走入壁中，言曰："窃闻邪不能胜正，伪不能乱真，妾非世人，乃梅花之妖，偶窃日月之精华，故成人类于大块。今知包公乃栋梁之材，辞职之器，正人君子，神人所钦，妾安敢见之！独不闻武三思爱妾不见狄梁公之事乎？妾今于此永别矣！"言毕，遂吟诗一首曰：老干槎芽傍水涯，年年先占百花魁。冰消得暖知春早，雪色凌寒破腊开。疏影夜随明月转，暗香时逐好风来。到头结实归廊庙，始信调羹有大材。

梅芳华引用了武三思爱妾不见狄梁公之事，显然其构思就

---

① 参看拙作《读稗散札·〈甘泽谣·素娥〉的化身》，载《国学研究》第三卷，第191—194页，北京大学出版社1995年版。关于《西樵野记》的年代，应晚于《祝子志怪录》。

来源于《甘泽谣》，但它的情节结构则直接承袭自《古今清谈万选》，大部分文字也基本相同。尤其是末尾梅芳华所吟的那首诗，也是《古今清谈万选》所独有的，在此之前的《祝子志怪录》和《西樵野记》都没有吟诗的细节。《古今清谈万选》据王重民先生的考证，当刻于万历八年之后。由此可以推断《百家公案》的编集大约在万历八年至二十二年之间。

第五回《辨心如金石之冤》，叙李彦秀和张丽容的爱情悲剧，出自《花影集》卷三《心坚金石传》，情节基本相同，只是把李彦直改成李彦秀，阿鲁台改成周参政（书中多处误作张参政），又加上了包公判案的情节，判周参政死刑，还添上了李彦秀与张丽容托生于宋神宗之世结为夫妇的结尾。

从《百家公案》的前五回看，题材都来自古体小说。这些故事本来与公案无关，而编集者却生吞活剥，硬把它改造成包公判案的故事。把《百家公案》修订为《包公演义》的编者也看到了这点，还加以弥缝，如第四回末尾加上了一段话："观此一节，虽非包公所判，因录于此，亦以见包公之正而邪妖不敢犯也，庶几为秉心正直者之鉴钦。"

正因为它有不少回抄袭或变相抄袭了古体小说，所以文字比较古雅，在白话里混杂了很多文言。像第二回的主体部分大体上抄录自《花影集》和《节义传》，而附加的汪氏私通公猴的部分，就写得比较通俗，风格很不协调。这个编集者文化水平不高,从全书来看,语言简率粗糙,错别字也很多,基本上是一部通俗小说,而且每回开头还是"话说"如何如何,摹仿说话人的口气,可以视为一部话本体的短篇通俗小说集。在洪楩《六十家小说》与"三言"之间,它代表着从话本演变到拟话本小说的转折点。只要拿根据宋元话本改编的第二十七回和二十九回来比较,前一篇只删削了一些文字,后一篇改写了一大段。总之,删的多,加工的少,文字更为简略,有删繁为简、化俗为雅的趋势。这是明代书坊主或编书匠常用的方法。《百家公案》卷首《包待制出身源流》开头说

> 话说包待制判断一百家公案事迹,须先提起一个头脑,后去逐一编成话文,以助天下江湖闲适者之闲览云耳。问当下编话的如何说起,应云……

可见编者想编的还是"话文",但目的是供"天下江湖闲适者之闲览"。这就产生了作为案头读物的"拟话本"。"话本"本来不限于"小说家",不过摹拟讲史平话的作品,习惯上多称作"演义"①;摹拟小说家话本的短篇小说,现代学者才称之为拟话本。嘉靖以前(含嘉靖)的短篇通俗小说有哪些是拟话本,还有待研究。这部《百家公案》则显然是一部拟话本集,当然,其中也包含了经过修订的话本(或由词话改编)。而且,它应该有一个未经"增补"的祖

---

① 参看拙作《简述明代前期的历史演义》,载《书品》1995 年 2 期,中华书局。

本,可能还是说公案的话本集。《百家公案》作为一部专题的拟话本集,在中国小说史上的文献价值超过了它的文学价值。再从它对后出的公案小说的影响来看,也有重大的文献价值。但晚出的百则本《龙图公案》里不收上述的前五回及某些出自古体小说的如五十四、五十七等回,又很值得我们思考(详见下文)。

《百家公案》之后,明代的公案小说集还有不少:

1.《新刻皇明诸司廉明奇判公案》,有余象斗序,纪年为万历戊戌(二十六年,1598);

2.《新刻皇明诸司公案传》,署"山人仰止"余象斗编述,又题《续廉明公案传》,当刻于上书之后;

3.《郭青螺六省听讼新民公案》,有万历乙巳(三十三年,1605)吴延序,现存钞本;

4.《海刚峰先生居官公案传》,有万历丙午(三十四年,1606)李春芳序,金陵万卷楼刻本;

5.《新镌国朝名公神断详刑公案》,题"京南归正宁静子辑,吴中匡直淡薄子订",南闽潭邑艺林刘氏太华刊行;

6.《新刻汤海若先生汇集古今律条公案》,题"金陵陈玉秀选校","萧少衢师俭堂梓行"。托名汤显祖,恐在汤氏辞世(1616)之后;

7.《合刻名公案断法林灼见》,题"湖海散人清虚子编","闽建书林高阳生刊";

8.《新刻名公明镜公案》,题"葛天民吴沛泉汇编",孙楷第先生推断刊行于泰昌、天启年间,大致可信;

9.《新镌国朝名公神断详情公案》,有崇祯存仁堂刊本及怀轩陈君敬覆刊本,存残本(藏上海图书馆和日本内阁文库);

10.《国朝宪台折狱苏冤神明公案》,存残本,年代不详;

11.《龙图公案》,十卷一百则,据说有明刻本,未见。年代不详。有"听五斋"评。

此外,还有两种公案小说的变体。一是《杜骗新书》,都是未经清官判断的公案;一是《轮回醒世》,虽为文言小说,实是以阎罗王、城隍神为判官的公案小说。这两种书都刊于万历年间。

这些公案有很多是内容重复的,辗转抄袭,大同小异。一般质量不高,影响不大。许多明代公案小说都出于《百家公案》之后,剽窃和脱化的痕迹十分明显。马幼垣先生《明代公案小说的版本传统》一文已作了详细的考证①,考出了《龙图公案》中八十一篇的来源,不再复述。这里只补充一点:《龙图公案》故事中见于《廉明诸司公案》的还有84(即《廉明公案》的《陈按院卖布赚赃》)、88(即《孟主簿明断争鹅》);见于《律条公案》的还有100(即《晏代巡梦黄龙盘柱》)。此外,82即《法林灼见》的《诱客打抢》。这样,已知与《龙图公案》重复的就有84篇了。《海公案》里也有许多与《百家公案》、《龙图公案》相似的故事,孙楷

---

① 《明代公案小说的版本传统》,据宏建燊译文,见《中国古典小说研究专集》2,台湾联经出版事业公司 1981 年 2 次印刷,第 245—279 页。

第先生在写作《包公案与包公案故事》一文时,没有见到
《百家公案》,认为《龙图公案》中抄自《海公案》者 22
篇①,其实情节相似的恐怕还不止此数,其中一部分故事
大概是《海公案》和《龙图公案》分别抄袭或脱化自《百家
公案》的。《海公案》刊印于万历三十四年,可能还早于
《律条公案》、《详刑公案》、《法林灼见》等书,因此,《海公
案》也有可能曾被《龙图公案》所借鉴。

　　《百家公案》是年代最早、影响最大的公案小说集,
《龙图公案》则流传最广,可能是年代最晚的。马幼垣先
生等早已考出,《龙图公案》承袭自《百家公案》的有 48
篇,但在《百家公案》里原来分为 51 篇,也就是说《百家公
案》一半以上的故事都收入《龙图公案》了。二者文字基
本相同,只略有修改。值得注意的是,《龙图公案》的编者
为什么只选了 51 篇,而没有选其馀也很好的篇目呢? 如
上述前五回采自古体小说的,就一篇也没有选;还有第五
十四回《潘用中奇遇成姻》、第五十七回《续姻缘而盟旧
约》,都采自《绿窗纪事》②,第二十七回《拯判明合同文
字》出自话本《合同文字记》,第二十九回《判刘花园除三
怪》改编自话本《洛阳三怪记》,第五十一回《包公智捉白
猿精》融合了话本《陈巡检梅岭失妻记》和《剪灯新话》卷
三《申阳洞记》,第二十四回《判停妻再娶充军》改编自元

<hr>

　　① 《沧州后集》,中华书局 1985 年 1 版,第 69 页。
　　② 《绿窗纪事》,有明钞《说集》本。参看《中国古代小说百科全书》,中
国大百科全书出版社 1998 年第 2 版,第 330 页。

杂剧《潇湘雨》,第六十二回《汴京判就胭脂记》改编自元杂剧《留鞋记》,第七十八回《两家愿指腹为婚》改编自元杂剧《绯衣梦》和南戏《林招得》,第九十九回《一捻金赠太平钱》改编自南戏《朱文太平钱》,第二十六回《秦氏还魂配世美》似亦采自当时的民间传说或戏曲。这些都是在元明清小说戏曲中广为流传的故事,竟没有人选《龙图公案》,不能不使人感到奇怪。从《龙图公案》的选目和听五斋的评语,也看不出编者的选录标准。其馀不少篇故事也分别出于《皇明诸司廉明奇判公案》、《国朝神断详刑公案》等书,是不是这位编选者有意要区别于《百家公案》,只采用了旧本的百分之五十一,以免被人指为抄袭呢?有一个现象可以注意,即《龙图公案》第十一则至二十四则,第三十九则至五十四则,连续地采自《百家公案》,比较集中,而第一则至第十则,第七十五则至一百则,全书的开头和最后部分,都与《百家公案》无关,似乎是编选者有意识的安排。

另一方面,我们也可以考虑,《龙图公案》编者所依据的,会不会是一个未经"增补"的包公案旧本?否则为什么不选那些影响较大的著名故事而选了一些较为简率单薄或已成公式化的篇目呢?这个问题有待深入的研究。

《百家公案》是明代公案小说的代表作,它有许多特点,具有普遍意义,可以从中得出一些历史的经验教训。

一、说公案终于从小说家话本中独立出来,自成一家。在明代通俗小说中独树一帜,成为一个很重要的门类。这是一个发展。

二、《百家公案》标志着从话本向拟话本发展的一个转折点。在万历之前（不含万历）的话本体小说，有哪些拟话本，还很难判断。如著录于《宝文堂书目》的《合色鞋儿》和《沈鸟儿画眉记》，也是公案小说，像是明代前期的话本。《百家公案》是"编话的"编成的"话文"，但明说是供"天下江湖闲适者之闲览"，可见它是下层文人或书坊主人编撰的拟话本。然而早期的拟话本作者技巧还很稚拙，主要采用移植的手法，甚至只是对旧传话本做一些删改，如书中的《拯判明合同文字》。这种编写方法和历史演义中的《列国志传》、《两汉开国中兴传志》等大体相同（参看拙作《简述明代前期的历史演义》），带有共同的特点。从中还可以看到宋元话本的遗响。这类作品体现了集体创作与个人创作的结合，民间文学与文人（这还是层次较低的）文学的结合。因而它也体现了长期累积型作品的历史过程。虽然文学成就不高，但它是"三言"之前的一部短篇通俗小说集，也许可以视为一部拟话本小说的尝试之作。当时或者在万历之前的通俗小说里可能已有一些比较成熟优秀的拟话本，但一时还不易判断，而且也没有一部收录这样多作品的集子（《皇明诸司廉明公案》共收 105 则，比《百家公案》更多）。

三、这一类短篇通俗小说，打通了近体小说与古体小说交流移植的道路。《百家公案》所采用的文言小说，有《绿窗纪事》、《剪灯新话》、《剪灯馀话》、《花影集》、《古今清谈万选》(可能有更早的出处,因为《万选》本身是选本)等书。依据前人作品加以敷演,是宋元以来说话人的惯技,如罗烨《醉翁谈录·小说开辟》里所说,"幼习《太平广记》,长攻历代史书","《夷坚志》无有不览,《琇莹集》所载皆通"。不过《百家公案》却更忠于原著,改动较少,加工不多。这大概由于编写者缺乏社会生活的体验,只能照抄书本,而又懒得做一些文字润色的工作。这类作品近似说话人自己摘抄的掌记,也可以说是一种提纲式的简本,如清平山堂刻本的《蓝桥记》之类就是如此。但《百家公案》里的作品,往往更多地借鉴了明代的"诗文小说",穿插了不少小说人物的诗词,如上举《止狄青家之花妖》中梅妖所吟的诗,第五回把《花影集·心坚金石传》里所有的诗也都照抄了过来,都是实例。照搬现成的作品当然不是什么创作,不过这里也可以看出编写者的审美取向,对原作中的诗词倒是不惜尽力照抄的。

四、公案虽是小说题材的一个门类,但它反映的社会生活非常广泛,揭示了各种错综复杂的人际关系,暴露了形形色色的社会矛盾。公案的内容主要是由财和色两大原因造成的罪行,包括抢劫、贪赃、盗窃、奸淫、杀人等等案情。当然,还有一些爱情、婚姻和灵怪故事,也被生拉硬拽地嫁接到了包公判案的讼事里来了。在这一点上公案小说倒为明代的短篇通俗小说增加了色彩。明代前期的小说,主要是历史演义和神魔故事,反映的社会生活极为单调狭窄。直到万历二十七年(1599)左右吕天成写作了

《绣榻野史》①，与此前后兰陵笑笑生编撰了《金瓶梅词话》②，才兴起了世情小说或社会人情小说的潮流，同时也标志着白话小说的成熟。公案小说却包含着多方面的题材，反映了广阔的社会生活。《百家公案》为了凑数，把一些爱情、婚姻以至神怪故事，都改造成了包公案，虽然有些勉强，但是在客观上却扩大了题材范围，开拓了读者的视野。例如《绿窗纪事》中的《潘黄奇遇》、《张罗良缘》两篇，原来是比较好的爱情故事，《百家公案》把审判张罗一案的县宰改为包公，在潘黄一案里也加上了包公出场主持公道，成人之美，使有情人终成眷属。这就在公案里增加了一些人情味。后来《拍案惊奇》第二十九卷《通闺闼坚心灯火，闹囹圄捷报旗铃》又把《张罗良缘》铺演为情节曲折、语言流畅的拟话本；《西湖二集》第十二卷《吹风箫女诱东墙》也把《潘黄奇遇》改编成细节描写很多的更成熟的短篇白话小说。《百家公案》在文言小说的改编工作中起了先驱探路的作用。

　　五、《百家公案》的语言文白相杂，雅俗兼容。从文言小说的改编来说，是一项通俗化的工作；但从拟话本小说的再创作来说，则还在尝试阶段。编集者移植文言小说的

---

　　①　吴书荫《曲品校注》附录三认为《绣榻野史》作于万历二十三年，似太早。此从徐朔方《王骥德吕天成年谱》，见《徐朔方集》，浙江古籍出版社1993年1版，第三卷，第266页。

　　②　《金瓶梅词话》刊行于万历四十五年。编撰年代众说不一，它的上限是嘉靖二十六年李开先撰写《宝剑记》之后，下限是万历二十四年袁宏道见到了抄本。

故事时,往往加工不多,大量地照抄原文;修订宋元话本时,则往往删的多而加的少,反而有以雅变俗的倾向。同样是改写古体小说为近体小说,根据《玄怪录·张老》改写的《种瓜张老》(即《古今小说》的《张古老种瓜娶文女》),根据《夷坚丁志》卷九《太原意娘》改写的《燕山逢故人郑意娘传》,写得多么精彩,而《百家公案》却写得极为粗糙,相比之下,不可同日而语。从时代先后来看,明代中期,"三言"之前的拟话本还在草创时期,恐怕还很少成熟的作品,从《百家公案》可以略见一斑。从作者身份来看,明代的书坊主和编书匠,包括编写《皇明开运英武传》的武定侯郭勋及其门客,编写《三宝太监西洋记》的罗懋登,他们的文艺修养比宋元时的书会才人差得很多,在小说艺术上简直是历史的倒退。再从情节相似的作品看,《百家公案》第二十三回《获学吏开国材狱》比《古今小说》第二回《陈御史巧勘金钗钿》就粗糙得多。《龙图公案》第八十四则《借衣》、《皇明诸司廉明公案》第二十二则《陈按院卖布赚赃》、《海公案》第五十四回《判奸友劫财》等与《陈御史巧勘金钗钿》更为接近,如果说《金钗钿》是后出的修订本,那就可以说是冯梦龙修订的结果了。可是《金钗钿》的头回说:"闻得老郎们祖传的说话,不记得何州甚县。"正文又说:"看官,今日中我说《金钗钿》这桩奇事。"又似乎是明代的话本,而《龙图公案》等公案小说,倒是它的删改本。我们必须考虑到,明代书坊主为了降低成本,缩小篇幅,常有删节旧传祖本的做法。因此公案小说与拟话本的关系问题,还需要深入探讨(明代前期有无拟话本作品,当另文讨论)。公案小说也有不断修订的事例,如《百家公案》的修订本《包孝肃公百家公案演义》,就有一些细微的改进,更晚的《龙图公案》则把《百家公案》里的故事稍加修改,删掉了一些诗赞浮词,倒显得精炼简明,更近于文人拟作的通俗小说了。例如《百家公案》第二十回《释兰嫂冤捉和尚》,脱化自话本《简帖和尚》,原文开头一段作:

　　断云:国法昭彰不可违,人生何必费心机。员成空使图鞋计,入狱方知包宰明。

　　话说江州城东永宁寺有一和尚,[俗]姓吴名员成,其性[风]骚(裂),因为檀越张德化,娶南乡韩应宿之女(名)兰嫂为妻。[多年无子](夫妇久调琴瑟之欢,未叶熊罴之祥,)切情恳祷求嗣续后,每遇三元圣诞,建设醮祠。凡朔望之日,专请员成在家理诵。员成每觑兰嫂貌[美],(如婉媮,鬓似潘墦,香尘步剪影翩翩,露出百般娇体态;红裙影动色飘飘,凭是一般香艳质。员成一眼瞧看,无意诵经,须臾)欲心[当](踈)动,(展转难禁),意图夤奸(也)。(遂自思无计可成,彼)晚转寺中,[心生一计]。(密生奸计云:韩氏有一婢女,名小梅者,其事非他计难成就,故于)次日[德](瞰)化往外,假讨斋粮为由来至[张](彼)家,贿托[婢女]小梅求韩氏睡鞋一双,小梅悄然窃出与之。员成得鞋,喜不自胜,转回寺中,[每日捧着鞋

沉吟]。（自以为庆，乃捧鞋叹曰：凤鞋兮，凤鞋兮，惹
起风情兮，思之弗得兮如狂醉，今日得鞋兮，得鞋兮，
称我良缘兮，问我佳期兮，定何日？）

《包公演义》把"入狱方知包宰明"改为"入狱方知悔是
迟"，与前两句协韵，把"熊罴之祥"改为"熊罴之梦"，就略
胜一筹了。《龙图公案》把上引原文中加上圆括号的文字
删去，改为加方括号的文字，似乎也更通畅明快一些，然而
比起它们的蓝本《简帖和尚》来却是后来居下了。无论它
出于降低书价或追求古雅的目的，公案小说和明代演义小
说相似，用的是文白相杂，雅俗兼容而并非雅俗共赏的
"超语体"文字。这在白话小说的发展中实际上是一个曲
折过程。包公故事从《百家公案》、《包公演义》，经过《龙
图公案》而发展到《龙图耳录》，又回到"谐于里耳"的通俗
小说道路上来，这就经过了近三百年的时间。

　　六、公案小说的辗转抄袭或变相抄袭，也反映了明代
刻书业的迅猛发展。书坊主为了谋利，展开了无序竞争，
盗版或剽窃的手法层出不穷，在公案小说上表现得更为突
出，许多故事都是似曾相识的。晚出的《龙图公案》是一
部集大成式的公案小说集，但《百家公案》里还有一部分
故事未被吸收。这种竞争对通俗小说的兴盛有一定作用，
但对于小说艺术的提高却弊大于利。有些公案小说很快
被淘汰了，因此流传极少，几乎失传。这里也有一些历史
经验可以借鉴。

　　明代的公案小说虽然在艺术上成就不大，然而在小说

发展史上却有一定的地位。它的题材比较宽广,为社会人情小说的空缺作了一些补充。对"三言"、"二拍"中的公案小说可能曾起过启发作用,如《滕大尹鬼断家私》、《况太守断死孩儿》、《姚滴珠避羞惹羞,郑月娥将错就错》、《夺风情村妇捐躯,假天语幕僚断狱》、《程朝奉单遇无头妇,王通判双雪不明冤》等,它的情节结构都可以在较早的公案集里找到来源。而在艺术手法的提高上,又可以拿公案小说来作对比,看出拟话本小说的发展轨迹。从这一点上,也就可以说明代公案小说的文献价值高于它的文学价值了。

(原载《文学遗产》2001 年 1 期)

从《三侠五义》、《小五义》看清代的话本小说

宋元话本在明代大部分都已被文人和书坊老板修订改编了。明代说话人并未绝迹,然而话本很少流传,可能由于文人不再参与话本的撰写,而直接写拟话本体的小说了。文人所写的拟话本一般水平较高,又有人把讲史家的长处和小说家的优点结合起来,在题材和文体上加以改进,推出了新型的章回小说。说书艺人自己读书不多,不像宋元时期的说话人那样博览群书,又得不到书会才人的合作。于是说书人只能靠口头创作的不断铺演和更新,来吸引场上的听众。为了适应大部分文化较低的听众的欣赏习惯,故事就得编得更通俗、更新奇、更曲折些,正文字倒是不求华丽典雅的。明末的大说书家柳敬亭曾有话本流传,到民国初年还藏在著名学者黄侃家里,且秘而不宣,至今不知

下落如何①。清代的《清风闸》、《飞跎全传》基本上就是说书人的话本,可惜文字写得十分粗糙,基本上还是一个提纲式的简本。作者的文化水平显然不高,又没有哪个文人去帮他修订,因此不大有人称道。

道光年间说书人石玉昆说唱《龙图公案》非常著名,他的弟子也不少,形成了一个石派书的流派。他的《龙图公案》话本据说是说唱兼备的。可是现在流传的《龙图耳录》及其修订本《三侠五义》(又称《忠烈侠义传》)是后人整理改编的,唱词已经省略了。《龙图耳录》卷首题记说:"《龙图公案》一书,原有成稿,说部中演了三十馀回,野史内读了六十多本。"这六十多本的野史是不是石派书的话本,有待考证。据崇彝《道咸以来朝野杂记》说:

> 音乐中丝竹合奏谓之弹套。……此技惟瞽师能之,道、咸间有王馨远者,士大夫多延之。盖与石玉昆之说书(亦弹词也)相并也。②

又说:

> 道光朝有石玉昆者,说《三侠五义》最有名,此单弦之祖也。贵月山尚书(庆)尝以柳敬亭比之。③

----

① 见刘禹生《世载堂杂忆》,中华书局 1960 年 1 版,297—300 页,《巾箱留珍本柳下说书》。《汪辟疆文集》,上海古籍出版社 1988 年 1 版,870—871 页,《方湖日记幸存录》。

② 《道咸以来朝野杂记》,北京古籍出版社 1982 年版,8 页。

③ 《道咸以来朝野杂记》,9 页。

又说：

> 光绪乙未(二十一手)聚珍堂后柜失慎,木字皆付之一炬。所印之《包公案》(即《三侠五义》)最有名。因此书本无底本,当年故旧数友(有祥乐亭、文冶庵二公在内),每日听评书,归而彼此互记,凑成此书。其中人物,各有赞语,多趣语,谐而雅。此道光间石玉昆所传也。①

这里所说的祥乐亭等人所记录的《包公案》,是不是即《龙图耳录》呢? 崇彝的话有一些歧义。既说是弹词,又说是"单弦之祖",又说是评书,不知和现在的评书有什么差别。按理说,聚珍堂的木活字被火烧了,但在此之前的印本流传很多,没有必要再去听了评书来记录成书。那么,祥乐亭等人记录的应在聚珍堂印书之前,很可能就是今本《龙图耳录》的底本。崇彝说:"此道光间石玉昆所传也。"说的是评书而不是话本。《龙图耳录》有傅惜华先生所藏同治六年抄本,孙楷第先生藏本第十二回末有抄书人自记一行云:"此书于此毕矣,惜乎后文未能听记。"②可见记录本当早于同治六年,今本还可能是几个抄本凑起来的。

《龙图耳录》是一部语录式的话本,但经过了文人的

---

① 《道咸以来朝野杂记》,19 页。

② 孙楷第《中国通俗小说书目》,人民文学出版社 1982 年新 1 版,220页。

初步整理,唱词和赞语已经删除了。稍后的《三侠五义》又删改了一些,说话人的语气更少了。更晚一些,著名学者、经学大师俞樾也对它很赞赏,竟动手替它修改,为它作序,并把书名改为《七侠五义》。他在序中说:"及阅之终篇,见其事迹新奇,笔意酣恣,描写既细入毫芒,点染又曲中筋节……如此笔墨,方许作平话小说;如此平话小说,方算得天地间另是一种笔墨。"虽然石派书的话本已经改得面目全非了,但是俞樾还是称之为"平话小说",说明话本的特色还没有完全丢失。

《龙图公案》的石派书还有一些片断可以见到。现存的《包公案》、《三侠五义》说唱本有故宫博物院和车王府的藏本,而且还不止一种版本。到底是不是石玉昆的话本,还有待研究。至少有一种是鼓词而不是评书。幸而刘复、李家瑞编的《中国俗曲总目稿》里有好几十段注明石派书的《龙图公案》,其中确是有说有唱。可惜原件都已损毁,每段只留下几十个字的摘要。我们还可以从这些摘要里看出一点石派书的痕迹。

《中国俗曲总目稿》所录石派书《龙图公案》之一《救主》:

> 清晨早起一炉香,谢天谢地谢三光。所求处处田禾熟,但愿人人寿命长。国有忠臣安社稷,家无逆子恼爷娘。八方宁静干戈息,我纵贫来碍何方。开场这一首诗,乃是宋朝邵……(29页)

《龙图公案》之二《盘盒》：

> 忠义之事，人人都有此心，然而人多不能为忠臣孝子者，非忠臣孝子之心奸邪之人不秉之也。乃一败于畏葸，畏葸生而见利则前、见害则避矣；再败于见事不明，见事不明……（49 页）

《龙图公案》之三《拷御》：

> 南清宫府内合朝的文武，奉圣旨齐来庆贺八主贤王的千秋。那王府官回奏，今有内臣总领陈琳，奉圣旨庆贺王驾千岁。八主王传旨我孤要接待伴伴。文武官员相随。太傅陈爷……（25 页）

《中国俗曲总目稿》所收《龙图公案》多数是散说辞，第一段《救主》是一首开场诗，不能确定它是唱词。但第二十一段《范仲禹出世》显然是唱词：

> 顶天立地建立功名，为什么，碌碌庸庸都得了禄位，却叫我，在此困顿白过一生。莫不成，诗书到是误人一世，苍天有意困英雄？似我这，十载的工夫堪自信，我的志气，志……（760 页）

另有一段石派书《包丞相》，没有注明是否《龙图公案》，也是唱词：

> 他本是忠心为国包丞相，义秉赤胆把美名标。带一顶威赫赫、光皎皎、金累丝、倭缎皂、府臣冠、威仪帽，嵌奇珍、镶异宝，两翅尖辣辣的跳。平端正大一顶

金相貌。穿……（112 页）

由这些片断可见石派书原来确是说唱兼备的。

《三侠五义》或《忠烈侠义传》广为流行，家喻户晓，成为一时的畅销书。于是《小五义》、《续小五义》相继问世。据说这三部书都出自石玉昆的说唱话本（见《小五义》文光楼刊本识语）。但风迷道人的《小五义辨》说："或问于余曰：'《小五义》一书，宜紧接君山续刻，君独于颜按院查办荆襄起首，何哉？'余曰：'似子之说，余讵不谓然。但前套《忠烈侠义传》与余所得石玉昆原稿，详略不同，人名稍异，知非出于一人之手。'"可见当时所谓的石玉昆说唱的《三侠五义》（或称《包公案》、《龙图公案》），已有不同的版本。这里所说的不同，有两种可能。一是石玉昆的原本已经过后人的删改，他的徒弟各有发挥，形成了不同版本的"石派书"。如鲁迅所说："草创或出一人，润色则由众手，其伎俩有工拙，故正续遂差异也。"另一种可能是续书完全出于后人之手，不过还假托是石玉昆的底本，借以招揽听众和读者。

《小五义》第八十九回开头说：

> 光绪四年二月间，正在王府说《小五义》，有人专要听听《孝顺歌》。余下自可信口开河，自纂一段，添在《小五义》内，另起口调，将柳真人所传之敬孝，焚香说起。

这个在光绪四年二月说《小五义》的，肯定不是石玉昆本人。因为根据前人的记载,石玉昆活动在道光、咸丰年间,到不了光绪四年。他自纂了一段《孝顺歌》,添在《小五义》内,当然不会是石玉昆的原作了。可见,《小五义》至少是一个后人增订的版本,到底有多少是石玉昆的真传,已经很难考证了。不过《小五义》的确是一个话本,保存着许多说唱文学的特征。

第一,书中不少回前面有插话或唱词,如第八十九回前的《孝顺歌》,就是临时添加的很长的插曲,全部是三三四的十字句,抄录其头一段如下:

众人们焚起香侧耳静听,柳真人有些话吩咐你们。谈甚今论甚古都是无益,有件事最要紧你们奉行。各自想你身子来从何处。那一个不是你爹娘所生。你的身爹娘身原是一块,一团肉一口气一点血精。分下来与了你成个身子,你如何两样看隔了一层。且说那爹和娘如何养你,十个月怀着胎吊胆提心。在腹时担荷着千斤万两,临盆时受尽了万苦千辛。……

歌词极长,接着还有一篇《训女孝歌》,也很长。这种插曲也就是宋元话本中所说的“德胜头回”或“入话”之类。现代弹词里的开篇也是如此,往往可以由听众点唱的。他如第二十二回开头讲的舜娶二女故事,第三十二回讲的宋徽宗故事,第四十二回讲的赵津女娟故事,第五十二回讲的绿珠故事,都是与正题无关的插话。这些插话可以增加一些听众的兴趣,也可以显示一下说书人的才学。正如罗烨《醉翁谈录·小说开辟》所说的:"夫小说者,虽为末学,尤务多闻,非庸常浅识之流,有博览该通之理。"这是宋元以来说话人的传统技法,不过清代说书的艺术水平却不如前人了。

第二,书中往往还插入一些赞语,如第五回里有一段关于白玉堂的赞,第七回里有一段关于沙龙两个女儿的赞。第二十二回末有一段关于君山的赞,不妨引录为例:

> 有二人,用目观,瞧山景,真好看。还有一个古庙却在上边。山水如画,画里深山。未免得引动了二位英雄往四下观。山连水,水依山。山水出,瀑布泉,水影之中照出了一座君山。水秀丽,把山缠,水与山连,山与水连。山中寺,寺依山,山在寺前,寺在山湾,山寺的钟声到耳边。高僧隐在山洞边,寺内的僧人望景观山,又在水又在寺前。山花开放,花儿满山。山里花香,花映山峦。花发山岭,山岭花鲜。山花清妙,花长深山。山花叠放,花又似山。花倚山峰,山峰花遍。赏花人,登山看,山中沽酒,沽酒在山。松在山上,山上松连。松和琴韵,流水高山。山儿叠,松林伛,松如云水,山寺之间。花上松枝,重在高山,山松花寺,共与水连。好一个,清幽景物天然妙,真能够令人观瞧十分的爽然。

这一段绕口令式的赞,完全是说书人玩弄技巧的表演。据崇彝《道咸以来朝野杂记》说:石玉昆所传的原本,"其中人物,各有赞语,今本无"。但今本《三侠五义》和较早的《龙图耳录》都没有赞语了。而《小五义》却还保留了不少赞语,成为清代话本的一个实例。

第三,《小五义》里有许多交代前套、后套的评论。书前风迷道人的《小五义辨》就说:"向使从前套收伏钟雄后接续《小五义》,挨次刊刻,下文破铜网阵各处节目,必是突如其来,破铜网阵各色人才,亦是陡然而至;不但此套书矛盾自戕,并使下套牙关相错,文无线索,笔无埋伏,未免上下两截,前后不符。"说明《小五义》所续的不是现在通行的《三侠五义》,而是另一个版本。书中第三十三回又说:

> 列公,你们看书的众位看,此书也是《三侠五义》的后尾,可与他们先前的不同。他们那前套倒还可以。一到五义士坠铜网,净是胡说。铜网阵口称是八卦,连卦爻都不能说得明白,故此在下此书由铜网阵说起。

似乎另有一部讲到颜查散巡按襄阳为止的前套,相当于今本《三侠五义》的前一百回左右。本书第五十七回、九十八回也提到前套《三侠五义》,而第十八回、九十一回又说前套是《忠烈侠义传》,书名也不统一。书中又一再讲到续套《小五义》的情节。最末一回结尾说:

> 智爷生死,破铜网阵一切各节目,仍有一百馀回,随后刊刻,续套嗣出。先将大节目暂为开载于后:若问众英雄脱难,襄阳王逃跑宁夏国……拿获襄阳王,

　　俱在续套《小五义》分解。

看来《三侠五义》系列在说唱阶段就有不同版本，到整理成书过程中又有增订，在原书一百回以后更是拼凑成书，造成了分歧。这在谢蓝斋本《龙图耳录》卷首早有说明："《龙图公案》一书原有成稿，说部内演了三十馀回，野史内读了六十多本。"（《三侠五义》的问竹主人序也有同样的话。）①六十多本如果改成六十多回，加上三十馀回，正好是一百回。续书者不止一人，就有不同版本。风迷道人说他得到的是石玉昆的原稿，可是又没有一起编辑出版。这也是说唱话本不断积累、不断变异的常规，正说明它还没有完全定型。

　　宋元话本的出现是中国小说史上的一大变迁。明代人在整理话本之后，自己又模拟小说家话本文体写了一批短篇白话小说，现在很多人称之为拟话本；而模拟讲史话本而写的长篇小说则多称之为通俗演义。《包公案》本来只是短篇小说，如成化本词话还只能说是中篇故事，《包龙图判百家公案》则把九十几个小故事编到一起，成为专题小说集。后来又改编为《龙图公案》。到了清代，说书人把包公案串连起来，加以改造，成为长篇的说唱文学，最初可能从词话传承而来，或者就叫作鼓词。又在包公案里加上了三侠五义故事，由公案小说转变为武侠小说，也许就是石玉昆开创的道路。

─────────────

　　①　上海古籍出版社《龙图耳录》出版说明引傅惜华说，1981 年。

　　说话艺术从宋代兴盛以来,元明清三代始终没有中断。可是在罗贯中之后,明代书坊主和某些文人把讲史话本陆续改编为通俗演义,接着有些知名文人也开始写作拟话本式的短篇小说,艺术水平有所提高,而说话人如柳敬亭那样著名的却不多。真正出自场上的话本流传很少。经过文人修订的作品也不多。清代作家除李渔之外,文人拟作的短篇话本逐渐衰落。中期以后,话本虽然还有《飞跎全传》、《清风闸》等几部,但艺术水平很低,比宋元话本差多了。《三侠五义》及其续书是清代话本的庸中佼佼者,最为学者所称许。始创者石玉昆的说唱艺术非常著名,大概门徒很多,被称为石派书的祖师。他采取了明代以来包公案的故事和传说,可能还继承了一些前人词话的文化遗产,又加以新的改造。《三侠五义》的前半部有许多包公案的传承,但也有不少新的再创造,如把“玉面猫”改成“御猫”,把闹东京的“五鼠”改成绰号“五鼠”的“五义”,把“五鼠”的受害人施俊改成艾虎的义兄,又把金鱼精改成金小姐,和施俊配成夫妻。这就是推陈出新的改编了。石玉昆的《龙图公案》充分体现了俗文学的传承性和变异性。后半部则以三侠五义与襄阳王的斗争为主,由公案小说向武侠小说转变了。续书《小五义》可能也是石玉昆的创造,但艺术成就较差,可能由他徒弟加工的成分更多。然而《小五义》书里保留话本的痕迹最多,给我们提供了清代话本的一个标本,证明说话艺术在晚清并没有衰亡,多少还有一点新意。在小说史上,似乎比《三侠五义》

正书更值得注意。鲁迅《中国小说史略》第二十七篇曾说:"是侠义小说之在清,正接宋人话本正脉,固平民文学之历七百馀年而再兴者也。"我觉得这对《小五义》来说还是非常合适的。

《小五义》一书,对我们有不少启发。至少有那么几点:

一、说明自宋元以来到清末,说话(说书)艺术并没有消亡。陈汝衡先生的《说书史话》早已论述过了。在文人作品兴盛之后,平民文学以《三侠五义》为代表的话本小说又重新振兴了一阵,不过也无法挽救话本逐渐衰亡的命运了。

二、说话人有话本作依据,这在宋代有不少史料可以证明。我在拙作《宋元小说研究》和《宋元小说家话本集》的前言里曾作过一些论证。但现在有些学者认为现存的文本都不是话本,只是话本体的文人作品。日本学者增田涉提出了一个观点,认为"话本"的意义就是故事,根本否定了话本的存在。国内也有人支持这种观点。我觉得这里有一个问题需要解释。我们说"话本"是说话人的底本,当然不可能是一字不漏的语录。在留声机、录音机产生以前,任何演讲的记录都不会是实况的录音。因此,我曾加以分析,认为大致有两种类型。一种是提纲式的"梁子",一种是语录式的整理本。后者可能经过或多或少的加工。如《龙图耳录》据说是几个人根据耳闻的石派书分头记录下来的,后来又经过问竹主人、入迷道人的修订,成为《三侠五义》；又经俞樾的修改，改名《七侠五义》，然而它仍然保存着许多话本的特征，所以俞樾还说它是"平话小说"。而《小五义》书中保留的话本特征就更多了。

三、话本作为一种俗文学，具有口头文学传承性和变异性的特点。成为书面文学之后，又有人不断加以修订，所以世代累积就是中国古代小说的传统特征之一。

四、话本是一个广义的概念，包括了各种曲艺及戏曲。如《龙图公案》既有说唱兼备的石派书，也有鼓词，还有子弟书。这和宋元时的小说家包括了《快嘴李翠莲记》、《刎颈鸳鸯会》等唱本是相同的。无论平话还是词话，无论提纲式的底本还是语录式的整理本，不妨都视为话本的一体。如果细分的话，经过整理修订的版本，可以按胡士莹先生的说法，称之为"话本小说"，不过分辨哪些是后人改笔是很困难的事。

五、话本和剧本一样，都有文人参与写作。如元人的杂剧，本来就没有场上作品或案头作品之分。因此没有拟剧本之说。文人拟作的话本，也可能被说书人用作底本进行说唱，成为场上的小说。例如陈端生写的《再生缘》弹词，就有艺人加以改编，拿来演唱，不过已改称《孟丽君》了。平话有没有这种事例，似乎也值得研究。但某些演唱包公案故事的子弟书是在《三侠五义》流行之后产生的，其中往往有文人参与了写作。

（原载《南京师范大学文学院学报》2006 年 2 期）

读《蟫史》札记

　　《蟫史》是一部才学小说,作者屠绅特别爱用骈体文来写对话。不仅用了一些比较冷僻的典故,而且还喜欢用奇怪的句法,因此读起来很费力。据我所见,目前只有人民文学出版社出了一个标点本,即张巨才先生校点的1992年7月第1版。校点者确曾作了很大的努力,也请教过几位专家,但时有疏忽,还是断出了一些破句。笔者出于编辑匠的职业病,总喜欢吹毛求疵,挑一些校点中的疏失,并借以说明屠绅文字的奇奥。

　　例如:

　　　　将领不可以木偶为也;职官不可以萍踪聚也。曾统千百人,不知其痛痒。谓之木偶,徒为升斗计。无志于公忠,谓之萍踪,同病而不相怜,依古然矣。(人民文学出版社1992年版19页。以下只注页数。)

　　这是一段骈体文,"谓之木偶"和"谓之萍踪"是两个对仗句,因此这几句应该读作:"曾统千百人,不知其痛痒,谓之木偶;徒为升斗计,无志于公忠,谓之萍踪。"在"痒"字、"计"字下加句号就不通了。

又如:

> 隶也不力,西道分驰,乃下策缒城,狼尾将蹇,而前军伏甲,鸢肩忽来,竟解越石之围,免遭平原之缫,还辕告捷之事。遑敢与知,请室乞哀之文。仅能为役。仆当自械系。入谢圣明,厕足戎行,曾不安席。(60页)

这一段里,"狼尾"和"鸢肩"两个关键词是对仗,由此可以把这两句断为:"乃下策缒城,狼尾将蹇;而前军伏甲,鸢肩忽来。"再下面的一联对句也应该读作:"还辕告捷之事,遑敢与知;请室乞哀之文,仅能为役。"剩下的几句自然就不难读断,"缫"字之下当然加句号为宜,而"械系"之下一定不能加句号了。

又如甘鼎与李舜佐的对话:

> 徒以李赞皇品水,赵学究多金,为圣主所疑,谗人置喙,然大范老子。岂真元昊能欺,汉飞将军,毕竟匈奴畏服,此行也。常则为太传(疑当作傅)之奕(疑当作弈。这句应是用谢安破苻坚的典故),诸将不惊。变则为临淮之刀。大臣无辱,鼎不敢情牵别诀,固将望切归旌耳。(234页)

这一段话里,"大范老子"与"汉飞将军"是对仗,不该用句号断开,句号应移在其前的"喙"字之下。后面的"服"字下也应加句号断开,中间"岂真元昊能欺"句用分号分成上下联,关系就清楚了。下面"此行也"三字是一个转折句,应用逗号,"临淮之刀"与"太傅之弈"是对仗,所以不能用句号。句号应改到"辱"字之下,而在"惊"字之下用分号。

又如:

> 故扑朔之兔,相驯焉而学妇随,虽毕罗之鸯,过狎者或为朋比,坚当吾始殁,枕股而哭,伤神不言,令人增分桃之义,氏及彼先亡,黄头毁形,青翰沉影,与世矫置幕之风。……乃坚已降为嘉种。尚书郎贵不易交,氏犹隔是众生;薄命妾冥无堕行,固其所也。抑有求焉,或其柳毅归来,结前缘于卢氏;韦皋老去,感再世之玉箫。(276 页)

这一段里,断句都没错,可是对仗关系没有弄清楚。文中的"坚"字指余抚军的前身金坚,"氏"是牛氏自称。校点者对大多数四六句的分句都用了分号,但这里却用了一连串的逗号,不免头绪混乱了。第一联里"兔"和"鸯"相对,"妇随"之下就应该用分号,"朋比"之下应该用句号圈断。第二联"坚"与"氏"作对举,则"分桃之义"之下也应该用分号隔开。这是一副长联。尤其是下面一联也是"坚"与"氏"相对,以下这几句就应该标点作:"乃坚已降为嘉种,尚书郎贵不易交;氏犹隔是众生,薄命妾冥无堕行。固其所也,抑有求焉。"

骈体文如果掌握了对仗的规律,实际上比古文还易于点断。但根据我多年来读书和审稿的经验教训,骈文的标点却往往出错。这在新印的通俗小说的序跋和赋赞里也常能发现,几乎已成为一道难题。因此我曾呼吁古籍整理者和古籍编辑一定要读一点骈文,学习一点对仗艺术和诗词格律。

另一方面,从《蟫史》校点本也可以看出屠绅爱用骈体,爱用典故,实在是逞才炫学,画蛇添足。明代的"诗文小说"大量插入诗词,已是误入歧途,但对话里用骈体文的还不多。《蟫史》里的对话则大量使用骈体,不管场合和人物的身分、性格,一开口就是公文式的语言,令人读之生厌。这和《聊斋志异》在对话里适当运用口语正好成为对照,两者的得失成败可以不辨自明。试看《蟫史》卷五员矩儿和他母亲的对话:

> 矩儿醒,哭拜于地曰:"秦川风雨,母也因依;蜀郡烟尘,父兮暌隔。未跃姜家之鲤,如无邓氏之儿。永怀堂上刘樊,乘白云于此日;可忆膝前鸡犬,舐丹药以何年?敬谒青城,俨穷碧落。乌鸡反哺,须知季亦嗟予;鹤便重归,徒讶仙曾有子。"夫人谓曰:"儿志在征鉏,力于攻取,清宇内之恶,救民间之灾。消劫以慰天神,积功而扬父母。汉廷方朔,终是仙儿;鲁国汪踦,断无殇死。惟兵为凶器,蛊乃皿虫,竖苟据乎膏肓,医勿为之和缓。从而尖枕,继以麾旗。提六六之

魔头,断千千之蛮尾。鼎钟之绩成矣,河岳之光烂焉。
从此叶县仙令,神返玉棺;蓝关从孙,迹留金字也。"
(同上,69—70 页。标点有所改动。)

　　此书的校点者对全书曾作过仔细的研读,应该说是专业的读者了,对书中的某些词句还常有误读。那么,对于一般读者,又怎能理解和欣赏呢? 作为小说来说,《蟫史》不能说是一次成功的试验。因此,其后虽然还有全用骈文写的《燕山外史》和民国初年的《玉梨魂》等文言小说,但是追随屠绅的作者不多了。

　　《蟫史》对唐人传奇确是有所借鉴,有所继承的。屠绅对唐代小说很熟悉,从他的《六合内外琐言》就可以看出一些痕迹。如书中卷二《五色虬》从唐人《柳氏传》、《昆仑奴》等侠客夺回美人的故事扩展为主人连除四恨,卷三《惺晓》摹拟李玫《纂异记》的陈季卿故事而添加了许多枝节,卷二十《夫人侍儿》据《韦安道传》敷演画中美人的新篇,都有踵事增华的构思。从情节结构看,也是类似于《聊斋志异》的复合型故事。但情节过于离奇,非夷所思,远不如《聊斋》之妖鬼"多具人情",实不足以引人入胜。

　　《蟫史》里许多情节和典故,更可以看出唐代小说的影响。如书中的重要人物龙女木兰,就借助于《柳毅传》的构思。她的出身很奇妙,卷四她说:"妾父母以报国邀封,令赴西陲剿贼,乃嫁泾阳君次子,入世为龙芝。"似乎她就是要托柳毅传书的洞庭龙女。后面又说到她打败了泾阳的远宗三人,接着她回家被丈夫辱骂鞭打,员矩儿为救她射死了龙芝。她与龙家恩断义绝,却没有再嫁柳毅的机缘,而员矩儿却代替了吃掉泾阳龙子的钱塘君。卷九又说她向"柳龙君内子泾阳叔姬"求援,自称是王姬的侄妇,那么她应该属于柳毅内侄一辈的了。屠绅改造了《柳毅传》的故事,可是又提到了"柳龙君",像是引用《聊斋志异》里《织成》的典故。卷四员矩儿自称是织女星和张嘉贞生的儿子,则是引用《神仙感遇传》的《御史姚生》故事(《太平广记》卷65引作《姚氏三子》,《异闻集》作《三女星精》,原题郑权撰)。卷九杜承璠、慕炜二人在途中遇见麻伬佬厕上开筵一段,是凭空揿入的故事,完全是唐人《玄怪录》里《滕庭俊》故事的翻版。书中常用唐代小说的典故,如卷三石中丞勒石纪功碑文说"斗朝那而借兵,离洞庭而受牧"(35页),是用《灵应传》的故事;又如上引牛氏的牒文:"其或柳毅归来,结前缘于卢氏;韦皋老去,感再世之玉箫。"(276页)就是用《柳毅传》和《云溪友议》中的《玉箫化》故事。书中插入了许多诗词骈文,无非也是传奇体小说的常规。不过屠绅把它写成了二十卷的长篇小说,就有些弄巧成拙了。

屠绅还常用官名来称呼他的人物,不写出人物的名字,必须前后查看,才能知道人物的关系。书中人物众多,头绪纷繁,读起来很费力,得不到赏心悦目的乐趣。我们如果要给《蟫史》作注,比注唐代小说还难得多。但给《蟫史》作注本目前恐怕还提不上古籍整理的日程。

《蟫史》的确借鉴了唐代的传奇小说和明代的"诗文

小说",又吸取了《封神演义》等神魔小说的情节结构和分回体裁,写出了这样一部文言的长篇章回体小说,可以说是空前的创举。应该说,作者对近体小说也是很熟悉的。如第十六卷中噩青气说:"祝融既去,宁甘孟获之七擒。"就是用《三国志演义》的典故。第十七卷中贺兰观上斛斯贵书中说:"敬德工于夺槊,终畀鄂封;彦章枉自名枪,遂为唐虏。"(289页)显然用了讲史演义里的隋唐五代故事。他用了传奇小说的辞章诗笔来写章回小说,试图化俗为雅,写成一种变体的新型小说。因此在中国小说史上也获得了一席之地,如鲁迅《中国小说史略》所说:"惟以其文体为他人所未试,足称独步而已。"(第二十五篇《清之以小说见才学者》,217页)然而标新立异并不等于有发展前途的新生事物。屠绅之后写文言小说的作者,如写《燕山外史》的陈球,就不采取那种荒诞离奇的故事情节,而是用比较华丽的语言叙述平常的家庭生活,也用了不少辞章典故,充分显示了他的才华,但没有用骈文来写人物对话和书信文件,还比较有生活气息。直到民国初年,虽然徐枕亚等作家,还是用典雅的文言文来写小说,但是他们会用一些新的技巧、新的方法来写当时现实社会日常生活里习见的故事和常人心中应有的感情,所以还能轰动一时,在社会上引起强烈的反响。相比之下,《蟫史》不仅不能和通俗的白话小说竞赛,而且也不能和后来的文言新小说比美,取得多数读者的赏识。这在中国小说史上只能说是一次失败的尝试,一个畸形的怪胎。

　　我们当然不是说不能写神魔小说，更不是说作家不该尝试作化俗为雅的创新，但屠绅的尝试却没有处理好虚和实的关系、雅和俗的关系。他在语言形式上力求古雅，连一般文人读者都很难接受；而在思想内容上却加入了一些低俗无聊甚至庸俗淫秽的细节。如鲁迅所说："其缀以亵语，固由作者秉性，而一面亦尚承明代'世情书'之流风。特缘勉造硬语，力拟古书，成诘屈之文，遂得掩凡近之意。"（同上）其实晦涩的语言并不能掩盖住他的"凡近之意"，荒诞、猥亵的构思，只体现了他浅薄的审美观念和低级趣味。屠绅从明代"世情书"里吸取的只是其糟粕部分，而"世情"中的生活气息却被他抛弃了。清代以来，文化修养较高的文人逐步接受了近体小说，纷纷参与了章回小说的写作。杰出的作家如吴敬梓、曹雪芹等人，都是化俗为雅的高手。古体小说的作家也或多或少接受了近体小说的艺术手段。夏敬渠的《野叟曝言》虽也卖弄才学，但是写的还是通俗小说。而屠绅则用辞章化的古文来写章回小说，实际上是化俗为古。作为中国小说史上的一个《蟫史》现象，留给我们的正面历只经验应该是走向群众，贴近生活。我想，这一点当代的作家比我们研究古代文学的人更清楚。

2009 年 11 月

"三字尾"与传统格律诗的节奏

——试论楚歌与七言诗的传承

我在拙著《中国诗体流变》中谈到楚歌与楚辞时,曾说:"根据多数文学史家的研究,都认为楚辞是采用了当时南方的楚歌体,又加以改造变化而成的一种新诗体。"这个论断似乎是可以成立的。但继而谈到楚辞的代表作《离骚》与《九歌》的关系时,还没能确认定哪一类作品在前。当时我对《九歌》和《离骚》的创作时间,还是遵从王逸的说法,认为《九歌》是屈原晚年被放到沅、湘之间的作品。王逸的原话说:

> 《九歌》者,屈原之所作也。昔楚国南郢之邑,沅湘之间,其俗信鬼而好祠。其祠,必作歌乐鼓舞以乐诸神。屈原放逐,窜伏其域,怀忧苦毒,愁思沸郁。出见俗人祭祀之礼,歌舞之乐,其词鄙陋。因为作《九歌》之曲……

近两千年来,研究《楚辞》的学者大都信从其说,我本来也毫不怀疑。但是近年我在探讨楚歌和七言诗的关系时,总觉得《九歌》与屈原之前的楚歌比较接近,而且与屈原之后的楚歌也有密切关系。而以《离骚》为代表的楚辞则是一种新的体裁,与赋的形式有直接的关系。因此,我对《离骚》和《九章》中大部分作品的产生,感到有些突然。而《九歌》的体制灵活多样,大体上近于民歌,总觉得屈原在被放逐之前就该有所接触,不必到沅、湘之后才开始采风活动。否则《离骚》就是无源之水了。

关于《九歌》的性质,绝大多数学者都认为是祭神的乐歌。但祭的神却分处各地,并不限于"南郢之邑,沅湘之间"。因此引起了不少争议。

再从楚辞的体制来看,句式并不一致。《九章·橘颂》是四言诗,与《诗经》里的国风非常接近,"兮"字放在句末。《离骚》句子很长,"兮"在句中还是在句末,可以有不同解释。《九歌》里的句子比较短,从五言到七言,中间都用"兮"字,上三下二中间加一"兮"字的六言居多,上二下二中间加"兮"字的五言较少,上三下三中间加"兮"字的七言也不多,但《山鬼》、《国殇》则全用七言句,似乎是最晚出、最标准的楚歌,与汉代的楚歌完全相同了。

从七字齐言的句式看,似乎是战国晚期才定型的,但楚歌的起源早在屈原之前,也是不争的事实。楚歌的特征是用"兮"字放在句中,较早的例证是《说苑·善说》所载用楚歌翻译的《越人歌》。原文是庄辛对襄成君讲的故事：

> 鄂君子皙曰："吾不知越歌，子试为我楚说之。"
> 乃召越译，乃楚说之曰：
>
> 今夕何夕兮搴舟中流？今日何日兮得与王子
> 同舟？
>
> 蒙羞被好兮不訾诟耻，心几烦而不绝兮得知
> 王子。
>
> 山有木兮木有枝，心悦君兮君不知。

庄辛是楚襄王时人，见《战国策·楚策》，他讲的是前代的事。鄂君子皙应指楚灵王弟黑肱、平王弃疾自立前自杀的令尹子皙，见《史记·楚世家》，早于楚怀王约二百年。近人认为鄂君即《鄂君启节》的启，则年代很晚，有待证实。楚译《越人歌》应早于屈原的楚辞。

稍晚的是《新序·节士》所载徐人为延陵季子所作的歌：

> 延陵季子兮不忘故，脱千金之剑兮带丘墓。

徐国在楚国之东，后为吴国所灭，徐子奔楚。徐和越都是和楚邻近的小国。

林庚先生对楚辞曾有深入的研究，有许多独到的见解。他对楚辞的句式更有不少细致的分析。首先，对"兮"字的演化作了详细的分析。他在《楚辞里"兮"字的性质》一文中归纳出"兮"字的作用逐步弱化，"它似乎只是一个音符，它因此最有力量能构成诗的节奏"。(《诗人

屈原及其作品研究》，古典文学出版社 1957 年新 1 版，105
页。以下引此书只注页数。）最后弱化到在楚歌里可有可
无，有时候也就无妨去掉，从而为七言诗开辟了道路。
他说：

> 至于七言诗的来源也就是去掉了"兮"字又按上
> 一个实字，所以三言常是与七言并行，如鲍照是大力
> 发展七言诗的人，就有全篇都是三言的诗；而七言诗
> 中有时也可以出现"兮"字，如李白诗："熊咆龙吟殷
> 岩泉，栗深林兮惊层巅。""兮"字与七言的关系，所以
> 是非常深的。（105 页）

林先生这一论点给我以许多启发。两个三字句中间
加上一个兮字就变成一个七言句，如果上面是一个四字
句，就可以去掉兮字，和三字句合成一个七言句，从而就形
成了七言诗。汉代的七言诗源于楚歌，似乎是顺理成
章的。

接着，林先生说：

> 《离骚》是诗歌打破传统走向散文化的阶段，《九
> 歌》以至七言是诗歌又回到诗的传统形式上来……
> 这一个来源去路非特说明《九歌》与《离骚》同为
> "兮"字放在句中央的体裁，且可以证实《九歌》真正
> 的起源乃是《离骚》，而更早的来源乃是先秦时代的
> 散文。《招魂》乱辞大致是上四下三；《九歌》大致是
> 上三下三。这逐步的变短，正是由近于散文的形式演

> 为诗的形式,之后《易水歌》说:
>
> 　风萧萧兮易水寒
>
> 　壮士一去兮不复还
>
> 便合用着两者的形式。(132 页)

林先生关于《离骚》与《九歌》同为"兮"字放在句中央的判断,我觉得很值得深入研讨,但《九歌》更早的来源恐怕还可以讨论。《离骚》的句子较长,如果说"兮"字在句中,那就是每句押韵,与汉代的楚歌相同,但一篇里可以不断转韵。然而不少学者认为《离骚》是两句一韵,只有奇数句才加一个"兮"字。那么大体上是六字左右为一句,两句中间加"兮"字作为停顿,现在我们可以加上逗号,后来的赋就省略了"兮"字而分成两句了。但如果把"兮"字看作连词,那就在一句的中央了。

因而,我感到《九歌》的起源似乎还可再加探讨。因为"兮"字居中的句式早已有之。如上述《越人歌》的"山有木兮木有枝,心悦君兮君不知",与《湘夫人》的"沅有茝兮澧有兰,思公子兮未敢言"非常相似,可说是《九歌》的前奏。但《越人歌》的前面四句却是较长的杂言。"今日何日兮得与王子同舟"、"心几烦而不绝兮得知王子"两句,竟可说是《离骚》的先声了。(听歌的子皙死于楚平王自立的公元前 529 年,早于屈原约 250 年。)屈原能不能既从楚歌延长而创作了《离骚》,又从楚歌变短而写出了《九歌》呢?

屈原是一位博学多才而富有创造性的作家,他在楚歌的基调上尝试了各种体裁,有以四言为主的《天问》、《招魂》和《九章·橘颂》,有以七言为主的《九歌》,有以长句为主的《离骚》和《九章》中的大部分作品;有把"兮"字放在句中的,但也有把"兮"字放在句末的。值得注意的是《招魂》的乱辞有了"湛湛江水兮上有枫,目极千里兮伤春心"之类的句子,很像楚歌的基本格式,而正文里大部分还是四言句,偶数句用"些"字取代了"兮"字,与屈原的其他作品有别。应该说明,屈原也有把"兮"字放在句末的句式,那是放在韵脚之后的《国风》体。

　　因此,《九歌》也可以成为楚辞的体裁之一,不必要由散文化的《离骚》再回到诗歌的传统形式上来。前人曾提出《九歌》产生于《离骚》之前的说法,从而否定了屈原的著作权,那是令人无法接受的。但如王逸所说都作于屈原流放江南之后,也缺乏必要的证据,已曾引起不少学者的怀疑。如金开诚学长曾发表过《九歌的性质和作用》一文,认为《九歌》是楚国用于国家祀典的乐神之歌,而屈原是《九歌》的修改加工者,而修改的时间当在楚怀王朝任职三闾大夫的时期。(《古籍整理与研究》1978年第2期,上海古籍出版社)我当时读了并未注意。最近又读到赵敏俐先生《中国古代歌诗研究》中《屈原与战国时期的南方歌诗艺术》一节(《中国古代诗歌研究》,北京大学出版社,2005年第1版,134—140页),也认为《九歌》"只有当屈原在楚国朝廷任职时才有可能产生",又得到了一些新的启发。的确,《九歌》所祭的神不限于楚国,不一定写于放逐江南之后,就不一定写于一时一地。且不论是屈原创作还是改作,他自己就曾提到古已有之的《九歌》,乃中原固有之曲。但屈原的新辞却各有不同的句式,可能因所祭之神而异。

我关注的是七言诗和楚歌的渊源问题,想补充的是,七言诗的节奏一般是上四下三,这就是三字尾的句式;如果是上三下四,那就不是诗歌语言的传统形式,基本上还是散文化的句子。楚辞里没有上三下四的句子,近体诗里出现了一些上三下四的句子,就引起了诗人的注意,称之为"折句"或"折腰句"。如元韦居安《梅磵诗话》卷上说:

> 七言律诗有上三下四格,谓之折腰句。白乐天守吴门日,《答客问杭州》诗云:"大屋檐多装雁齿,小航船亦画龙头。"欧阳公诗云:"静爱竹时来野寺,独寻春偶到溪桥。"卢赞元《雨》诗:"想行客过溪桥滑,免老农忧麦陇干。"刘后村《卫生》诗云:"采下菊宜为枕睡,碾来芎可入茶尝。"《胡琴》诗云:"出山云各行其志,近水梅先得我心。"皆此格也。

楚汉时期由"兮"字的调节,开始造成了三字尾的七言诗节奏。到了唐宋时期,就认定上四下三是七言诗的常规,上三下四则是变格。从楚歌以来,汉语诗歌的基本节奏是上四下三的七言句。这是历史悠久的民族传统。这个传统是从哪里来的呢?应该说还是从以《九歌》为代表的楚歌来的。

林先生又说：

> "楚辞"在形式上所以正是七言的胚胎时期。七言诗到了柏梁体省掉兮字，到了七古恢复了押韵的自由，"楚辞"的痕迹才不见了。（115页）

林先生这篇文章，写于1941年11月，距今七十多年了。应该说还是林先生早年的作品，但我从中得到了不少启发，2010年曾以此为题写了一篇纪念林先生百年诞辰的文章。现在还想作一点补充和修正。可惜的是，再也无法向林先生请益了。

《离骚》打破的传统是什么？从《诗经》的形式特征看，大体上有那么几点：以四言为主体的齐言句为主；除《周颂》的少数几篇全都押韵；多数分章叠句，总的说诗篇比较简短。而《离骚》则不分章，句式长短不齐，还照楚歌的传统把"兮"字放在句中，句子延长了，篇幅扩大了，但可以分段换韵。后来的读者因为句子很长，才把"兮"字作为停顿的标志，把一句分成了两个分句；特别是前半句和后半句用了一些对仗，上下以"兮"隔开，逐步由一句变成一联，这就是后来赋的起源。

《离骚》的句尾有两字的，有四字短语的，有更长的散文句式的，惟独没有三字尾。《九歌》中的《湘夫人》里出现了这样两句：

> 沅有茝兮醴有兰
> 思公子兮未敢言

这就是三字尾的句子了。《少司命》也出现了三字尾的句子,如:

> 入不言兮出不辞
> 乘回风兮载云旗
> 悲莫悲兮生别离
> 乐莫乐兮新相知

这就是楚歌的基本句式。

《山鬼》几乎全篇都是三字尾的句子,如:

> 若有人兮山之阿
> 披薜荔兮带女罗
> 既含睇兮又宜笑
> 子慕予兮善窈窕

《国殇》也是全篇都是三字尾的句子,如:

> 操吴戈兮被犀甲
> 车错毂兮短兵接
> 旌蔽日兮敌若云
> 矢交坠兮士争先

三字尾上面一般是三个字加一个"兮"字,这就造成了七言诗的句式。这个"兮"字表情成分很轻,但作用很大。像《九歌》里的七字句,是靠它来构成的。如林先生所说:"《楚辞》则创造了第四种的兮字,它似乎只是一个音符,它因此最有力量能构成诗的节奏,这就是《楚辞》里

'兮'字的性质。"（105 页）

　　我要补充的是,这个"兮"字在构成了三字尾的七字句之后,又功成身退,进一步让位于七言诗的基本节奏。如刘邦的《大风歌》:

　　　　大风起兮云飞扬
　　　　威加海内兮归故乡
　　　　安得猛士兮守四方

这里后两句的兮字是可有可无的。如果把"兮"字删去了,就是一首齐言的七言诗。如把第一句的"兮"也删了,就成为三、三、七的句式。稍早一些,项羽的《垓下歌》还是楚歌的传统句式,就不能把兮字删去了。试看:

　　　　力拔山兮气盖世
　　　　时不利兮骓不逝
　　　　骓不逝兮可奈何
　　　　虞兮虞兮奈若何

后来的七言诗里还有不用兮字的两个三字句,但一般只用在开头,如:

　　　　战城南,死郭北
　　　　野死不葬乌可食(《战城南》)
　　　　平陵东,松柏桐
　　　　不知何人劫义公(《平陵东》)

这种三、三、七的句式,可能与同时代的成相辞有一定的关

系。直到唐代,白居易的《新乐府》里还用了一些三、三、
七的句式。

　　汉代的楚歌,基本上还是用兮字的七言诗,如汉武帝
的《瓠子歌》;

> 秋凤起兮白云飞
>
> 草木黄落兮雁南归
>
> 兰有秀兮菊有芳
>
> 怀佳人兮不能忘
>
> 泛楼船兮济汾河
>
> 横中流兮扬素波
>
> 萧鼓鸣兮发棹歌
>
> 欢乐极兮哀情多
>
> 少壮几时兮奈老何

这首歌除第二句和末句,都是加兮字构成的七字句。如果
把第二句和末句的兮字去掉,就成为完全的七言诗了。

　　但是汉武帝和群臣联句的《柏梁诗》就省略了兮字,
成为真正的七言诗。《柏梁诗》的年代还有争议,从七言
诗的成立看,似乎早了一些。因为楚歌一直是汉代皇室的
家学,直到汉末少帝刘辨在绝命前唱的《悲歌》还是都用
"兮"字的楚歌:

> 天道易兮我何艰
>
> 弃万乘兮退守蕃
>
> 逆臣见迫兮命不延

誓将去汝兮适幽玄

《柏梁诗》可能是超前出现的特例,也可能原有兮字而被后人删去了。因为《柏梁诗》里有宋人章樵加注的人名,已经不是原貌了。这个问题还存疑待考。

但七言诗的成立也不会太晚,如东方朔的"七言"已经是七言诗的雏形,《吴越春秋》里的《采葛妇歌》(卷八)、《河梁歌》(卷十)可能真是较早的作品。前人把张衡的《四愁诗》视为七言之祖,未免稍晚,应该说《四愁诗》已是七言诗成熟之作了。

七言诗的成熟问题可以继续探讨,我这里要着重讨论的是三字尾在汉语诗歌中重大作用。

乐府诗中有许多杂言诗,都有三字尾的五言句和七言句,于是三字尾就成为汉语诗歌的基本节奏。无论上半句是两个字或四个字,或者前面再加上衬字,下半句一定是三个字。如果下半句是四个字,那就是非常规的"折腰句"。

五言诗则下半句是两字尾,如杜牧的《华清宫三十韵》:"一千年际会,三万里农桑。""四百年炎汉,三十代宗周。"这种句式非常少见。

七言诗也是如此,上四下三是七言句的常规,上三下四的折腰句在词曲里是常见的,在诗歌里就成为特例了,见上引《梅磵诗话》(详见拙作《中国诗体流变》的《近体诗》一章)。屈原之后,楚辞就分化为楚歌和汉赋两种体裁,赋的特征就是"不歌而诵",向散文化发展了。

我还想加以引申,"五四"以来新诗运动所产生的漫长的散文化的倾向,至今仍有不少人不能接受,还是喜爱传统的格律诗。今天有越来越多的老年的和青年的作者,在痴情地学写传统格律诗,似乎还是想回到简短的精炼的民族形式上来。这个问题需要继续探讨。林庚先生自己一直在探索新格律诗的道路,他倡导的九言诗就是一种尝试。林先生的九言诗,显得比较简短精炼,借鉴了传统诗齐言和押韵的基本格律,又适应汉语词汇的发展,突破三字尾的局限,改用四字尾的节奏。如果九言诗的第五个字用了一个虚字,就有些像楚辞里的"兮"字,起了构成诗歌节奏的作用。这种九言句在楚辞里也已出现。如:

接舆髡首兮桑扈贏行(林先生说此下应移补"哀南夷之莫吾知兮旦余济乎江湘"一句)

忠不必用兮贤不必以

伍子逢殃兮比干菹醢(《涉江》)

易初本迪兮君子所鄙

章画志墨兮前图未改(《怀沙》)

林先生的九言诗有意识地只用四字尾,就是上五下四,而不用上四下五,意图有别于五七言诗,而采用了近似散文的句式,似乎也有楚辞的痕迹,但不如楚辞的长短自由,不免也是一种索缚。汉语词汇虽然多音词逐渐增多,但单音节的常用词还是不少。如果绝对不用构成三字尾的单音词,恐怕不仅不符合传统诗歌的基本节奏,而且也不符合自然语言多音词发展的方向。林先生对楚辞诗体的研究,为中国诗体的发展史提出了许多精辟的见解。他对新格律诗的探索,可能也借鉴了楚辞对诗体的创新。这也是一次尝试。正如他所说:"这证之'五四'以来的新诗运动所产生的漫长的散文化倾向,与今天的又要逐渐回到简短的民族形式上来,正是诗歌发展的自然顺序。"(121页)我大胆地认为,从楚歌演变的楚辞进一步演变为汉赋之后,诗又回到了楚歌的传统形式。这是一次分流。"五四"以来散文化的新诗,如果称之为"新赋",可能更合乎中国文学的传统。中国文学的特色,是诗、赋、词、曲,各体纷呈,丰富多彩,并非局限于一体。

　　两千多年来,以三字尾为特征的楚歌传统,始终是传统格律诗的主流,也是有别于散文的标志之一。宋代的刘克庄晚年变法,在律诗里用了不少折腰句,似乎是一次有意的尝试。如:

　　　　三千客谩曾弹铗,十九人谁肯捧盘。(《道中读方孚若题壁有感》)

　　　　散花魔已降摩诘,裹饭人谁访子来。(《病起十首》)

　　　　宰上碑何惭有道,城中人少识庞公。(《挽陈岩方隐君》)

旧田庐我先人业,某水丘吾童子游。有杞菊姑安蒲里,无蒲萄可博凉州。(《七十九吟十首》)

太平期恰当今日,嬉戏翁浑如小儿。(《乙丑元日口号》)

还有一些是节奏不合常规的散文化的七言句:

华表归三千年鹤,具区有四十蹄牛。(《次韵黄户曹问讯》)

许奉太夫人以往,欧迎大君子而行。(《送欧阳上舍梦桂》)

压尽晚唐人以下,托诸小石调之中。(《自题长短句后》)

陶元亮可羲黄上,管幼安非汉魏人。(《徐洪二公再和二诗余亦随喜》)

活八十年头雪白,啖三百颗面桃红。(《食早荔七首》)

但刘克庄这样一个小小的创新,并没有得到后人的响应,只能说这次立异求变的尝试没有成功,大概散文化的句式不合乎徒歌的基本节奏。而词、曲则有曲谱旋律的辅助,促成了三字尾和四字尾的融合,这个问题容待另作讨论。可见创新要以继承为基础,要适应历代传承的吟诵习惯。所以直到今天,绝大多数的民歌、谣谚、诗赞系统的曲艺和戏曲,甚至乐曲系统的曲艺,都把三字尾的七言句作为主要句式。启功先生大胆创作的加长古风《赌赢歌》,写出了长达二十八字的特长句,但还是要用“三字尾”打底。现在有些报刊的编辑,也爱用三字尾的七言句来设置标题。因此我们对格律诗的节奏如何传承和革新,是一个值得深入研究的问题。

2014 年 3 月 2 日改稿,2015 年 2 月 12 日再改

（原载《中国文化》2015 年春季号）

几种古本戏曲的作者

《古本戏曲丛刊》每一集的前面有一个目录,是编印者根据现有的材料作出的。大部分剧本底下都注上了作者。第一集目录中似有几处疏漏,兹提出商榷:

《白蛇记》剧本原题"郑国轩编集",和前人著录相合,似无可疑。(按:《曲海总目提要》卷五:"《白蛇记》,浙江人郑国轩编,系明初旧本,后改为《鸾钗记》。"改编的《鸾钗记》在高奕"传奇品"中仍题郑国轩撰。《远山堂明曲品》中虽又著录了翁子忠的《白蛇记》一本,然而祁彪佳说:"曲较《鸾钗》十改五六,便不通矣。"似是更晚出的改编本。)但《丛刊》却漏列了。

抄本《连环记》原题王济撰,也和前人著录相合,目录上也采用了。但是却有一些疑问。《曲海总目提要》卷四说:"《连环记》明初旧刻,不知谁作。"沈德符《顾曲杂言》也说:"南曲则《四节》、《连环》、《绣襦》之属,出于化治(成化、弘治)间,稍为时所称。"可见是明初的作品。然而抄本第五折"教妓"中,却引用了许多明末的剧目,如《燕子笺》、《十错认》、《奈何天》等。而且《曲海总目提要》还说"后又载曹操使关羽擒吕布,貂蝉百计媚羽,羽怒而杀之",现在抄本也没有这样的情节。当然不可能是明初的旧本。王济的时代似乎也不应该晚于阮大铖、李渔。钞本中"梳妆"、"掷戟"等数折,与曲谱中流传的相同,可能只是晚出的改编本。

《丛刊》收有《蓝桥玉杵记》一本,郑振铎先生在《劫中得书记》中定为杨之炯作,目录亦依之。然而原本却题云水道人著,而云水道人实在并非杨之炯。这首先可以从最近发现的《远山堂明曲品》中得到启示。《曲品》在"艳品"中收录了吕天成的《蓝桥记》,"能品"中又收录了杨之炯的《玉杵记》,而"具品"中又有一本无名氏的《玉杵记》。《曲海总目提要》卷九有龙膺所撰的《蓝桥记》,卷十也有杨之炯所作的《玉杵记》。现存的《蓝桥玉杵记》到底是哪一本呢?我们可以从内容上来比较,杨本虽不传,然而据《曲海总目提要》,可以知道它是"合裴航崔护事为一"的。蒋瑞藻《小说考证》卷三引《闲居杂缀》的说法也相同。剧中有裴航和崔护两个人的爱情故事是杨本《玉杵记》的特点,可是《丛刊》本中并未涉及崔护的事情。另一方面,《远山堂明曲品》在无名氏《玉杵记》下注:"蓝桥玉杵事,吕棘津、龙朱陵(按:《小说考证》引《闲居杂缀》作"龙米陵")皆有《蓝桥记》,杨星水亦有《玉杵记》,此嚼出逐婿、溺女,后始会蓝桥之杵,饶舌甚矣。"今云水道人本中正好有李遐寿悔婚逐婿,李晓云投水自溺等关目,当然就是这本。所以云水道人决不是杨之炯。

此外,如《续西厢升仙记》可以根据《远山堂明曲品》定为黄粹吾作。《丹桂记》的内容和《红梅记》几乎完全相同,只改了几个字,可能是书商偷版翻印时弄的花巧。如果我们相信《红梅记》是周朝俊所作,那么《丹桂记》的著作权也该归于他。

(原载《戏剧论丛》1957 年第 4 期)

附记:这是我师从浦江清先生后交的第一次作业,也是惟一次作业。浦先生在去北戴河疗养前把它推荐给了当时刚创办的《戏剧论丛》,后来发表于《戏剧论丛》1957 年第 4 期的"学术通讯"栏。可惜浦先生已经看不到了。2017 年是浦江清先生逝世六十周年,我特请"《文学遗产》网络版"重发一次,以表纪念。我在本文中首先考证了《蓝桥玉杵记》作者云水道人不是杨之炯,至今似乎还没有得到公认,如《中国古籍总目》还维持了旧说,当然可以讨论。当今《古本戏曲丛刊》继续编印之际,我也怀念了当年通读《丛刊》第一、二集时的喜悦和感激。2017 年 4 月 25 日记。

后　记

我在 1957 年师从浦江清先生读研究生之后,就以宋元明清文学史为专业方向。不幸浦师猝病辞世后,系里指定吴组缃先生为我的导师,就更进一步确定以小说史为研究的主攻方向了。两年后,因"工作需要"提前分配到了中华书局,又决定了我这辈子的生活道路,整理出版古籍就成为我的本职工作。我抱着随遇而安、边干边学的态度,走上了新的工作岗位。

编辑工作比较杂,第一年就接受了整理《王船山诗文集》、《海瑞集》和编发汪蔚林先生辑校的《孔尚任诗文集》三部别集的任务,同时还有随时插入的审稿工作。我们组长徐调孚先生是出版界的老前辈,在他指导下工作是很有幸的。他的身传言教使我较快地适应了工作,学会了古籍整理的基本方法。那时组稿很困难,不少书稿都是由内部人员自己整理的。《王船山诗文集》是我编的第一部别集,徐调孚先生早已作好了计划,制定了体例,根据什么版本,收哪些作品,我只要按他的指点,加上标点就成了。因为异本不多,校勘的任务不大。但是到了校定付型之后,得到顾廷龙先生提供的信息,上海图书馆藏有一部康熙年间湘西草堂刻的《船山自定稿》残本,与《船山遗书》本略有不同。正好1961年我去上海探亲,就带着一部分清样去校了一遍,把校勘的成果补在全书的后面,我也从中体会到了出版工作必须有精益求精的精神和一丝不苟的作风。《海瑞集》是上级领导交下的任务。我接手时,陈乃乾先生已经做了不少前期的准备工作,借来了几个明刻本的海瑞文集作校勘。本来已确定以收录最多的清刻本作底本,也是到了快校定清样的时候,北京图书馆的路工先生又从陕西图书馆借来一部明刻本的《海刚峰集》,它的编次还保持着海瑞自编文集的体例。我在请示领导后决定改换底本,调整次序,把全书重编了一下,还用吴晗的《论海瑞》作为代序。这就拖延了出书时间,赶上了更为错误的时机,不久由《海瑞罢官》掀起的"文化大革命"就开始了。

此后我又接受了领导交办的整理出版《徐渭集》的任务,还审读了《先秦汉魏晋南北朝诗》(初名《古诗纪补正》,又曾改名《先秦两汉三国晋南北朝诗》)等书稿,在工作中积累了一些经验教训。那时出版社的风气还是力求搜罗齐全,而反对"烦琐校勘",所以一般不附校记或少作校记,把一部分校勘成果舍弃了。后来我总结自己的经验教训,结合对前人校勘古籍论述的学习,写了一些有关古籍整理的文字,对"活校""死校"的得失利弊提出了自己看法。

　　除了点校,我也曾涉足于古籍的影印工作。主要是李注《文选》尤刻本的影印,是我借了中央"交办"的机会提出的。1973年,我刚从"五七干校"分配回中华书局工作,上级传达文革小组的命令,要印《昭明文选》。局领导交给我主持这个项目,我惶恐不安,想任务很紧,排印是绝对不可能的。影印呢,我们已有一部胡刻本的书稿,还请人加了断句,可是没人审读过,万一断句错误很多,谁也负不了责任。在经过初步比较后,我提出借北京图书馆所藏宋刻本影印的方案,居然被领导批准了。(据我所知,要印《文选》的原因就在于要读李康的《运命论》而已。)这个珍本影印出来,对学界是一件大好事,虽然只是化身成百(好像只印了一百部),又是内部发行,但也是一种再生性的古籍保护。

　　为了要说明这本宋版尤刻《文选》的好处,我请挚友白化文学长翻译了日本学者斯波六郎的《对文选各种版本的研究》(《文选索引》卷首)及有关文献,自己抽校了十来卷正文及其他几种版本,努力写了一篇前言,可是最终局领导认为不必谈这些学术问题 以免画蛇添足。最后这篇前言稍加改动,发表于《文物》的1976年11月号,正好是"四人帮"垮台的时刻,成了"文革"之后我发表的第一篇学术性的文章。

　　这次机遇使我再一次得到了校勘古籍的实习。我在尤刻《文选》上注意到了当时刻工的名字和版心上重印补刻的年代,成为鉴别版本的重要依据。清代胡克家翻刻的尤本,版心上也照刻了补刻的年代,有丁未、戊申、乙卯、乙丑、丙寅、辛巳等多次补版,几乎大部分已经不是原版了,文物价值当然不如原刻本,而原刻本又有它独特的文献价值。以前我校点海瑞文集时,陈乃乾先生曾指导我,嘉靖版《备忘集》的绝大部分都是陆续补刻的,但它的优点是没有改变原版的行数和每行的字数。因此,别本字句可疑的,可以参考原版的行数字数而辨别之。我就据此辨别了补刻本中有些新的错误,并非尤刻本的原貌。

　　《文选》还附有一篇《李善与五臣同异》,也是屡经补刻的后印本,字迹非常模糊。有人在书上用墨笔校改了许多字,实际上是改错的。可是后人却依照改错的字重刻入新的丛书,以误传误。我努力辨认了原书的原字,再加复核,才确认了宋版《同异》的真面目。因此,我后来一再呼吁,影印古籍千万不要描改,校改一定要另出校记。因为即使专家学者的校改,也难免有千虑一失的时候。

　　我在校勘中注意了版本的选择,发现同一版本的不同印次,往往有所修订,甚至差别很大。如陈乃乾先生所指出的,《备忘集》现存的版本绝大部分是陆续补刻的,就有后人错刻错补的情况。胡克家所据尤刻《文选》的后印本,也是补刻了许多页的。1961 年重印汪绍楹先生校点的《太平广记》时,我按照组长徐调孚先生的工作常规,对底本再作一次复核,发现了一些问题。请教了汪先生,才知道谈恺刻本《太平广记》至少有三次不同的印本。我再次去北京图书馆复核原书,了解了实际情况,就请汪先生重写点校说明,向读者交代了三个印本的特点。我自己也从中长了见识,后来就根据当年的笔记稍加补充,写了一篇文章,向读者大略地介绍《太平广记》的几种版本。因为汪先生的校点是按当时避免"烦琐校勘"的做法,一切从简,在点校说明中对版本问题也略而不谈的。

古人对古籍版本,一般是说"书贵初刻",因为后印本往往版面模糊,而修补不精。我觉得这个问题需要具体分析,有的后印本有所修订,有所补充,就应该采用;有的后印本却改得不好,还得改回来。我们在整理《杜诗详注》的时候,最初有一个已经加工的底本,是康熙年间初刻本,后来买到了一部后印本,有附记和新增的资料,才决定改用后印本,就和商务印书馆印的《国学基本丛书》本不同了。又如《顾亭林诗文集》(原来不是我编发的),底本是《四部丛刊》影印的后印本,曾有窜改,也有增补,有读者提出了意见。1983年我经手重印时,就按初印本回改了一些字,但还是据后印本增补了两篇佚文(《顾与治诗序》、《方月斯诗草序》)。因此对不同印次的版本要认真比较,区别对待。前人说"书贵初刻",因为木版越印越模糊;我们这一代人出书,就要"书贵后印",因为重版书一定会有所校订,至少会改正一两个错字。当然,不是说初版时就可以不认真对待了。重印书由于特殊的原因而改坏的也难保绝无。总之,对异本一定要尽量比较,要注意印次的不同。

　　1991 年,在赵守俨先生的主持下,我们几个人讨论、撰写了《古籍标点释例》、《古籍校勘释例》两个文件。后者由我执笔,初步归纳了校勘的基本要求。如果再简单一点,我归纳为三个选择和两个从严,即选好底本、选好校本、选好异文。两条从严是改字从严,改字必出校记;异文出校也从严,他本显误的不列。因为当时有一种倾向,好像出校异文越多越好,他本显误的也罗列不遗,确是令人感到烦琐的过度校勘。那时,我给古籍编辑培训班讲过几次课,都强调了要明确出校和选择异文的目的性。现在看来,还是要因书而异,有些书也需要做考异性的校勘,就不一定要求先作判断再出校了。对有些异文还没有能力判断是非,就只能校而不改。我先后写了一些讲稿和书评,曾收入《古籍整理浅谈》一书,现在只选录了还有时效的几篇。因为这是我三十多年来的主要工作,理应做一点总结,给后来者参考,所以放在前面了。

　　1962 年,我在业馀时间勉力完成了浦江清师指定的论文《宋元话本》,后来改成一本知识性读物交中华书局出版了。当时还编了一部《宋元小说家话本集》的初稿,由我们组长拿去请吴晓铃先生审阅,吴先生提了不少珍贵的意见,主要是作品的断代问题有待论证。限于资料的不足,我没有条件再去查阅有关的书,特别是有些还是藏在国外的珍本善本。我只能把这本稿子搁起来了,一搁就搁置了三十年。其后见缝插针地读了一些杂史笔记和古体小说。1961年，曾因重印《太平广记》而对它的版本作了一次复核，发现了一些问题，从而萌发了重校一遍《太平广记》的愿望。但限于个人的主客观条件，无法实现。多年以后，根据当年看书的笔记，写了一篇《太平广记》版本问题的文章，给研究者提供一点信息。现在这个愿望已由同道学者实现了，我也感到非常高兴。那时我以《太平广记》为中心，做了一些唐代小说的校勘和辑佚，同时也看了一部分唐前的古体小说。由于手头缺乏近体小说的资料，业馀时间就半自觉地转向为古体小说的研究了。

　　"文革"后我最早发表的业馀作品是《唐宋传奇本事歌行拾零》(《文学评论》1978年3期)和《唐代小说琐记》(《文学遗产》1980年2期)。(更早的《略谈李善注〈文选〉的尤刻本》实际上是结合编辑工作的职务作品。)此后，在朋友的鼓励之下，写出了一本《唐代小说史话》(文化艺术出版社1990年1版，2003年改名《唐代小说史》，由人民文学出版社再版)。这一阶段，我的业馀学习几乎就以古体小说为中心了。在古体小说的研究上我起步较早，就因为我少年时代曾读过郑振铎先生编的《中国短篇小说集》，也接触过《唐代丛书》等资料，而在工作中又因编发《太平广记》重印本而曾通读过一次，才引起了我的兴趣。

　　我的本职工作是整理出版古籍，作为实习，只是在业馀时间做一些古代小说的整理，努力把古籍整理和小说史研究结合起来。因此，我自己整理的第一本古籍是《隋唐嘉话》(1979年),这在古代也是归入小说家的,但作为中华书局《唐宋史料笔记丛刊》之一出版了。第二部古籍是《玄怪录》和《续玄怪录》,前者所用底本是明陈应翔刻本《幽怪录》,是当时所知《玄怪录》的惟一刻本,我觉得非常珍贵,就手抄了半部未见他书的佚文加上前人已辑录的佚文,加以校点,交中华书局出版,使它孤本不孤。1982年古籍出书还很少,古体小说也成了奇货,初版就印了三万册,出乎我的意外。后来北京图书馆入藏了一部收有《玄怪录》的高承埏刻本《稽古堂新镌群书秘简》,更接近于古本,我觉得必须用高本来重校才能向读者交代,就据以重校了一遍。直到2006年,终于把《玄怪录》的修订本印了出来。我整理的第三部古籍是《燕丹子》(中华书局1985年1版),这是一本最早的艺术性较强的古小说。我在燕京大学上俞敏先生国学概论课时,俞先生曾教我们找几种不同版本的《燕丹子》试作校勘,作为一项练习。我之得知《燕丹子》其书,得知校勘学的一点基本知识,是从那时开始的。过了三十年,我才利用新发现的《永乐大典》本《燕丹子》进行了校点,补交了一次作业。

　　我学习整理古籍,常是结合个人的兴趣,只能做一些小的选题。自己偏爱小说,而且总想把一些孤本、珍本整理出来提供给同好。因而后来我又点校了《花影集》、《云斋广录》、《轮回醒世》等比较罕见的小说,都是古体的文言作品。又编了三卷《古体小说钞》,对宋代以后的古体小说做了一个选本。我退休后中华书局文学编辑室也按照我的策划，把"古体小说丛刊"继续出下去。在整理这些古体小说的基础上，我对中国小说的发展过程，有了一些新的认识，后来就据以写了几篇文章和一本小书《古体小说论要》（华龄出版社 2009 年 1 版）。

1992 年退休之后，稍有馀力，又回到近体小说的研究上来。接着唐代小说的研究，写了一本《宋元小说史》，后来以《宋元小说研究》的书名在江苏古籍出版社出版了（1998 年）。虽然宋元时代理应以近体的白话作品为主了，但古体的文言作品还是占了很大比重。这也许是我这本小书的特点所在。

同时，又把搁置了三十年的《宋元小说家话本集》旧稿拿出来整理完成了，校点之外又加了注释，到 2000 年由齐鲁书社出版。再接着，还想写一本《明代小说史话》，但精力不济，没有力量跑图书馆了，只能把几篇有关明代小说的文章和札记，编为《明代小说丛稿》交人民文学出版社出版（2006 年），主要部分还是谈明代小说和宋元话本的传承关系。

我在学校准备论文时，为了探讨近体小说的渊源，曾对敦煌变文进行过初步研究。1961 年写出了《关于变文的几点探索》一文，引起了敦煌学界的注意，当然也有不同意见。后来我继续研究，对敦煌俗文学写了好几篇文章，也成为一个系列。本书也选录了几篇，其馀的几乎都是谈古代小说的文字了。从古体到近体，从微观到宏观，从校勘到注释，我比较注意于历史的演进。从这里所收的几篇习作,大致可以看出我的用意,是试图阐明中国小说的变迁和古体近体的传承轨迹。限于我的时间和资料条件,也出于想继续做好浦江清先生给我指定的课题,我只能偏守一隅,始终以宋元话本为中心做比较深入的探讨,因而做不到博览旁通,进行更广泛的学习。

如果说我有一些独立见解的话,一是把古代小说分为古体小说和近体小说两大体系。前人把"五四"以前的白话小说称作"通俗小说",如孙楷第先生编的《中国通俗小说书目》,可能是用以区别于"五四"以后的白话小说,但与文言小说不是对称的关系。再说,通俗小说在1919年以后还有新的作品,也常有人称述。我为了便于对举,先把古代文言小说称为古体小说,再把"五四"之前的白话小说改称为近体小说。自己编过一部《古体小说钞》,开始运用这一名称,也得到了一些同道的认可。那么参照诗体的分类,古代的白话小说称作近体小说,就可以与"五四"以后的白话小说相区别了。

二是参照章学诚提出的小说三变说,对中国小说的第一次变迁作了比较具体的探讨,拟定第一次变迁的转折点在建安时期。从而按照鲁迅的两大变迁说对中国小说史作了一些补充和发挥。

我的一些设想,已分别发表在最近由北京出版社印的《古体小说论要》和《近体小说论要》两本小书里了。读者如有质疑,不妨参看,这里就不再赘述了。

1995年我膺聘为中央文史研究馆馆员,得到了继续工作和继续学习的机会。文史馆对我的研究工作给予了许多支持,又将为我出版一本文选列入"馆员文丛"。我根据部分读者的反映和自己的思路,选录一部分旧作,编成一本选集。本想略加修订,并写一个自叙学习历程的后记。但年老体弱,记性衰退,不能如子夏所说的"日知其所无",连"月无忘其所能"也很难做到了。只能大致按类编次,稍加整理,必要时加了一些附记。

老妻顾薇芬多年来为了支持我的学习和工作,全力承担了抚养儿女和家务劳动的义务,给了我许多激励和帮助。今年初在我编选旧稿时,不意老妻得了急性白血病,医治无效,迁延到四月五日不幸去世,她再也见不到此书的完成了。沉重的打击,真使我六神无主,万念俱灰。消沉了近百日之后,在朋友们和儿女的劝慰下,我才能稍稍打起精神,集中思想,勉力写成这篇后记。谨以此书告慰我的师友及亡妻的在天之灵。如果天假我年,我还将操笔耕耘,发挥一点馀温,回报对我有所期望的人。

2017 年 7 月 25 日,程毅中记